无人船集群协同控制理论与实践

彭周华 刘 陆 王 丹 王浩亮 著

科学出版社

北 京

内 容 简 介

本书针对具有非线性、强耦合、不确定、强扰动、多约束等特点的综合复杂的多无人船集群系统，从通信、制导、控制一体化角度出发，系统地介绍多无人船集群协同控制理论与方法，并给出仿真和实验验证结果。主要内容包括：无人船集群协同控制所面临的研究挑战和研究进展；无人船集群控制系统设计与分析的基础知识；侧滑角未知的欠驱动单无人船路径跟踪；基于全路径导引、单路径导引、多路径导引的欠驱动多无人船的协同路径跟踪；模型参数不确定和海洋环境扰动下的无人船动力学自适应控制和抗干扰控制。

本书可作为无人船制导与控制、多无人船编队控制、海洋航行器集群控制等领域科研人员和工程技术人员的参考书，也可作为高等院校船舶与海洋工程、控制科学与工程、导航制导与控制、电气工程、人工智能等相关专业本科生和研究生的参考书。

图书在版编目(CIP)数据

无人船集群协同控制理论与实践/彭周华等著. —北京：科学出版社, 2022.8

ISBN 978-7-03-068560-5

Ⅰ. ①无…　Ⅱ. ①彭…　Ⅲ. ①无人驾驶—船舶—协调控制　Ⅳ. ①U675.7

中国版本图书馆 CIP 数据核字（2021）第 062652 号

责任编辑：姜　红　狄源硕 / 责任校对：樊雅琼

责任印制：赵　博 / 封面设计：无极书装

科学出版社出版

北京东黄城根北街 16 号

邮政编码：100717

http://www.sciencep.com

固安县铭成印刷有限公司印刷

科学出版社发行　各地新华书店经销

*

2022 年 8 月第　一　版　开本: 720×1000　1/16

2025 年 1 月第二次印刷　印张: 17

字数: 343 000

定价: 128.00 元

(如有印装质量问题, 我社负责调换)

前　言

21 世纪是海洋的世纪，海洋蕴藏着丰富的生物资源、油气资源和矿物资源，是人类生存和可持续发展的战略空间和资源要地。无人船是人类认识海洋、开发海洋、保护海洋、经略海洋的重要工具，是实现海洋强国战略的核心技术支撑。当前，无人船呈现智能化、网络化、集群化等重要发展趋势。无人船通过自主协同实现集群化作业，是未来海上交通与海洋作业的主要形式之一。《中国制造 2025》将海洋工程装备和高技术船舶列入十大重点领域。国务院印发的《新一代人工智能发展规划》将自主协同控制与优化决策理论纳入新一代人工智能发展规划的基础理论中。随着海洋强国、交通强国、海运强国等国家战略的深入实施，解决无人船集群自主协同控制问题成为国家重大而迫切的战略需求。

然而，由于无人船运动模型的复杂性、海洋环境的不确定性、海洋通信的局限性、感知信息的不完全，多无人船自主协同控制面临着极大的挑战。传统集中式的集群协同控制方法，无法适用于海洋通信受限情形；基于精确模型和信息的制导与控制方法，难以保证在不确定海洋环境下的协同稳定性；基于周期通信和采样的协同与控制方法，不能满足网络环境下高资源利用效率的发展需求。为解决上述科学问题，作者研究团队率先在国内开展多无人船协同控制基础理论和前沿技术研究，在海洋工程和智能控制领域重要期刊 *IEEE Journal of Oceanic Engineering, Ocean Engineering, IEEE Transactions on Industrial Electronics, IEEE Transactions on Cybernetics, IEEE Transactions on Neural Networks and Learning Systems, IEEE Transactions on Control Systems Technology* 等发表论文 120 余篇。本书是作者十余年来相关研究工作的系统总结，包含了作者取得的大量理论和实践成果，希望能为致力于无人海洋航行器集群协同控制研究的科研人员提供参考。

本书针对具有综合复杂性的无人船集群系统，从通信、制导、控制一体化的角度出发，系统地提出无人船集群分布式协同控制理论、无人船快速自适应制导与智能控制方法，以及无人船抗干扰制导与控制方法，研制无人船集群协同控制系统与控制平台，实验验证所提无人船集群协同控制方法的有效性和先进性，为多无人船集群化海洋作业奠定了坚实的理论和技术基础。本书共 8 章。第 1 章从无人船运动数学模型出发，总结无人船集群协同控制所面临的挑战，综述无人船集群协同控制的研究进展。第 2 章介绍无人船集群控制系统设计与分析所需的基础知识。第 3 章研究侧滑角未知的欠驱动单无人船路径跟踪问题。第 4 章研究基于全路径导引的多无人船协同路径跟踪问题。第 5 章研究基于单路径导引的多无人船分布式协同路径跟踪问题。第 6 章研究基于多路径导引的多无人船分布式协同路径跟踪问题。第 3 章到第 6 章主要从运动学层次研究无人船集群系统的协同制导问题。第 7 章研究模型参数不确定和海洋环境扰动下的无人船神经网络动力学控制问题。第 8 章研究多无人船集群系统的动力学抗干扰控制问题。

本书相关研究工作得到了国家高层次人才特殊支持计划青年拔尖人才 (项目编号：36261402)、国家自然科学基金重点项目 (项目编号：51939001)、国家自然科学基金面上和青年项目 (项目编号：52071044, 51979020, 51909021, 61976033)、大连市杰出青年科技人才支持计划 (项目编号：2018RJ08)、辽宁省“兴辽英才计划”青年拔尖人才计划 (项目编号：XLYC2007188)、辽宁省“兴辽英才计划”高水平创新创业团队 (项目编号：XLYC1908018)、交通运输行业高层次人才培养项目 (项目编号：2018-030)、广东省引进创新科研团队 (项目编号：2014ZT05G304)、中国博士后科学基金一等资助项目 (项目编号：2019M650086)、辽宁省自然科学基金面上项目 (项目编号：20180550684)、辽宁省博士启动基金项目 (项目编号：2020-BS-071) 的资助。在此特向资助机构和背后默默支持我们科研工作的评审专家表示真诚的感谢。没有上述基金的长期稳定资助，就没有本书相关科研成果的积累。

本书的相关研究工作建立在与多位国际顶尖学者合作研究的基础之上，包括欧洲科学院院士、IEEE 会士、香港城市大学王钧教授，欧洲科学院院士、IEEE 会士、澳大利亚斯威本科技大学副校长韩清龙教授，欧洲科学院院士、IEEE 会士、澳门大学陈俊龙教授，加拿大工程院院士、IEEE 会士、维多利亚大学施阳教授，美国国家科学基金会杰出青年教授奖 (NSF Career Award) 获得者、佐治亚理工学院张福民教授，在此表示深深的敬意和感谢，能够得到他们的指点和帮助是我们学术生涯中的极大幸运。

全书由彭周华教授和刘陆副教授负责统稿，王丹教授负责定稿，其中彭周华教授负责撰写第 1、5、8 章，王浩亮副教授负责撰写第 2 章和 4.4 节、4.5 节，刘陆副教授负责撰写第 3、7 章和 4.1 ~ 4.3 节，王丹教授负责撰写第 6 章。在本书撰写过程中，博士研究生古楠、吕旻高，硕士研究生吴文涛、肖克辛、姜继洲、岳佳旺、黄自鹏、刘洋、阮明昊、何宇婷、孟程铖、尹羿博做了大量图文整理工作，博士研究生姜岳、张义博、丛思铭、高胜男、吕光颢、潘超、刘浩东、徐加雪做了大量文字校对工作，感谢他们的辛勤努力和热心帮助。

由于作者水平有限，书中难免存在一些不足之处，欢迎读者批评指正。

作 者

2021 年 7 月

目　录

常用符号

无人船相关符号

x_i	坐标系 x 轴的坐标
y_i	坐标系 y 轴的坐标
ψ_i	艏摇角
u_i	纵荡速度
v_i	横荡速度
r_i	艏摇角速度
η_i	位置与艏摇角向量
ν_i	线速度与艏摇角速度向量
τ_{iu}	前向推力
τ_{iv}	侧向推力
τ_{ir}	力矩
τ_i	推力与力矩向量
β_i	侧滑角
$U_i = \sqrt{u_i^2 + v_i^2}$	合速度大小
ψ_{iW}	合速度方向
$p_i = [x_i, y_i]^{\mathrm{T}}$	二维位置
$\sigma_{iu}(\cdot)$	纵荡方向不确定函数
$\sigma_{iv}(\cdot)$	横荡方向不确定函数
$\sigma_{ir}(\cdot)$	艏摇方向不确定函数
$\sigma_{i\nu}(\cdot)$	动力学不确定函数向量
$\sigma_{ip}(\cdot)$	运动学二维不确定函数向量
$\sigma_{i\eta}(\cdot)$	运动学三维不确定函数向量

控制相关符号

θ	路径参数
v_s	路径参数更新速度
$(x_{id}(\theta), y_{id}(\theta))$	参数化路径
$\psi_{id}(\theta)$	参数化路径的切线角

$p_{id}=[x_{id},y_{id}]^{\mathrm{T}}$	期望位置
u_{id}	纵荡速度参考信号
v_{id}	横荡速度参考信号
r_{id}	艏摇角速度参考信号
ν_{id}	动力学速度向量参考信号
x_{ie}	纵向路径跟踪误差
y_{ie}	横向路径跟踪误差
ψ_{ie}	航向跟踪误差
u_{ie}	纵荡速度跟踪误差
v_{ie}	横荡速度跟踪误差
r_{ie}	艏摇角速度跟踪误差
ν_{ie}	动力学速度向量跟踪误差
u_{ic}	纵荡速度制导信号
v_{ic}	横荡速度制导信号
r_{ic}	艏摇角速度制导信号
ν_{ic}	动力学速度制导向量
$\hat{u}_i$	纵荡速度的估计
$\hat{v}_i$	横荡速度的估计
$\hat{r}_i$	艏摇角速度的估计
$\hat{\nu}_i$	动力学速度向量的估计
$\hat{u}_{ie}$	纵荡速度跟踪误差的估计
$\hat{v}_{ie}$	横荡速度跟踪误差的估计
$\hat{r}_{ie}$	艏摇角速度跟踪误差的估计
$\hat{\nu}_{ie}$	动力学速度跟踪误差的估计向量
$k_{ix},k_{iy},k_{i\psi}$	比例参数
k_{iu}	纵荡方向比例参数
k_{ir}	艏摇方向比例参数
$K_{i\eta}$	运动学比例参数矩阵
$K_{i\nu}$	动力学比例参数矩阵
W_{iu},W_{iv},W_{ir}	神经网络权值
$\hat{W}_{iu},\hat{W}_{iv},\hat{W}_{ir}$	神经网络权值的估计
X_{iu},X_{iv},X_{ir}	神经网络基函数
$\varGamma_{iu},\varGamma_{iv},\varGamma_{ir}$	神经网络自适应增益
$\varepsilon_{iu},\varepsilon_{iv},\varepsilon_{ir}$	神经网络逼近误差

其他符号

$\mathbb{Z}^+$	正整数集
$\mathbb{N}$	自然数集
$\mathbb{R}$	实数集
$\mathbb{R}^+$	正实数集
$\mathbb{R}^n$	$n\times 1$ 维列向量
$\mathbb{R}^{n+}$	$n\times 1$ 维元素为正的列向量
$\mathbb{R}^{n\times m}$	$n\times m$ 矩阵
1_N	元素为 1 的 N 维列向量
0_N	元素为 0 的 N 维列向量
$\mathrm{diag}\{a_i\}$	对角矩阵
$(\cdot)^{\mathrm{T}}$	向量或者矩阵转置
$\lambda_{\max}(A)$	矩阵 A 的最大特征值
$\lambda_{\min}(A)$	矩阵 A 的最小特征值
$\overline{o}(A)$	矩阵 A 的最大奇异值
$\underline{o}(A)$	矩阵 A 的最小奇异值
$\mathrm{tr}(A)$	矩阵 A 的迹
$\vert\cdot\vert$	绝对值
$\Vert\cdot\Vert$	2-范数
$\Vert\cdot\Vert_{\mathrm{F}}$	斐波那契范数
l_i	误差的上界
V	李雅普诺夫函数
$\gamma(s,t)$	$\mathcal{KL}$ 类函数
$\kappa(s)$	$\mathcal{K}$ 类函数
$\mathcal{G}$	图
$\mathcal{V}$	图的节点集合
$\mathcal{L}$	图的拉普拉斯矩阵
$\mathcal{D}$	图的度矩阵
$\mathcal{N}_i$	图中节点 i 的邻居无人船集合

第 1 章　绪　　论

1.1　无人船集群协同控制研究背景

1. 无人船系统

我国既是陆地大国，也是海洋大国，有 1.8 万多千米海岸线，300 多万平方千米的海洋领土，具有广泛的海洋战略利益。在陆、海、空、天四大空间中，海洋蕴藏着丰富的生物资源、油气资源、矿产资源，是人类社会可持续发展的重要战略性空间和资源要地。随着人口的急剧增长、陆上资源日益匮乏，世界各海洋强国高度重视和发展自由进入海洋空间、维护海洋空间权益、增强海洋空间控制等技术[1-3]，尤其是大力发展海洋航行器，包括无人水面船 (unmanned surface vehicle, USV, 简称无人船) 和无人水下航行器 (unmanned underwater vehicle, UUV)，用于海洋资源的开发和海洋权益的争夺[2-5]。

无人船作为一种以遥控或自主方式航行的小型化、智能化、多用途无人海洋运载平台，是现代多种高技术集成的产物，是一个国家海洋科技实力的重要体现。无人船具有全天候执行任务的能力，尤其是可以在恶劣的海洋环境中代替人类执行危险、耗时、费力的作业任务。在军事领域，无人船可用于情报搜集、反水雷战、反潜作战、电子战、海上拦截作战等多种作战任务。在民用领域，无人船可用于海洋环境监测、水文勘察、海上搜救、船只补给等，不仅可以保证人员的安全，而且能够大幅提高作业效率[1-3,6]。

在无人船研制方面，美国、以色列、欧盟等国家和地区处于世界前列，典型的代表有美国的 Spartan 号无人船、英国的 Springer 号无人船、以色列的 Protector 号无人船、意大利的 Charlie 号无人船，如图 1.1 所示。我国也相继研制出了多种型号无人船，在无人船研制方面取得了长足进步。如图 1.2 所示，典型的代表有上海大学“精海”系列无人船、哈尔滨工程大学“天行一号”无人船、华中科技大学 HUSTER 系列无人船、大连海事大学“蓝信号”无人船等。与国外先进技术水平相比，我国在诸多基础研究领域还存在明显差距，迫切需要研究人员进行前瞻性理论和技术探索。

(a) 美国 Spartan 号无人船[7]

(b) 英国 Springer 号无人船[8]

(c) 以色列 Protector 号无人船[9]

(d) 意大利 Charlie 号无人船[8]

图 1.1　国外无人船

(a) 上海大学 “精海一号” 无人船[10]

(b) 哈尔滨工程大学 “天行一号” 无人船[11]

(c) 华中科技大学 HUSTER-68 无人船[12]

(d) 大连海事大学 “蓝信号” 无人船[13]

图 1.2　国内无人船

2. 无人船集群系统协同控制

自然界中生物群体协调现象无处不在，如鸟群、鱼群、蜂群和蚁群[14-17]。生物通过简单协调展现出令人惊叹的整体行为模式，这种整体系统行为对于物种的生存与延续起到了关键性的作用，如寻觅食物、躲避天敌、适应环境等。通过群体协调作用能够高效地分配任务，完成单一个体难以完成的复杂任务，具有较强的抗干扰和环境适应能力。受生物队形的启发，无人系统（包括无人机、无人车、无人船和无人水下航行器）的集群协同控制成为备受关注的研究热点和前沿性课题之一[18-21]。协同控制是指通过选取合适的控制策略，使得一组由多个同类或相似个体组成的系统保持期望的相对姿态，维持队形的协同运动，最终完成特定的任务。集群协同系统往往能够胜任单一系统无法完成的复杂任务，具有高度的适应性、容错性、鲁棒性和自组织性[19]。图 1.3 和图 1.4 分别为自然界中鸟类和鱼类组成的队形。

图 1.3 鸟群[22]

图 1.4 鱼群[23]

由于海洋环境日益复杂、对抗性日益增强、作业任务日益多样、单体能力受限，多无人船协同作业已成为无人船海洋应用的重要发展趋势，也是网络化、信息化发展的必然要求[3]。通过多无人船协同实现集群化作业，不仅可以显著地减轻操作人员的负担，而且将使海洋作业变得更加持续、更具规模、更加智能。近二十年来，多无人船集群协同控制受到船舶运动控制研究人员的广泛关注，并成为船舶运动控制领域研究的核心问题之一[3]。

多无人船集群协同控制具有广阔的应用前景。在军事领域，多无人船集群协同已经展现极为重要的应用价值，能够实现协同扫雷、协同护航、协同态势感知、“蜂群”跟踪、协同包围敌方舰船等多种作战任务。在民用领域，多无人船集群协同能够极大地延伸海洋作业范围，显著地提高海洋作业效率，完成单一无人船不能有效完成或无法完成的复杂任务。相关应用包括协同勘测、协同搜救、协同侦察、远洋补给、海事巡逻、协同运输等。

1) 协同勘测

海洋面积约占地球面积的 71%，海洋蕴藏着丰富的生物资源、油气资源和矿物资源，是未来人类生存及可持续发展的战略性资源基地。各国相继采用无人船集群协同控制技术进行海洋资源勘测。利用多无人船进行资源勘测可以提高勘测效率，降低人力成本，提高自动化作业水平。图 1.5 为由勘测主船与两艘无人船组成的资源勘测船队，与单艘无人船的勘测范围相比，船队编队作业的资源勘测效率大幅提高。

2) 协同搜救

多无人船海上协同搜救是集群协同技术的重要应用之一，无人船可搭载激光雷达、红外探测仪、视觉传感器、搜救装置等设备，与载人救助船相协调开展点、面辐射式搜索，全时段、全天候地自主搜寻生命迹象，能大幅提高生命发现概率，解决水上搜救耗时长、风险高、人力物力消耗大等难题。图 1.6 为两艘无人船对遇难船舶进行协同救援，可显著提高救援效率，极大降低事故影响。

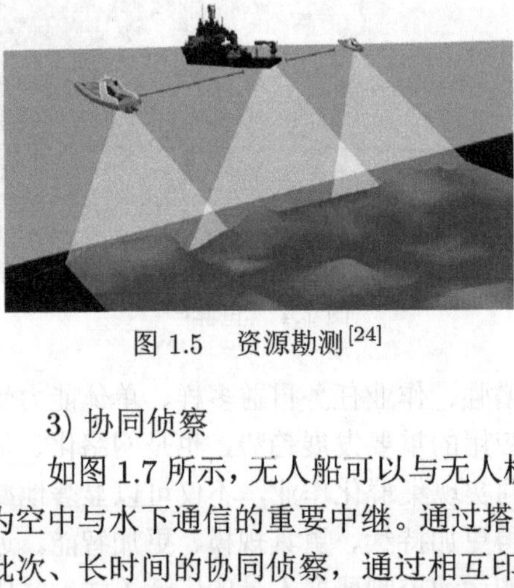

图 1.5 资源勘测[24]

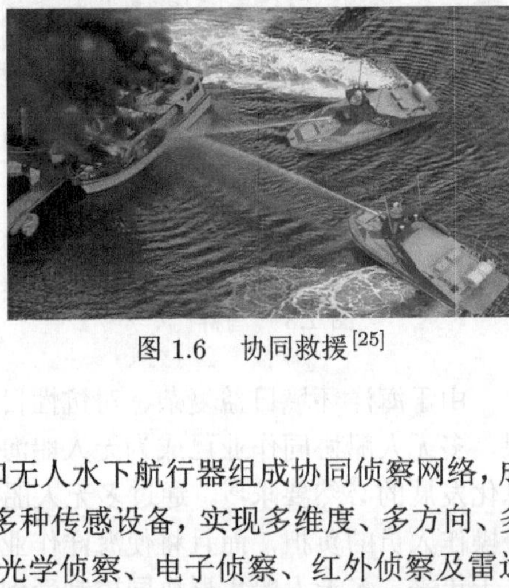

图 1.6 协同救援[25]

3) 协同侦察

如图 1.7 所示，无人船可以与无人机和无人水下航行器组成协同侦察网络，成为空中与水下通信的重要中继。通过搭载多种传感设备，实现多维度、多方向、多批次、长时间的协同侦察，通过相互印证光学侦察、电子侦察、红外侦察及雷达侦察等多种侦察手段的结果，有效扩大侦察范围、拓展侦察要素、提高侦察精度、动态跟踪目标，提升对海洋的态势感知能力。

4) 远洋补给

远洋补给是将燃料、物资和人员由补给船传送给受补给船，操作时需要两艘船舶保持一定的距离做同步运动。在远海作战中，舰队执行海上任务时间长，物资消耗量巨大，舰艇本身能够携带的燃料、淡水、食物、备件等给养十分有限。通过利用各类补给舰船与补给设备在海上对舰队进行补给，舰队在海上航行的时间可以大大延长，间接增大了舰队的作战半径，减少了舰船对港口与基地的依赖程度，从而提高远洋舰船的生存能力，增强舰队的战斗力。远洋补给作为保证舰船海上持久航行和作业的重要手段，是船舶协同控制研究的一个关键性问题。图 1.8 为一艘补给船正在给航空母舰进行远洋补给，它们通过编队维持协同运动。

图 1.7 协同侦察[26]

图 1.8 远洋补给[27]

5) 海事巡逻

海事巡逻具有监管水域广阔、作业时间长、应急反应要求快、救助能力要求高等特点，无人船具有综合成本低、抗风险能力强、智能化程度高、反应速度快、可以在高海况和高危情况下开展作业等优势，是提升海事巡逻效能的重要手段。如图 1.9 所示，多无人船协同能够满足大范围海域的巡逻需求，进一步提高巡逻效率，具有更强的应急处理能力。

6) 协同运输

全球贸易货运量约 80% 通过海运完成，我国对外贸易规模长期居全球第一，海洋运输是国际贸易的重要桥梁和纽带，同时也带动着船舶制造、海洋港口、内河运输等相关产业的发展，是拉动国家经济增长的重要引擎。船舶航运业正处于由自动化向无人化、智能化、网络化发展的关键时期，无人驾驶船舶日益崛起，必将掀起全球航运业颠覆性革命。相比于有人驾驶船舶，无人驾驶船舶具有显著的优势，能够极大地提高航行安全、节约人力成本、提高运行效率、显著减少碳排放。如图 1.10 所示，多无人驾驶船舶协同运输是智能船舶发展的必然趋势。研究表明，采用多无人船进行协同运输可以减小船舶之间的兴波阻尼，进一步减小燃油消耗，从而提高远洋运输能力。

世界各国都加快了无人系统集群技术研究。在国外，无人海洋航行器集群技术被美国和欧盟列入优先发展战略规划。美国在《无人系统综合路线图 FY2013—2038》中明确指出，提高无人海洋航行器的相互适应性是未来的发展重点[9]。欧盟则在第七框架计划 (FP7)“认知系统与机器人”中对海洋航行器协同控制相关研究进行了一系列资助，包括 GREX、Co3AUVs、MORPH、CADDY、ICARUS 等大型研究项目，其中仅 MORPH 项目资助金额就达 8500 万欧元，用于研究无人水面船和无人水下航行器协同控制技术。

图 1.9　海事巡逻[28]

图 1.10　协同运输[29]

在国内，无人系统智能技术受到高度重视。2015 年，国务院印发了《中国制造 2025》，将海洋工程装备和高技术船舶列入十大重点领域。2016 年，国家发展改革委、科技部、工业和信息化部、中央网信办等联合发布了《“互联网 +”人工智能三年行动实施方案》，提出推动人工智能技术在无人系统领域的融合应用，发展无人飞行器、无人船等多种形态的无人设备。2017 年，国务院印发了《新一代人工智能发展规划》，将自主协同控制与优化决策理论纳入新一代人工智能发展规划的基础理论中。2018 年，科技部发布了《科技创新 2030——“新一代人工智能”重大项目 2018 年度项目申报指南》，将群体智能的协同与演化、决策与控制等技术列入攻关方向。

综上所述，无人船集群协同控制研究已成为国内外研究关注的焦点，网络化、智能化的发展趋势使得无人船集群协同控制研究面临着新的机遇和挑战[3,6,30]。无人船集群协同控制涉及船舶与海洋工程、控制科学与工程、网络科学、通信工程、人工智能、仿生学、电气工程等众多学科或领域，综合多学科理论和技术对无人船集群协同控制问题进行研究，不仅为探索群体协作机制提供可验证的应用领域，而且为无人船集群协同海洋作业提供新思路、新方法、新技术。因此，开展多无人船集群协同控制研究，既体现了国际学术前沿的发展趋势，又满足国家海洋发展战略的需求，具有重要的研究意义和应用价值。

1.2　无人船集群协同控制研究挑战

1. 无人船运动模型

船舶在海洋上航行时，涉及纵荡 (surge)、横荡 (sway)、垂荡 (heave)、横摇 (roll)、纵摇 (pitch)、艏摇 (yaw) 六个自由度方向上的运动。对于无人船而言，通常忽略垂荡、横摇和纵摇三个自由度的运动，而考虑纵荡、横荡和艏摇三个自由度的运动。如图 1.11 所示，一般在两个坐标系下对无人船的运动进行描述，即 X_E-Y_E 地球坐标系 (earth-fixed reference frame) 和 X_B-Y_B 船体坐标系 (body-fixed reference frame)。

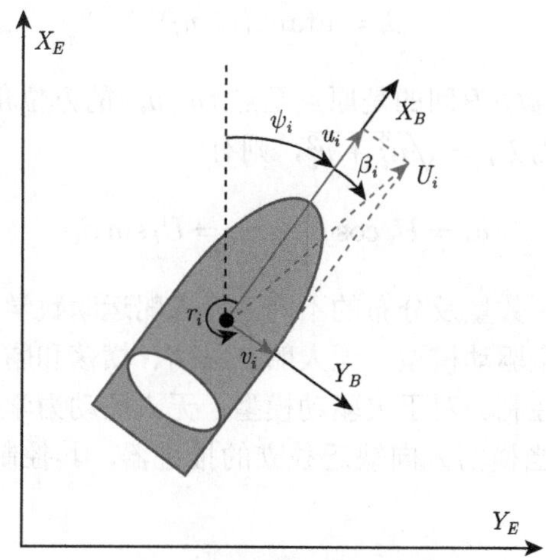

图 1.11 地球坐标系和船体坐标系

考虑 N 艘无人船组成的集群系统，每艘船舶由一个三自由度非线性运动模型进行描述，则第 i 艘无人船的运动学和动力学方程可表示为[31]

$$\begin{cases} \dot{\eta}_i = R_i(\psi_i)\nu_i \\ M_i\dot{\nu}_i = -C_i(\nu_i)\nu_i - D_i(\nu_i)\nu_i + g_i(\nu_i) + w_i + \tau_i \end{cases}, \quad i = 1, 2, \cdots, N \tag{1.1}$$

式中，$\eta_i = [x_i, y_i, \psi_i]^{\mathrm{T}} \in \mathbb{R}^3$ 为第 i 艘无人船的位置和艏摇角向量，其中 $[x_i, y_i]^{\mathrm{T}} \in \mathbb{R}^2$ 为 X_E-Y_E 坐标系下的位置，$\psi_i \in (-\pi, \pi]$ 为艏摇角；$\nu_i = [u_i, v_i, r_i]^{\mathrm{T}} \in \mathbb{R}^3$ 为第 i 艘无人船的线速度和角速度向量，其中 u_i 和 v_i 分别为 X_B-Y_B 坐标系下的纵荡速度和横荡速度，r_i 为艏摇角速度；$\tau_i = [\tau_{iu}, \tau_{iv}, \tau_{ir}]^{\mathrm{T}} \in \mathbb{R}^3$ 为控制输入力和力矩向量；$w_i = [w_{iu}, w_{iv}, w_{ir}]^{\mathrm{T}} \in \mathbb{R}^3$ 为由风浪流引起的扰动向量；$g_i(\nu_i) \in \mathbb{R}^3$ 包括未建模流体动态和建模误差；$M_i = M_i^{\mathrm{T}} \in \mathbb{R}^{3\times 3}$ 为惯性质量矩阵；$C_i(\nu_i) = -C_i(\nu_i)^{\mathrm{T}} \in \mathbb{R}^{3\times 3}$ 为向心力和科里奥利力系数矩阵；$D_i(\nu_i) \in \mathbb{R}^{3\times 3}$ 为阻尼矩阵；$R_i(\psi_i) \in \mathbb{R}^{3\times 3}$ 为旋转矩阵；且

$$M_i = \begin{bmatrix} m_{11i} & 0 & 0 \\ 0 & m_{22i} & m_{23i} \\ 0 & m_{32i} & m_{33i} \end{bmatrix}, \quad C_i(\nu_i) = \begin{bmatrix} 0 & 0 & c_{13i} \\ 0 & 0 & c_{23i} \\ c_{31i} & c_{32i} & 0 \end{bmatrix}$$

$$D_i(\nu_i) = \begin{bmatrix} d_{11i} & 0 & 0 \\ 0 & d_{22i} & d_{23i} \\ 0 & d_{32i} & d_{33i} \end{bmatrix}, \quad R_i(\psi_i) = \begin{bmatrix} \cos\psi_i & -\sin\psi_i & 0 \\ \sin\psi_i & \cos\psi_i & 0 \\ 0 & 0 & 1 \end{bmatrix} \tag{1.2}$$

无人船在航行时受横荡影响会产生侧滑，其侧滑角定义为[32-34]

$$\beta_i = \operatorname{atan2}(v_i, u_i) \tag{1.3}$$

式中，atan2 是一个函数，返回的是原点至点 (v_i, u_i) 的方位角，取值范围 $(-\pi, \pi]$。定义无人船的合速度为 $U_i = \sqrt{u_i^2 + v_i^2}$，则有

$$u_i = U_i \cos\beta_i, \quad v_i = U_i \sin\beta_i \tag{1.4}$$

根据推进器类型、数量及分布的不同，无人船运动数学模型分为全驱动和欠驱动两种类型。对于全驱动模型，无人船在纵荡、横荡和艏摇三个自由度上的运动可由独立的推进器控制。对于欠驱动模型，无人船动力学独立控制输入信号的个数小于其自由度。当横荡方向缺乏独立的推进器，其控制输入可表示为 $\tau_i = [\tau_{iu}, 0, \tau_{ir}]^{\mathrm{T}}$。

2. 协同控制研究挑战

由无人船运动数学模型 (1.1) 可知，无人船个体动态具有非线性、强耦合、多输入多输出、不确定、强扰动、欠驱动、多约束等特点。多无人船集群系统通过局部感知或网络通信关联成大规模复杂动态系统，具有“复杂船体动态 + 关联拓扑 + 交互规则”的结构特点。集群系统的群体行为由无人船的个体动态、关联拓扑、交互规则共同决定，其系统规模大、状态维数高、关联拓扑复杂，使得多无人船集群控制面临着极大挑战，总结如下。

1) 非线性

为了设计和分析集群控制器，首要的问题是建立无人船运动数学模型。运动建模是船舶运动控制研究的基础问题之一[1,35]。无人船运动模型具有非线性、强耦合、多输入多输出等特点，其建模难度大、代价高、费时长[1,36]。运动建模包括机理建模和辨识建模。机理建模一般需要大量的专家知识，即使能够通过机理建模得到精确的模型参数，在实际海洋环境中模型参数仍可能发生变化，因此辨识建模获得广泛研究。辨识建模可分为频域法和时域法[35]。典型的时域建模方法包括最大似然估计、卡尔曼滤波、最小二乘回归、粒子群优化、支持向量机[37]、神经网络[38,39]、模糊逻辑系统[40-42]等。近年来, 人工智能技术特别是机器学习取得了长足的进步，机器学习在无人船运动建模与预测方面将发挥重要作用[43]。

2) 不确定性

无人船运动模型存在着大量的不确定性，包括模型参数不确定性、未建模动态，以及未知的海洋环境风浪流引起的扰动[31]。为了降低和消除不确定性对运动控制性能的影响，提高无人船在不确定性条件下的稳定性和鲁棒性，研究者提出了滑模控制[44-47]、参数自适应控制[48-50]、鲁棒控制[51]、神经网络控制[20,38,52-59]、模糊

控制[41,42,60-62]、扰动观测器[63-65]、扩张状态观测器[33,66-72]等控制和估计方法。在运动控制器一体化设计方面，反步法[20,38,48-50,73]、动态面控制法[55,56,74-76]、微分跟踪器[57,71,77-79]、指令调节器[42,66,80,81]被广泛应用到无人船运动控制器设计中。一般而言，不同控制方法的组合能够带来控制性能的提升，然而控制器的复杂性也会相应增加，不利于实际工程实现。总之，进一步探索无人船自适应抗干扰运动控制方法，克服内部不确定和外部扰动带来的影响，提高运动控制系统的稳定性、鲁棒性、抗扰性，不仅是单无人船运动控制关注的焦点，也是多无人船协同需要解决的重要问题[3]。

3) 欠驱动

无人船推进系统主要采用双桨推进、桨舵分离、喷水推进、舷外挂机等推进方式。无人船系统的独立控制输入信号个数一般小于其自由度，属于一类典型的欠驱动系统。与全驱动不同，欠驱动无人船运动数学模型存在不可积的二阶非完整约束，不能被反馈线性化，应用 Brockett 定理表明不存在时不变、光滑、状态反馈控制器实现欠驱动无人船的定点调节[50,51]。为解决欠驱动控制问题，典型的控制方法有 Transverse 函数法[82]和辅助变量法[79,83-86]。在控制器设计过程中可采用不同的坐标变换，包括极坐标系变换[87,88]、船体坐标系变换[50]、Serret-Frenet 坐标系变换[33,51,89,90]等。近三十年来，欠驱动船舶运动控制已取得了丰富的研究成果，如何进一步拓展到多无人船集群系统是值得研究的。

4) 多约束

受推进器能力的限制，无人船运动数学模型不可避免地存在线速度约束、角速度约束、推力约束、舵偏约束等物理约束。不考虑实际物理约束的控制器可能导致控制性能下降，甚至引起系统失稳。根据约束变量的不同，可分为输出约束[91-93]、状态约束[42,66,94]和输入约束[94-96]。为解决约束条件下船舶运动控制问题，研究者提出了模型预测控制[95,97]、障碍函数法[93]、辅助系统法[91,92,96]、指令调节器[42,57,66]等控制方法。现有研究结果大多只关注模型本身的约束，未考虑实际海洋环境约束。鉴于海上交通环境的复杂性，解决环境约束和物理约束同时存在条件下的多无人船集群控制具有一定的挑战。

5) 状态不可测

在应用中，无人船的位置信息可以通过低成本的全球导航定位系统如全球定位系统 (global positioning system, GPS) 和北斗卫星定位系统获得，但其速度信息无法直接通过导航定位系统量测得到。加速度计只能测量加速度信息，不能测量速度信息。多普勒计程仪虽然可以对无人船速度信息进行测量，但其价格昂贵，不适合大规模无人船集群应用，尤其是小型低成本无人船。因此，研究速度观测器及其输出反馈集群控制问题具有实际意义，能够显著降低集群控制算法的实现成本。为了对速度信息进行观测和估计，研究人员提出了波浪滤波观测器[98]、高增益观测器[38,73]、扩张状态观测器[67,70-72,99-101]、神经网络观测器[57,102,103]等估计方法。波浪滤波观测器依赖船舶动力学的无源特性，且需要模型参数已知；高增益观测器能够估计速度信息，但不能估计动力学模型的不确定性；扩张状态观测器能够对无人船总扰动和速度进行同时观测，观测器中只有一个可调参数，参数整定容易；神经网络观测器能够对模型不确定性和速度信息进行同时观测，但参数收敛依赖持续激励条件。随着无人船应用数量的增加，研究基于输出反馈的大规模无人船集群控制具有实际意义，能够显著降低实现成本。

6) 通信受限

信息交互是实现无人船集群控制的基础，网络通信是实现信息交互的重要手段。目前，常见的海上网络通信方式包括海上无线通信、海洋卫星通信和岸基移动通信。海上无线通信受气候条件和海洋环境影响较大, 通信可靠性不高, 通信带宽窄; 海事卫星通信系统的运营和维护成本高, 且通信带宽受限; 岸基移动通信是海洋通信网络的一种有力补充，具有高速率、低成本的优点，但是只能适用于小范围的近海海域。总体而言，目前海上通信存在速率低、带宽窄、成本高等缺陷。因此，如何实现通信约束条件下多无人船集群控制是值得研究的重要课题，尤其是要发展分布式的协同控制方法[2]。

7) 避障避碰

多无人船协同不仅要避免与复杂海洋环境中动静态障碍物发生碰撞，而且要避免多无人船之间发生碰撞。自主避碰是保证无人船集群安全航行的前提，特别是随着海上交通密度的不断增加，对避碰决策与控制的时间提出了更高要求，避碰是集群控制需要克服的难点。为了有效避免编队无人船发生碰撞，现有方法包括指定性能[104-106]和人工势能函数法[63,71,72,82,100]等。目前关于无人船集群编队避碰的研究还十分有限。因此，针对复杂海洋环境和潜在威胁信息，如何在通信、感知、计算资源受限条件下，设计协同控制器避免无人船与环境障碍物及无人船个体之间发生碰撞，保证无人船集群运动决策的安全性，是多无人船集群协同控制面临的挑战之一。

1.3 无人船集群协同控制研究现状

1. 集群协同控制结构

如图 1.12 所示，多无人船集群控制结构包括集中式控制 (centralized control)、分散式控制 (decentralized control) 和分布式控制 (distributed control)[38]，简述如下。

1) 集中式控制

如图 1.12 (a) 所示，集中式控制通过一个中央控制器 K 对集群进行统一控制, 需要 n 艘无人船的状态信息。中央控制器可以在远程地面站、母船或云端实现。集中式控制根据所有无人船信息进行统一决策与控制，因此能够获得全局最优的性能。然而，集中式控制对通信带宽和计算资源要求高，信号传送可能产生延时，导致编队规模不能任意扩展[107,108]。

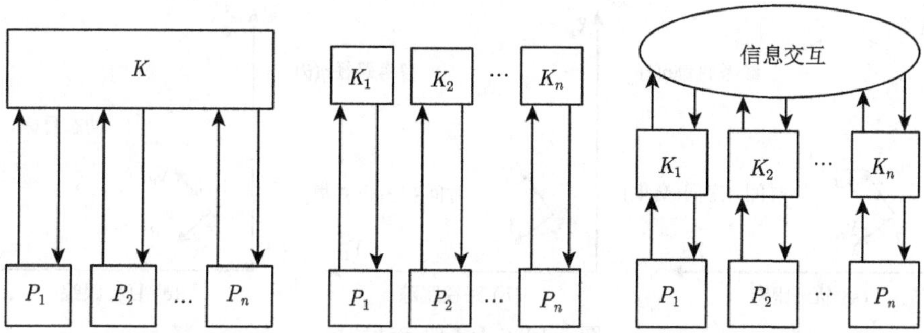

(a) 集中式控制　(b) 分散式控制　(c) 分布式控制

图 1.12　集中式、分散式与分布式控制结构

2) 分散式控制

如图 1.12 (b) 所示，分散式控制无中央控制器，n 艘无人船对应 n 个相互独立的控制器 K_i，各控制器是平等的。由于感知或通信能力的限制，控制器 K_i 只获得集群中的部分无人船状态信息。与集中式控制相比，分散式控制尽管很难保证全局最优, 但由于它具有模块化、可扩展等优点，受到控制人员的广泛关注[55,88,105,109]。

3) 分布式控制

如图 1.12 (c) 所示，与分散式控制类似，n 艘无人船对应 n 个相互独立的控制器 K_i，控制器 K_i 通过局部感知或通信获得的信息作出控制决策，不需要集群系统中全部个体的状态信息。与分散式控制不同，分布式控制器 K_1 到 K_n 之间存在信息交互。由于感知、通信、控制是分别进行的，极大程度上降低了信息通信的代价，控制更为灵活，操作更为方便，并且具有高容错性和扩展性。由于分布式控制不需要全局通信，降低了对通信带宽的要求，因而更适合于通信受限海洋环境[42,71,77,86,110]。

2. 协同控制运动场景

1) 单无人船运动场景

根据控制目标的不同，单无人船运动控制可分为轨迹跟踪 (trajectory tracking)、路径跟踪 (path following)、目标跟踪 (target tracking) 三类[36,61,111,112]。

(1) 轨迹跟踪。

如图 1.13 (a) 所示，轨迹跟踪的目标是跟踪一条时变参考轨迹，有严格的时间要求，需要在指定时间到达指定位置。轨迹跟踪问题既需要满足空间约束又同时需要满足时间约束，是空间任务与时间任务的交集。无人船轨迹跟踪可用于完成一些对时间要求较高的任务，如水下航行器的对接与回收等。在无人船轨迹跟踪研究方面，已取得一些研究成果[38, 73, 85, 95, 113-117]。

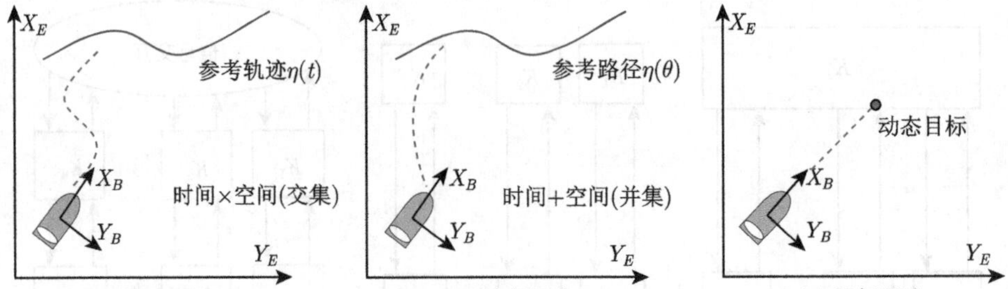

(a) 轨迹跟踪　(b) 路径跟踪　(c) 目标跟踪

图 1.13　无人船运动场景

(2) 路径跟踪。

如图 1.13 (b) 所示，路径跟踪的控制目标是跟踪空间中一条独立于时间的几何路径。与轨迹跟踪不同，路径跟踪控制没有严格的时间要求。路径跟踪问题需优先满足空间约束，其次是时间约束，是空间任务与时间任务的并集。相比于轨迹跟踪，路径跟踪能够实现更为光滑的跟踪效果，控制器不易陷入饱和[48]。无人船路径跟踪适用于完成一些对时间没有严格要求的工作，如水文调查、管道检测、地形勘察等。在无人船路径跟踪研究方面，目前已经取得了丰富的研究成果[32, 48, 50, 90, 92, 97, 111, 118-124]。

(3) 目标跟踪。

如图 1.13 (c) 所示，目标跟踪即跟踪一个动态目标，目标可以是静止的，也可以是运动的。当目标静止时，跟踪问题也称为点镇定或动力定位问题[125, 126]。对于目标跟踪，目标的瞬时状态信息可通过传感器获得，目标的未来运动趋势是未知的，跟踪者需要根据目标瞬时状态信息决定运动方向与速度。无人船目标跟踪可用于跟踪敌方潜艇、水面舰艇、海洋生物等海洋应用场景。在无人船目标跟踪研究方面，目前已经取得了一些研究成果[20, 36, 44, 55, 61, 88, 105, 106, 127-131]。

2) 多无人船运动场景

与单无人船运动控制目标不同，多无人船集群协同控制的目标是设计控制器使得两艘以上船舶呈现期望的整体队形模式。在无人船集群协同方面，典型的协同控制策略有领航跟随法 [44, 58, 88, 129, 132, 133]、基于行为法[107]、虚拟结构法[108]、人工势能函数法[63,82]、图论法[42,57,77,134,135]等。根据运动场景的不同，可以大致归纳为基于轨迹导引的协同控制、基于路径导引的协同控制及基于目标导引的协同控制，简述如下。

(1) 基于轨迹导引的协同控制。

在基于轨迹导引的协同控制方面，控制的目标是多艘无人船跟踪一条或多条时间相关的参考轨迹，同时实现期望的编队队形。基于轨迹导引的协同控制中时间要求和空间要求是耦合的，即要求在指定的时间到达指定的位置，适用于时间要求和空间要求较高的运动场景。根据轨迹个数的不同，现有研究结果可分为全轨迹导引的协同轨迹跟踪[63,82]、单轨迹导引的分布式协同轨迹跟踪[46,69,74,76,136-138]、多轨迹导引的分布式协同轨迹跟踪[102,104,139]，如图 1.14 所示。在全轨迹导引方面，通常由轨迹生成器产生每艘船舶的参考轨迹，从而将编队控制问题转化为每艘无人船的轨迹跟踪问题，轨迹生成器可采用集中式或分布式结构。在单轨迹导引方面，集群中只有一部分无人船访问参考轨迹信息，另一部分无人船仅与邻居无人船进行信息交互，不能访问参考轨迹信息。控制的目标是多无人船协同跟踪该参考轨迹，保持期望的编队队形。在多轨迹导引方面，控制的目标是跟踪多参考轨迹张成的凸包内。在控制结构上，单轨迹导引和多轨迹导引属于分布式控制。

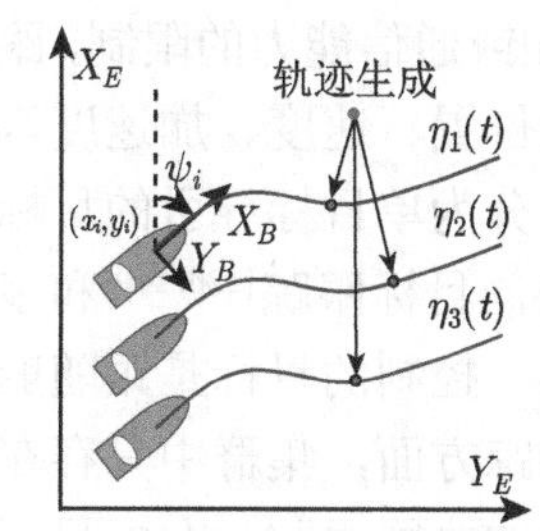

(a) 全轨迹导引的协同轨迹跟踪

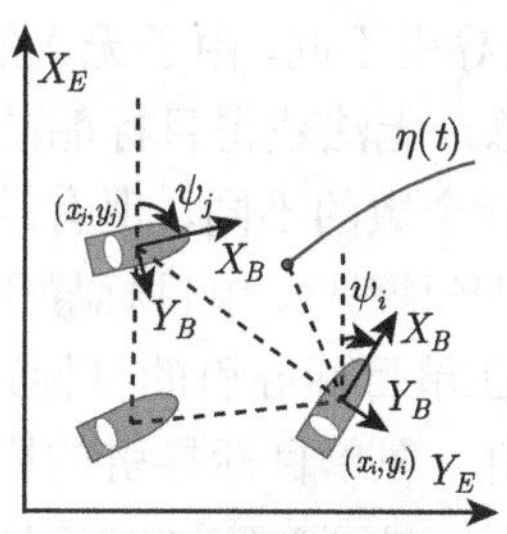

(b) 单轨迹导引的分布式协同轨迹跟踪

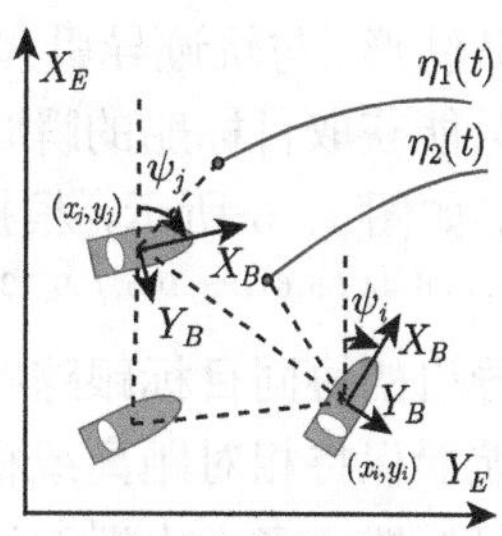

(c) 多轨迹导引的分布式协同轨迹跟踪

图 1.14 协同轨迹跟踪

(2) 基于路径导引的协同控制。

在基于路径导引的协同控制方面，控制目标是多艘无人船跟踪一条或多条预设的参数化路径，同时保持期望的编队队形。与轨迹导引方式相比，除了控制器设计外，基于路径导引的集群控制需要进行参数化路径更新律的设计，因此提供了额外的控制自由度。对于群体而言，其空间要求和时间要求是解耦的，可以分别独立进行控制，如独立控制无人船集群的航行速度。如图 1.15 所示，根据参数化路径个数的不同，现有研究结果可分为全路径导引的协同路径跟踪[49,64,78,108,140-145]、单路径导引的分布式协同路径跟踪[42,71,86]和多路径导引的分布式协同路径跟踪[57,77,79,100]三类。对于全路径导引的协同路径跟踪，每艘船舶跟踪一条参数化路径，集群行为通过参数化路径变量的协同实现。在单路径导引的分布式协同路径跟踪方面，集群中只存在一条参数化路径，多无人船通过局部信息交换实现对参数化路径的协同跟踪。与基于多轨迹导引的包含控制类似，多路径导引的分布式路径跟踪是跟随参数化路径上虚拟领航船张成的凸包内。

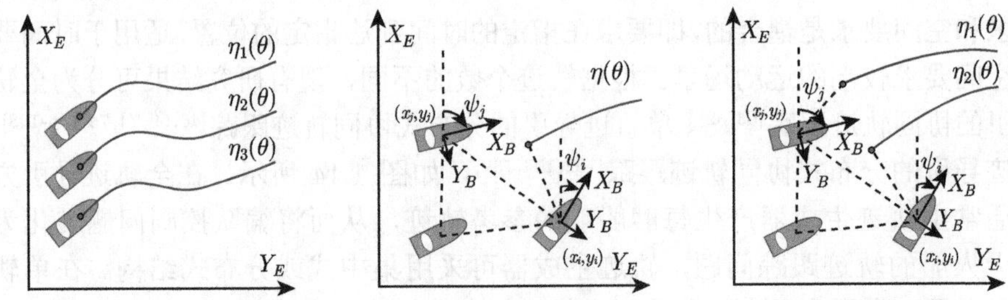

(a) 全路径导引的协同路径跟踪　(b) 单路径导引的分布式协同路径跟踪　(c) 多路径导引的分布式协同路径跟踪

图 1.15　协同路径跟踪

(3) 基于目标导引的协同控制。

基于目标导引的协同控制即无人船跟踪单个或多个动态目标，同时保持期望的编队队形。与轨迹导引和路径导引不同，由于无人船感知或通信能力的限制，跟随船只能获取目标船的瞬时信息，无法获得目标船的未来位置、速度、加速度等信息。如图 1.16 所示，根据目标个数的不同，现有结果可分为单目标导引的目标跟踪[20,36,44,55,61,88,105,109,125,131,132,146-148]、单目标导引的协同目标跟踪[126,149]和多目标导引的协同目标跟踪[148]。在单目标导引的目标跟踪中，控制的目标是跟随船与领航船保持相对距离或相对角。在单目标导引的协同跟踪方面，集群中只存在一艘目标船，多无人船通过局部信息交换实现对该目标船的协同跟踪。在多目标导引方面，多无人船通过局部信息交换实现对多目标船的协同目标跟踪。

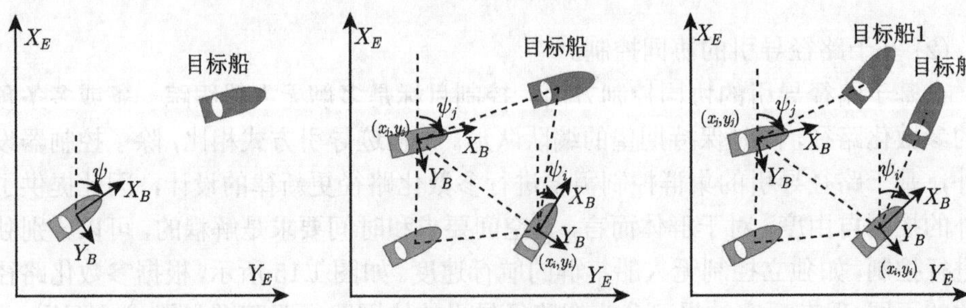

(a) 单目标导引的目标跟踪　(b) 单目标导引的协同目标跟踪　(c) 多目标导引的协同目标跟踪

图 1.16　协同目标跟踪

3. 协同控制研究现状

经过二十年的发展，多无人船集群协同控制已经取得了重要研究进展。下面根据多无人船运动场景的不同，从轨迹导引、路径导引、目标导引三方面综述多无人船集群协同控制的研究进展。

1) 基于轨迹导引的协同控制

在全轨迹导引的多无人船集群协同控制方面，文献 [82] 针对感知距离受限欠驱动船舶，采用非线性变换、反步法、Transverse 函数法和 p 次可微阶跃函数，提出了无风险编队控制器，在保持队形稳定的同时能够避免船舶之间发生碰撞。Transverse 函数法可能导致控制信号和跟踪误差高频振荡，文献 [63] 采用一个二阶动态系统产生跟踪参考轨迹，提出了一种改进的无碰撞同步轨迹跟踪控制器。该方法避免了 Transverse 函数法中复杂的坐标变换。文献 [63]、[82] 采用轨迹生成器产生全局参考轨迹，属于集中式控制。与文献 [33]、[85] 需要全轨迹信息不同，文献 [46]、[69]、[74]、[76]、[102]、[104]、[136]、[137]、[139] 研究了多无人船分布式轨迹跟踪控制问题。

在单轨迹导引的多无人船集群协同控制方面，文献 [74] 提出了基于预估器的神经网络动态面控制方法，设计了无人船分布式编队控制器，提高了神经网络学习和控制输入信号的暂态性能。考虑风浪流海洋环境扰动，文献 [76] 提出了基于扰动观测器的分布式编队控制器，实现了动力定位船舶观测器和控制器的解耦设计。为了保证控制信号的低频特性，文献 [138] 提出了基于低频学习机制的分布式神经网络控制器。为了减小神经网络的学习参数，文献 [136] 提出了最少参数学习的神经网络编队控制器。为了改进编队控制系统的收敛性，文献 [69] 针对受约束水面船舶提出了基于有限时间扩张状态观测器的编队控制器。文献 [69]、[74]、[76]、[136] 主要针对全驱动船舶而设计。在欠驱动船舶方面，文献 [137] 提出了基于误差变换的编队控制器，具有避障避碰和连通保持功能。为了实现编队误差的有限时间收敛，文献 [46] 提出了分布式非线性滑模编队控制器。

在多轨迹导引的多无人船集群协同控制方面，目前已经取得了一些研究结果和研究进展[102, 104, 139]。文献 [102] 针对单向网络连通含模型不确定性和海洋环境扰动的无人海洋航行器，提出了基于迭代学习神经网络的分布式状态反馈和输出反馈包含控制器。为了避免在控制器设计中使用函数逼近器，文献 [104] 提出了指定性能的分布式包含控制器，使得包含跟踪误差在暂态和稳态过程中收敛于预设的范围内。为了改进跟踪误差的收敛性，文献 [139] 提出了自适应有限时间收敛包含控制器，减小了控制信号的抖振。

2) 基于路径导引的协同控制

在全路径导引的协同路径跟踪方面，文献 [108] 将协同路径跟踪分解为几何任务和动态任务，设计船舶协同路径跟踪控制器，其路径参数更新需要所有船舶的参数信息。文献 [64] 提出了另一种路径参数更新律，每艘跟随船需访问领航船路径信息。文献 [144] 采用无源性理论设计了分布式同步路径参数更新律，路径参数通过离散采样更新，去除了文献 [64]、[108] 要求全局通信的假设条件。随后，研究人员分析了不同网络环境下协同路径跟踪控制器的稳定性，包括通信丢包与通信时延[140]、时变通信时延[141]、离散周期通信[142]、事件触发通信[145]、时变状态相关网络攻击[78]等。文献 [64]、[108]、[140]~[142]、[144] 假设船舶模型是精确已知的，因此不能保证参数不确定和海洋环境扰动下的稳定性。为了改进模型不确定和海流影响下的稳定性，文献 [49] 采用反步法设计了自适应协同路径跟踪器。为了解决海洋环境下的非结构不确定性和风浪流海洋环境扰动，文献 [150] 提出了基于神经网络的状态反馈和输出反馈协同路径跟踪控制器。另外，文献 [100] 提出了基于扩张状态观测器的抗干扰协同路径跟踪控制方法，实验验证了该方法的有效性。

值得指出的是，文献 [49]、[140]~[142]、[144]、[150]~[152] 需要为每艘无人船单独规划路径，只能实现多路径上的并排编队队形。文献 [112] 提出了一种基于路径参数包含的协同路径跟踪方法，实现了单一路径上的队列编队队形。文献 [151] 将该结果进一步拓展到动力学层次，采用模块化方法设计了协同路径跟踪控制器。文献 [112]、[151] 局限于开曲线路径上的协同编队，不能实现闭曲线的协同路径跟踪。文献 [152] 提出了参数环形跟踪的协同路径跟踪控制方法，实现了闭曲线上的对称编队队形。文献 [11] 在参考速度非全局已知的情形下，提出了参数循环跟踪的协同路径跟踪控制器，实验验证了所提方法的有效性。文献 [64]、[78]、[100]、[108]、[140]~[142]、[145]、[150]、[151] 中每艘无人船都需获得路径信息，属于集中式控制方式。

在单路径导引的分布式路径跟踪方面，文献 [42] 提出了基于神经动态优化和模糊逼近的分布式协同路径跟踪控制器，实现了单参数化路径导引的多无人船分布式编队控制，在状态约束条件下优化了集群控制性能。文献 [71] 采用三阶扩张状态观测器估计线速度和艏摇角速度，提出了带避障避碰和连通保持功能的分布式输出反馈路径跟踪控制器。文献 [42]、[71] 所提控制方法局限于全驱动无人船，文献 [86] 针对通信距离受限下欠驱动多无人船集群系统，设计了兼具避障避碰和连通保持的分布式时变队形控制器。

在多路径导引的分布式路径跟踪方面，文献 [77] 采用模块化方法设计了分布式协同路径跟踪控制器，使得多无人船收敛到多领航船所张成的凸包内。文献 [57] 将文献 [77] 的结果扩展到输出反馈情形，提出了基于神经动力学观测器的分布式协同路径跟踪控制器。文献 [57]、[77] 的研究结果局限于全驱动船舶，文献 [79] 提出了多参数化路径导引的欠驱动多无人船分布式包含操纵方法。文献 [100] 在分布式路径跟踪控制器设计中引入避碰和连通保持机制，采用有限时间收敛扩张状态观测器，提出了基于位置和艏摇角信息反馈的分布式协同路径跟踪控制器，实现了包含编队误差的有限时间收敛。在路径参数协同方面，典型的方法包括连续路径参数更新[42,49,57,77,79,86,100,140,141,150-152]、数据采样更新[144]、离散周期更新[142]、事件触发通信[153]等。在运动学层次，文献 [42]、[71]、[77]、[79]、[86]、[100] 提出的分布式路径跟踪制导律均采用连续控制方式，从网络控制的角度出发，如何进一步减轻分布式协同制导的通信负担是值得研究的。

3) 基于目标导引的协同控制

目标跟踪被广泛用于实现多无人船的协同控制。在单无人船目标跟踪方面，目前已经取得了丰富的研究成果[20,36,44,55,83,84,88,105,106,109,128,132,133,146,154]。具体而言，文献 [44] 采用滑模控制方法设计了领航-跟随编队控制器，该控制器仅需无人船与邻居无人船的相对测量信息。文献 [55] 提出了基于多层前馈神经网络的自适应编队控制器，解决了运动学和动力学同时存在不确定的编队控制问题。文献 [20] 提出了一种基于虚拟目标导引的自适应领航-跟随编队控制方法，采用径向基神经网络对动力学不确定与海洋环境扰动进行补偿。考虑船舶输入受限问题，文献 [146] 结合饱和函数提出了神经网络领航-跟随编队控制器。考虑船舶速度不可测，文献 [125] 提出了基于神经网络观测器的饱和编队控制器。考虑船舶不确定性和执行机构故障，文献 [109] 提出了故障容错自适应领航-跟随编队控制器。采用时变正切函数保证了相对距离和相对角度在期望的界内。考虑编队误差的暂态性能，文献 [105] 提出了基于指定性能的领航-跟随编队控制器，该控制器具有避碰和连通保持功能。类似的方法可见文献 [132]。考虑目标船动态未知，文献 [88] 设计了基于扩张状态观测器的神经网络控制器。为了减少控制抖振，文献 [132] 提出了自适应连续滑模编队控制器。文献 [44]、[55]、[88]、[105]、[109]、[125]、[146] 在目标跟踪时未引入制导策略，文献 [36] 则将平行接近制导引入目标跟踪设计，通过跟踪位于领航船附近的虚拟目标，实现了领航-跟随编队结构。文献 [147] 提出了向量场制导的目标跟踪方法。

值得指出的是，文献 [36]、[44]、[55]、[88]、[105]、[109]、[125]、[146]、[147] 研究的是一对一的目标跟踪问题，控制的目的是目标船与跟随船保持相对位置和角度。在某些应用场景期望对目标船实施包围，保持与目标船环绕的编队队形。文献 [131] 针对未知海流扰动下目标跟踪问题，提出了基于视距制导和海流估计器的目标包围控制方法，实现了无人船对速度未知目标船的动态包围。文献 [61] 提出了事件触发的动态面设计方法，设计了基于模糊逻辑系统的目标包围控制器，降低了无人船执行器的动作频率。上述研究结果[20,36,44,55,61,88,105,109,125,131,132,146-148]只能实现单无人船对单目标的跟踪或包围。

在单目标导引的协同目标跟踪方面，文献 [126] 采用视距制导方法，提出了通用的协同目标跟踪控制结构，实现了对水下动态目标的多无人船协同跟踪。文献 [149] 针对模型已知欠驱动无人船，提出了基于群集动态和轨迹跟踪的分层控制方法，实现了对目标船的跟踪和包围。文献 [149] 提出的分布式协同控制器实现了多无人船协同目标包围队形。在多目标导引方面，文献 [155]、[156] 通过调节跟随船与两艘领航船的相对位置，实现了三艘海洋航行器的三角编队队形。文献 [148] 则是针对动态未知欠驱动无人船，提出了基于多目标船导引的分布式协同目标跟踪方法，实现了编队-包含队形。

1.4　本书体系结构

本书针对具有综合复杂性的全驱动和欠驱动无人船集群系统，从通信、制导和控制一体化的角度出发，系统地提出无人船分布式集群协同控制理论。在运动学层次，建立基于全路径导引的协同路径跟踪方法，单路径导引的分布式路径跟踪方法，以及多路径导引的分布式包含控制方法；在动力学层次，提出基于预估器的神经网络控制方法和基于扩张状态观测器的抗干扰动力学控制方法。作者研究团队研制了多无人船协同控制系统与控制平台，仿真和实验验证了所提多无人船协同控制方法的有效性。本书体系结构如图 1.17 所示。

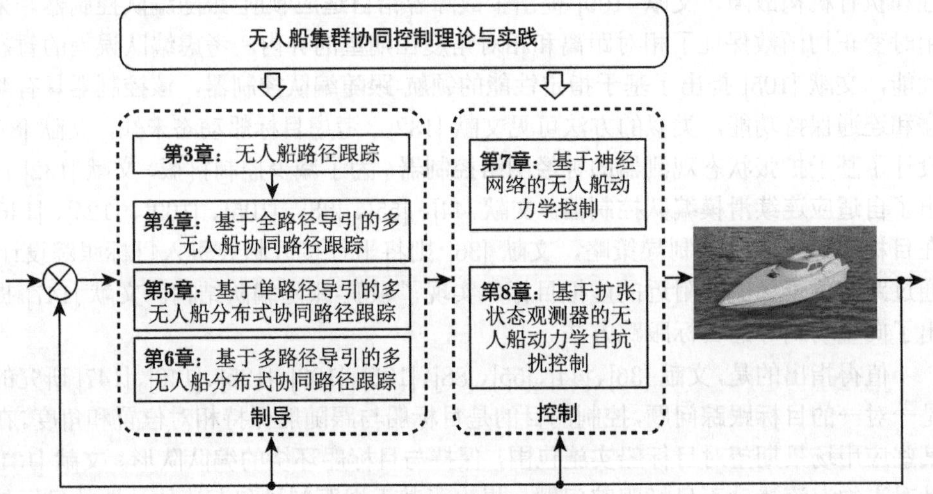

图 1.17　本书体系结构

第 2 章介绍无人船集群控制系统设计与分析所需的基础知识，包括稳定性定理、图论、神经网络逼近定理。2.1 节介绍稳定性理论，包括全局一致渐近稳定性、输入状态稳定性、有限时间稳定性、级联稳定性的定义与判定定理，用于分析所设计控制器的稳定性；2.2 节介绍图论的相关定义与定理，用于无人船的集群编队控制器设计，构建多无人船之间及多无人船与领航船之间的通信关系；2.3 节介绍神经网络逼近定理，用于无人船自适应动力学控制器设计，克服无人船模型不确定性；2.4 节介绍投影算子用于自适应律设计和稳定性分析。

第 3 章研究侧滑角未知的欠驱动单无人船路径跟踪问题。3.1 节提出基于预估器的视距 (predictor-based line-of-sight, PLOS) 制导方法，将预估器引入视距 (line-of-sight, LOS) 制导的设计中，实现未知侧滑角的快速自适应补偿；3.2 节提出基于扩张状态观测器的 LOS (extended-state-observer-based line-of-sight, ELOS) 制导方法，采用降维扩张状态观测器估计时变的侧滑角，实现侧滑角的精确补偿，通过调节扩张状态观测器带宽缩短暂态学习过程。

第 4 章研究基于全路径导引的欠驱动多无人船的协同路径跟踪问题。4.1 节提出一种基于路径参数一致性的 LOS 协同路径跟踪方法，使得路径参数趋于同步，实现多条路径上的同步编队队形；4.2 节提出一种基于路径参数包含的 LOS 协同路径跟踪方法，使得路径参数均匀地分散在两艘虚拟领航船之间，实现同一路径上队列的编队队形；4.3 节提出一种基于路径参数环形跟踪的 LOS 路径跟踪方法，使得路径参数在圆周上的均匀分散，实现一条闭曲线上的对称编队队形；4.4 节提出一种基于事件触发机制的协同路径跟踪方法，显著降低了通信负担。

第 5 章研究基于单路径导引的多无人船分布式协同路径跟踪问题。5.1 节针对全驱动多无人船系统，在邻居无人船信息未知情形下，结合路径跟踪原理和一致性方法，提出基于扩张状态观测器的分布式协同路径跟踪制导方法；5.2 节针对欠驱动多无人船系统，结合路径操纵原理、一致性方法和辅助变量法，提出基于扩张状态观测器的分布式协同路径跟踪制导控制方法；5.3 节结合一致性原理、辅助变量法和人工势能函数，提出具有避碰和连通保持功能的分布式协同路径跟踪制导方法，实现基于单路径导引的多无人船时变编队队形。

第 6 章研究基于多路径导引的多无人船分布式协同路径跟踪问题。6.1 节针对全驱动多无人船模型，采用基于路径操纵误差反馈和基于滤波路径的包含操纵方法，使得全驱动多无人船跟踪由多参数路径导引的虚拟领航船张成的凸包；6.2 节针对欠驱动多无人船模型，采用辅助变量方法及路径操纵设计原理，提出欠驱动多无人船分布式包含操纵制导方法。采用所提制导方法，使得多虚拟领航船能够形成预设队形，同时多无人船能够收敛到由多虚拟领航船所张成的凸包内；6.3 节通过结合一致性原理、辅助变量法和人工势能函数，设计有限时间收敛的欠驱动多无人船分布式路径操纵制导律，不仅避免无人船和环境障碍物之间发生碰撞，而且避免多无人船个体之间发生碰撞，同时保证多无人船编队网络的连通性。

第 7 章研究含模型参数不确定和海洋环境扰动的无人船动力学控制问题，以跟踪第 3 章到第 6 章所设计的制导律给出的期望速度。7.1 节针对偏航动力学未知和存在测量噪声情况下的无人船航向控制问题，提出一种快速自适应航向控制方法；7.2 节考虑模型参数未知和海洋环境扰动下欠驱动无人船模型，提出一种基于预估器的神经网络动力学控制方法，提高了动力学控制的暂态性能；为了保证学习参数的收敛，7.3 节针对输入增益未知不确定无人船模型，提出一种基于积分并行学习的欠驱动无人船动力学控制方法；为了保证控制信号的有界性，7.4 节针对输入受限全驱动无人船模型，提出一种基于预估器的神经网络有界控制方法；7.5 节针对无人船远程网络化控制需求，提出一种基于事件触发的神经网络动力学控制方法，显著降低了网络通信次数。

第 8 章研究模型参数不确定和未知海洋环境扰动下的无人船动力学自抗扰控制问题。8.1 节针对欠驱动无人船的航向控制问题，提出基于扩张状态观测器的航向自抗扰控制方法；8.2 节针对欠驱动无人船的纵荡速度和艏摇角速度控制问题，提出基于扩张状态观测器的速度自抗扰控制方法；8.3 节针对全驱动无人船的动力学控制问题，提出基于扩张状态观测器的速度自抗扰控制方法；8.4 节通过在扩张状态观测器设计中引入鲁棒符号积分反馈，提出渐近稳定收敛的扩张状态观测器和全驱动无人船动力学自抗扰控制方法。

第 2 章　基础知识

本章介绍无人船集群协同制导和动力学控制器设计所需的基础知识，包括稳定性定理、图论、神经网络逼近定理及投影算子。

2.1　稳定性定理

定义 2.1($\mathcal{K}$ 类函数[157]) $\mathcal{K}$ 类函数为一类连续严格递增的函数 $\alpha(r)$，定义域为 $r \in [0,a)$ 且 $\alpha(0)=0$。

定义 2.2($\mathcal{K}_\infty$ 类函数[157]) 若某一 $\mathcal{K}$ 类函数的定义域为 $r \in [0,\infty)$，且 $r \to \infty$ 时，$\alpha(r) \to \infty$，则该函数为 $\mathcal{K}_\infty$ 类函数。

定义 2.3($\mathcal{KL}$ 类函数[157]) $\mathcal{KL}$ 类函数为一类连续函数 $\beta(r,s)$，定义域为 $r \in [0,a)$ 和 $s \in [0,\infty)$，若固定 s，$\beta(r,s)$ 关于 r 为 $\mathcal{K}$ 类函数；若固定 r，$\beta(r,s)$ 关于 s 为减函数，且 $s \to \infty$ 时，$\beta(r,s) \to 0$。

上述三类函数称为比较函数，常用于稳定性分析。下面介绍分析系统稳定性的相关定义和判定定理。

考虑一阶常微分方程描述的非自治系统：

$$\dot{x} = f(t,x) \tag{2.1}$$

式中，$f:[0,\infty)\times D \to \mathbb{R}^n$ 是 t 上的分段连续函数，$D \subset \mathbb{R}^n$ 为包含原点的一个区域范围，f 在 $[0,\infty)\times D$ 上关于 x 是局部利普希茨连续的。

定义 2.4 (全局一致渐近稳定性[157]) 系统 (2.1) 的平衡点 $x=0$ 是全局一致渐近稳定的，当且仅当存在 $\mathcal{KL}$ 类函数 γ 和正数 δ 满足

$$\|x(t)\| \leqslant \gamma\left(\|x(t_0)\|, t-t_0\right), \quad \forall t \geqslant t_0 \geqslant 0, \quad \forall \|x(t_0)\| < \delta \tag{2.2}$$

系统 (2.1) 的全局一致渐近稳定性可以根据如下李雅普诺夫定理进行判定。

定理 2.1 (全局一致渐近稳定性[158]) $x=0$ 是系统 (2.1) 的平衡点，$V:[0,\infty)\times\mathbb{R}^n \to \mathbb{R}$ 是连续可微的函数，且满足

$$\begin{cases} \alpha_1(\|x\|) \leqslant V(t,x) \leqslant \alpha_2(\|x\|) \\ \dfrac{\partial V}{\partial t} + \dfrac{\partial V}{\partial x} f(t,x) \leqslant -\alpha_3(\|x\|), \quad \forall t \geqslant 0, \forall x \in \mathbb{R}^n \end{cases} \tag{2.3}$$

式中，α_1 和 α_2 是 $\mathcal{K}_\infty$ 类函数；α_3 是 $\mathcal{K}$ 类函数，则平衡点 $x=0$ 是全局一致渐近稳定的。

下面介绍输入状态稳定性的定义与判定定理。

考虑如下非线性动态系统：

$$\dot{x}=f(t,x,u) \tag{2.4}$$

式中，f 是 t 上的分段连续函数，且关于 x 和 u 是局部利普希茨连续的。

定义 2.5(输入状态稳定性[157]) 对于系统 (2.4)，若存在 $\mathcal{KL}$ 类函数 γ 和 $\mathcal{K}$ 类函数 $\kappa(s)$，对于任意 $x(t_0)$ 和任意有界输入 $u(t)$，其解存在且满足

$$\|x(t)\| \leqslant \max\left\{\gamma\left(\|x(t_0)\|, t-t_0\right), \kappa\left(\sup_{t_0\leqslant\tau\leqslant t}\|u(\tau)\|\right)\right\},\quad \forall 0\leqslant t_0\leqslant t \tag{2.5}$$

则系统 (2.4) 是输入状态稳定的。

系统 (2.4) 的输入状态稳定性可以根据如下李雅普诺夫定理进行判定。

定理 2.2(输入状态稳定性[159]) $V:[0,\infty)\times\mathbb{R}^n\to\mathbb{R}$ 是连续可微的函数，且满足

$$\begin{cases}\alpha_1(\|x\|)\leqslant V(t,x)\leqslant\alpha_2(\|x\|)\\ \dfrac{\partial V}{\partial t}+\dfrac{\partial V}{\partial x}f(t,x,u)\leqslant-\alpha_3(\|x\|),\quad \forall\|x\|\geqslant\rho(\|u\|)>0\end{cases} \tag{2.6}$$

式中，$\forall(t,x,u)\in[0,\infty)\times\mathbb{R}^n\times\mathbb{R}^m$；$\alpha_1$ 和 α_2 是 $\mathcal{K}_\infty$ 类函数；ρ 是 $\mathcal{K}$ 类函数；α_3 是 $\mathbb{R}^n$ 域上的连续正定函数。则系统 (2.4) 是输入状态稳定的，其解满足式 (2.5)，且 $\kappa=\alpha_1^{-1}\circ\alpha_2\circ\rho$。

下面介绍级联系统稳定性的判定定理。

定理 2.3(级联系统渐近稳定性[159]) 考虑级联系统：

$$\dot{x}_1=f_1(t,x_1,x_2) \tag{2.7}$$

$$\dot{x}_2=f_2(t,x_2) \tag{2.8}$$

如果当 x_2 作为输入，系统 (2.7) 是输入状态稳定的，且系统 (2.8) 的原点是全局一致渐近稳定的，那么系统 (2.7) 和系统 (2.8) 组成的级联系统是全局一致渐近稳定的。

定理 2.4(级联系统输入状态稳定性[158]) 考虑级联系统：

$$\dot{x}_1=f_1(t,x_1,x_2) \tag{2.9}$$

$$\dot{x}_2=f_2(t,x_2,u) \tag{2.10}$$

如果当 x_2 作为输入,系统 (2.9) 是输入状态稳定的,且当 u 作为输入,系统 (2.10) 是输入状态稳定的，那么系统 (2.9) 和系统 (2.10) 组成的级联系统是输入状态稳定的。

下面介绍有限时间稳定性的判定定理。

定理 2.5(有限时间稳定性[160]) 对于一个非线性系统:

$$\dot{x}(t)=f(x(t)), \quad f(0)=0, \quad x \subset \mathbb{R}^n \tag{2.11}$$

假设存在一个连续的李雅普诺夫函数 $V(x)$，以及实数 $b_1>0, b_2>0, 0<\beta<1$，使得

$$\dot{V}(x)+b_1 V(x)+b_2(V(x))^\beta \leqslant 0 \tag{2.12}$$

那么系统是有限时间稳定的。对于任何给定的 t_0，稳定时间为

$$T=t_0+\frac{1}{b_1(1-\beta)} \ln \left(\frac{b_1 V^{1-\beta}\left(x\left(t_0\right)\right)+b_2}{b_2}\right) \tag{2.13}$$

2.2 图 论

无人船之间的通信关系和通信拓扑可用图来进行描述。定义一个有向图为 $\mathcal{G}=\{\mathcal{V},\mathcal{E}\}$，式中，$\mathcal{V}=\{n_1,n_2,\cdots,n_N\}$ 为节点集合，$\mathcal{E}=\{(n_i,n_j)\in\mathcal{V}\times\mathcal{V}\}$ 为边集合，(n_i,n_j) 表示节点 n_i 访问节点 n_j 的信息。定义 $\mathcal{N}_i$ 为节点 i 所有邻居无人船的集合。如果图 $\mathcal{G}$ 存在一个节点序列 $(n_i,n_k,\cdots,n_j)$，序列中任何相邻的两顶点都可以在图 $\mathcal{G}$ 中找到对应的边，则称节点 n_i 和节点 n_j 存在一条有向路径。如果有向图 $\mathcal{G}$ 的每一个节点到其他任一节点都存在有向路径，则称图 $\mathcal{G}$ 是强连通的。如果有向图 $\mathcal{G}$ 至少存在一个根节点，即该节点到其他任一节点都存在有向路径，则称图 $\mathcal{G}$ 包含有向生成树。如果任意 $(n_i,n_j)\in\mathcal{E}$ 且 $(n_j,n_i)\in\mathcal{E}$，则有向图 $\mathcal{G}$ 是双向图或无向图。无向图是一类特殊的有向图，无向图中强连通和包含有向生成树是等价的，即无向图是连通的。

图 $\mathcal{G}$ 的邻接矩阵定义为 $\mathcal{A}=[a_{ij}]\in\mathbb{R}^{N\times N}$，式中，

$$a_{ij}=\begin{cases}1, & \text{如果}\,(n_j,n_i)\in\mathcal{E} \\ 0, & \text{其他}\end{cases} \tag{2.14}$$

图 $\mathcal{G}$ 的度矩阵定义为 $\mathcal{D}=\operatorname{diag}\{d_1,d_2,\cdots,d_N\}$，其中，$d_i=\sum\limits_{j\in\mathcal{N}_i} a_{ij}$。图 $\mathcal{G}$ 的拉普拉斯矩阵定义为 $\mathcal{L}=\mathcal{D}-\mathcal{A}$。

考虑集群系统中有一艘领航船，定义领航船邻接矩阵 $\Lambda = \text{diag}\{a_{10}, a_{20}, \cdots, a_{N0}\}$。当且仅当跟随船 i 访问领航船信息，$a_{i0} = 1$；否则，$a_{i0} = 0$。为了方便分析，定义 $\mathcal{H} = \mathcal{L} + \Lambda$。

考虑集群系统由 M 艘跟随船和 $N-M$ 艘领航船组成，有向图 $\mathcal{G}$ 的拉普拉斯矩阵 $\mathcal{L}$ 可以分块表示为

$$\mathcal{L} = \begin{bmatrix} L_1 & L_2 \\ 0 & 0 \end{bmatrix} \tag{2.15}$$

式中，$L_1 \in \mathbb{R}^{M\times M}$；$L_2 \in \mathbb{R}^{M\times(N-M)}$。

若同时考虑领航船之间的通信关系，拉普拉斯矩阵 $\mathcal{L}$ 可以分块表示为

$$\mathcal{L} = \begin{bmatrix} L_1 & L_2 \\ L_2^{\mathrm{T}} & L_0 \end{bmatrix} \tag{2.16}$$

式中，$L_0 \in \mathbb{R}^{(N-M)\times(N-M)}$。

定理 2.6 [161]　如果图 $\mathcal{G}$ 是一个双向连通图，则存在一个正定矩阵 P 使得 $\theta^{\mathrm{T}}\mathcal{L}\theta = e^{\mathrm{T}}Pe$，式中，$\theta = [\theta_1, \theta_2, \cdots, \theta_N]^{\mathrm{T}} \in \mathbb{R}^N$，$e = [e_1, e_2, \cdots, e_N]^{\mathrm{T}} \in \mathbb{R}^N$，$e_i = \sum\limits_{j=1}^{N} a_{ij}(\theta_i - \theta_j)$。

定理 2.7 [162]　如果图 $\mathcal{G}$ 是一个平衡的弱连通图，$\mathcal{L}$ 是它的拉普拉斯矩阵，则

(i) 矩阵 $\text{Sym}(\mathcal{L}) := \dfrac{\mathcal{L} + \mathcal{L}^{\mathrm{T}}}{2}$ 是半正定的。

(ii) 定义 λ^* 为矩阵 $\text{Sym}(\mathcal{L})$ 的最小非零特征值，则对于任意 $x \in \mathbb{R}^n$，满足

$$x^{\mathrm{T}}\,\text{Sym}(\mathcal{L})x \geqslant \lambda^* \left\| x - \frac{1_N 1_N^{\mathrm{T}}}{N} x \right\|^2 \tag{2.17}$$

定理 2.8 [163]　若双向图 $\mathcal{G}$ 是连通的，并且至少有一艘跟随船访问领航船的信息，则矩阵 $\mathcal{H}$ 是正定对称的。

定理 2.9 [164]　若单向图 $\mathcal{G}$ 包含有向生成树，并且根节点访问领航船的信息，则矩阵 $\mathcal{H}$ 所有特征值具有正实部。

定理 2.10 [165]　如果对每艘跟随船来说，至少有一艘领航船与该跟随船之间存在路径，那么 L_1 的特征值实部为正，并且 $-L_1^{-1}L_2$ 的每行元素之和等于 1。

2.3 神经网络逼近定理

本节介绍径向基 (radial-basis-function, RBF) 神经网络的逼近定理。该定理主要用于神经网络动力学控制器设计与稳定性分析。

RBF 神经网络由输入层、激励层及输出层三个层次组成，是一种前馈神经网络，被广泛应用于不确定非线性系统的估计与控制[166-169]。如图 2.1 所示，输入层节点将输入信号传递到激励层，进行非线性运算，非线性运算函数为径向基函数，激励层的输出信号通过线性加权运算传输到输出层，其权值系数为神经网络的可调参数。

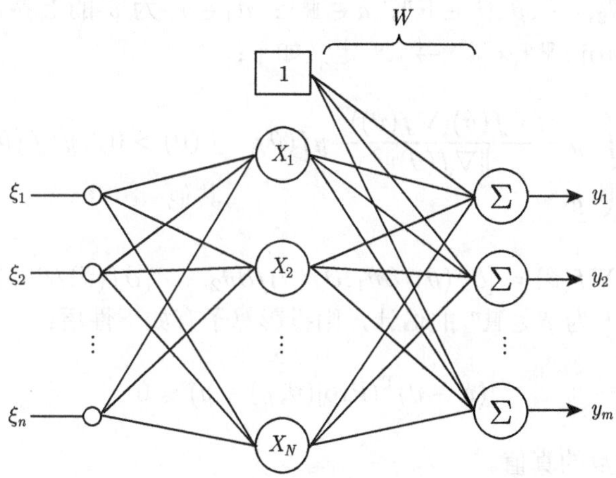

图 2.1 RBF 神经网络

根据函数逼近定理：对于定义在紧致集 $\Omega \in \mathbb{R}^n$ 上的任意连续函数 $f(x)$，通过选择足够多的节点 N，存在理想的矩阵 W，使得

$$f(\xi) = W^{\mathrm{T}} X(\xi) + \varepsilon, \quad \xi \in \Omega \tag{2.18}$$

式中，$W = [w_1, w_2, \cdots, w_N]^{\mathrm{T}} \in \mathbb{R}^{N\times m}$ 为由激励层到输出层的权值向量；ε 为逼近误差；$X(\xi) = [X_1(\xi), X_2(\xi), \cdots, X_N(\xi)]^{\mathrm{T}} \in \mathbb{R}^N$ 为神经网络的激励函数向量，$\xi = [\xi_1, \xi_2, \cdots, \xi_n]^{\mathrm{T}} \in \mathbb{R}^n$ 为神经网络的输入。存在常数 $W^* \in \mathbb{R}^+$, $X^* \in \mathbb{R}^+$, $\varepsilon_M \in \mathbb{R}^+$, 使得 $\|W\|_{\mathrm{F}} \leqslant W^*$, $\|X(\xi)\| \leqslant X^*$ 和 $\|\varepsilon(\xi)\| \leqslant \varepsilon_M$ 成立。

高斯函数由于形式简单、解析性好，常被用作构造神经网络的激活函数，其形式如下:

$$X_i(\xi) = \exp\left(-\frac{\|\xi - \zeta_i\|^2}{\sigma^2}\right), \quad i = 1, 2, \cdots, N \tag{2.19}$$

式中，$\sigma \in \mathbb{R}^+$ 和 $\zeta_i \in \mathbb{R}^n$ 分别为高斯函数的宽度与中心。

2.4 投影算子

投影算子广泛应用于自适应律的设计和稳定性分析，简单介绍如下，详见参考文献 [170]。

定义一个 $\mathbb{R}^n \to \mathbb{R}$ 连续可微的凸函数：

$$f(\vartheta) = \frac{\vartheta^{\mathrm{T}}\vartheta - \vartheta_0^2}{2a\vartheta_0^2 + a^2} \tag{2.20}$$

式中，$\vartheta = [\vartheta_1, \vartheta_2, \cdots, \vartheta_n]^{\mathrm{T}} \in \mathbb{R}^n$；$a \in \mathbb{R}^+$；$\vartheta_0 \in \mathbb{R}$ 为 ϑ 的上界。

投影算子 $\mathrm{Proj} : \mathbb{R}^n \times \mathbb{R}^n \to \mathbb{R}^n$ 定义如下：

$$\mathrm{Proj}(\vartheta, y) \triangleq \begin{cases} y - \dfrac{\nabla f(\vartheta)(\nabla f(\vartheta))^{\mathrm{T}}}{\|\nabla f(\vartheta)\|^2} y f(\vartheta), & f(\vartheta) > 0 \wedge y^{\mathrm{T}} f(\vartheta) > 0 \\ y, & \text{其他} \end{cases} \tag{2.21}$$

式中，$y \in \mathbb{R}^n$；$\nabla f(\vartheta) = [\partial f(\vartheta)/\partial\vartheta_1, \partial f(\vartheta)/\partial\vartheta_2, \cdots, \partial f(\vartheta)/\partial\vartheta_n]^{\mathrm{T}}$。

定义 $\hat{\vartheta} \in \mathbb{R}^n$ 为 $\vartheta \in \mathbb{R}^n$ 的估计，则投影算子有如下性质：

$$(\hat{\vartheta} - \vartheta)^{\mathrm{T}}(\mathrm{Proj}(\hat{\vartheta}, y) - y) \leqslant 0 \tag{2.22}$$

式中，ϑ 表示参数的真值。

第 3 章　无人船路径跟踪

无人船路径跟踪的控制目标是跟踪平面上的几何路径，且没有时间约束。在无人船路径跟踪控制器设计中融入制导方法可以实现路径跟踪误差的收敛，并且获得较好的暂态跟踪性能，从而提高无人船操纵的安全性。

视距 (LOS) 制导方法被广泛用于路径跟踪控制器设计。LOS 制导方法的基本原理是模拟舵手的操船行为，跟踪目标点前方的一点以实现跟踪路径的目的[89,97]。LOS 制导方法具有简单高效、易于实现等优点，但是传统 LOS 制导方法易受海洋环境扰动的影响。这是因为欠驱动船舶横荡方向没有推力，在风浪流的干扰下会产生一个小的横荡速度，从而导致船舶艏向角与船舶实际运动方向之间存在一个小的夹角，即侧滑角。虽然侧滑角较小，但也会极大影响路径跟踪的精度[32,120,171]。

为补偿侧滑角对路径跟踪精度的影响，研究人员提出了很多改进的 LOS 制导方法。文献 [120] 提出了一种积分视距 (integral line-of-sight, ILOS) 制导方法，通过在传统 LOS 制导方法中引入积分项来补偿侧滑角的影响。文献 [171] 提出了基于直接自适应和间接自适应的 LOS 制导方法，克服了运动学中未知时变海流对路径跟踪的影响。文献 [32] 提出了一种自适应视距 (adaptive line-of-sight, ALOS) 制导方法，实现了对常值侧滑角的自适应估计和补偿。

ILOS 制导方法和 ALOS 制导方法都能有效地补偿未知侧滑角对路径跟踪的影响，但是它们存在一些不足之处：第一，ILOS 制导方法与 ALOS 制导方法都是针对常值侧滑角提出的，而实际中侧滑角往往是时变的，这是由于海洋环境中的风浪流扰动是瞬时变化的；即使在常值海流干扰下，跟踪曲线路径时侧滑角也可能是变化的。第二，ILOS 制导方法含有积分项，积分项根据跟踪误差变化补偿侧滑角的影响，存在控制相位滞后，且易陷入积分饱和[172]。第三，ALOS 制导方法在暂态过程中容易产生振荡，这是由于自适应律的更新依赖于跟踪误差，而初始阶段跟踪误差往往较大。

本章针对侧滑角未知的欠驱动单无人船路径跟踪问题，提出基于预估器的视距 (PLOS) 制导方法，实现对侧滑角的快速自适应估计与补偿；针对时变侧滑角问题，提出基于扩张状态观测器的视距 (ELOS) 制导方法，实现对时变侧滑角的精确估计和补偿，仿真和实验验证所提 PLOS 和 ELOS 制导方法的有效性。

3.1 基于预估器的无人船路径跟踪

本节针对侧滑角未知的无人船路径跟踪问题，提出 PLOS 制导方法，将预估器引入传统 LOS 制导设计中，并根据预估误差设计侧滑角的自适应律，实现侧滑角的快速自适应补偿，有效提高了路径跟踪的精确性。采用级联系统稳定性分析方法，证明闭环系统的平衡点是全局一致渐近稳定的。暂态分析表明可以通过调节参数减小自适应信号导数的 L_2 范式，提高系统暂态控制性能。

与 ALOS 制导方法相比，PLOS 制导方法的优点如下：第一，PLOS 制导方法能够克服 ALOS 制导方法中由于初始跟踪误差产生制导角过大的问题，提高了船舶操纵的安全性；第二，PLOS 制导方法能够采用较大的自适应增益实现快速自适应，且不会引起高频振荡，减小了无人船摇晃的可能性；第三，相比于 ALOS 制导方法参数选择时需要平衡估计的快速性与暂态振荡的矛盾，PLOS 制导方法的参数选择更加简单。

3.1.1 问题描述

考虑式 (1.1) 无人船运动学模型：

$$\begin{cases} \dot{x} = u\cos\psi - v\sin\psi \\ \dot{y} = u\sin\psi + v\cos\psi \\ \dot{\psi} = r \end{cases} \tag{3.1}$$

给定一条参数化路径曲线表示为 $(x_d(\theta), y_d(\theta))$，其中 θ 表示一个与时间无关的路径参数。定义路径在该点的切向角为

$$\psi_d(\theta) = \operatorname{atan2}\left(y_d^\theta(\theta), x_d^\theta(\theta)\right) \tag{3.2}$$

式中，$x_d^\theta(\theta) = \partial x_d/\partial\theta$；$y_d^\theta(\theta) = \partial y_d/\partial\theta$。

如图 3.1 所示，对于一艘位置为 (x, y) 的无人船，其纵向跟踪误差 x_e 和横向跟踪误差 y_e 可以在路径切向坐标系 (path-tangential reference frame) 中表示为

$$\begin{bmatrix} x_e \\ y_e \end{bmatrix} = \begin{bmatrix} \cos\psi_d & -\sin\psi_d \\ \sin\psi_d & \cos\psi_d \end{bmatrix}^{\mathrm{T}} \begin{bmatrix} x - x_d(\theta) \\ y - y_d(\theta) \end{bmatrix} \tag{3.3}$$

对 x_e 求导可得

$$\begin{aligned} \dot{x}_e = {} & \dot{x}\cos\psi_d + \dot{y}\sin\psi_d - \dot{x}_d(\theta)\cos\psi_d - \dot{y}_d(\theta)\sin\psi_d \\ & - \dot{\psi}_d\left((x - x_d(\theta))\sin\psi_d - (y - y_d(\theta))\cos\psi_d\right) \end{aligned} \tag{3.4}$$

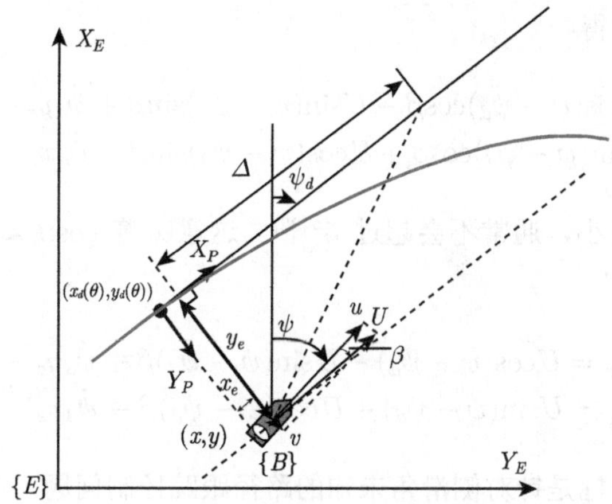

图 3.1　LOS 制导方法

定义 $U=\sqrt{u^2+v^2}$ 为无人船的合速度大小，$\beta=\text{atan2}(v,u)$ 为侧滑角，并将式 (3.1) 和式 (3.2) 代入式 (3.4)，得到

$$\begin{aligned}\dot{x}_e &= u\cos(\psi-\psi_d)-v\sin(\psi-\psi_d)+\dot{\psi}_d y_e-\dot{\theta}\sqrt{[x_d^\theta(\theta)]^2+[y_d^\theta(\theta)]^2} \\ &= U\cos(\psi-\psi_d+\beta)+\dot{\psi}_d y_e-u_p\end{aligned} \tag{3.5}$$

式中，u_p 是虚拟参考点的速度，且有

$$u_p=\dot{\theta}\sqrt{(x_d^\theta(\theta))^2+(y_d^\theta(\theta))^2} \tag{3.6}$$

对 y_e 求导可得

$$\begin{aligned}\dot{y}_e = &-\dot{x}\sin\psi_d+\dot{y}\cos\psi_d+\dot{x}_d(\theta)\sin\psi_d-\dot{y}_d(\theta)\cos\psi_d \\ &-\dot{\psi}_d\left((x-x_d(\theta))\cos\psi_d+(y-y_d(\theta))\sin\psi_d\right)\end{aligned} \tag{3.7}$$

将式 (3.1) 和式 (3.2) 代入式 (3.7), 得到

$$\begin{aligned}\dot{y}_e &= u\sin(\psi-\psi_d)+v\cos(\psi-\psi_d)-\dot{\psi}_d x_e \\ &= U\sin(\psi-\psi_d+\beta)-\dot{\psi}_d x_e\end{aligned} \tag{3.8}$$

最后，纵向跟踪误差和横向跟踪误差动态可以表示为

$$\begin{cases}\dot{x}_e=U\cos(\psi-\psi_d+\beta)+\dot{\psi}_d y_e-u_p \\ \dot{y}_e=U\sin(\psi-\psi_d+\beta)-\dot{\psi}_d x_e\end{cases} \tag{3.9}$$

将三角函数展开可得

$$\begin{cases} \dot{x}_e = U\cos(\psi-\psi_d)\cos\beta - U\sin(\psi-\psi_d)\sin\beta + \dot{\psi}_d y_e - u_p \\ \dot{y}_e = U\sin(\psi-\psi_d)\cos\beta + U\cos(\psi-\psi_d)\sin\beta - \dot{\psi}_d x_e \end{cases} \tag{3.10}$$

侧滑角往往较小，通常不会超过 5°[32]，这意味着 $\cos\beta \approx 1$, $\sin\beta \approx 0$，则式 (3.10) 可以写为

$$\begin{cases} \dot{x}_e = U\cos(\psi-\psi_d) - U\sin(\psi-\psi_d)\beta + \dot{\psi}_d y_e - u_p \\ \dot{y}_e = U\sin(\psi-\psi_d) + U\cos(\psi-\psi_d)\beta - \dot{\psi}_d x_e \end{cases} \tag{3.11}$$

本节的控制目标是针对侧滑角未知的路径跟踪控制问题，在运动学层次，设计制导角 ψ_c，使得无人船跟踪一条参数化路径 $(x_d(\theta), y_d(\theta))$, 即

$$\lim_{t\to\infty}|x_e| = 0,\ \lim_{t\to\infty}|y_e| = 0 \tag{3.12}$$

3.1.2 PLOS 制导律设计

如图 3.2 所示，本节所提 PLOS 制导方法包括一个预估器和一个 LOS 制导律，可以与一个航向自动舵联合实现路径跟踪。

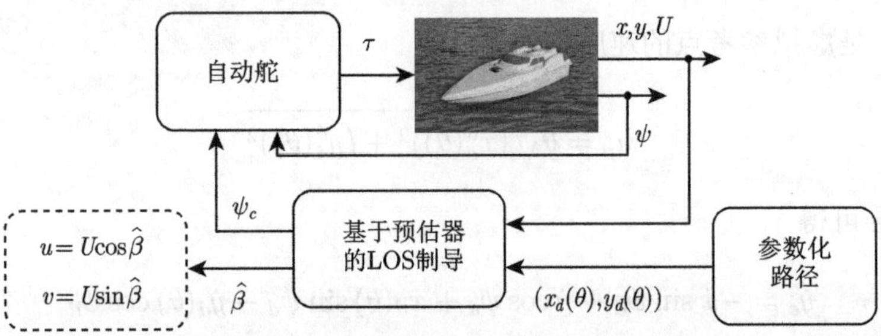

图 3.2 PLOS 制导方法与自动舵联合使用

1. 预估器设计

本节采用基于预估器的自适应律来估计未知侧滑角。首先，设计两个预估器如下：

$$\begin{cases} \dot{\hat{x}}_e = U\cos(\psi-\psi_d) - U\sin(\psi-\psi_d)\hat{\beta} + \dot{\psi}_d \hat{y}_e - u_p - k_1\tilde{x}_e \\ \dot{\hat{y}}_e = U\sin(\psi-\psi_d) + U\cos(\psi-\psi_d)\hat{\beta} - \dot{\psi}_d \hat{x}_e - k_2\tilde{y}_e \end{cases} \tag{3.13}$$

式中，$\hat{x}_e$ 和 $\hat{y}_e$ 分别为 x_e 和 y_e 的估计；$\tilde{x}_e = \hat{x}_e - x_e$ 和 $\tilde{y}_e = \hat{y}_e - y_e$ 为预估误差；$k_1 \in \mathbb{R}^+$ 和 $k_2 \in \mathbb{R}^+$ 为常数；$\hat{\beta}$ 为侧滑角 β 的估计值。

基于预估误差，设计 $\hat{\beta}$ 的更新律为

$$\dot{\hat{\beta}} = \Gamma(U\sin(\psi - \psi_d)\tilde{x}_e - U\cos(\psi - \psi_d)\tilde{y}_e) \tag{3.14}$$

式中，$\Gamma \in \mathbb{R}^+$ 为自适应增益。定义侧滑角估计误差为 $\tilde{\beta}=\hat{\beta}-\beta$，则 $\tilde{x}_e$, $\tilde{y}_e$ 和 $\tilde{\beta}$ 的误差动态可表示为

$$\begin{cases} \dot{\tilde{x}}_e = -U\sin(\psi - \psi_d)\tilde{\beta} - k_1\tilde{x}_e + \dot{\psi}_d\tilde{y}_e \\ \dot{\tilde{y}}_e = U\cos(\psi - \psi_d)\tilde{\beta} - k_2\tilde{y}_e - \dot{\psi}_d\tilde{x}_e \\ \dot{\tilde{\beta}} = \Gamma(U\sin(\psi - \psi_d)\tilde{x}_e - U\cos(\psi - \psi_d)\tilde{y}_e) \end{cases} \tag{3.15}$$

注解 3.1　自适应更新律 (3.14) 针对常值侧滑角而设计。为处理时变侧滑角，$\hat{\beta}$ 的更新律可设计为

$$\dot{\hat{\beta}} = \Gamma\ \mathrm{Proj}(\hat{\beta}, (U\sin(\psi - \psi_d)\tilde{x}_e - U\cos(\psi - \psi_d)\tilde{y}_e)) \tag{3.16}$$

式中，$\mathrm{Proj}(\cdot,\cdot)$ 是投影算子，定义参考 2.4 节。该设计可保证闭环误差系统信号是一致最终有界的。

2. 制导律设计

设计基于预估器的 LOS 制导律如下：

$$\psi_c = \psi_d(\theta) + \arctan\left(-\frac{\hat{y}_e}{\Delta} - \hat{\beta}\right) \tag{3.17}$$

式中，$\Delta \in \mathbb{R}^+$ 为前视距离。式 (3.11) 中，u_p 可以看作一个控制输入用以稳定纵向跟踪误差 x_e, u_p 设计为

$$u_p = U\cos(\psi - \psi_d) - U\sin(\psi - \psi_d)\hat{\beta} + k_\theta\hat{x}_e \tag{3.18}$$

式中，$k_\theta \in \mathbb{R}^+$ 是一个常数增益。

由于 θ 是需要更新的实际路径参数变量，所以需要根据 u_p 与 θ 的关系将式 (3.18) 转化成 θ 的更新律为

$$\dot{\theta} = \frac{U\cos(\psi - \psi_d) - U\sin(\psi - \psi_d)\hat{\beta} + k_\theta\hat{x}_e}{\sqrt{(x_d^\theta(\theta))^2 + (y_d^\theta(\theta))^2}} \tag{3.19}$$

由于本节制导律的设计是基于运动学的，针对无人船动力学控制回路做如下假设。

假设 3.1 [32,120] 船舶艏摇角完美跟踪制导律给定的航向角，即 $\psi=\psi_c$。

将式 (3.18) 代入式 (3.13)，则纵向跟踪误差 $\hat{x}_e$ 的动态方程表示为

$$\dot{\hat{x}}_e=-k_\theta\hat{x}_e+\dot{\psi}_d\hat{y}_e-k_1\tilde{x}_e \tag{3.20}$$

由等式关系：

$$\begin{cases}\sin\left(\arctan\left(-\dfrac{\hat{y}_e}{\Delta}-\hat{\beta}\right)\right)=-\dfrac{\hat{y}_e+\Delta\hat{\beta}}{\sqrt{\Delta^2+(\hat{y}_e+\Delta\hat{\beta})^2}}\\ \cos\left(\arctan\left(-\dfrac{\hat{y}_e}{\Delta}-\hat{\beta}\right)\right)=\dfrac{\Delta}{\sqrt{\Delta^2+(\hat{y}_e+\Delta\hat{\beta})^2}}\end{cases} \tag{3.21}$$

可得横向跟踪误差 $\hat{y}_e$ 的动态方程为

$$\dot{\hat{y}}_e=-\frac{U\hat{y}_e}{\sqrt{\Delta^2+(\hat{y}_e+\Delta\hat{\beta})^2}}-\dot{\psi}_d\hat{x}_e-k_2\tilde{y}_e \tag{3.22}$$

最后，纵向跟踪误差 $\hat{x}_e$ 和横向跟踪误差 $\hat{y}_e$ 的动态方程可以表示为

$$\begin{cases}\dot{\hat{x}}_e=-k_\theta\hat{x}_e+\dot{\psi}_d\hat{y}_e-k_1\tilde{x}_e\\ \dot{\hat{y}}_e=-c\hat{y}_e-\dot{\psi}_d\hat{x}_e-k_2\tilde{y}_e\end{cases} \tag{3.23}$$

式中，$c=\dfrac{U}{\sqrt{\Delta^2+(\hat{y}_e+\Delta\hat{\beta})^2}}>0$。

3.1.3 稳定性分析

1. 估计子系统的稳定性分析

以下引理给出子系统 (3.15) 的稳定性。

引理3.1 考虑无人船运动学模型 (3.1)，预估器 (3.13) 与自适应更新律 (3.14) 使得闭环系统 (3.15) 的平衡点 $(\tilde{x}_e,\tilde{y}_e)=(0,0)$ 是全局一致渐近稳定的。

证明 构建如下的李雅普诺夫函数：

$$V_1=\frac{1}{2}\tilde{x}_e^2+\frac{1}{2}\tilde{y}_e^2+\frac{1}{2}\Gamma^{-1}\tilde{\beta}^2 \tag{3.24}$$

对 V_1 进行求导，并将式 (3.15) 代入得到

$$\dot{V}_1=\tilde{x}_e(-U\sin(\psi-\alpha_k)\tilde{\beta}-k_1\tilde{x}_e)+\tilde{y}_e(U\cos(\psi-\alpha_k)\tilde{\beta}-k_2\tilde{y}_e)$$

$$
\begin{aligned}
& + \tilde{\beta}(U\sin(\psi - \alpha_k)\tilde{x}_e - U\cos(\psi - \alpha_k)\tilde{y}_e) \\
& \leqslant -k_1\tilde{x}_e^2 - k_2\tilde{y}_e^2
\end{aligned} \tag{3.25}
$$

根据定理 2.1 可知，闭环系统 (3.15) 的平衡点 $(\tilde{x}_e, \tilde{y}_e) = (0, 0)$ 是全局一致渐近稳定的[120]。

接下来，通过求取 $\dot{\hat{\beta}}$ 的 L_2 范数来分析自适应系统的暂态性能。L_2 范数与系统信号的频率有关，能够反映系统信号的振荡程度。通常来说，$\dot{\hat{\beta}}$ 的 L_2 范数越小意味着 $\dot{\hat{\beta}}$ 的振荡越小，即暂态性能越好。□

定理 3.1 考虑闭环系统 (3.15) 和自适应更新律 (3.14), $\tilde{x}_e$, $\tilde{y}_e$, $\dot{\hat{\beta}}$ 的 L_2 范数满足

$$
\|\tilde{x}_e\|_{L_2} = \frac{1}{\sqrt{2k_1}}\left(|\tilde{x}_e(0)| + |\tilde{y}_e(0)| + \frac{1}{\sqrt{\Gamma}}|\tilde{\beta}(0)|\right) \tag{3.26}
$$

$$
\|\tilde{y}_e\|_{L_2} = \frac{1}{\sqrt{2k_2}}\left(|\tilde{x}_e(0)| + |\tilde{y}_e(0)| + \frac{1}{\sqrt{\Gamma}}|\tilde{\beta}(0)|\right) \tag{3.27}
$$

$$
\|\dot{\hat{\beta}}\|_{L_2} = \Gamma U_{\max}\left(\frac{1}{\sqrt{2k_1}} + \frac{1}{\sqrt{2k_2}}\right)\left(|\tilde{x}_e(0)| + |\tilde{y}_e(0)| + \frac{1}{\sqrt{\Gamma}}|\tilde{\beta}(0)|\right) \tag{3.28}
$$

证明 由式 (3.25) 可知：

$$
\dot{V}_1 \leqslant -k_1\tilde{x}_e^2 - k_2\tilde{y}_e^2 \leqslant 0 \tag{3.29}
$$

因此 $V_1 = (\tilde{x}_e^2 + \tilde{y}_e^2 + \Gamma^{-1}\tilde{\beta}^2)/2$ 是一个恒大于 0 的非增有界函数，当 $t \to \infty$ 时，存在极限：

$$
\begin{aligned}
\|\tilde{x}_e\|_{L_2}^2 &= \int_0^\infty |\tilde{x}_e(s)|^2 \mathrm{d}s \\
&\leqslant -\frac{1}{k_1}\int_0^\infty \dot{V}_1(s)\mathrm{d}s \leqslant \frac{1}{k_1}V_1(0) - \frac{1}{k_1}V_1(\infty) \\
&\leqslant \frac{1}{k_1}V_1(0) \leqslant \frac{1}{2k_1}\left(|\tilde{x}_e(0)|^2 + |\tilde{y}_e(0)|^2 + \frac{1}{\Gamma}|\tilde{\beta}(0)|^2\right)
\end{aligned} \tag{3.30}
$$

及

$$
\begin{aligned}
\|\tilde{y}_e\|_{L_2}^2 &= \int_0^\infty |\tilde{y}_e(s)|^2 \mathrm{d}s \\
&\leqslant -\frac{1}{k_2}\int_0^\infty \dot{V}_1(s)\mathrm{d}s \leqslant \frac{1}{k_2}V_1(0) - \frac{1}{k_2}V_1(\infty)
\end{aligned}
$$

$$\leqslant \frac{1}{k_2}V_1(0) \leqslant \frac{1}{2k_2}\left(|\tilde{x}_e(0)|^2 + |\tilde{y}_e(0)|^2 + \frac{1}{\Gamma}|\tilde{\beta}(0)|^2\right) \tag{3.31}$$

由式 (3.30) 和式 (3.31) 可以得到式 (3.26) 和式 (3.27)。

由式 (3.14) 求取 $\dot{\hat{\beta}}$ 的 L_2 范数的上界如下：

$$\begin{aligned}
\|\dot{\hat{\beta}}\|_{L_2}^2 &\leqslant \Gamma^2 U^2[\sin^2(\psi-\psi_d)\|\tilde{x}_e\|_{L_2}^2 + \cos^2(\psi-\psi_d)\|\tilde{y}_e\|_{L_2}^2] \\
&\leqslant \Gamma^2 U_{\max}^2[\|\tilde{x}_e\|_{L_2}^2 + \|\tilde{y}_e\|_{L_2}^2] \\
&\leqslant \Gamma^2 U_{\max}^2\left(\frac{1}{2k_1}+\frac{1}{2k_2}\right)\left(|\tilde{x}_e(0)|^2 + |\tilde{y}_e(0)|^2 + \frac{1}{\Gamma}|\tilde{\beta}(0)|^2\right)
\end{aligned} \tag{3.32}$$

从而验证了式 (3.28) 是成立的。□

注解 3.2 由式 (3.28) 可以看出，增大参数 k_1 和 k_2 可以减小 $\dot{\hat{\beta}}$ 的 L_2 范数，即减少自适应信号的振荡。

注解 3.3 预估器 (3.13) 可以初始化设置为 $\tilde{x}_e = 0$ 和 $\tilde{y}_e = 0$，那么 $\tilde{x}_e$, $\tilde{y}_e$, $\dot{\hat{\beta}}$ 的 L_2 范数可化简为

$$\left\{\begin{aligned}
\|\tilde{x}_e\|_{L_2} &= \frac{1}{\sqrt{2k_1}}\left(\frac{1}{\sqrt{\Gamma}}|\tilde{\beta}(0)|\right) \\
\|\tilde{y}_e\|_{L_2} &= \frac{1}{\sqrt{2k_2}}\left(\frac{1}{\sqrt{\Gamma}}|\tilde{\beta}(0)|\right) \\
\|\dot{\hat{\beta}}\|_{L_2} &= \Gamma U_{\max}\left(\frac{1}{\sqrt{2k_1}}+\frac{1}{\sqrt{2k_2}}\right)\left(\frac{1}{\sqrt{\Gamma}}|\tilde{\beta}(0)|\right)
\end{aligned}\right. \tag{3.33}$$

注解 3.4 与 ALOS 制导方法相比，本节所提 PLOS 制导方法能够改善系统的暂态性能。这是因为 PLOS 制导方法提供了两种额外的方式来减少自适应信号的 L_2 范数：一是通过增大参数 k_1 和 k_2，二是通过初始化设置使得 $\tilde{x}_e = 0$ 和 $\tilde{y}_e = 0$。

注解 3.5 采用本节所提 PLOS 制导方法，能够使用较大的自适应增益实现对未知侧滑角的快速估计，而不产生高频振荡信号。相比于 ALOS 制导方法，PLOS 制导方法的自适应增益的选择相对简单。

2. 制导子系统的稳定性分析

以下引理给出误差子系统 (3.23) 的稳定性。

引理 3.2 子系统 (3.23)，看作一个状态为 $\hat{x}_e$ 和 $\hat{y}_e$，输入为 $\tilde{x}_e$ 和 $\tilde{y}_e$ 的系统，该系统是输入状态稳定的。

证明 构建如下的李雅普诺夫函数：

$$V_2 = \frac{1}{2}\hat{x}_e^2 + \frac{1}{2}\hat{y}_e^2 \tag{3.34}$$

对 V_2 求导，并将式 (3.23) 代入得到

$$\begin{aligned}\dot{V}_2 &= \hat{x}_e(-k_\theta\hat{x}_e + \dot{\psi}_d\hat{y}_e - k_1\tilde{x}_e) + \hat{y}_e(-c\hat{y}_e - \dot{\psi}_d\hat{x}_e - k_2\tilde{y}_e) \\ &= -k_\theta\hat{x}_e^2 - c\hat{y}_e^2 - k_1\hat{x}_e\tilde{x}_e - k_2\hat{y}_e\tilde{y}_e \\ &= -E^{\mathrm{T}}KE - h^{\mathrm{T}}E \\ &\leqslant -\lambda_{\min}(K)\|E\|^2 + \|h\|\,\|E\|\end{aligned} \tag{3.35}$$

式中，$E = [\hat{x}_e, \hat{y}_e]^{\mathrm{T}}$；$K = \mathrm{diag}\{k_\theta, c\}$；$h = [k_1\tilde{x}_e, k_2\tilde{y}_e]^{\mathrm{T}}$。

由

$$\|E\| \geqslant \frac{k_1|\tilde{x}_e|}{\ell\lambda_{\min}(K)} + \frac{k_2|\tilde{y}_e|}{\ell\lambda_{\min}(K)} \geqslant \frac{\|h\|}{\ell\lambda_{\min}(K)} \tag{3.36}$$

可得

$$\dot{V}_2 \leqslant -\lambda_{\min}(K)(1-\ell)\|E\|^2 \tag{3.37}$$

式中，$0 < \ell < 1$。因此，子系统 (3.23) 是输入状态稳定的，且有

$$\|E(t)\| \leqslant \max\{\gamma_c(\|E(0)\|, t), \kappa_c^{\tilde{x}_e}(|\tilde{x}_e|) + \kappa_c^{\tilde{y}_e}(|\tilde{y}_e|)\} \tag{3.38}$$

式中，γ_c 是一个 $\mathcal{KL}$ 类函数，且

$$\kappa_c^{\tilde{x}_e}(s) = \frac{k_1 s}{\ell\lambda_{\min}(K)}, \quad \kappa_c^{\tilde{y}_e}(s) = \frac{k_2 s}{\ell\lambda_{\min}(K)} \tag{3.39}$$

□

3. 估计子系统与制导子系统的级联稳定性分析

为分析整个系统的稳定性，将制导子系统与估计子系统合并写成如下形式：

$$\Sigma_1: \begin{cases}\dot{\hat{x}}_e = -k_\theta\hat{x}_e + \dot{\psi}_d\hat{y}_e - k_1\tilde{x}_e \\ \dot{\hat{y}}_e = -c\hat{y}_e - \dot{\psi}_d\hat{x}_e - k_2\tilde{y}_e\end{cases} \tag{3.40}$$

$$\Sigma_2: \begin{cases}\dot{\tilde{x}}_e = -U\sin(\psi - \psi_d)\tilde{\beta} - k_1\tilde{x}_e + \dot{\psi}_d\tilde{y}_e \\ \dot{\tilde{y}}_e = U\cos(\psi - \psi_d)\tilde{\beta} - k_2\tilde{y}_e - \dot{\psi}_d\tilde{x}_e \\ \dot{\tilde{\beta}} = \Gamma(U\sin(\psi - \psi_d)\tilde{x}_e - U\cos(\psi - \psi_d)\tilde{y}_e)\end{cases} \tag{3.41}$$

由式 (3.40) 和式 (3.41) 可知，估计子系统 Σ_2 与制导子系统 Σ_1 可以看成一个级联系统，其中估计子系统 Σ_2 激励制导子系统 Σ_1, 如图 3.3 所示。

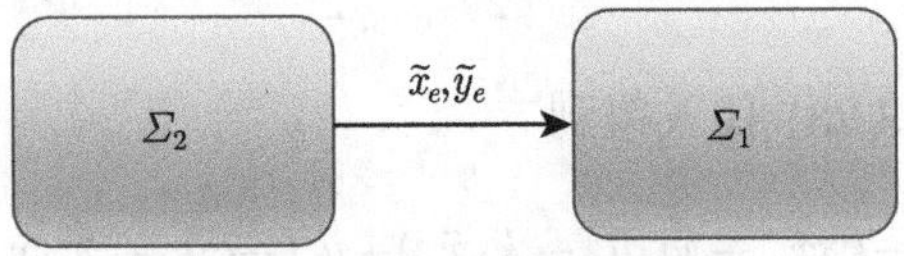

图 3.3 模块化的级联系统

以下定理给出子系统 (3.40) 和子系统 (3.41) 组成的级联系统的稳定性。

定理 3.2 考虑无人船运动学模型 (3.1), 在满足假设 3.1 的条件下，基于预估器的 LOS 制导律 (3.17) 和 (3.18)、路径参数更新律 (3.19)、预估器 (3.13) 及自适应更新律 (3.14), 使得闭环系统 (3.40) 和 (3.41) 的平衡点 $(\tilde{x}_e,\tilde{y}_e,\hat{x}_e,\hat{y}_e)=(0,0,0,0)$ 是全局一致渐近稳定的。

证明 引理 3.1 和引理 3.2 已经证明，对于子系统 Σ_1, 若状态为 $\hat{x}_e$ 和 $\hat{y}_e$, 输入为 $\tilde{x}_e$ 和 $\tilde{y}_e$, 该系统是输入状态稳定的；子系统 Σ_2 的平衡点 $(\tilde{x}_e,\tilde{y}_e)=(0,0)$ 是全局一致渐近稳定的。所以，由式 (3.40) 和式 (3.41) 组成的闭环系统满足定理 2.3 的条件，则其平衡点 $(\tilde{x}_e,\ \tilde{y}_e,\ \hat{x}_e,\ \hat{y}_e)=(0,0,0,0)$ 是全局一致渐近稳定的。□

推论 3.1 在定理 3.2 成立的条件下，纵向跟踪误差 x_e 和横向跟踪误差 y_e 满足式 (3.12)。

证明 由于

$$\begin{cases} |x_e|=|\hat{x}_e-\tilde{x}_e|\leqslant|\hat{x}_e|+|\tilde{x}_e| \\ |y_e|=|\hat{y}_e-\tilde{y}_e|\leqslant|\hat{y}_e|+|\tilde{y}_e| \end{cases} \tag{3.42}$$

其中，当 $t\to\infty$ 时，$\hat{x}_e\to 0$, $\hat{y}_e\to 0$, 意味着公式 (3.12) 成立。□

注解 3.6 预估器 (3.13) 首次被引入 LOS 制导设计中，自适应律根据预估误差更新，实现了对侧滑角的快速估计，有效避免了侧滑角对路径跟踪的影响，提高了路径跟踪精度。

3.1.4 仿真与实验验证

考虑一艘由大连海事大学无人船集群控制实验室自主研发，型号为 CSICET-DH01 的无人船，如图 3.4 所示。该无人船重 5.4kg、长 1.1m、宽 0.36m。该无人船安装了螺旋桨推进和舵机，配有 GPS、加速度计、磁罗经等传感器提供无人船状态信息，采用蜂舞协议 (ZigBee) 通信系统可以与岸上的电脑建立通信连接。

所设计的无人船运动控制系统主要包含远程控制平台与船载运动控制器两部分。其中，远程控制平台由上位机和无线通信模块组成，用户可通过图形用户界面观察水面无人船的运行状态，也可对其进行控制和参数设定。船载运动控制器实现了位置、航向、角速度、加速度等信号的采集与实时显示；通过脉冲宽度调制 (pulse width modulation, PWM) 信号控制舵机、电子调速器等执行器驱动模块以改变舵角和电机转速。

图 3.4 CSICET-DH01 号无人船

该无人船运动学模型可由式 (3.1) 描述。将本节所提 PLOS 制导方法用于无人船路径跟踪控制，航向自动舵的控制采用比例积分微分 (proportional integral derivative, PID) 控制方法：

$$\tau_r = -K_p(\psi - \psi_r) - K_i \int_0^t (\psi - \psi_r)\mathrm{d}t - K_d\dot{\psi} \tag{3.43}$$

式中，$K_p \in \mathbb{R}^+$, $K_i \in \mathbb{R}^+$ 和 $K_d \in \mathbb{R}^+$ 为常数。

1. 直线路径跟踪

首先考虑常值侧滑角干扰下的直线路径跟踪。在仿真中，选择如下的控制参数：$k_1 = 2$, $k_2 = 2$, $\Delta = 5$, $k_\theta = 10$；无人船纵向速度 U=1m/s。

仿真结果如图 3.5 ~ 图 3.11 所示。其中图 3.5 给出了直线路径跟踪效果，可以看出无人船很好地跟踪了给定的直线路径。图 3.6 给出了纵向跟踪误差 x_e 和横向跟踪误差 y_e 的历时曲线，可以看出跟踪误差均收敛到零。图 3.7 给出了制导系统的给定航向与实际船舶的航向。

为了更好地证明本节所提 PLOS 制导方法的有效性，与 ALOS 制导方法做以仿真对比研究。根据文献 [32]，ALOS 制导方法描述如下：

$$\begin{cases} \psi_d = \psi_d(\theta) - \arctan\left(\dfrac{1}{\Delta}(y_e + \hat{\beta})\right) \\ \dot{\hat{\beta}} = k_l \dfrac{U\Delta}{\sqrt{\Delta^2 + (y_e + \Delta\hat{\beta})^2}} y_e, \quad k_l > 0 \end{cases} \tag{3.44}$$

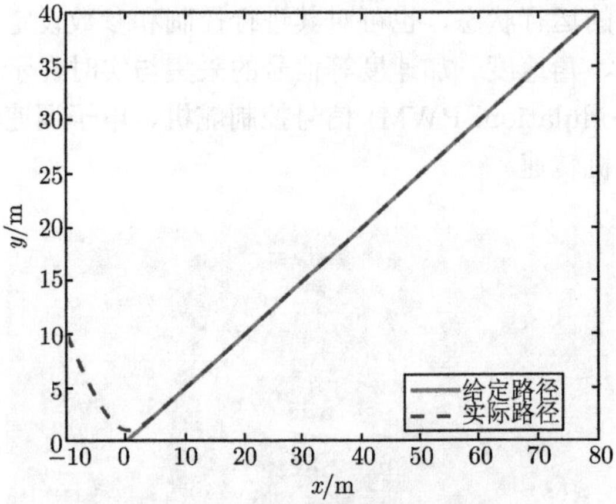

图 3.5　直线路径跟踪效果

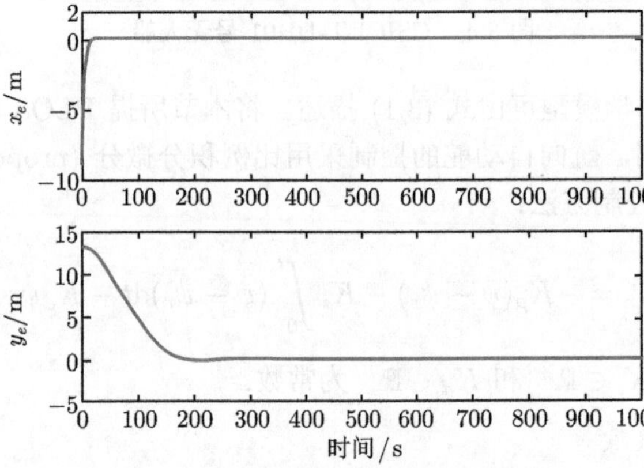

图 3.6　纵向跟踪误差和横向跟踪误差

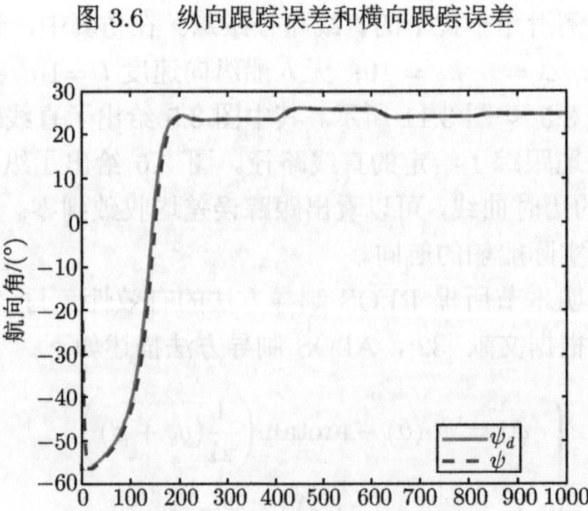

图 3.7　给定航向与实际航向

图 3.8 给出了采用 ALOS 制导律 (3.44) 得到的侧滑角估计效果，其中图 3.8 中的上图是参数取值 $k_l=0.01$ 时的情况，下图是参数取值 $k_l=0.1$ 时的情况。可以看出，当自适应增益由 $k_l=0.01$ 增大到 $k_l=0.1$ 时，估计值出现明显的大幅振荡，这会导致制导角的大幅振荡。图 3.9 给出了采用本节所提 PLOS 制导方法得到的侧滑角估计效果，其中图 3.9 中的上图是参数取值 $\varGamma=1000$ 时的情况，下图是参数取值 $\varGamma=10000$ 时的情况。可以看出，当自适应增益由 $\varGamma=1000$ 增大到 $\varGamma=10000$ 时，估计效果并没有明显的变化。仿真结果证明了本节所提方法能够采用较大的自适应增益达到对侧滑角的快速估计，而不会引起高频振荡。

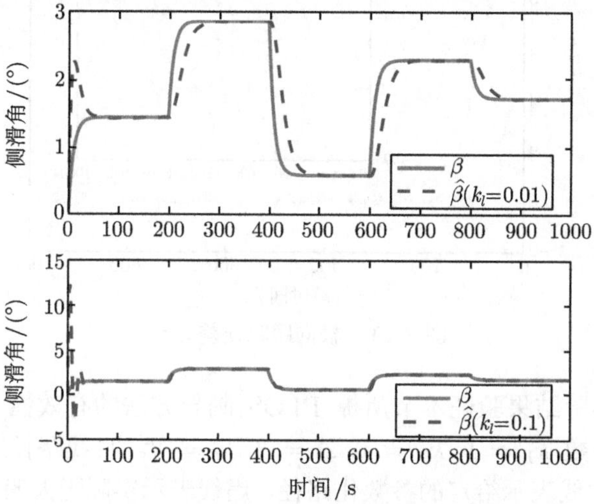

图 3.8　基于 ALOS 的侧滑角估计

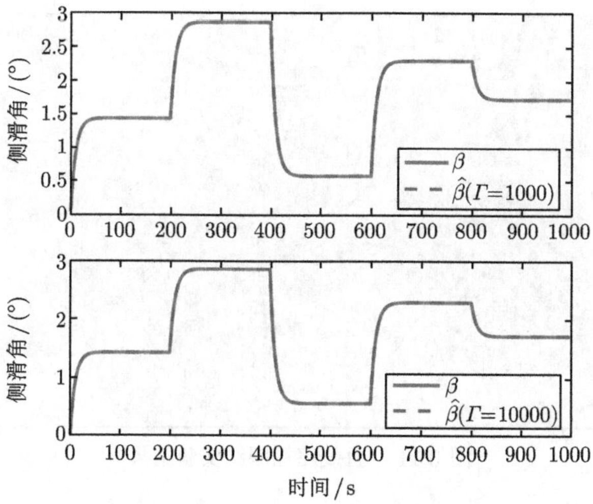

图 3.9　基于 PLOS 的侧滑角估计

图 3.10 给出了传统 LOS 制导方法、ALOS 制导方法与本节所提 PLOS 制导方法的横向跟踪误差对比图。可以看出 ALOS 制导方法与 PLOS 制导方法的跟踪效果均优于传统 LOS 制导方法，而本节所提 PLOS 制导方法能获得更好的跟踪性能，这是由于 PLOS 制导方法对侧滑角的补偿更加精确。

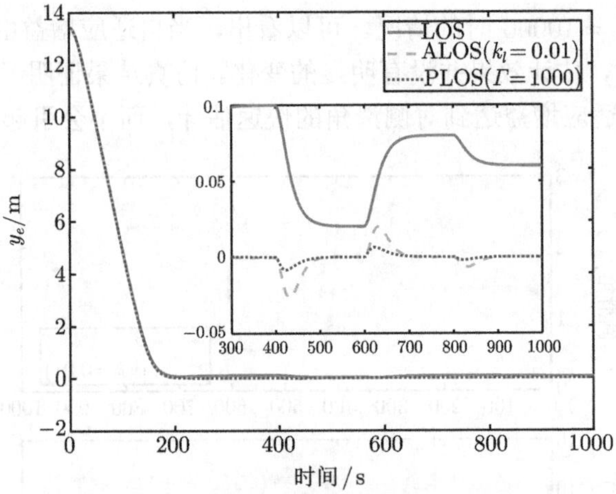

图 3.10　横向跟踪误差对比

下面给出实验结果验证本节所提 PLOS 制导方法的有效性。在实验中，选择如下的控制参数 $k_1 = 1, k_2 = 1, \Delta = 3, k_\theta = 7$。直线路径跟踪实验结果如图 3.11 所示，实线表示给定的参数化路径，虚线表示实际无人船运动轨迹，可以看出采用本节所提 PLOS 制导方法能够取得较好的路径跟踪效果。

图 3.11　直线路径跟踪实验结果

2. 曲线路径跟踪

下面考虑时变侧滑角干扰下的曲线路径跟踪问题。仿真结果如图 3.12 ~ 图 3.18 所示。图 3.12 给出了采用本节所提 PLOS 制导方法的曲线路径跟踪效果，可以看出无人船能够较好地跟踪给定的参数化曲线。图 3.13 给出了纵向跟踪误差 x_e 和横向跟踪误差 y_e 的历时曲线，图 3.14 给出了制导给定航向与实际船舶的航向。为说明本节所提 PLOS 制导方法的有效性，与现有方法做以仿真对比研究。

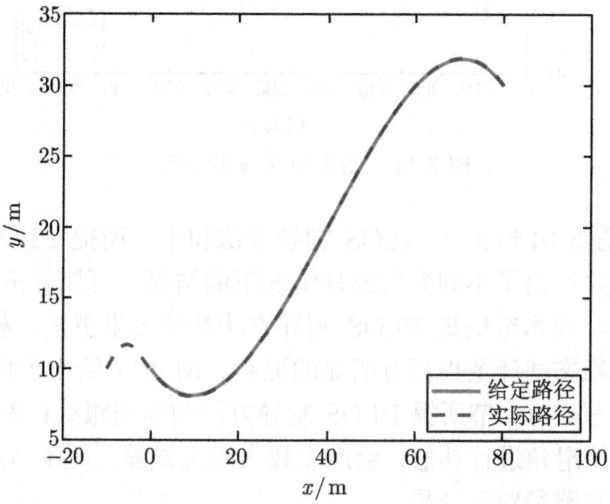

图 3.12　曲线路径跟踪效果

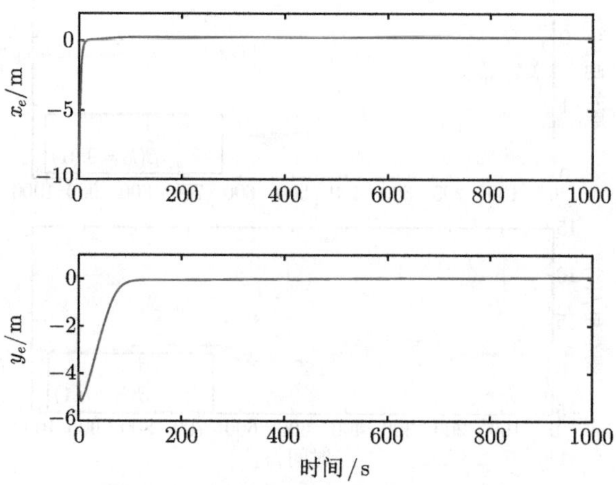

图 3.13　纵向跟踪误差和横向跟踪误差

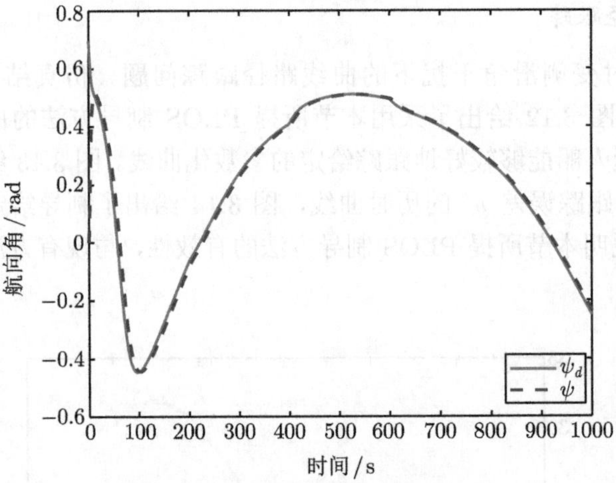

图 3.14　给定航向与实际航向

图 3.15 和图 3.16 给出了 ALOS 制导方法和本节所提 PLOS 制导方法的侧滑角估计效果，并讨论了不同参数选择情况下的结果。可以看出两种方法都能有效地补偿侧滑角，而本节所提 PLOS 制导方法补偿效果更优，相比于 ALOS 制导方法，暂态和稳态估计效果都有明显的提高。图 3.17 给出了传统 LOS 制导方法、ALOS 制导方法与本节所提 PLOS 制导方法的横向跟踪误差对比图。可以看出，如果没有对侧滑角进行补偿，会产生较大跟踪误差，而本节所提 PLOS 制导方法能够有效提高路径跟踪效果。

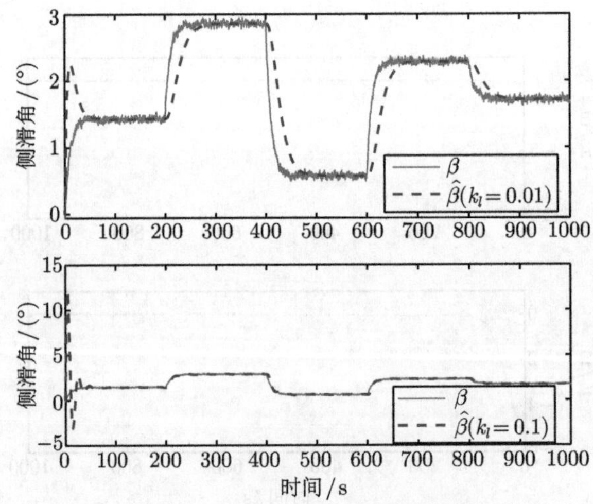

图 3.15　基于 ALOS 的侧滑角估计

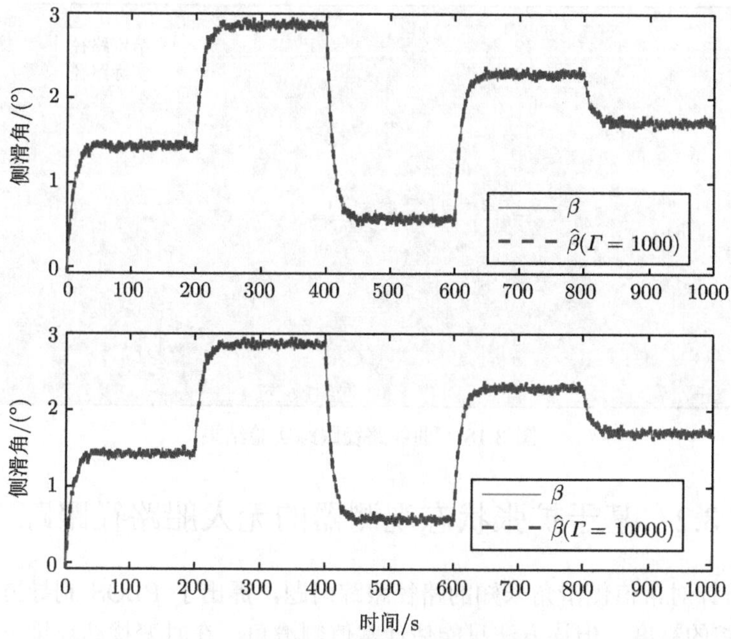

图 3.16　基于 PLOS 的侧滑角估计

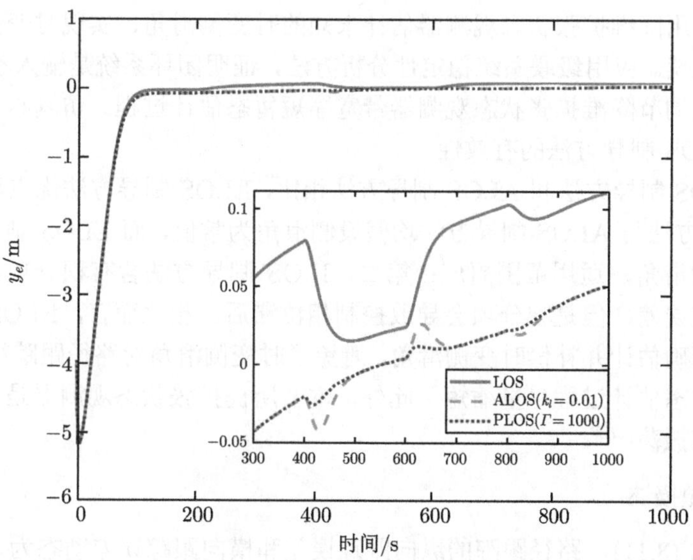

图 3.17　横向跟踪误差对比

为验证本节所提 PLOS 制导方法在实际应用中的有效性，我们开展了实验研究。图 3.18 给出了曲线路径跟踪的实验结果，实验验证了本节所提 PLOS 制导方法具有实际可行性。

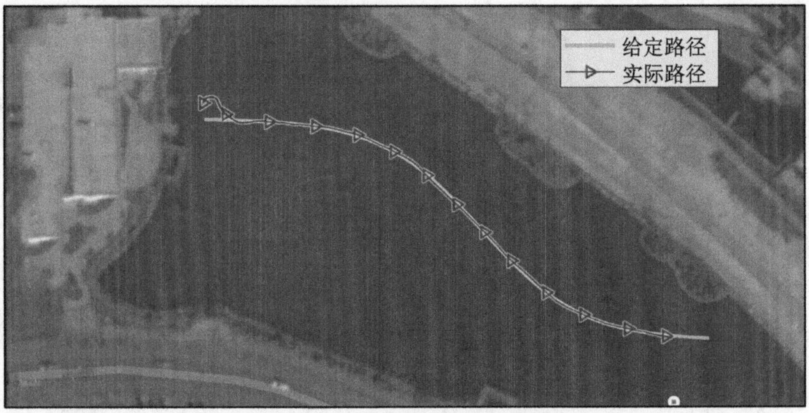

图 3.18 曲线路径跟踪实验结果

3.2 基于扩张状态观测器的无人船路径跟踪

3.1 节针对常值侧滑角未知的路径跟踪问题，提出了 PLOS 制导方法，提高了路径跟踪的精度，但该方法只能估计常值侧滑角。在时变扰动环境下跟踪曲线路径时，侧滑角是时变的。本节研究时变侧滑角的路径跟踪问题，提出 ELOS 制导方法，采用降维扩张状态观测器估计未知的时变侧滑角，实现时变侧滑角的精确估计与补偿。应用级联系统稳定性分析方法，证明闭环系统是输入状态稳定的，且可以通过调节降维扩张状态观测器带宽缩短暂态估计过程。仿真与实验验证本节所提 ELOS 制导方法的有效性。

与 ILOS 制导方法和 ALOS 制导方法相比，ELOS 制导方法优点如下：第一，ILOS 制导方法与 ALOS 制导方法均假设侧滑角为常值，而 ELOS 制导方法能够处理时变侧滑角，适用范围更广；第二，ILOS 制导方法含有积分项，积分项能够消除稳态误差，但是积分项会导致控制相位滞后。相比而言，ELOS 制导方法能够在线精确估计并补偿时变侧滑角，避免了时变侧滑角对路径跟踪精度的影响，并且使得暂态估计过程尽量缩短，此外，本节所提扩张状态观测器是一阶的，不会产生暂态振荡[173]。

3.2.1 问题描述

根据式 (3.11)，路径跟踪的纵向跟踪误差和横向跟踪误差动态为

$$\begin{cases} \dot{x}_e = U\cos(\psi-\psi_d) - U\sin(\psi-\psi_d)\beta + \dot{\psi}_d y_e - u_p \\ \dot{y}_e = U\sin(\psi-\psi_d) + U\cos(\psi-\psi_d)\beta - \dot{\psi}_d x_e \end{cases} \tag{3.45}$$

本节的控制目标是针对时变侧滑角的路径跟踪问题，在运动学层次，设计制

导角 ψ_c，使得无人船跟踪一条参数化路径 $(x_d(\theta), y_d(\theta))$，即

$$\lim_{t\to\infty} |x_e| \leqslant l_1, \quad \lim_{t\to\infty} |y_e| \leqslant l_2 \tag{3.46}$$

式中，$l_1 \in \mathbb{R}^+, l_2 \in \mathbb{R}^+$ 为误差上界。

3.2.2 ELOS 制导律设计

如图 3.19 所示，本节所提 ELOS 制导方法由一个降维扩张状态观测器和一个 LOS 制导律构成。制导系统是独立于控制系统的，可以与一个自动舵联合使用。

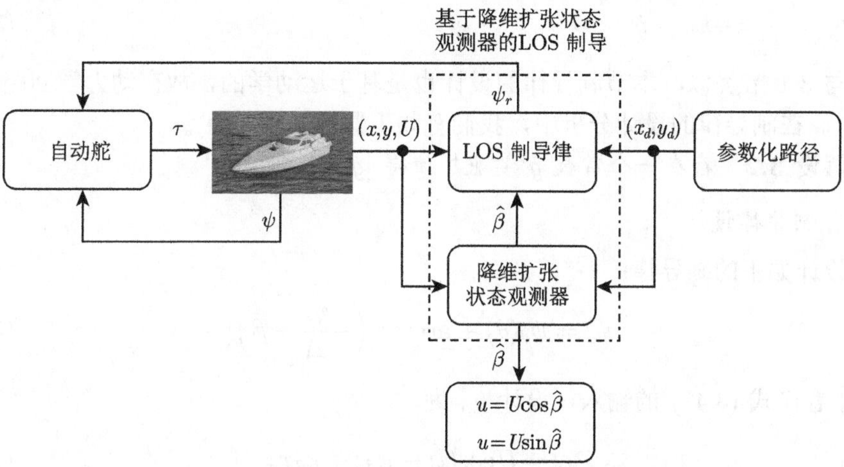

图 3.19　基于降维扩张状态观测器的 LOS 制导方法的结构图

1. 时变侧滑角估计

本节设计了一个降维扩张状态观测器对未知时变侧滑角进行估计。侧滑角往往较小，这意味着存在一个常数 $\beta^* \in \mathbb{R}^+$ 满足 $|\beta| \leqslant \beta^*$。

将式 (3.45) 改写为

$$\begin{cases} \dot{x}_e = U\cos(\psi - \psi_d) - U\sin(\psi - \psi_d)\beta + \dot{\psi}_d y_e - u_p \\ \dot{y}_e = U\sin(\psi - \psi_d) + g - \dot{\psi}_d x_e \end{cases} \tag{3.47}$$

式中，$g = U\cos(\psi - \psi_d)\beta$。

由于 g 中包含不确定的侧滑角 β，提出如下的降维扩张状态观测器：

$$\begin{cases} \dot{p} = -kp - k^2 y_e - k[U\sin(\psi - \psi_d) - \dot{\psi}_d x_e] \\ \hat{g} = p + k y_e \end{cases} \tag{3.48}$$

式中，p 是观测器的辅助状态；k 是观测器增益；ψ_d 是待设计的制导航向；$\hat{g}$ 是 g 的估计。将降维扩张状态观测器 (3.48) 初始化设置为 $p(t_0)=-ky_e(t_0)$，使得 $\hat{g}(t_0)=0$。

由于 $U\cos(\psi-\psi_d)$ 是一个已知的量，所以侧滑角的估计值可以由式 (3.49) 计算得出：

$$\hat{\beta}=\frac{\hat{g}}{U\cos(\psi-\psi_d)} \tag{3.49}$$

定义估计误差为 $\tilde{g}=\hat{g}-g$，对其求导，并将式 (3.48) 和式 (3.49) 代入可得

$$\begin{aligned}\dot{\tilde{g}}&=-kp-k^2y_e-k[U\sin(\psi_r-\psi_d)-\dot{\psi}_dx_e]+kU\sin(\psi-\psi_d)\\&=-k\tilde{g}-\dot{g}\end{aligned} \tag{3.50}$$

与 3.1 节类似，本节制导律的设计也是基于运动学的，故在动力学回路有假设 3.1。在制导律的设计分析中，我们有如下假设。

假设 3.2 存在一个常数 $g^*\in\mathbb{R}^+$ 使得 $|\dot{g}|\leqslant g^*$。

2. 制导律设计

设计如下的制导律：

$$\psi_c=\psi_d(\theta)+\arctan\left(-\frac{y_e}{\Delta}-\hat{\beta}\right) \tag{3.51}$$

将 u_p 看作式 (3.47) 的输入，设计 u_p 为

$$u_p=U\cos(\psi-\psi_d)+k_\theta x_e \tag{3.52}$$

式中，k_θ 是一个常数。

进一步可计算得到路径参数 θ 的更新律为

$$\dot{\theta}=\frac{U\cos(\psi-\psi_d)+k_\theta x_e}{\sqrt{[x_d^\theta(\theta)]^2+[y_d^\theta(\theta)]^2}} \tag{3.53}$$

将式 (3.53) 代入式 (3.47) 得到

$$\dot{x}_e=-k_\theta x_e-U\cos(\psi-\psi_d)\beta+\dot{\psi}_dy_e \tag{3.54}$$

利用等式：

$$\left\{\begin{aligned}&\sin\left(\arctan\left(-\frac{y_e}{\Delta}-\hat{\beta}\right)\right)=-\frac{y_e+\Delta\hat{\beta}}{\sqrt{\Delta^2+(y_e+\Delta\hat{\beta})^2}}\\&\cos\left(\arctan\left(-\frac{y_e}{\Delta}-\hat{\beta}\right)\right)=\frac{\Delta}{\sqrt{\Delta^2+(y_e+\Delta\hat{\beta})^2}}\end{aligned}\right. \tag{3.55}$$

将式 (3.47) 的第二个式子转换为

$$\dot{y}_e = -\frac{Uy_e}{\sqrt{\Delta^2+(y_e+\Delta\hat{\beta})^2}} - \tilde{g} - \dot{\psi}_d x_e \tag{3.56}$$

最后可得纵向跟踪误差 x_e 和横向跟踪误差 y_e 的动态方程为

$$\begin{cases} \dot{x}_e = -k_\theta x_e - U\cos(\psi-\psi_d)\beta + \dot{\psi}_d y_e \\ \dot{y}_e = -cy_e - \tilde{g} - \dot{\psi}_d x_e \end{cases} \tag{3.57}$$

式中，$c = \dfrac{U}{\sqrt{\Delta^2+(y_e+\Delta\hat{\beta})^2}}$。

由式 (3.51) 可知：

$$\psi_c - \psi_d = \arctan\left(-\frac{y_e}{\Delta} - \hat{\beta}\right) \tag{3.58}$$

这意味着 $\psi_c - \psi_d \in (-\pi/2, \pi/2)$。因此，式 (3.49) 的分母恒不为 0。

3.2.3 稳定性分析

1. 估计子系统的稳定性分析

以下引理给出了子系统 (3.50) 的稳定性。

引理 3.3 子系统 (3.50)，看作一个状态为 $\tilde{g}$，输入为 $\dot{g}$ 的系统，该系统是输入状态稳定的。

证明 定义如下的李雅普诺夫函数：

$$V_1 = \frac{1}{2}\tilde{g}^2 \tag{3.59}$$

对 V_1 求导，并将式 (3.50) 代入得

$$\dot{V}_1 = -k\tilde{g}^2 - \tilde{g}\dot{g} \tag{3.60}$$

由

$$|\tilde{g}| \geqslant \frac{|\dot{g}|}{\ell_o k} \tag{3.61}$$

可得

$$\dot{V}_1 \leqslant -k(1-\ell_o)\tilde{g}^2 \tag{3.62}$$

式中，$0 < \ell_o < 1$。由此可见，子系统 (3.50) 是输入状态稳定的，且有

$$|\tilde{g}| \leqslant \max\{\gamma_o(|\tilde{g}(0)|,t),\kappa_o^{\dot{g}}(|\dot{g}|)\} \tag{3.63}$$

式中，γ_o 是一个 $\mathcal{KL}$ 类函数，且

$$\kappa_o^{\dot{g}}(s)=\frac{s}{\ell_o k} \tag{3.64}$$

□

引理 3.3 给出了估计误差的收敛性，接下来的引理将说明估计误差的界与降维扩张状态观测器带宽的关系。

引理 3.4　*考虑降维扩张状态观测器 (3.48)，在假设 3.2 的条件下，满足*

$$|\tilde{g}(t)| \leqslant \frac{\zeta}{k},\quad t>t_0+\max\left\{0,\frac{\ln k}{k}\right\} \tag{3.65}$$

式中，$\zeta \in \mathbb{R}^+$ 为常数。

证明　由式 (3.50)，可得

$$\frac{\mathrm{d}}{\mathrm{dt}}\tilde{g}(t)=-k\tilde{g}(t)+\dot{g}(t) \tag{3.66}$$

进一步解方程 (3.66) 可得

$$|\tilde{g}(t)| \leqslant \mathrm{e}^{-k(t-t_0)}\tilde{g}(t_0)+\frac{g^*}{k} \tag{3.67}$$

定义 $t_d=t_0+\max\{0,\ln k/k\}$，则有

$$|\tilde{g}(t)| \leqslant \frac{\zeta}{k},\quad t>t_d \tag{3.68}$$

式中，$\zeta=\max\{k,k^2\}|\tilde{g}(t_0)|+g^*$。□

引理 3.4 表明，增大扩张状态观测器的带宽可以在 $t\in[t_0,\infty)$ 减少估计值 $\hat{g}$ 与真实值 g 间的误差。另外，经过一个时间长度为 $\max\{0,\ln k/k\}$ 的暂态过程，跟踪误差可收敛到 ζ/k。在实际工程应用中，降维扩张状态观测器的带宽受到测量噪声的限制。因此，在实际工程存在噪声的情况下，需要综合考虑估计精度与噪声敏感度来选择一个合适的观测器带宽[173]。

2. 制导子系统的稳定性

以下引理给出误差子系统 (3.57) 的稳定性。

引理 3.5　*子系统 (3.57)，看作一个状态为 x_e 和 y_e，输入为 β 和 $\tilde{g}$ 的系统，该系统是输入状态稳定的。*

证明　构造如下的李雅普诺夫函数：

$$V_2 = \frac{1}{2}x_e^2 + \frac{1}{2}y_e^2 \tag{3.69}$$

对 V_2 求导，并将式 (3.57) 代入可得

$$\begin{aligned}\dot{V}_2 &= -k_\theta x_e^2 - U\sin(\psi - \psi_d)\beta x_e - \frac{Uy_e^2}{\sqrt{\Delta^2 + (y_e + \Delta\hat{\beta})^2}} - \tilde{g}y_e \\ &\leqslant -k_\theta x_e^2 - cy_e^2 + |U\beta x_e| + |\tilde{g}y_e| \\ &\leqslant -\lambda_{\min}(K)\|E\|^2 + \|h\|\,\|E\|\end{aligned} \tag{3.70}$$

式中，$E = [x_e, y_e]^{\mathrm{T}}$; $K = \mathrm{diag}\{k_\theta, c\}$; $h = [U\beta, \tilde{g}]^{\mathrm{T}}$。

由

$$\|E\| \geqslant \frac{U|\beta|}{\ell_c\lambda_{\min}(K)} + \frac{|\tilde{g}|}{\ell_c\lambda_{\min}(K)} \geqslant \frac{\|h\|}{\ell_c\lambda_{\min}(K)} \tag{3.71}$$

可得

$$\dot{V}_2 \leqslant -\lambda_{\min}(K)(1 - \ell_c)\|E\|^2 \tag{3.72}$$

式中，$0 < \ell_c < 1$。由此可见，子系统 (3.57) 是输入状态稳定的，且有

$$\|E(t)\| \leqslant \max\{\gamma_c(\|E(0)\|, t), \kappa_c^\beta(|\beta|) + \kappa_c^{\tilde{g}}(|\tilde{g}|)\} \tag{3.73}$$

式中，γ_c 是一个 $\mathcal{KL}$ 类函数，且

$$\kappa_c^\beta(s) = \frac{Us}{\ell_c\lambda_{\min}(K)}, \quad \kappa_c^{\tilde{g}}(s) = \frac{s}{\ell_c\lambda_{\min}(K)} \tag{3.74}$$

□

3. 估计子系统与制导子系统的级联稳定性分析

为分析整个系统的稳定性，将估计子系统与制导子系统合并写成如下形式：

$$\Sigma_1: \begin{cases} \dot{x}_e = -k_\theta x_e - U\cos(\psi - \psi_d)\beta + \dot{\alpha}_k y_e \\ \dot{y}_e = -cy_e - \tilde{g} - \dot{\alpha}_k x_e \end{cases} \tag{3.75}$$

$$\Sigma_2: \dot{\tilde{g}} = -k\tilde{g} - \dot{g} \tag{3.76}$$

由式 (3.75) 和式 (3.76) 可知，估计子系统 Σ_2 与制导子系统 Σ_1 可以看作一个级联系统，其中估计子系统 Σ_2 激励制导子系统 Σ_1。以下定理给出了子系统 (3.75) 和子系统 (3.76) 的级联系统稳定性。

定理 3.3 考虑无人船运动学模型 (3.1)，在满足假设 3.1 和假设 3.2 的条件下，则降维扩张状态观测器 (3.48)、制导律 (3.51) 和 (3.52)、路径参数更新律 (3.53) 使得闭环系统 (3.75) 和 (3.76) 是输入状态稳定的。

证明 引理 3.3 和引理 3.5 已经证明，对于子系统 Σ_1，若状态为 x_e 和 y_e，输入为 β 和 $\tilde{g}$，该系统是输入状态稳定的。对于子系统 Σ_2，若状态为 $\tilde{g}$，输入为 $\dot{g}$, 该系统是输入状态稳定的。因此，根据定理 2.3 可知，整个闭环系统，其状态为 x_e, y_e 和 $\tilde{g}$，外部输入为 β 和 $\dot{g}$，该系统是输入状态稳定的。即存在一个 $\mathcal{KL}$ 类函数 γ 和一个 $\mathcal{K}$ 类函数 κ，使得

$$\|[x_e, y_e, \tilde{g}]\| \leqslant \max\{\gamma(\|[x_e(0), y_e(0), \tilde{g}(0)]\|, t), \kappa(\|[\beta, \dot{g}]\|)\} \tag{3.77}$$

由于 $|\beta|$ 和 $|\dot{g}|$ 都是有界的，且界值为 β^* 和 g^*，所以误差信号 x_e, y_e 和 $\tilde{g}$ 都是有界的。□

在本节中，降维扩张状态观测器首次被引入 LOS 制导律的设计中，所提方法不仅保持了传统 LOS 制导方法简洁直观的优点，而且能够精确地估计侧滑角。有效避免了时变侧滑角引起的跟踪误差，提高了路径跟踪的精度。

3.2.4 仿真与实验验证

1. 仿真验证

为了更好地证明本节所提方法的有效性，将其与文献 [32] 中的 ALOS 制导方法做以对比研究，ALOS 制导方法见式 (3.44)。仿真结果如图 3.20 ~ 图 3.25 所示。

图 3.20 给出了路径跟踪效果，可以看出采用本节所提 ELOS 制导方法能够得到理想的路径跟踪效果。

图 3.21 给出了 ALOS 制导方法与 ELOS 制导方法的侧滑角估计效果对比，并分别讨论了不同船速 $U = 0.2\text{m/s}$, $U = 0.4\text{m/s}$, $U = 1\text{m/s}$ 下的估计效果。图 3.21(a) 给出不同速度下 ALOS 制导方法的侧滑角估计效果，可以看出 ALOS 制导方法对时变侧滑角的估计效果不理想，尤其是暂态阶段的初始跟踪误差会导致幅值较大的估计信号。值得说明的是，图 3.21(a) 是仿真试验中参数调节最优的结果，即自适应增益 $k_l = 0.005$ 时；实际上如果增大自适应增益将会出现明显的振荡。图 3.21(b) 给出采用本节所提 ELOS 制导方法的侧滑角估计效果，可以看出无论是在暂态还是在稳态，时变的侧滑角都能够被精确地补偿。在不同的船速下，估计效果没有明显变化，都能实现侧滑角的精确估计。图 3.21(c) 给出当 ALOS 制导方法自适应增益和 ELOS 制导方法的观测器带宽均增至 10 倍时，侧滑角估计效果的对比。可以看出 ALOS 制导方法的自适应增益增至 10 倍会引起估计值的明显振荡，不利于实际应用。而 ELOS 制导方法的观测器带宽增至 10 倍

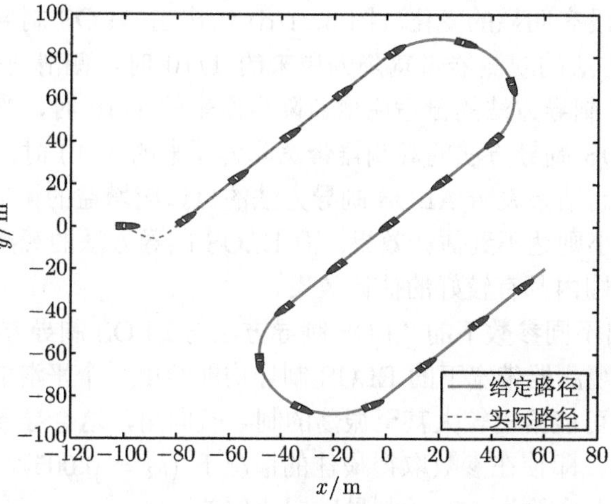

图 3.20 路径跟踪效果

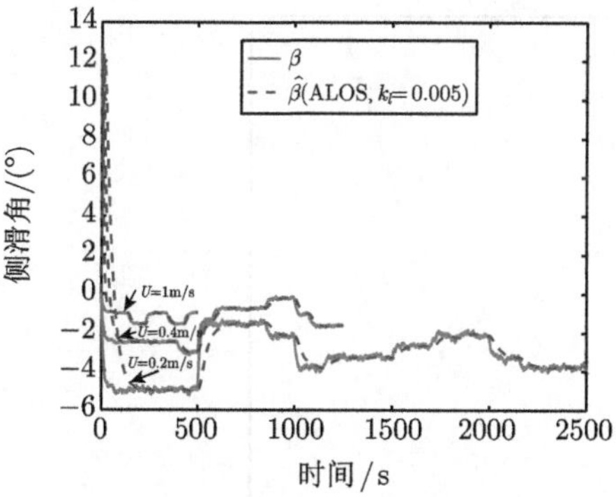

(a) 不同船速下 ALOS 制导方法的估计效果(k_l=0.005)

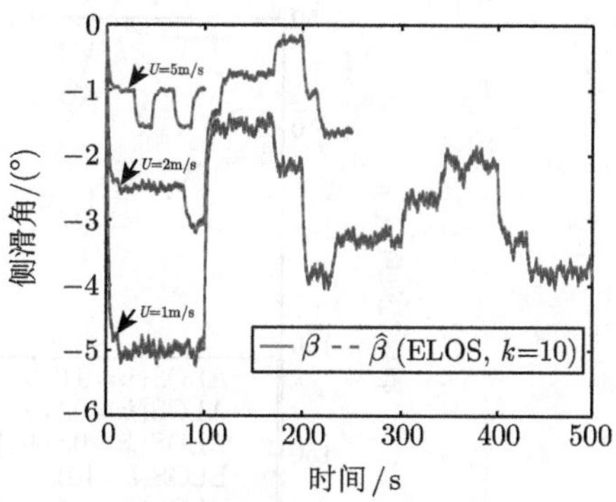

(b) 不同船速下 ELOS 制导方法的估计效果(k=10)

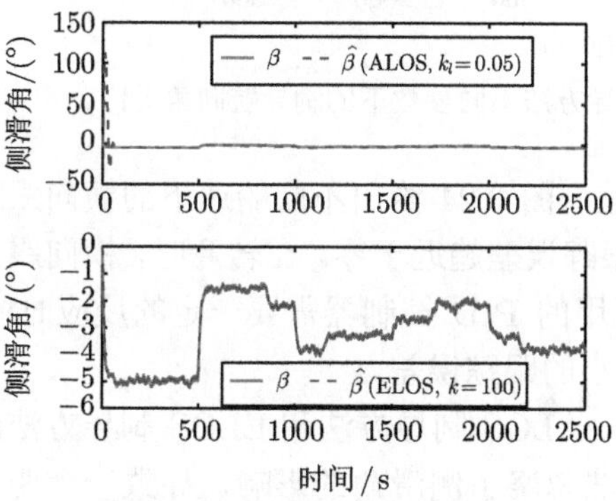

(c) 参数增至原来10倍时 ALOS 制导方法与 ELOS 制导方法估计效果的对比

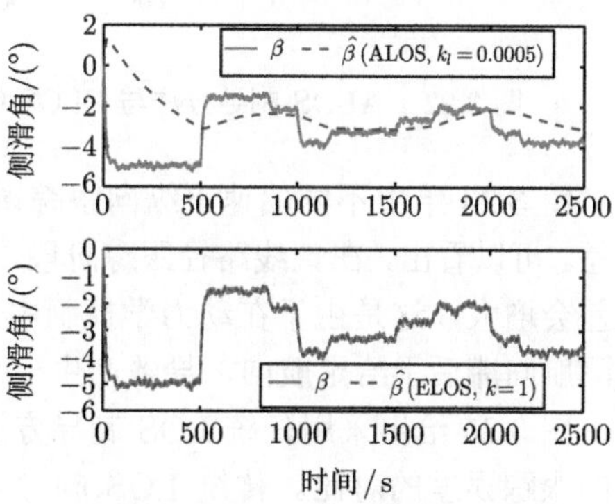

(d) 参数降为原来1/10时 ALOS 制导方法与 ELOS 制导方法估计效果的对比

图 3.21 ALOS 制导方法与 ELOS 制导方法的侧滑角估计效果对比

时，估计效果并没有明显的变化。图 3.21(d) 给出当 ALOS 制导方法自适应增益和 ELOS 制导方法的观测器带宽降为原来的 1/10 时，侧滑角估计效果的对比。可以看出 ALOS 制导方法的自适应增益降为原来的 1/10 时，难以取得满意的估计效果，而 ELOS 制导方法的观测器带宽降为原来的 1/10 时，仍然取得了满意的估计效果。对比结果表明 ALOS 制导方法的自适应增益的调节比较困难，过大会引起振荡，过小则达不到估计效果。而 ELOS 制导方法的观测器带宽选择相对容易，在很大范围内都有较好的估计效果。

图 3.22 给出不同参数下的 ALOS 制导方法与 ELOS 制导方法的制导航向角。可以看出，不同观测器带宽下的 ELOS 制导均能给出一个平滑的制导航向角。而 ALOS 制导方法可能给出较大甚至振荡的制导航向角，这会导致航向跟踪误差较大或者航向波动。即使在参数取得最佳的情况下 ($k_l = 0.005$)，ALOS 制导方法也会在暂态产生一个约为 15° 的制导航向角偏差。

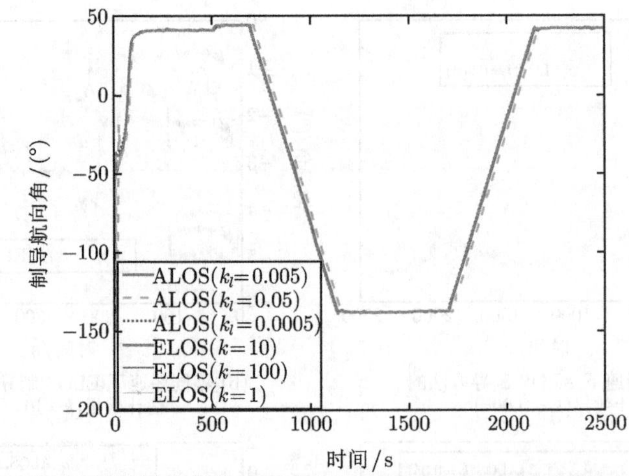

图 3.22　ALOS 制导方法与 ELOS 制导方法不同参数下的制导航向角对比

图 3.23 给出不同船速下纵向跟踪误差，图 3.24 给出不同船速下的横向跟踪误差。可以看出，在直线路径跟踪阶段，跟踪误差趋近于零。在转弯时，横向跟踪误差会增大，这是由于在动力学控制中采用的 PID 控制器需要一定的反应时间，实际航向滞后于给定航向，导致产生一个小的跟踪误差。

图 3.25 给出采用传统 LOS 制导方法、ALOS 制导方法和 ELOS 制导方法的横向跟踪误差的对比。传统 LOS 制导方法忽略了侧滑角的影响，导致一个明显的跟踪误差。ALOS 制导方法能够有效地减小跟踪误差，而 ELOS 制导方法能够精确地补偿侧滑角，进一步提高路径跟踪效果。

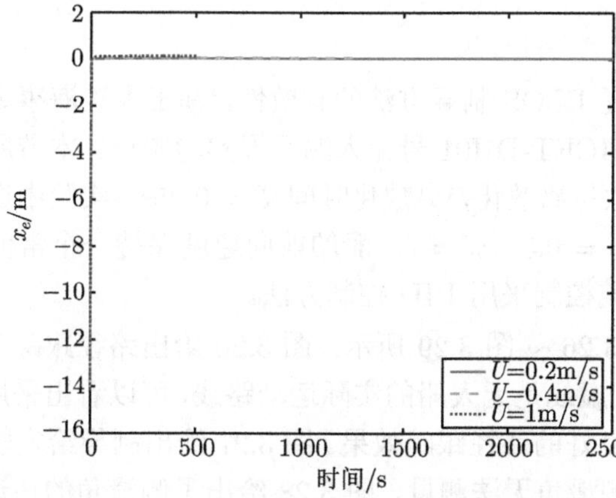

图 3.23　不同船速下的纵向跟踪误差对比

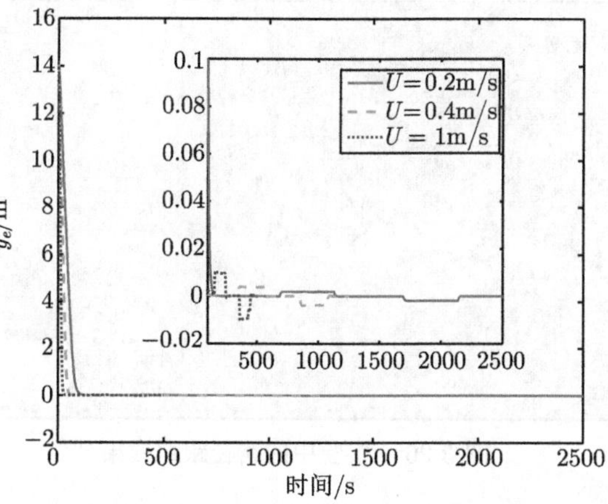

图 3.24　不同船速下的横向跟踪误差对比

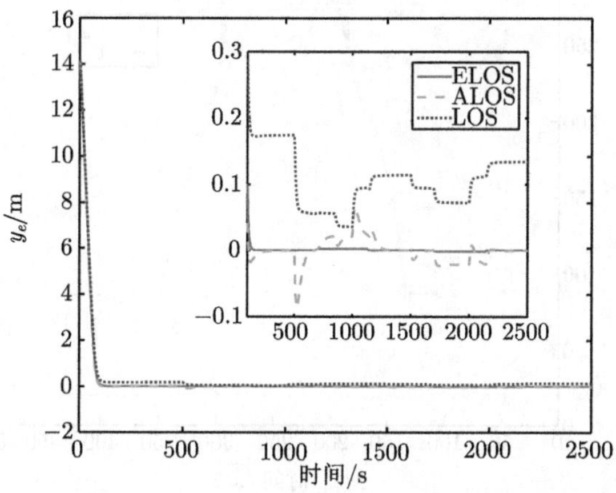

图 3.25　传统 LOS 制导方法、ALOS 制导方法与 ELOS 制导方法横向跟踪误差对比

2. 实验验证

为验证本节所提 ELOS 制导方法的有效性，基于大连海事大学无人船集群控制实验室研制的 CSICET-DH01 号无人船开展实验验证。本节所提方法采用数字处理器实现，将其欧拉离散化，离散化时间 $T=0.25\mathrm{s}$。实验中选择如下的控制器参数：$\Delta=3.3\mathrm{m}$, $k=0.5$, $k_\theta=7$。船舶前向速度保持一个常值，在静水中约为 0.9m/s。航向自动舵控制采用 PID 控制方法。

实验结果如图 3.26 ~ 图 3.29 所示。图 3.26 给出路径跟踪效果，其中实线是给定的参数化路径，虚线是无人船的实际运动路线，可以看出采用本节所提 ELOS 制导方法能够得到良好的路径跟踪效果。图 3.27 给出制导给定航向角与实际船舶航向角。由于实际侧滑角无法测量，图 3.28 给出了侧滑角的估计值，可以看出估

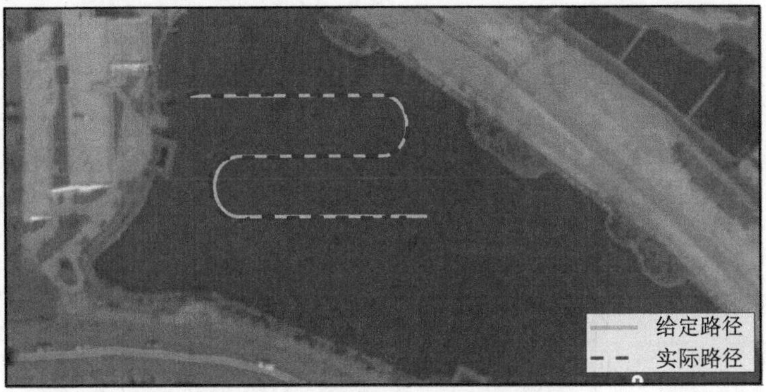

图 3.26　实验中的路径跟踪效果

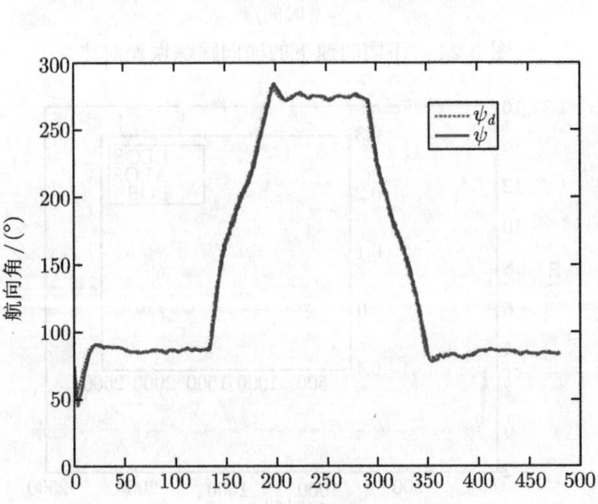

图 3.27　实验中的制导航向角与实际航向角

计值是有界的。此外，图 3.29 给出了不同船速下本节所提扩张状态观测器制导方法的路径跟踪误差，即当 $U \approx 0.9\text{m/s}$ 和 $U \approx 1.7\text{m/s}$ 时的横向跟踪误差较小，在实际应用可接受的范围内。

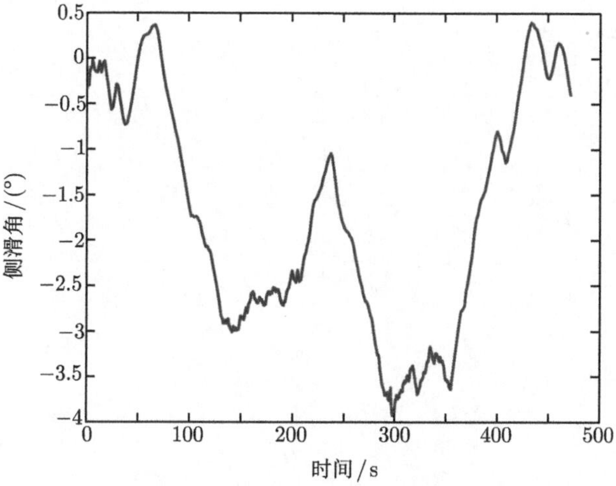

图 3.28　实验中侧滑角的估计值

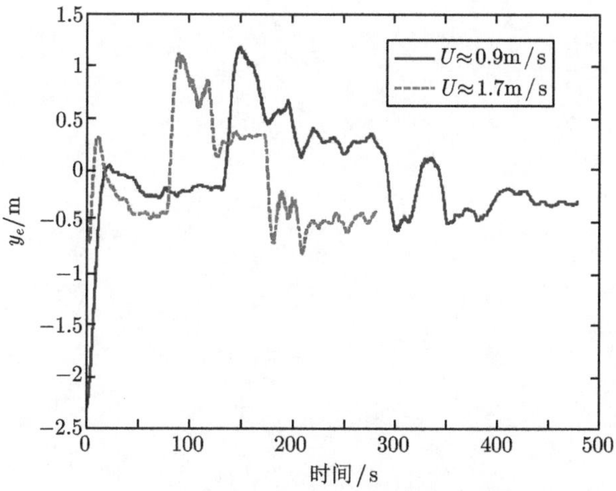

图 3.29　实验中不同船速下横向跟踪误差的对比

3.3　本 章 小 结

本章研究了侧滑角未知情况下的单无人船路径跟踪的制导问题;提出了 PLOS 制导方法，设计了基于预估误差的自适应律，实现了侧滑角的快速自适应补偿，提高了路径跟踪的精度；提出了 ELOS 制导方法，采用降维扩张状态观测器估计时变侧滑角，实现了时变侧滑角的精确估计。采用级联系统稳定性分析，分别证明了闭环系统的稳定性，稳定性证明过程得到了简化，放松了保证系统稳定性所需的参数选择条件。仿真和实验结果证明了本节所提 PLOS 制导方法和 ELOS 制导方法的有效性。

第 4 章　基于全路径导引的多无人船协同路径跟踪

本章针对全路径导引的多无人船协同路径跟踪问题，结合 LOS 制导原理与多智能体协同控制理论[110,174-182]，提出基于路径参数一致性的协同路径跟踪方法，使得路径参数趋于同步，实现多条路径上的同步编队队形。针对单路径信息全局已知的欠驱动多无人船协同路径跟踪问题，结合 LOS 制导和多智能体包含控制原理[183-191]，提出基于路径参数包含的协同路径跟踪方法，使得路径参数均匀地分散在两艘虚拟领航船之间，实现同一路径上的队列编队队形。针对闭曲线导引的欠驱动多无人船协同路径跟踪问题，结合 LOS 制导与路径参数循环跟踪控制原理[192-197]，提出基于路径参数环形跟踪的协同路径跟踪方法，使得路径参数均匀地分散在闭曲线上，实现闭曲线上对称的编队队形。进一步，将本章所提三种协同控制方法拓展到参考速度非全局已知和侧滑角未知的情形下，设计分布式速度观测器估计给定参考速度，克服参考速度全局已知的局限性；分别提出预估器和降维扩张状态观测器对侧滑角进行在线估计。最后，针对通信受限下的欠驱动多无人船协同路径跟踪问题，结合事件触发机制[145,198]，提出基于事件触发的协同路径跟踪方法，实现多条路径上的同步编队队形。应用级联系统稳定性分析方法，证明闭环系统是输入状态稳定的。仿真和实验验证本章所提协同路径跟踪方法的有效性。

4.1　基于路径参数一致性的多无人船协同路径跟踪

本节针对全路径导引的欠驱动多无人船协同路径跟踪问题，结合 LOS 制导原理与多智能体协同控制理论，提出基于路径参数一致性的协同路径跟踪方法，使得路径参数趋于同步，实现多条路径上欠驱动多无人船同步的编队队形。

4.1.1　问题描述

如图 4.1 所示，考虑由 N 艘无人船组成的集群系统，无人船编号为 1 到 N。根据式 (1.1)，第 i 艘无人船的运动学模型可写为

$$\begin{cases} \dot{x}_i = u_i \cos\psi_i - \upsilon_i \sin\psi_i \\ \dot{y}_i = u_i \sin\psi_i + \upsilon_i \cos\psi_i \\ \dot{\psi}_i = r_i \end{cases} \tag{4.1}$$

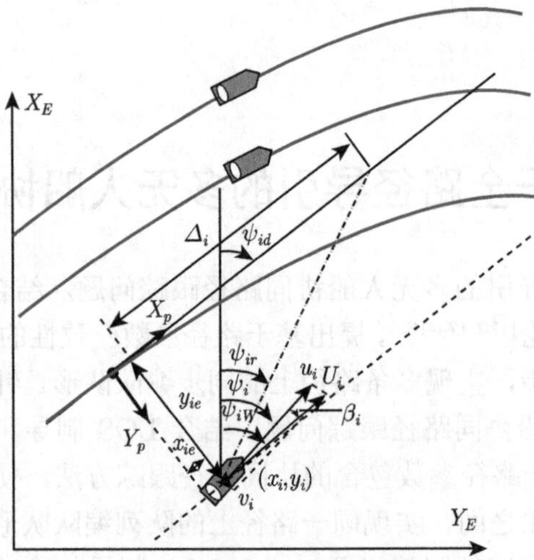

图 4.1　多无人船协同路径跟踪

基于无人船实际运动速度和实际运动方向可测的条件下，将无人船运动学模型改写为

$$\begin{cases} \dot{x}_i = U_i \cos\psi_{iW} \\ \dot{y}_i = U_i \sin\psi_{iW} \\ \dot{\psi}_{iW} = r_i + \beta_{id} \end{cases} \tag{4.2}$$

式中，$U_i = \sqrt{u_i^2 + v_i^2} > 0$ 是无人船合速度的大小；$\psi_{iW} = \psi_i + \beta_i$ 是无人船实际运动方向，$\beta_i = \mathrm{atan2}(v_i, u_i)$ 是侧滑角，且 $\beta_{id} = \dot{\beta}_i$。

第 i 艘无人船的给定参数化路径表示为 $(x_{id}(\theta_i), y_{id}(\theta_i))$，其中，$\theta_i$ 是路径参数。第 i 条路径上的切线角可表示为

$$\psi_{id}(\theta_i) = \mathrm{atan2}\left(y_{id}^{\theta_i}(\theta_i), x_{id}^{\theta_i}(\theta_i)\right) \tag{4.3}$$

式中，$x_{id}^{\theta_i}(\theta_i) = \partial x_{id}/\partial\theta_i$；$y_{id}^{\theta_i}(\theta_i) = \partial y_{id}/\partial\theta_i$。

对于位置为 (x_i, y_i) 的第 i 艘无人船，纵向跟踪误差与横向跟踪误差可在路径切向坐标系下表示为

$$\begin{bmatrix} x_{ie} \\ y_{ie} \end{bmatrix} = \begin{bmatrix} \cos\psi_{id} & -\sin\psi_{id} \\ \sin\psi_{id} & \cos\psi_{id} \end{bmatrix}^{\mathrm{T}} \begin{bmatrix} x_i - x_{id}(\theta_i) \\ y_i - y_{id}(\theta_i) \end{bmatrix} \tag{4.4}$$

对其求导，并将式 (4.2) 代入可得

$$\begin{cases} \dot{x}_{ie} = U_i \cos(\psi_{iW} - \psi_{id}) + \dot{\psi}_{id} y_{ie} - u_{id}^* \dot{\theta}_i \\ \dot{y}_{ie} = U_i \sin(\psi_{iW} - \psi_{id}) - \dot{\psi}_{id} x_{ie} \end{cases} \tag{4.5}$$

式中，$u_{id}^* = \sqrt{(x_{id}^{\theta_i}(\theta_i))^2 + (y_{id}^{\theta_i}(\theta_i))^2}$。

所以，x_{ie}, y_{ie} 和 ψ_{iW} 的动态方程可以写为

$$\begin{cases} \dot{x}_{ie} = U_i\cos(\psi_{iW} - \psi_{id}) + \dot{\psi}_{id}y_{ie} - u_{id}^*\dot{\theta}_i \\ \dot{y}_{ie} = U_i\sin(\psi_{iW} - \psi_{id}) - \dot{\psi}_{id}x_{ie} \\ \dot{\psi}_{iW} = r_i + \beta_{id} \end{cases} \tag{4.6}$$

本小节的控制目标是针对全路径导引的协同路径跟踪问题，在运动学层次设计制导合速度 U_{ic} 与制导艏摇角速度 r_{ic}，使得 N 艘无人船跟踪一条参数化路径 $(x_{id}(\theta_i), y_{id}(\theta_i))$，并得到同步编队队形。该控制目标具体可以分为以下两个任务。

(1) 路径跟踪任务。

$$\lim_{t\to\infty}|x_{ie}| = 0, \quad \lim_{t\to\infty}|y_{ie}| = 0 \tag{4.7}$$

(2) 参数协同任务。

$$\lim_{t\to\infty}|\theta_i - \theta_j| = 0 \tag{4.8}$$

式中，$i = 1, 2, \cdots, N$；$j \in \mathcal{N}_i$, $\mathcal{N}_i$ 是第 i 个无人船的邻居无人船的集合。

4.1.2　控制器设计

第 i 艘无人船的路径跟踪控制器包括运动学控制器与动力学控制器，如图 4.2 所示，本节设计的是运动学控制器。运动学控制器包括 LOS 制导律与基于邻居无人船信息的路径参数协同律。其中 LOS 制导律算得给定的速度与角速度，使得无人船跟踪给定的参考路径；路径跟踪更新律根据邻居无人船的路径参数信息调整自己的路径参数更新速度，从而实现路径参数的协同，得到理想的编队效果。

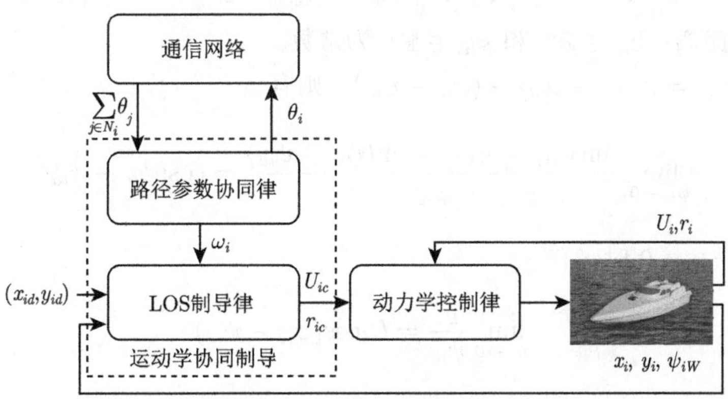

图 4.2　路径跟踪控制器结构

1. LOS 制导律设计

基于 LOS 制导方法设计单无人船的制导律，使得每艘无人船跟踪给定的参数化路径。具体来说，设计了合速度给定值 U_{ic} 与艏摇角速度给定值 r_{ic}。

定义航向跟踪误差和路径参数更新如下：

$$\begin{cases} \psi_{ie} = \psi_{iW} - \psi_{ic} \\ \dot{\theta}_i = v_s - \omega_i \end{cases} \tag{4.9}$$

式中，ψ_{ic} 是制导航向角；v_s 是参考速度；ω_i 是待设计的变量。根据式 (4.6)，可以将路径跟踪误差动态变为

$$\begin{cases} \dot{x}_{ie} = U_i - 2U_i\sin^2\left((\psi_{iW} - \psi_{id})/2\right) + \dot{\psi}_{id}y_{ie} - u_{id}^*(v_s - \omega_i) \\ \dot{y}_{ie} = U_i\sin(\psi_{ic} - \psi_{id}) + \varrho_i - \dot{\psi}_{id}x_{ie} \\ \dot{\psi}_{ie} = r_i + \beta_{id} - \dot{\psi}_{ic} \end{cases} \tag{4.10}$$

式中，$\varrho_i = U_i\sin(\psi_{iW} - \psi_{id}) - U_i\sin(\psi_{ic} - \psi_{id})$。

第 i 艘无人船的制导律设计如下：

$$\begin{cases} U_{ic} = -k_{ix}x_{ie}/\varPi_{ix} + u_{id}^*v_s + 2U_i\sin^2\left((\psi_{iW} - \psi_{id})/2\right) \\ r_{ic} = -k_{i\psi}\psi_{ie}/\varPi_{i\psi} - \beta_{id} + \dot{\psi}_{ic} - y_{ie}\varrho_i/\psi_{ie} \end{cases} \tag{4.11}$$

且有

$$\psi_{ic} = \psi_{id} + \arctan\left(-\frac{y_{ie}}{\varDelta_i}\right) \tag{4.12}$$

式中，$\varPi_{ix} = \sqrt{x_{ie}^2 + \varDelta_{ix}^2}$；$\varPi_{i\psi} = \sqrt{\psi_{ie}^2 + \varDelta_{i\psi}^2}$；$\varDelta_{ix} \in \mathbb{R}^+$ 和 $\varDelta_{i\psi} \in \mathbb{R}^+$ 为常数；$\varDelta_i$ 是前视距离；$k_{ix} \in \mathbb{R}^+$ 和 $k_{i\psi} \in \mathbb{R}^+$ 为常数。

由于 $\psi_{ie} = (\psi_{iW} - \psi_{id}) - (\psi_{ic} - \psi_{id})$，则有

$$\lim_{\psi_{ie}\to 0} \frac{\sin(\psi_{iW} - \psi_{id}) - \sin(\psi_{ic} - \psi_{id})}{\psi_{ie}} = \cos(\psi_{ic} - \psi_{id}) \tag{4.13}$$

因此，当 $\psi_{ie} \to 0$ 时，有

$$\lim_{\psi_{ie}\to 0} \frac{\varrho_i}{\psi_{ie}} = U_i\cos(\psi_{ic} - \psi_{id}) \tag{4.14}$$

由于本节的设计是基于运动学的，在动力学回路有如下假设。

假设 4.1　无人船完美跟踪给定合速度与给定艏摇角速度，即 $U_i = U_{ic}$, $r_i = r_{ic}$。

将式 (4.11)、式 (4.12) 代入式 (4.10)，得到误差动态为

$$\begin{cases} \dot{x}_{ie} = -k_{ix}x_{ie}/\Pi_{ix} + u_{id}^*\omega_i + \dot{\psi}_{id}y_{ie} \\ \dot{y}_{ie} = -U_i y_{ie}/\Pi_{iy} + \varrho_i - \dot{\psi}_{id}x_{ie} \\ \dot{\psi}_{ie} = -k_{i\psi}\psi_{ie}/\Pi_{i\psi} - y_{ie}\varrho_i/\psi_{ie} \end{cases} \tag{4.15}$$

式中，$\Pi_{iy} = \sqrt{y_{ie}^2 + \Delta_i^2}$。

2. 路径参数更新律设计

本小节设计 ω_i 的更新律，使得路径参数同步，从而实现同步的编队队形。定义基于邻居无人船信息的协同误差为

$$e_i = \sum_{j=1}^{N} a_{ij}(\theta_i - \theta_j) \tag{4.16}$$

设计 ω_i 的更新律为

$$\omega_i = \mu_i e_i - \mu_i u_{id}^* x_{ie} \tag{4.17}$$

式中，$\mu_i \in \mathbb{R}^+$ 是一个常数。定义 $e = [e_1, e_2, \cdots, e_N]^{\mathrm{T}}$ 和 $\omega = [\omega_1, \omega_2, \cdots, \omega_N]^{\mathrm{T}}$，则得到误差 $x_{ie}, y_{ie}, \psi_{ie}$ 和 e 的动态方程为

$$\begin{cases} \dot{x}_{ie} = -k_{ix}x_{ie}/\Pi_{ix} + u_{id}^*\omega_i + \dot{\psi}_{id}y_{ie} \\ \dot{y}_{ie} = -U_i y_{ie}/\Pi_{iy} + \varrho_i - \dot{\psi}_{id}x_{ie} \\ \dot{\psi}_{ie} = -k_{i\psi}\psi_{ie}/\Pi_{i\psi} - y_{ie}\varrho_i/\psi_{ie} \\ \dot{e} = -\mathcal{L}\omega \end{cases} \tag{4.18}$$

4.1.3　稳定性分析

以下定理说明闭环系统 (4.18) 的稳定性。

定理 4.1　考虑无人船运动方程 (4.1)，在满足假设 4.1 的条件下，制导律 (4.11)、(4.12) 与参数协同更新律 (4.17) 使得闭环系统 (4.18) 的平衡点 (x_{ie}, y_{ie}, ψ_{ie}, e_i) = (0,0,0,0) 是全局一致渐近稳定的。

证明　构建如下的李雅普诺夫函数：

$$V_1 = \sum_{i=1}^{N}\left(\frac{1}{2}x_{ie}^2 + \frac{1}{2}y_{ie}^2 + \frac{1}{2}\psi_{ie}^2\right) + \theta^{\mathrm{T}}P\theta \tag{4.19}$$

式中，$\theta=[\theta_1,\theta_2,\cdots,\theta_N]^{\mathrm{T}}$；$P$ 为一个正定矩阵。根据定理 2.6，V_1 可以写为

$$V_1=\sum_{i=1}^{N}\left(\frac{1}{2}x_{ie}^2+\frac{1}{2}y_{ie}^2+\frac{1}{2}\psi_{ie}^2\right)+e^{\mathrm{T}}Pe \tag{4.20}$$

对其求导，并将式 (4.18) 代入可得

$$\begin{aligned}\dot{V}_1&\leqslant\sum_{i=1}^{N}\Big(-k_{ix}x_{ie}^2/\varPi_{ix}+x_{ie}u_{id}^*\omega_i-U_iy_{ie}^2/\varPi_{iy}-k_{i\psi}\psi_{ie}^2/\varPi_{i\psi}\Big)-\theta^{\mathrm{T}}\mathcal{L}\omega\\&\leqslant\sum_{i=1}^{N}\Big(-k_{ix}x_{ie}^2/\varPi_{ix}-U_iy_{ie}^2/\varPi_{iy}-k_{i\psi}\psi_{ie}^2/\varPi_{i\psi}\Big)-\lambda_{\min}(\mu)\|\vartheta\|^2\end{aligned} \tag{4.21}$$

式中，$\mu=\mathrm{diag}\{\mu_1,\mu_2,\cdots,\mu_N\}$；$\vartheta=-e+u_d^*x_e$，$u_d^*=\mathrm{diag}\{u_{1d}^*,u_{2d}^*,\cdots,u_{Nd}^*\}$，$x_e=[x_{1e},x_{2e},\cdots,x_{Ne}]^{\mathrm{T}}$。

根据定理 2.1,能够得到闭环系统 (4.18) 的平衡点 $(x_{ie},y_{ie},\psi_{ie},e_i)=(0,0,0,0)$ 是全局一致渐近稳定的。

根据定理 2.6 和定理 2.7，可得

$$e^{\mathrm{T}}Pe\geqslant\lambda^*\left\|\theta-1_N\frac{1}{N}\sum_{i=1}^{N}\theta_i\right\|^2 \tag{4.22}$$

由于已经证明 $e\to0$，故可以得到 $\theta_i\to\theta_j\to\dfrac{1}{N}\displaystyle\sum_{i=1}^{N}\theta_i$，因此实现了控制目标 (4.8)。□

注解 4.1 现有文献 [49]、[96]、[144]、[150]、[199]~[201] 中的协同路径跟踪方法大多是针对全驱动无人船提出的，而实际应用中大多数无人船是欠驱动的或是以欠驱动方式航行。相比于全驱动无人船，欠驱动无人船的结构简单、操作方便，但数学模型中存在不可积的二阶非完整约束。本书提出的协同路径跟踪方法是针对欠驱动无人船的，优点是简单、易实现。

4.1.4 相关扩展

1. 参考速度非全局已知

4.1.2 节中的设计假设参考速度 v_s 是全局已知的，而实际应用中，由于受到通信带宽的影响或者出于安全问题的考虑，可能只有部分无人船能够直接获得参考速度信息。因此，在本节中我们考虑参考速度非全局已知的情况，设计分布式的观测器来估计虚拟领航船的速度信息。

1) 参数协同任务

为了避免参考速度全局已知，设计如下的分布式速度观测器：

$$\dot{\hat{v}}_{is} = -g_{ix}\sum_{j=1}^{N} a_{ij}(\hat{v}_{is} - \hat{v}_{js}) - g_{iy}b_i(\hat{v}_{is} - v_s) \tag{4.23}$$

式中，$g_{ix} \in \mathbb{R}^+$ 和 $g_{iy} \in \mathbb{R}^+$；b_i 表示第 i 艘无人船与虚拟领航船之间的连通权重，即当 $b_i = 1$ 时第 i 艘无人船与虚拟领航船之间有通信，反之 $b_i = 0$ 时没有通信，且至少有一个 b_i 是非零的。无人船间的通信拓扑由图 $\mathcal{G}$ 表示，$\mathcal{L}$ 是其拉普拉斯矩阵。那么，式 (4.23) 可以写为

$$\dot{\hat{v}}_s = -H\hat{v}_s + G_2\mathcal{B}v_s1_N \tag{4.24}$$

式中，$\hat{v}_s = [\hat{v}_{1s}, \hat{v}_{2s}, \cdots, \hat{v}_{Ns}]^{\mathrm{T}}$；$H = G_1\mathcal{L} + G_2\mathcal{B}$，$G_1 = \mathrm{diag}\{g_{11}, g_{21}, \cdots, g_{N1}\}$，$G_2 = \mathrm{diag}\{g_{12}, g_{22}, \cdots, g_{N2}\}$；$\mathcal{B} = \mathrm{diag}\{b_1, b_2, \cdots, b_N\}$。定义观测误差 $\tilde{v}_s = \hat{v}_s - v_0 1_N$, 则有

$$\dot{\tilde{v}}_s = -H\tilde{v}_s \tag{4.25}$$

2) 协同制导律

第 i 艘无人船的制导律设计如下：

$$\begin{cases} U_{ic} = -k_{ix}x_{ie}/\Pi_{ix} + u_{id}^*\hat{v}_{is} + 2U_i\sin^2\left((\psi_{iW} - \psi_{id})/2\right) \\ r_{ic} = -k_{i\psi}\psi_{ie}/\Pi_{i\psi} - \beta_{id} + \dot{\psi}_{ir} - y_{ie}\varrho_i/\psi_{ie} \end{cases} \tag{4.26}$$

且有

$$\psi_{ic} = \psi_{id} + \arctan\left(-\frac{y_{ie}}{\Delta_i}\right) \tag{4.27}$$

设计 ω_i 的更新律为

$$\omega_i = \mu_i e_i - \mu_i u_{id}^* x_{ie} \tag{4.28}$$

最后得到误差 $\tilde{v}_s$, x_{ie}, y_{ie}, ψ_{ie} 和 e 的动态方程为

$$\begin{cases} \dot{\tilde{v}}_s = -H\tilde{v}_s \\ \dot{x}_{ie} = -k_{ix}x_{ie}/\Pi_{ix} + u_{id}^*\omega_i + \dot{\psi}_{id}y_{ie} \\ \dot{y}_{ie} = -U_i y_{ie}/\Pi_{iy} + \varrho_i - \dot{\psi}_{id}x_{ie} \\ \dot{\psi}_{ie} = -k_{i\psi}\psi_{ie}/\Pi_{i\psi} - y_{ie}\varrho_i/\psi_{ie} \\ \dot{e} = -\mathcal{L}\omega \end{cases} \tag{4.29}$$

3) 稳定性分析

以下定理说明闭环系统 (4.29) 的稳定性。

定理 4.2 考虑无人船运动方程 (4.1)，在满足假设 4.1 的条件下，分布式速度观测器 (4.23) 、制导律 (4.26) 和 (4.27)、参数协同更新律 (4.28) 使得闭环系统 (4.29) 的平衡点 $(\tilde{v}_s, x_{ie}, y_{ie}, \psi_{ie}, e_i) = (0,0,0,0,0)$ 是全局一致渐近稳定的。

证明 构建如下的李雅普诺夫函数：

$$V_2 = \sum_{i=1}^{N}\left(\frac{1}{2}\tilde{v}_{is}^2 + \frac{1}{2}x_{ie}^2 + \frac{1}{2}y_{ie}^2 + \frac{1}{2}\psi_{ie}^2\right) + \theta^{\mathrm{T}}\mathcal{L}\theta \tag{4.30}$$

式中，$\theta = [\theta_1, \theta_2, \cdots, \theta_N]^{\mathrm{T}}$。根据定理 2.6, V_2 可以写为

$$V_2 = \sum_{i=1}^{N}\left(\frac{1}{2}\tilde{v}_{is}^2 + \frac{1}{2}x_{ie}^2 + \frac{1}{2}y_{ie}^2 + \frac{1}{2}\psi_{ie}^2\right) + e^{\mathrm{T}}Pe \tag{4.31}$$

对其求导，并将式 (4.29) 代入可得

$$\begin{aligned}\dot{V}_2 \leqslant & \sum_{i=1}^{N}\Big(- k_{ix}x_{ie}^2/\varPi_{ix} + x_{ie}u_{id}^*\omega_i - U_i y_{ie}^2/\varPi_{iy} - k_{i\psi}\psi_{ie}^2/\varPi_{i\psi}\Big) \\ & - \theta^{\mathrm{T}}\mathcal{L}\omega - \lambda_{\min}(H)||\tilde{v}_s||^2 \\ \leqslant & \sum_{i=1}^{N}\Big(- k_{ix}x_{ie}^2/\varPi_{ix} - U_i y_{ie}^2/\varPi_{iy} - k_{i\psi}\psi_{ie}^2/\varPi_{i\psi}\Big) \\ & - \lambda_{\min}(\mu)\|\vartheta\|^2 - \lambda_{\min}(H)\|\tilde{v}_s\|^2 \end{aligned} \tag{4.32}$$

根据定理 2.1，能够得到闭环系统 (4.29) 的平衡点 $(\tilde{v}_s, x_{ie}, y_{ie}, \psi_{ie}, e_i) = (0,0,0,0,0)$ 是全局一致渐近稳定的。

根据定理 2.6 和定理 2.7，可得

$$e^{\mathrm{T}}Pe \geqslant \lambda^* \left\|\theta - 1_N\frac{1}{N}\sum_{i=1}^{N}\theta_i\right\|^2 \tag{4.33}$$

由于已经证明 $e \to 0$，可以得到 $\theta_i \to \theta_j \to \dfrac{1}{N}\sum_{i=1}^{N}\theta_i$，因此实现了控制目标 (4.8)。
□

注解 4.2 现有协同路径跟踪方法假设参考速度是全局已知的[49,144,150,199-201]，即每艘无人船都能直接获得参考速度。而本节通过设计分布式观测器，去除了参考速度是全局已知的假设，只需部分无人船获得参考速度，其他无人船通过分布式速度观测器估计参考速度，克服了集中式控制的缺陷。

2. 侧滑未知

前文中的设计假设侧滑导数 β_{id} 是已知的，实际应用中侧滑往往是未知的，为克服未知侧滑的影响，本节设计一个基于预估器的自适应律来估计侧滑的导数。

1) 侧滑估计

设计之前，做如下假设。

假设 4.2　*存在正数* β_r^*, *满足* $\left|\dfrac{\mathrm{d}^r\beta_i}{\mathrm{d}t^r}\right| \leqslant \beta_r^*(r=0,\ 1)$。

为估计未知项 β_{id}, 提出一个状态预估器如下：

$$\dot{\hat{\psi}}_{iW} = r_i + \hat{\beta}_{id} - (k_{i\beta} + k_{ix})\tilde{\psi}_{iW} \tag{4.34}$$

式中，$\tilde{\psi}_{iW} = \hat{\psi}_{iW} - \psi_{iW}$；$k_{i\beta} \in \mathbb{R}^+$ 和 $k_{ix} \in \mathbb{R}^+$ 是常数；$\hat{\beta}_{id}$ 是 β_{id} 的估计值。设计 $\hat{\beta}_{id}$ 的更新律为

$$\dot{\hat{\beta}}_{id} = -\varGamma_{i\beta}(\tilde{\psi}_{iW} + k_{i\beta}\hat{\beta}_{id}) \tag{4.35}$$

式中，$\varGamma_{i\beta} \in \mathbb{R}^+$ 和 $k_{i\beta} \in \mathbb{R}^+$ 是常数。

定义估计误差为 $\tilde{\beta}_{id} = \hat{\beta}_{id} - \beta_{id}$, 则误差 $\tilde{\psi}_{iW}$ 和 $\tilde{\beta}_{id}$ 的动态方程为

$$\begin{cases} \dot{\tilde{\psi}}_{iW} = \tilde{\beta}_{id} - (k_{i\beta} + k_{ix})\tilde{\psi}_{iW} \\ \dot{\tilde{\beta}}_{id} = -\varGamma_{i\beta}(\tilde{\psi}_{iW} + k_{i\beta}\hat{\beta}_{id}) - \dot{\beta}_{id} \end{cases} \tag{4.36}$$

2) 协同制导

第 i 艘无人船的制导律设计如下：

$$\begin{cases} U_{ic} = -k_{ix}x_{ie}/\varPi_{ix} + u_{id}^*\hat{v}_{is} + 2U_i\sin^2((\psi_{iW} - \psi_{id})/2) \\ r_{ic} = -k_{i\psi}\psi_{ie}/\varPi_{i\psi} - \hat{\beta}_{id} + \dot{\psi}_{ic} - y_{ie}\varrho_i/\psi_{ie} \end{cases} \tag{4.37}$$

且有

$$\psi_{ic} = \psi_{id} + \arctan\left(-\frac{y_{ie}}{\varDelta_i}\right) \tag{4.38}$$

设计 ω_i 的更新律为

$$\omega_i = \mu_i e_i - \mu_i u_{id}^* x_{ie} \tag{4.39}$$

最后得到误差 $\tilde{v}_s, x_{ie}, y_{ie}, \psi_{ie}$ 和 e 的动态方程为

$$\begin{cases}\dot{\tilde{v}}_s = -H\tilde{v}_s \\ \dot{x}_{ie} = -k_{ix}x_{ie}/\Pi_{ix} + u_{id}^*\omega_i + \dot{\psi}_{id}y_{ie} \\ \dot{y}_{ie} = -U_i y_{ie}/\Pi_{iy} + \varrho_i - \dot{\psi}_{id}x_{ie} \\ \dot{\psi}_{ie} = -k_{i\psi}\psi_{ie}/\Pi_{i\psi} - y_{ie}\varrho_i/\psi_{ie} - \tilde{\beta}_{id} \\ \dot{e} = -\mathcal{L}\omega \end{cases} \tag{4.40}$$

3) 稳定性分析

首先给出基于预估器的侧滑估计系统 (4.36) 的稳定性。

引理 4.1 子系统 (4.36), 看作一个状态为 $\tilde{\psi}_{iW}$ 和 $\tilde{\beta}_{id}$, 输入为 β_{id} 和 $\dot{\beta}_{id}$ 的系统, 则该系统是输入状态稳定的。

证明 建立如下的李雅普诺夫函数:

$$V_{i3} = \frac{1}{2}\tilde{\psi}_{iW}^2 + \frac{1}{2}\Gamma_{i\beta}^{-1}\tilde{\beta}_{id}^2 \tag{4.41}$$

对 V_{i3} 求导，并将式 (4.36) 代入可得

$$\dot{V}_{i3} = -(k_{i\beta} + k_{ix})\tilde{\psi}_{iW}^2 - k_{i\beta}\tilde{\beta}_{id}^2 - k_{i\beta}\tilde{\beta}_{id}\beta_{id} - \Gamma_{i\beta}^{-1}\tilde{\beta}_{id}\dot{\beta}_{id} \tag{4.42}$$

由

$$\tilde{\beta}_{id} \geqslant \frac{\beta_{id}}{\ell_{io}} + \frac{\Gamma_{i\beta}^{-1}\dot{\beta}_{id}}{\ell_{io}k_{i\beta}} \tag{4.43}$$

可得

$$\dot{V}_{i3} \leqslant -(k_{i\beta} + k_{ix})\tilde{\psi}_{iW}^2 - k_{i\beta}(1 - \ell_{io})\tilde{\beta}_{id}^2 \tag{4.44}$$

式中，$0 < \ell_{io} < 1$。由此可知，子系统 (4.36) 是输入状态稳定的，且有

$$\|[\tilde{\psi}_{iW}(t), \tilde{\beta}_{id}(t)]\| \leqslant \max\{\gamma_{io}(\|[\tilde{\psi}_{iW}(0), \tilde{\beta}_{id}(0)]\|, t), \kappa_{io}^{\beta_d}(|\beta_{id}|) + \kappa_{io}^{\dot{\beta}_d}(|\dot{\beta}_{id}|)\} \tag{4.45}$$

式中，γ_{io} 是一个 $\mathcal{KL}$ 类函数，且有

$$\begin{cases}\kappa_{io}^{\beta_d}(s) = \dfrac{s}{\ell_{io}} \\ \kappa_{io}^{\dot{\beta}_d}(s) = \dfrac{\Gamma_{i\beta}^{-1}s}{\ell_{io}k_{i\beta}}\end{cases} \tag{4.46}$$

□

下面给出协同制导系统 (4.40) 的稳定性。

引理 4.2　子系统 (4.40)，看作一个状态为 $\tilde{v}_{is}, x_{ie}, y_{ie}, \psi_{ie}, e_i$，输入为 $\tilde{\beta}_{id}$ 的系统，则该系统是输入状态稳定的。

证明　构建如下的李雅普诺夫函数：

$$V_4 = \sum_{i=1}^{N}\left(\frac{1}{2}\tilde{v}_{is}^2 + \frac{1}{2}x_{ie}^2 + \frac{1}{2}y_{ie}^2 + \frac{1}{2}\psi_{ie}^2\right) + \theta^{\mathrm{T}}\mathcal{L}\theta \tag{4.47}$$

式中，$\theta = [\theta_1, \theta_2, \cdots, \theta_N]^{\mathrm{T}}$。根据定理 2.6，可以写为

$$V_4 = \sum_{i=1}^{N}\left(\frac{1}{2}\tilde{v}_{is}^2 + \frac{1}{2}x_{ie}^2 + \frac{1}{2}y_{ie}^2 + \frac{1}{2}\psi_{ie}^2\right) + e^{\mathrm{T}}Pe \tag{4.48}$$

对其求导，并将式 (4.40) 代入可得

$$\begin{aligned}\dot{V}_4 \leqslant &\sum_{i=1}^{N}\Big(-k_{ix}x_{ie}^2/\varPi_{ix} - U_i y_{ie}^2/\varPi_{iy} - k_{i\psi}\psi_{ie}^2/\varPi_{i\psi} - \psi_{ie}\tilde{\beta}_{id}\Big)\\ &-\lambda_{\min}(H)\|\tilde{v}_s\|^2 - \lambda_{\min}(\mu)\|\vartheta\|^2\end{aligned} \tag{4.49}$$

定义 $x_e = [x_{1e}, x_{2e}, \cdots, x_{Ne}]^{\mathrm{T}}$，$y_e = [y_{1e}, y_{2e}, \cdots, y_{Ne}]^{\mathrm{T}}$，$\psi_e = [\psi_{1e}, \psi_{2e}, \cdots, \psi_{Ne}]^{\mathrm{T}}$，$E = [x_e, y_e, \psi_e, \tilde{v}_s, \vartheta]^{\mathrm{T}}, c = \min\{k_{ix}/\varPi_{ix}, U_i/\varPi_{iy}, k_{i\psi}/\varPi_{i\psi}, \lambda_{\min}(H), \lambda_{\min}(\mu)\}$，则

$$\dot{V}_4 \leqslant -c\|E\|^2 + \|E\|\sum_{i=1}^{N}|\tilde{\beta}_{id}| \tag{4.50}$$

由

$$\|E\| \geqslant \frac{\displaystyle\sum_{i=1}^{N}|\tilde{\beta}_{id}|}{c\ell_c} \tag{4.51}$$

可得

$$\dot{V}_4 \leqslant -(1-\ell_c)c\|E\|^2 \tag{4.52}$$

式中，$0 < \ell_c < 1$。由此可得，子系统 (4.40) 是输入状态稳定的，且有

$$\|E(t)\| \leqslant \max\{\gamma_c(\|E(0)\|, t), \sum_{i=1}^{N}\kappa_{ic}^{\tilde{\beta}_d}(|\tilde{\beta}_{id}|)\} \tag{4.53}$$

式中，γ_c 是一个 $\mathcal{KL}$ 类函数，且

$$\kappa_{ic}^{\tilde{\beta}_d}(s) = \sqrt{\frac{\lambda_{\max}(S)}{\lambda_{\min}(S)}}\frac{s}{c\ell_c} \tag{4.54}$$

式中，$S=\operatorname{diag}\{1,P\}$。□

为分析整个系统的稳定性，将协同制导子系统与估计子系统合并写成如下形式：

$$\Sigma_1:\begin{cases}\dot{\tilde{v}}_s=-H\tilde{v}_s\\ \dot{x}_{ie}=-k_{ix}x_{ie}/\Pi_{ix}+u_{id}^*\omega_i+\dot{\psi}_{id}y_{ie}\\ \dot{y}_{ie}=-U_iy_{ie}/\Pi_{iy}+\varrho_i-\dot{\psi}_{id}x_{ie}\\ \dot{\psi}_{ie}=-k_{i\psi}\psi_{ie}/\Pi_{i\psi}-y_{ie}\varrho_i/\psi_{ie}-\tilde{\beta}_{id}\\ \dot{e}=-\mathcal{L}\omega\end{cases}\tag{4.55}$$

$$\Sigma_2:\begin{cases}\dot{\tilde{\psi}}_{iW}=\tilde{\beta}_{id}-(k_{i\beta}+k_{ix})\tilde{\psi}_{iW}\\ \dot{\tilde{\beta}}_{id}=-\Gamma_{i\beta}(\tilde{\psi}_{iW}+k_{i\beta}\hat{\beta}_{id})-\dot{\beta}_{id}\end{cases}\tag{4.56}$$

由式 (4.55) 和式 (4.56) 可知，估计子系统 Σ_2 与制导子系统 Σ_1 可以看作一个级联系统，其中估计子系统 Σ_2 激励制导子系统 Σ_1。以下定理给出系统 (4.55) 和系统 (4.56) 的稳定性。

定理 4.3 在满足假设 4.1 和 4.2 的条件下，考虑无人船运动方程 (4.1)、预估器 (4.34)、更新律 (4.35)、分布式速度观测器 (4.23)、制导律 (4.37) 和 (4.38)、参数协同更新律 (4.39)，则闭环系统 Σ_1 和 Σ_2 是输入状态稳定的。

证明 引理 4.1 和引理 4.2 已经证明，对于子系统 Σ_2，若状态为 $\tilde{\psi}_{iW}$ 和 $\tilde{\beta}_{id}$，输入为 β_{id} 和 $\dot{\beta}_{id}$，该系统是输入状态稳定的。对于子系统 Σ_1，若状态为 $\tilde{v}_s$, x_{ie}, y_{ie}, ψ_{ie}, e_i，输入为 $\tilde{\beta}_{id}$，该系统是输入状态稳定的。所以，根据定理 2.4 可知，整个闭环系统，其状态为 $\tilde{\psi}_{iW}$, $\tilde{\beta}_{id}$, $\tilde{v}_s$, x_{ie}, y_{ie}, ψ_{ie}, e_i，输入为 β_{id} 和 $\dot{\beta}_{id}$，该系统是输入状态稳定的。即存在一个 $\mathcal{KL}$ 类函数 γ_i 和一个 $\mathcal{K}$ 类函数 κ_i，使得

$$\begin{aligned}\|[\tilde{\psi}_{iW},\tilde{\beta}_{id},\tilde{v}_s,x_{ie},y_{ie},\psi_{ie},e_i]\|\leqslant\max\{&\gamma_i(\|[\tilde{\psi}_{iW}(0),\tilde{\beta}_{id}(0),\tilde{v}_s(0),x_{ie}(0),y_{ie}(0),\\ &\psi_{ie}(0),e_i(0)]\|,t),\kappa_i(\|[\beta_{id},\dot{\beta}_{id}]\|)\}\end{aligned}\tag{4.57}$$

由于 $|\beta_{id}|$ 和 $|\dot{\beta}_{id}|$ 都是有界的，界值为 β_0^* 和 β_1^*, 所以误差信号 $\tilde{\psi}_{iW}$, $\tilde{\beta}_{id}$, $\tilde{v}_s$, x_{ie}, y_{ie}, ψ_{ie}, e_i 都是有界的。□

4.1.5 仿真与实验验证

1. 仿真验证

为了验证算法 (4.23), (4.34), (4.37), (4.38) 和 (4.39) 的有效性，考虑一个由五艘无人船组成的集群系统，无人船间的通信关系如图 4.3 所示，仅有 1 号无人船能够直接获得参考的速度信息。采用如下的控制参数：$\Delta_i=5$, $k_{ix}=0.5$, $k_{i\psi}=0.5$, $\Delta_{ix}=1$, $\Delta_{iy}=1$, $\mu_i=0.3$, $g_{ix}=10$, $g_{iy}=10$, $\Gamma_{i\beta}=2000$, $k_{i\beta}=0.005$。

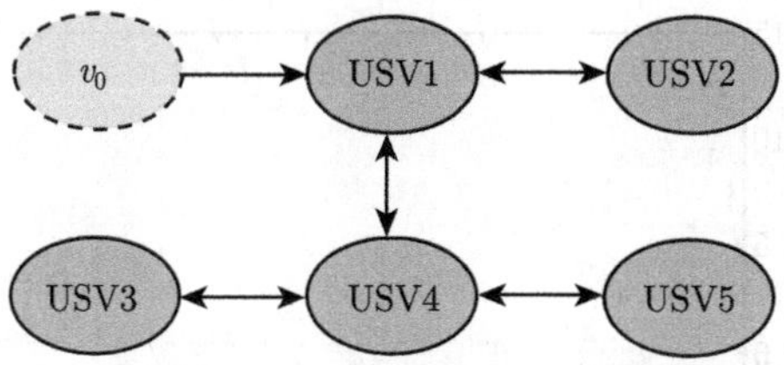

图 4.3　通信拓扑结构图

仿真结果如图 4.4 ~ 图 4.10 所示。图 4.4 给出了协同路径跟踪效果，可以看出五艘无人船分别跟踪给定的参数化路径，并实现了同步的编队队形。图 4.5 给

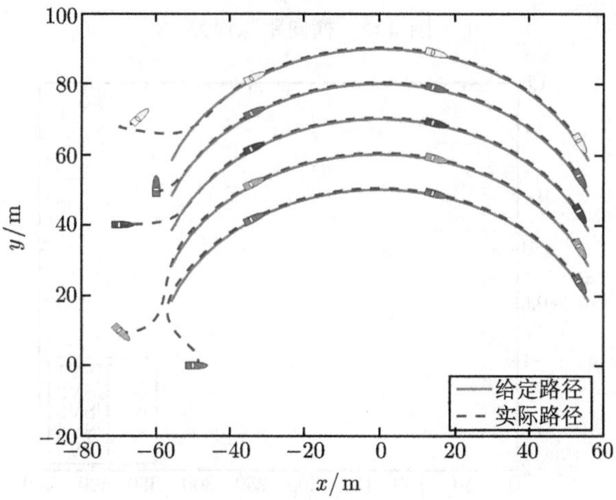

图 4.4　协同路径跟踪效果

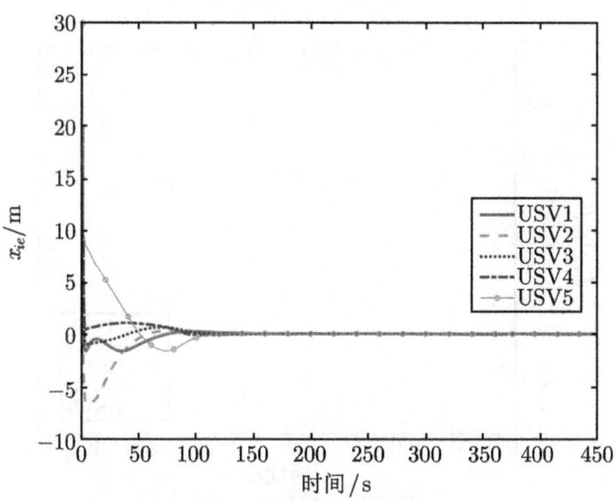

图 4.5　纵向跟踪误差

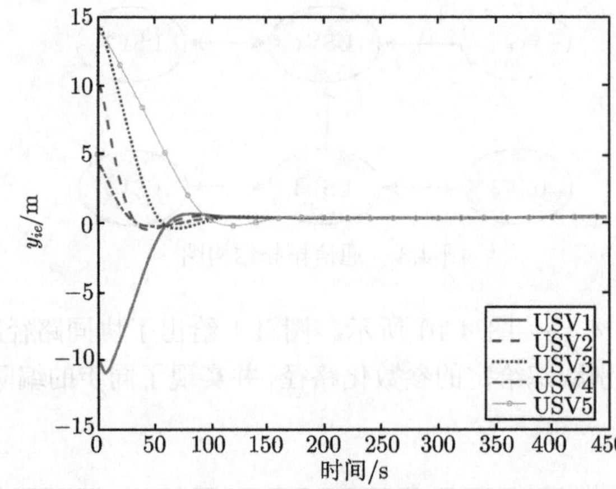

图 4.6　横向跟踪误差

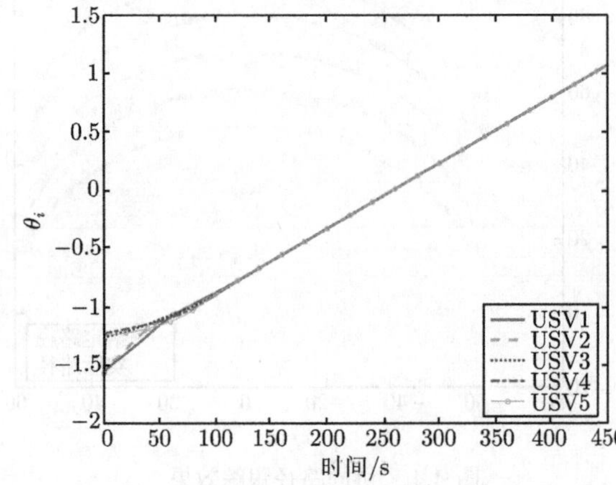

图 4.7　路径参数

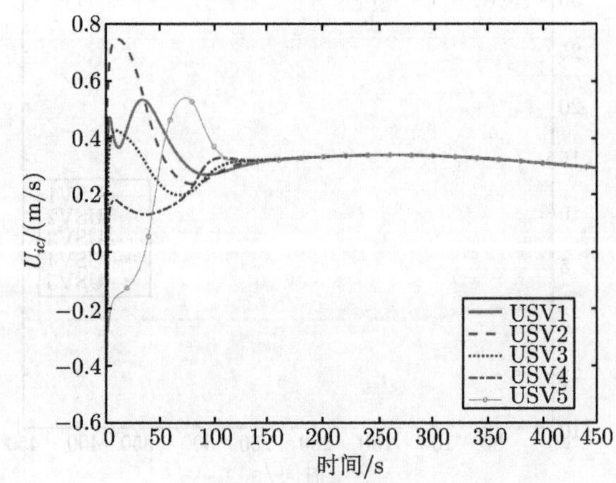

图 4.8　制导合速度

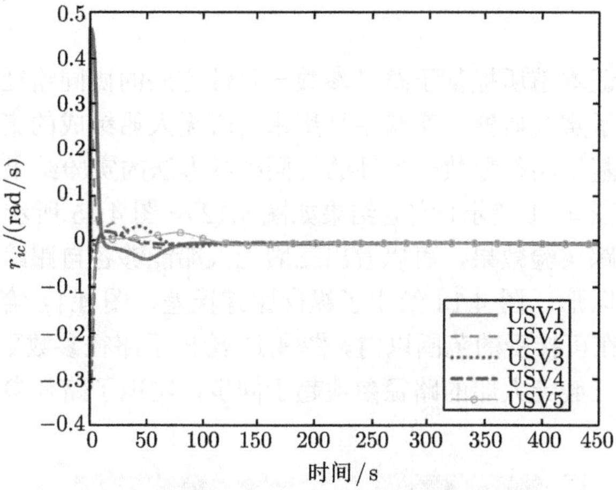

图 4.9　制导艏摇角速度

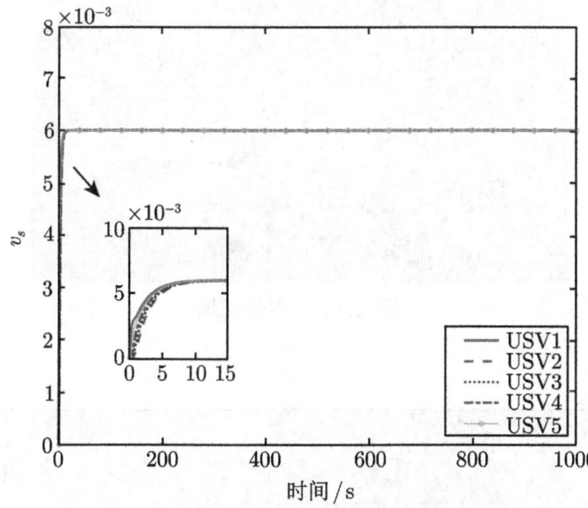

图 4.10　参考速度观测结果

出五艘无人船的纵向跟踪误差，可以看出经过一段时间，纵向跟踪误差收敛到零附近。图 4.6 给出五艘无人船的横向跟踪误差，可以看出横向跟踪误差收敛到零附近。图 4.7 给出路径参数的更新情况，可以看出经过一段暂态调整过程，多艘无人船的路径参数趋于一致，达到了路径参数同步的控制效果。图 4.8 给出制导合速度，可以看出制导合速度均在 1m/s 之内，符合实际应用的要求。图 4.9 给出制导艏摇角速度，可以看出制导艏摇角速度均在 1.5rad/s 之内，没有超出执行机构的执行范围。图 4.10 给出了分布式速度观测器的输出值，可以看出在 15s 之内，参考速度的估计值均收敛到 0.006，所以本节所提分布式速度观测器是有效的。

2. 实验验证

为进一步验证本节所提基于路径参数一致性方法的协同路径跟踪控制器的有效性，我们开展了实验研究。实验中采用由三艘无人船组成的集群系统，下面给出采用本节所提基于路径参数一致性的协同制导方法的实验结果。

实验现场如图 4.11 所示，实验结果如图 4.12 ~ 图 4.15 所示。其中图 4.12 给出了协同路径跟踪实验效果，可以看出三艘无人船能够各自跟踪给定的路径，并达到同步的编队队形。图 4.13 给出了纵向跟踪误差，图 4.14 给出了横向跟踪误差，跟踪误差均在可接受的范围以内。图 4.15 给出了路径参数更新的结果，经过一段暂态时间，三艘无人船的路径参数趋于同步，实现了路径参数一致性控制。

图 4.11 实验现场

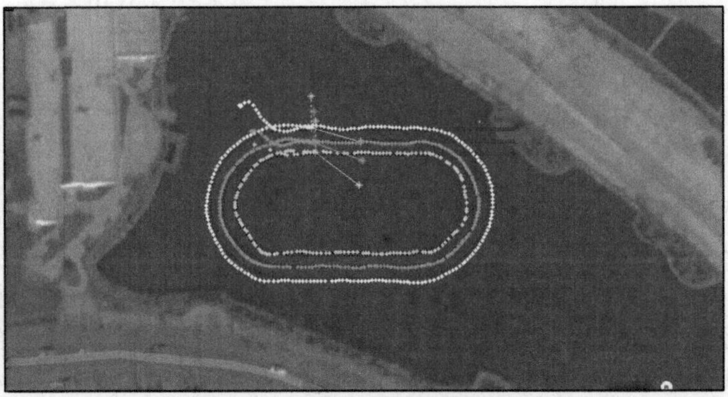

图 4.12 协同路径跟踪实验效果

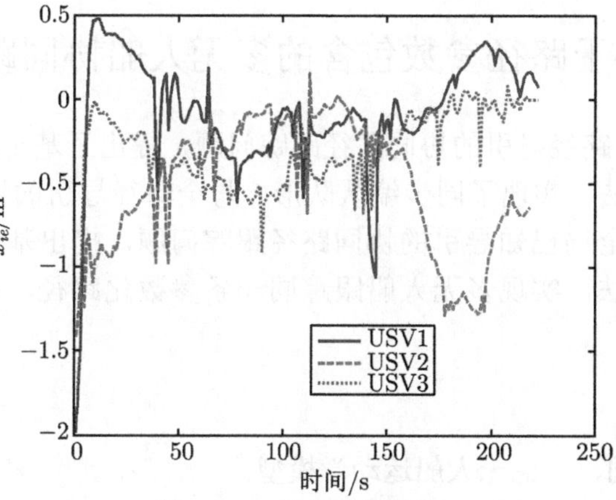

图 4.13　纵向跟踪误差

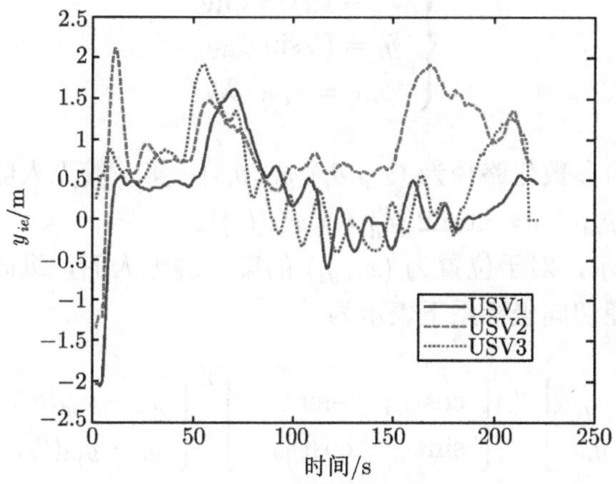

图 4.14　横向跟踪误差

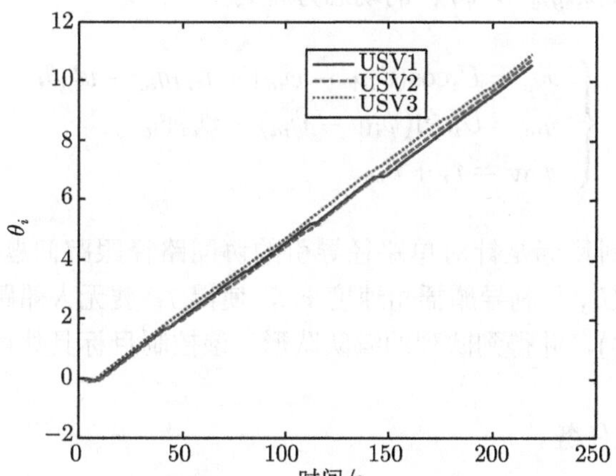

图 4.15　路径参数更新

4.2 基于路径参数包含的多无人船协同路径跟踪

4.1 节针对全路径导引的协同路径跟踪问题，提出了基于路径参数一致性的协同路径跟踪方法，实现了同步编队队形。与全路径导引的协同路径跟踪不同，本节研究单路径全局已知导引的协同路径跟踪问题，提出基于路径参数包含的协同路径跟踪方法，实现多无人船跟踪同一条参数化路径，并保持队列的编队队形。

4.2.1 问题描述

与 4.1 节相同，考虑无人船运动学模型：

$$\begin{cases} \dot{x}_i = U_i \cos \psi_{iW} \\ \dot{y}_i = U_i \sin \psi_{iW} \\ \dot{\psi}_{iW} = r_i + \beta_{id} \end{cases} \tag{4.58}$$

无人船跟踪的参数化路径为 $(x_{id}(\theta_i), y_{id}(\theta_i))$，第 i 艘无人船对应的路径上的切向角可表示为 $\psi_{id}(\theta_i) = \mathrm{atan2}(y_{id}^{\theta_i}(\theta_i), x_{id}^{\theta_i}(\theta_i))$。

如图 4.16 所示，对于位置为 (x_i, y_i) 的第 i 艘无人船，纵向跟踪误差与横向跟踪误差可在路径切向坐标系下表示为

$$\begin{bmatrix} x_{ie} \\ y_{ie} \end{bmatrix} = \begin{bmatrix} \cos\psi_{id} & -\sin\psi_{id} \\ \sin\psi_{id} & \cos\psi_{id} \end{bmatrix}^{\mathrm{T}} \begin{bmatrix} x_i - x_{id}(\theta_i) \\ y_i - y_{id}(\theta_i) \end{bmatrix} \tag{4.59}$$

对其求导，得到 x_{ie}, y_{ie} 和 ψ_{iW} 的动态方程为

$$\begin{cases} \dot{x}_{ie} = U_i\cos(\psi_{iW} - \psi_{id}) + \dot{\psi}_{id} y_{ie} - u_{id}^* \dot{\theta}_i \\ \dot{y}_{ie} = U_i\sin(\psi_{iW} - \psi_{id}) - \dot{\psi}_{id} x_{ie} \\ \dot{\psi}_{iW} = r_i + \beta_{id} \end{cases} \tag{4.60}$$

本小节的控制目标是针对单路径导引的协同路径跟踪问题，在运动学层次，设计制导合速度 U_{ic} 与制导艏摇角速度 r_{ic}，使得 N 艘无人船跟踪一条参数化路径 $(x_{id}(\theta_i), y_{id}(\theta_i))$，并得到队列的编队队形。该控制目标具体可以分为以下两个任务。

(1) 路径跟踪任务。

$$\lim_{t\to\infty} |x_{ie}| = 0, \quad \lim_{t\to\infty} |y_{ie}| = 0 \tag{4.61}$$

(2) 参数协同任务。

$$\lim_{t\to\infty}|\theta_i-\theta_{i-1}-d|=0 \tag{4.62}$$

式中，d 表示两艘虚拟领航船间的差值；$i=1,2,\cdots,N$ 且 $\theta_0=\theta_N$。

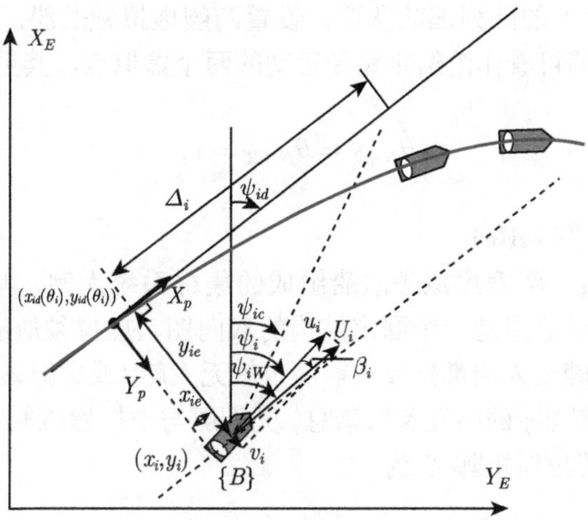

图 4.16　多无人船单曲线上的协同路径跟踪

4.2.2　控制器设计

1. 制导律设计

基于 LOS 制导方法设计单无人船的制导律，使得每艘无人船都跟踪给定的同一条参数化路径。与 4.1 节相同，第 i 艘无人船的制导律设计如下：

$$\begin{cases} U_{ic}=-k_{ix}x_{ie}/\varPi_{ix}+u_{id}^*v_s+2U_i\sin^2\left((\psi_{iW}-\psi_{id})/2\right) \\ r_{ic}=-k_{i\psi}\psi_{ie}/\varPi_{i\psi}-\beta_{id}+\dot{\psi}_{ic}-y_{ie}\varrho_i/\psi_{ie} \end{cases} \tag{4.63}$$

式中，$\varPi_{ix}=\sqrt{x_{ie}^2+\varDelta_{ix}^2}$；$\varPi_{i\psi}=\sqrt{\psi_{ie}^2+\varDelta_{i\psi}^2}$，其中 $\varDelta_{ix}\in\mathbb{R}^+$, $\varDelta_{i\psi}\in\mathbb{R}^+$ 为常数。且有

$$\psi_{ic}=\psi_{id}+\arctan\left(-\frac{y_{ie}}{\varDelta_i}\right) \tag{4.64}$$

将式 (4.63) 代入式 (4.60)，得到误差动态为

$$\begin{cases} \dot{x}_{ie}=-k_{ix}x_{ie}/\varPi_{ix}+u_{id}^*\omega_i+\dot{\psi}_{id}y_{ie} \\ \dot{y}_{ie}=-U_iy_{ie}/\varPi_{iy}+\varrho_i-\dot{\psi}_{id}x_{ie} \\ \dot{\psi}_{ie}=-k_{i\psi}\psi_{ie}/\varPi_{i\psi}-y_{ie}\varrho_i/\psi_{ie} \end{cases} \tag{4.65}$$

式中，$\varPi_{iy}=\sqrt{y_{ie}^2+\varDelta_i^2}$。

2. 路径参数更新律设计

本小节设计 ω_i 的更新律，使得路径参数均匀地分散在两艘虚拟领航船之间，从而实现同一路径上的队列编队队形。设置两艘虚拟领航船，编号为 $N+1$ 和 $N+2$，虚拟领航船可看作沿给定路径运动的两个虚拟点，其更新速度为

$$\dot{\theta}_{N+1}=\dot{\theta}_{N+2}=v_s \tag{4.66}$$

式中，$\theta_{N+1}(t_0)<\theta_{N+2}(t_0)$。

以五艘无人船与两艘虚拟领航船组成的集群系统为例，其通信拓扑结构如图 4.17 所示。该通信图是一个固定结构的双向图，虚拟领航船的运动独立于无人船的运动。每一艘无人船都接收它前面一艘无人船 (或虚拟领航船) 和后面一艘无人船 (或虚拟领航船) 的路径参数信息。无人船与虚拟领航船之间的通信结构用图 $\mathcal{G}$ 表示，其拉普拉斯矩阵 $\mathcal{L}$ 为

$$\mathcal{L}=\begin{bmatrix}\mathcal{L}_1 & \mathcal{L}_2\\ 0_{2\times N} & 0_{2\times 2}\end{bmatrix} \tag{4.67}$$

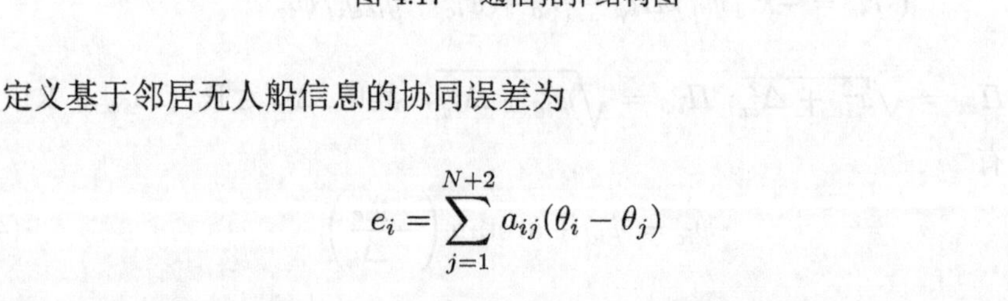

图 4.17 通信拓扑结构图

定义基于邻居无人船信息的协同误差为

$$e_i=\sum_{j=1}^{N+2}a_{ij}(\theta_i-\theta_j) \tag{4.68}$$

设计 ω_i 的更新律如下：

$$\omega_i=\mu_i e_i-\mu_i x_{ie}u_{id}^* \tag{4.69}$$

式中，$\mu_i\in\mathbb{R}^+$ 是常数。定义 $e=[e_1,e_2,\cdots,e_N]^{\mathrm{T}}$ 和 $\omega=[\omega_1,\omega_2,\cdots,\omega_N]^{\mathrm{T}}$，则得

到误差 x_{ie}, y_{ie}, ψ_{ie} 和 e 的动态方程为

$$\begin{cases}\dot{x}_{ie}=-k_{ix}x_{ie}/\Pi_{ix}+u_{id}^{*}\omega_i+\dot{\psi}_{id}y_{ie}\\ \dot{y}_{ie}=-U_iy_{ie}/\Pi_{iy}+\varrho_i-\dot{\psi}_{id}x_{ie}\\ \dot{\psi}_{ie}=-k_{i\psi}\psi_{ie}/\Pi_{i\psi}-y_{ie}\varrho_i/\psi_{ie}\\ \dot{e}=-\mathcal{L}_1\omega\end{cases}\tag{4.70}$$

4.2.3　稳定性分析

以下定理说明闭环系统 (4.70) 的稳定性。

定理 4.4　考虑无人船运动方程 (4.58)，在满足假设 4.1 的条件下，制导律 (4.63)、(4.64) 与参数协同更新律 (4.69) 使得闭环系统 (4.70) 的平衡点 (x_{ie}, y_{ie}, ψ_{ie}, e_i) = (0,0,0,0) 是全局一致渐近稳定的。

证明　构建如下的李雅普诺夫函数：

$$V_1=\sum_{i=1}^{N}\left(\frac{1}{2}x_{ie}^2+\frac{1}{2}y_{ie}^2+\frac{1}{2}\psi_{ie}^2\right)+\frac{1}{2}e^{\mathrm{T}}\mathcal{L}_1^{-1}e\tag{4.71}$$

对其求导，并将式 (4.70) 代入可得

$$\begin{aligned}\dot{V}_1&\leqslant\sum_{i=1}^{N}\Big(-k_{ix}x_{ie}^2/\Pi_{ix}+x_{ie}u_{id}^{*}\omega_i-U_iy_{ie}^2/\Pi_{iy}-k_{i\psi}\psi_{ie}^2/\Pi_{i\psi}\Big)-e^{\mathrm{T}}\omega\\&\leqslant\sum_{i=1}^{N}\Big(-k_{ix}x_{ie}^2/\Pi_{ix}-U_iy_{ie}^2/\Pi_{iy}-k_{i\psi}\psi_{ie}^2/\Pi_{i\psi}\Big)-\lambda_{\min}(\mu)\|\vartheta\|^2\end{aligned}\tag{4.72}$$

式中，$\mu=\mathrm{diag}\{\mu_1,\mu_2,\cdots,\mu_N\}$；$\vartheta=-e+u_d^{*}x_e$，$u_d^{*}=\mathrm{diag}\{u_{1d}^{*},u_{2d}^{*},\cdots,u_{Nd}^{*}\}$，$x_e=[x_{1e},x_{2e},\cdots,x_{Ne}]^{\mathrm{T}}$。

根据定理 2.1,能够得到闭环系统 (4.70) 的平衡点 $(x_{ie},y_{ie},\psi_{ie},e_i)=(0,0,0,0)$ 是全局一致渐近稳定的。

定义 $\theta_f=[\theta_1,\theta_2,\cdots,\theta_N]^{\mathrm{T}}$ 和 $\theta_l=[\theta_{N+1},\theta_{N+2}]^{\mathrm{T}}$，则有

$$\begin{aligned}e&=\mathcal{L}_1\theta_f+\mathcal{L}_2\theta_l\\&=\mathcal{L}_1(\theta_f+\mathcal{L}_1^{-1}\mathcal{L}_2\theta_l)\end{aligned}\tag{4.73}$$

根据 $\mathcal{L}_1$ 和 $\mathcal{L}_2$ 的定义，可以计算出

$$\mathcal{L}_1^{-1}\mathcal{L}_2\theta_l = \begin{bmatrix} -\left(\theta_{N+1} + \dfrac{1}{N+1}(\theta_{N+2} - \theta_{N+1})\right) \\ -\left(\theta_{N+1} + \dfrac{2}{N+1}(\theta_{N+2} - \theta_{N+1})\right) \\ \vdots \\ -\left(\theta_{N+1} + \dfrac{N-1}{N+1}(\theta_{N+2} - \theta_{N+1})\right) \\ -\left(\theta_{N+1} + \dfrac{N}{N+1}(\theta_{N+2} - \theta_{N+1})\right) \end{bmatrix} \tag{4.74}$$

将式 (4.74) 代入式 (4.73) 得到

$$e_i = \sum_{j=1}^{N} \mathcal{L}_{ij} \left(\theta_i - \left(\theta_{N+1} + \frac{i}{N+1}(\theta_{N+2} - \theta_{N+1})\right)\right) \tag{4.75}$$

式中，$\mathcal{L}_{ij}$ 代表 $\mathcal{L}_1$ 的第 (i,j) 个元素。进一步可得

$$\begin{aligned} &\left|\theta_i - \left(\theta_{N+1} + \frac{i}{N+1}(\theta_{N+2} - \theta_{N+1})\right)\right| \\ &= \left|\theta_i - \left(\theta_{N+1} + \frac{i}{N+1}(\theta_{N+2}(0) - \theta_{N+1}(0))\right)\right| \to 0 \end{aligned} \tag{4.76}$$

最后，相对路径参数误差满足

$$\begin{aligned} |\theta_i - \theta_{i-1}| &\to \left|\left(\theta_{N+1} + \frac{i}{N+1}(\theta_{N+2}(0) - \theta_{N+1}(0))\right)\right. \\ &\quad \left. - \left(\theta_{N+1} + \frac{i-1}{N+1}(\theta_{N+2}(0) - \theta_{N+1}(0))\right)\right| \\ &\to \frac{\theta_{N+2}(0) - \theta_{N+1}(0)}{N+1} \end{aligned} \tag{4.77}$$

所以等式 (4.62) 成立。□

注解 4.3 现有协同路径跟踪控制方法都是针对多艘无人船跟踪多条路径的情况[49,96,144,150,199-201]，而有些应用场合，如无人船数量较多或者航行区域比较狭窄的时候，可能无法为每艘无人船都设计一条路径。本节考虑的是多艘无人船跟踪同一条路径的情况，无人船在路径上形成均匀分散的队形。

4.2.4 相关扩展

1. 参考速度非全局已知

与 4.1.4 节中的设计相同，基于路径参数包含控制的协同路径制导方法也扩展到参考速度非全局已知的情况下。设计如下的分布式观测器来估计虚拟领航船的速度信息：

$$\dot{\hat{v}}_{is} = -g_{ix}\sum_{j=1}^{N} a_{ij}(\hat{v}_{is} - \hat{v}_{js}) - g_{iy}b_i(\hat{v}_{is} - v_s) \tag{4.78}$$

第 i 艘无人船的制导律设计如下：

$$\begin{cases} U_{ic} = -k_{ix}x_{ie}/\Pi_{ix} + u_{id}^{*}\hat{v}_{is} + 2U_i\sin^2((\psi_{iW} - \psi_{id})/2) \\ r_{ic} = -k_{i\psi}\psi_{ie}/\Pi_{i\psi} - \beta_{id} + \dot{\psi}_{ic} - y_{ie}\varrho_i/\psi_{ie} \end{cases} \tag{4.79}$$

且有

$$\psi_{ic} = \psi_{id} + \arctan\left(-\frac{y_{ie}}{\Delta_i}\right) \tag{4.80}$$

设计 ω_i 的更新律为

$$\omega_i = \mu_i e_i - \mu_i x_{ie} u_{id}^{*} \tag{4.81}$$

最后得到误差 $\tilde{v}_s$, x_{ie}, y_{ie}，ψ_{ie} 和 e 的动态方程为

$$\begin{cases} \dot{\tilde{v}}_s = -H\tilde{v}_s \\ \dot{x}_{ie} = -k_{ix}x_{ie}/\Pi_{ix} + u_{id}^{*}\omega_i + \dot{\psi}_{id}y_{ie} \\ \dot{y}_{ie} = -U_i y_{ie}/\Pi_{iy} + \varrho_i - \dot{\psi}_{id}x_{ie} \\ \dot{\psi}_{ie} = -k_{i\psi}\psi_{ie}/\Pi_{i\psi} - y_{ie}\varrho_i/\psi_{ie} \\ \dot{e} = -\mathcal{L}_1\omega \end{cases} \tag{4.82}$$

以下定理说明闭环系统 (4.82) 的稳定性。

定理 4.5　*考虑无人船运动方程 (4.58)，在满足假设 4.1 的条件下，分布式速度观测器 (4.78)、制导律 (4.79) 和 (4.80)、参数协同更新律 (4.81) 使得闭环系统 (4.82) 的平衡点 $(\tilde{v}_s, x_{ie}, y_{ie}, \psi_{ie}, e_i) = (0,0,0,0,0)$ 是全局一致渐近稳定的。*

证明　证明过程与定理 4.2 类似，故略。□

2. 侧滑未知

与 4.1.4 节类似，基于路径参数包含控制的协同路径制导方法也可扩展到侧滑未知的情形。本节我们采用扩张状态观测器补偿侧滑的影响。

1) 侧滑估计

设计之前，做如下假设。

假设 4.3 *存在常数* $\beta_0^* \in \mathbb{R}^+$ *和* $\beta_1^* \in \mathbb{R}^+$，*满足* $|\beta_{id}| \leqslant \beta_0^*$ *和* $|\dot{\beta}_{id}| \leqslant \beta_1^*$。

为估计 β_{id}，提出一个扩张状态观测器如下：

$$\begin{cases} \dot{\hat{\psi}}_{iW} = -k_{i1}(\hat{\psi}_{iW} - \psi_{iW}) + \hat{\beta}_{id} + r_i \\ \dot{\hat{\beta}}_{id} = -k_{i2}(\hat{\psi}_{iW} - \psi_{iW}) \end{cases} \tag{4.83}$$

式中，$k_{i1} \in \mathbb{R}^+$ 和 $k_{i2} \in \mathbb{R}^+$ 为常数。

定义 $\tilde{\psi}_{iW} = \hat{\psi}_{iW} - \psi_{iW}$ 和 $\tilde{\beta}_{id} = \hat{\beta}_{id} - \beta_{id}$, 则估计误差的动态方程写为

$$\begin{cases} \dot{\tilde{\psi}}_{iW} = -k_{i1}\tilde{\psi}_{iW} + \tilde{\beta}_{id} \\ \dot{\tilde{\beta}}_{id} = -k_{i2}\tilde{\psi}_{iW} - \dot{\beta}_{id} \end{cases} \tag{4.84}$$

令 $\tilde{\chi}_i = [\tilde{\psi}_{iW}, \tilde{\beta}_{id}]^{\mathrm{T}}$，则式 (4.84) 可写成矩阵形式：

$$\dot{\tilde{\chi}}_i = A_i\tilde{\chi}_i - B_i\dot{\beta}_{id} \tag{4.85}$$

式中，

$$A_i = \begin{bmatrix} -k_{i1} & 1 \\ -k_{i2} & 0 \end{bmatrix}, \quad B_i = \begin{bmatrix} 0 \\ 1 \end{bmatrix} \tag{4.86}$$

这里 A_i 是赫尔维茨矩阵，即存在正定矩阵 P_i 满足

$$A_i^{\mathrm{T}}P_i + P_iA_i = -I_2 \tag{4.87}$$

2) 协同估计

第 i 艘无人船的制导律设计如下：

$$\begin{cases} U_{ic} = -k_{ix}x_{ie}/\varPi_{ix} + u_{id}^*\hat{v}_{is} + 2U_i\sin^2[(\psi_{iW} - \psi_{id})/2] \\ r_{ic} = -k_{i\psi}\psi_{ie}/\varPi_{i\psi} - \hat{\beta}_{id} + \dot{\psi}_{ir} - y_{ie}\varrho_i/\psi_{ic} \end{cases} \tag{4.88}$$

且有

$$\psi_{ic} = \psi_{id} + \arctan\Big(-\frac{y_{ie}}{\varDelta_i}\Big) \tag{4.89}$$

设计 ω_i 的更新律为

$$\omega_i = \mu_i e_i - \mu_i u_{id}^* x_{ie} \tag{4.90}$$

最后得到误差 $\tilde{v}_s, x_{ie}, y_{ie}, \psi_{ie}$ 和 e 的动态方程为

$$\begin{cases} \dot{\tilde{v}}_s = -H\tilde{v}_s \\ \dot{x}_{ie} = -k_{ix}x_{ie}/\varPi_{ix} + u_{id}^*\omega_i + \dot{\psi}_{id}y_{ie} \\ \dot{y}_{ie} = -U_i y_{ie}/\varPi_{iy} + \varrho_i - \dot{\psi}_{id}x_{ie} \\ \dot{\psi}_{ie} = -k_{i\psi}\psi_{ie}/\varPi_{i\psi} - y_{ie}\varrho_i/\psi_{ie} - \tilde{\beta}_{id} \\ \dot{e} = -\mathcal{L}_1\omega \end{cases} \tag{4.91}$$

3) 稳定性分析

首先给出基于扩张状态观测器的侧滑估计系统的稳定性。

引理 4.3　子系统 (4.85)，看作一个状态为 $\tilde{\chi}_i$，输入为 $\dot{\beta}_{id}$ 的系统，该系统是输入状态稳定的。

证明　构建如下的李雅普诺夫函数：

$$V_{i2} = \tilde{\chi}_i^{\mathrm{T}} P_i \tilde{\chi}_i \tag{4.92}$$

对 V_{i2} 求导，并将式 (4.85) 代入可得

$$\begin{aligned} \dot{V}_{i2} &= \tilde{\chi}_i^{\mathrm{T}}(A_i^{\mathrm{T}}P_i + P_iA_i)\tilde{\chi}_i - 2\tilde{\chi}_i^{\mathrm{T}}P_iB_i\dot{\beta}_{id} \\ &\leqslant -\|\tilde{\chi}_i\|^2 + 2\|\tilde{\chi}_i\|\|P_iB_i\||\dot{\beta}_{id}| \end{aligned} \tag{4.93}$$

由

$$\|\tilde{\chi}_i\| \geqslant \frac{2\|P_iB_i\||\dot{\beta}_{id}|}{\ell_{io}} \tag{4.94}$$

可得

$$\dot{V}_{i2} \leqslant -(1-\ell_{io})\|\tilde{\chi}_i\|^2 \tag{4.95}$$

式中，$0 < \ell_{io} < 1$。由此可知，子系统 (4.85) 是输入状态稳定的，且有

$$\|\tilde{\chi}_i(t)\| \leqslant \max\{\gamma_{io}(\|\tilde{\chi}_i(0)\|, t), \kappa_{io}^{\dot{\beta}_d}(|\dot{\beta}_{id}|)\} \tag{4.96}$$

式中，γ_{io} 是一个 $\mathcal{KL}$ 类函数，且

$$\kappa_{io}^{\dot{\beta}_d}(s) = \sqrt{\frac{\lambda_{\max}(P_i)}{\lambda_{\min}(P_i)}}\frac{2\|P_iB_i\|s}{\ell_{io}} \tag{4.97}$$

□

下面给出协同制导系统的稳定性。

引理 4.4 子系统 (4.91)，看作一个状态为 $\tilde{v}_s$, x_{ie}, y_{ie}, ψ_{ie}, e_i，输入为 $\tilde{\beta}_{id}$ 的系统，则该系统是输入状态稳定的。

证明 构建如下的李雅普诺夫函数：

$$V_3=\sum_{i=1}^{N}\left(\frac{1}{2}\tilde{v}_{is}^2+\frac{1}{2}x_{ie}^2+\frac{1}{2}y_{ie}^2+\frac{1}{2}\psi_{ie}^2\right)+\frac{1}{2}e^{\mathrm{T}}\mathcal{L}_1^{-1}e \tag{4.98}$$

对其求导，并将式 (4.91) 代入可得

$$\begin{aligned}\dot{V}_3\leqslant&\sum_{i=1}^{N}\Big(-k_{ix}x_{ie}^2/\varPi_{ix}+x_{ie}u_{id}^*\omega_i-U_iy_{ie}^2/\varPi_{iy}-k_{i\psi}\psi_{ie}^2/\varPi_{i\psi}-\psi_{ie}\tilde{\beta}_{id}\Big)\\&-\lambda_{\min}(H)\|\tilde{v}_s\|^2-e^{\mathrm{T}}\omega\\\leqslant&\sum_{i=1}^{N}\Big(-k_{ix}x_{ie}^2/\varPi_{ix}-U_iy_{ie}^2/\varPi_{iy}-k_{i\psi}\psi_{ie}^2/\varPi_{i\psi}-\psi_{ie}\tilde{\beta}_{id}\Big)\\&-\lambda_{\min}(H)\|\tilde{v}_s\|^2-\lambda_{\min}(\mu)\|\vartheta\|^2\end{aligned} \tag{4.99}$$

式中，$\mu=\operatorname{diag}\{\mu_1,\mu_2,\cdots,\mu_N\}$；$\vartheta=-e+u_d^*x_e$, $u_d^*=\operatorname{diag}\{u_{1d}^*,u_{2d}^*,\cdots,u_{Nd}^*\}$。

定义 $y_e=[y_{1e},y_{2e},\cdots,y_{Ne}]^{\mathrm{T}}$, $\psi_e=[\psi_{1e},\psi_{2e},\cdots,\psi_{Ne}]^{\mathrm{T}}$, $E=[x_e,y_e,\psi_e,\tilde{v}_s,\vartheta]^{\mathrm{T}}$, $c=\min\{k_{ix}/\varPi_{ix},U_i/\varPi_{iy},k_{i\psi}/\varPi_{i\psi},\lambda_{\min}(H),\lambda_{\min}(\mu)\}$，则

$$\dot{V}_3\leqslant-c\|E\|^2+\|E\|\sum_{i=1}^{N}|\tilde{\beta}_{id}| \tag{4.100}$$

由

$$\|E\|\geqslant\frac{\sum_{i=1}^{N}|\tilde{\beta}_{id}|}{c\,\ell_c} \tag{4.101}$$

可得

$$\dot{V}_3\leqslant-(1-\ell_c)c\|E\|^2 \tag{4.102}$$

式中，$0<\ell_c<1$。由此可知，子系统 (4.91) 是输入状态稳定的。且有

$$\|E(t)\|\leqslant\max\{\gamma_c(\|E(0)\|,t),\sum_{i=1}^{N}\kappa_{ic}^{\tilde{\beta}_d}(|\tilde{\beta}_{id}|)\} \tag{4.103}$$

式中，γ_c 是一个 $\mathcal{KL}$ 类函数，且

$$\kappa_{ic}^{\tilde{\beta}_d}(s)=\sqrt{\frac{\lambda_{\max}(S)}{\lambda_{\min}(S)}}\frac{s}{c\,\ell_c} \tag{4.104}$$

式中，$S=\operatorname{diag}\{1,\mathcal{L}_1^{-1}\}$。□

最后给出整个系统的稳定性分析。为分析整个系统的稳定性，将估计子系统与协同制导子系统合并写成如下形式：

$$\varSigma_1:\begin{cases}\dot{\tilde{v}}_s=-H\tilde{v}_s\\ \dot{x}_{ie}=-k_{ix}x_{ie}/\varPi_{ix}+u_{id}^*\omega_i+\dot{\psi}_{id}y_{ie}\\ \dot{y}_{ie}=-U_iy_{ie}/\varPi_{iy}+\varrho_i-\dot{\psi}_{id}x_{ie}\\ \dot{\psi}_{ie}=-k_{i\psi}\psi_{ie}/\varPi_{i\psi}-y_{ie}\varrho_i/\psi_{ie}-\tilde{\beta}_{id}\\ \dot{e}=-\mathcal{L}_1\omega\end{cases} \tag{4.105}$$

$$\varSigma_2:\dot{\tilde{\chi}}_i=A_i\tilde{\chi}_i-B_i\dot{\beta}_{id} \tag{4.106}$$

可以看出估计子系统 $\varSigma_2$ 与制导子系统 $\varSigma_1$ 组成了一个级联系统，其中估计子系统 $\varSigma_2$ 激励制导子系统 $\varSigma_1$。以下定理给出了系统 (4.105) 和系统 (4.106) 的稳定性。

定理 4.6　*在满足假设 4.1 和假设 4.3 的条件下，考虑无人船运动方程 (4.58)、扩张状态观测器 (4.83)、分布式速度观测器 (4.78)、制导律 (4.88) 和 (4.89)、参数协同更新律 (4.90)，则闭环系统 $\varSigma_1$ 和 $\varSigma_2$，看作一个状态为 $\tilde{\psi}_{iw},\tilde{\beta}_{id},\tilde{v}_s,x_{ie},y_{ie},\psi_{ie},e_i$，输入为 $\dot{\beta}_{id}$ 的系统，该系统是输入状态稳定的。*

证明　引理 4.3 和引理 4.4 已经证明，对于子系统 $\varSigma_1$，若状态为 $\tilde{v}_s,x_{ie},y_{ie},\psi_{ie},e_i$，输入为 $\tilde{\beta}_{id}$，该系统是输入状态稳定的；对于子系统 $\varSigma_2$，若状态为 $\tilde{\chi}_i$，输入为 $\dot{\beta}_{id}$，该系统是输入状态稳定的。根据定理 2.4 可知，整个闭环系统，其状态为 $\tilde{\psi}_{iw},\tilde{\beta}_{id},\tilde{v}_s,x_{ie}, y_{ie}, \psi_{ie},e_i$，外部输入为 $\dot{\beta}_{id}$，该系统是输入状态稳定的。即存在一个 $\mathcal{KL}$ 类函数 γ_i 和一个 $\mathcal{K}$ 类函数 κ_i，使得

$$\begin{aligned}&\|(\tilde{\psi}_{iw},\tilde{\beta}_{id},\tilde{v}_s,x_{ie},y_{ie},\psi_{ie},e_i)\|\\ &\leqslant\max\{\gamma_i(\|(\tilde{\psi}_{iw}(0),\tilde{\beta}_{id}(0),\tilde{v}_s(0),\\ &\qquad x_{ie}(0),y_{ie}(0),\psi_{ie}(0),e_i(0))\|,t),\kappa_i(|\dot{\beta}_{id}|)\}\end{aligned} \tag{4.107}$$

由于 $\dot{\beta}_{id}$ 有界，且界值为 β_1^*，所以误差信号 $\tilde{\psi}_{iw},\tilde{\beta}_{id},\tilde{v}_s,x_{ie},y_{ie},\psi_{ie},e_i$ 都是有界的。

与 4.2.3 节类似，可得

$$e_i = \sum_{j=1}^{N} \mathcal{L}_{ij} \left(\theta_i - \left(\theta_{N+1} + \frac{i}{N+1} (\theta_{N+2} - \theta_{N+1}) \right) \right) \tag{4.108}$$

定义 δ_0 是一个小的常数，进一步可得

$$\begin{aligned} & \left| \theta_i - \left(\theta_{N+1} + \frac{i}{N+1} (\theta_{N+2} - \theta_{N+1}) \right) \right| \\ = & \left| \theta_i - \left(\theta_{N+1} + \frac{i}{N+1} (\theta_{N+2}(0) - \theta_{N+1}(0)) \right) \right| \leqslant \delta_0 \end{aligned} \tag{4.109}$$

最后，相对路径参数误差满足

$$\begin{aligned} |\theta_i - \theta_{i-1}| \leqslant & \left| \left(\theta_{N+1} + \frac{i}{N+1} (\theta_{N+2}(0) - \theta_{N+1}(0)) \right) \right. \\ & \left. - \left(\theta_{N+1} + \frac{i-1}{N+1} (\theta_{N+2}(0) - \theta_{N+1}(0)) \right) \right| + 2\delta_0 \\ \leqslant & \frac{\theta_{N+2}(0) - \theta_{N+1}(0)}{N+1} + 2\delta_0 \end{aligned} \tag{4.110}$$

□

4.2.5 仿真与实验验证

1. 仿真验证

为了验证控制算法 (4.83), (4.88), (4.89) 和 (4.90)，考虑一个由五艘无人船组成的集群系统。选取如下的控制参数：$\Delta_i = 5$, $k_{ix} = 0.5$, $k_{i\psi} = 0.5$, $\Delta_{ix} = 1$, $\Delta_{iy} = 1$, $\mu_i = 5$, $g_{ix} = 10$, $g_{iy} = 10$, $k_{i1} = 20$, $k_{i2} = 100$。

仿真结果如图 4.18 ~ 图 4.23 所示。图 4.18 给出了协同路径跟踪效果，可以看出五艘无人船跟踪同一条给定的参数化路径，并均匀地分散在该路径上。图 4.19 和图 4.20 分别给出五艘无人船的纵向跟踪误差和横向跟踪误差，可以看出经过一段时间跟踪误差收敛到零附近。图 4.21 给出路径参数的更新情况，多艘无人船的路径参数均匀地分散在两艘领航船之间，达到了路径参数均匀分散的控制效果。图 4.22 给出制导合速度，可以看出制导合速度均在 1m/s 之内，符合实际应用的要求。图 4.23 给出制导艏摇角速度，可以看出制导艏摇角速度均在 1.5rad/s 之内，没有超出执行机构的执行范围。

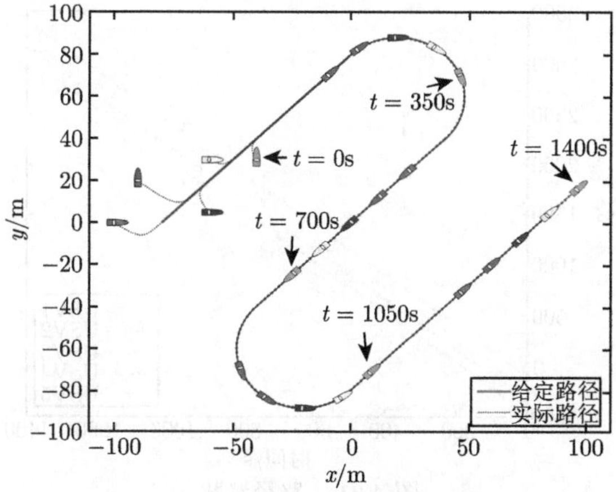

图 4.18　协同路径跟踪效果

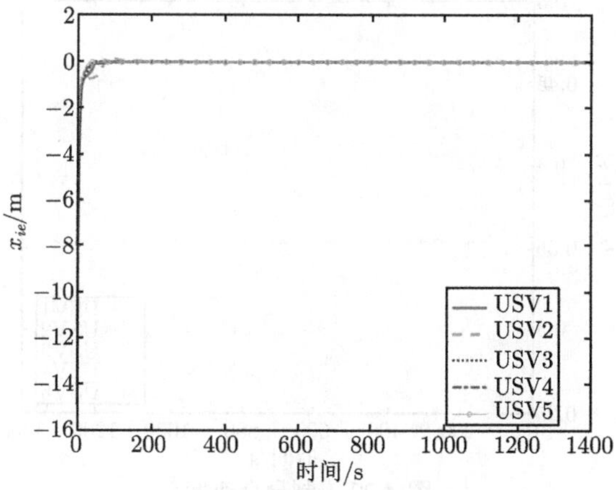

图 4.19　纵向跟踪误差

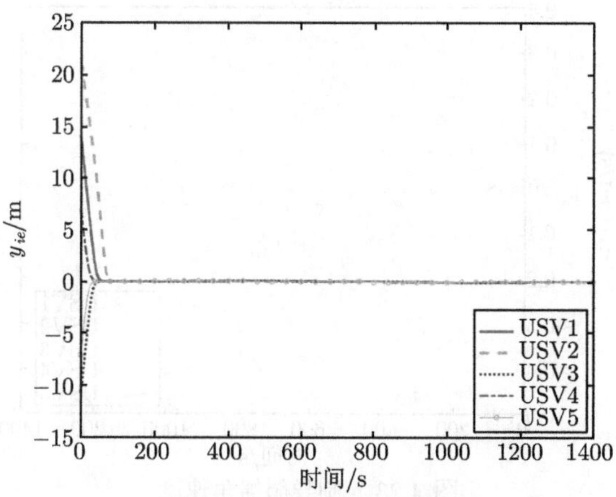

图 4.20　横向跟踪误差

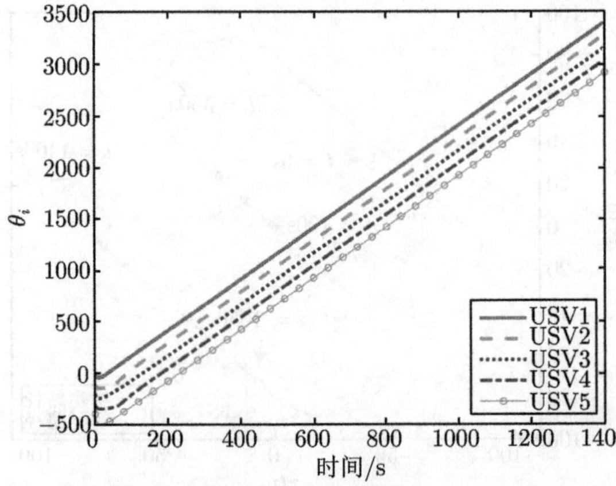

图 4.21 路径参数

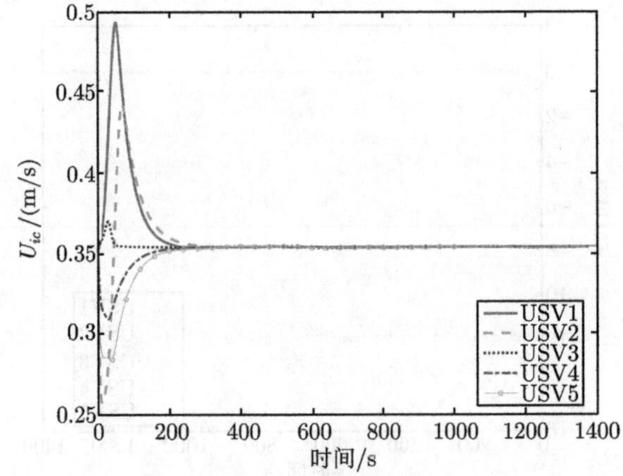

图 4.22 制导合速度

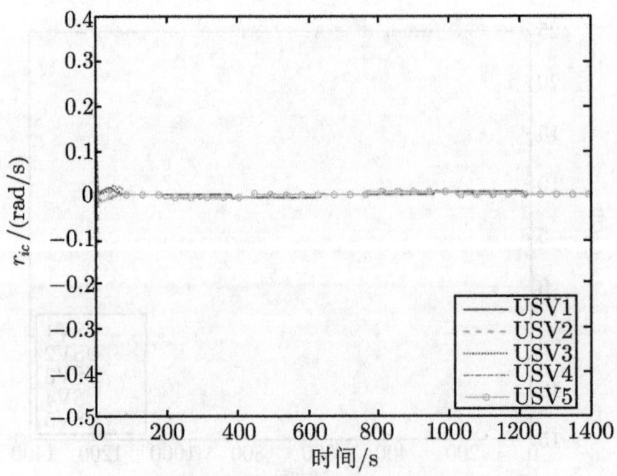

图 4.23 制导艏摇角速度

2. 实验验证

下面给出采用本节所提基于路径参数包含的协同制导方法的实验结果。考虑由两艘无人船组成的集群系统。图 4.24 和图 4.25 分别给出了协同路径跟踪实验效果和实验现场，可以看出两艘无人船都能跟踪同一条给定的路径，并在路径上均匀地分散。图 4.26 给出了纵向跟踪误差，图 4.27 给出了横向跟踪误差，跟踪误差均在可接受的范围以内。图 4.28 给出了路径参数更新的结果，两艘无人船的路径参数能够均匀地分散。

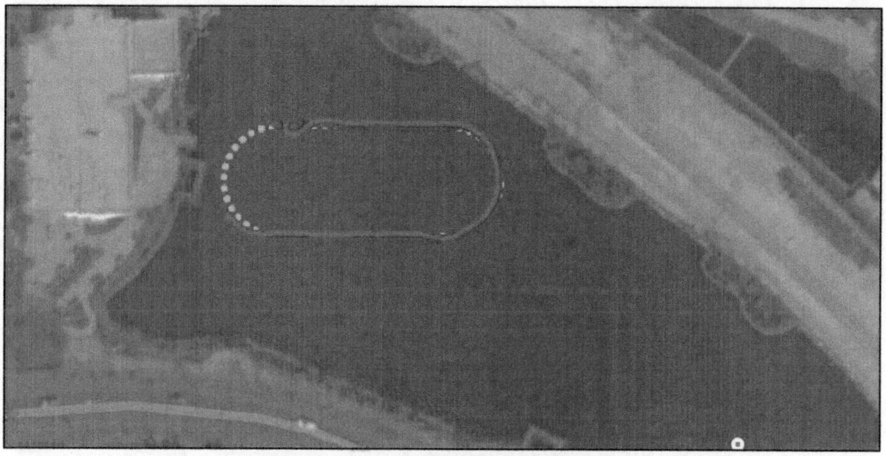

图 4.24　协同路径跟踪实验结果

图 4.25　实验现场

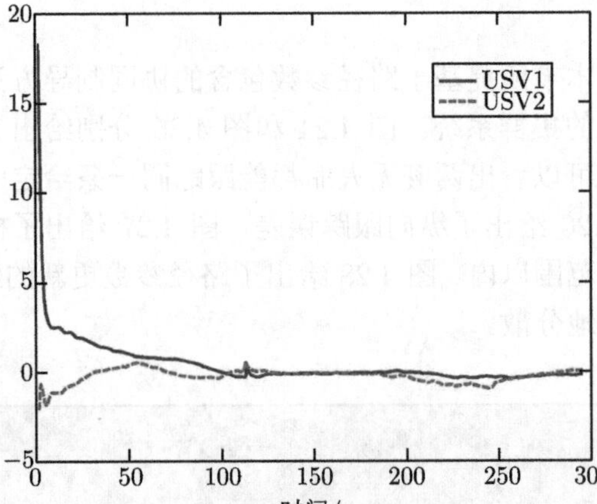

图 4.26　纵向跟踪误差

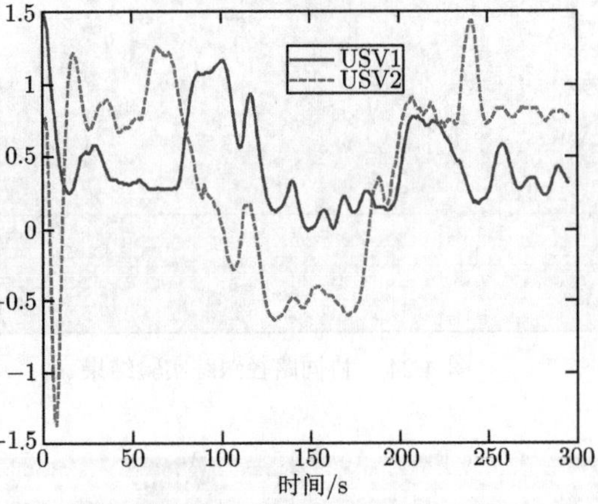

图 4.27　横向跟踪误差

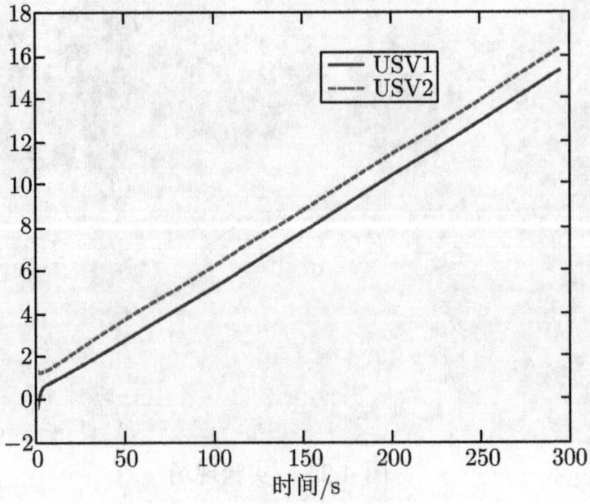

图 4.28　路径参数更新

4.3　基于路径参数循环跟踪的多无人船协同路径跟踪

4.1 节和 4.2 节中针对开曲线上的协同路径跟踪问题，提出了基于路径参数一致性和基于路径参数包含的协同路径跟踪方法，分别得到了同步编队队形和队列编队队形。本节针对闭曲线上的协同路径跟踪问题，提出路径参数循环跟踪的协同路径跟踪方法，实现多无人船跟踪一条闭曲线，并保持对称的编队队形。

4.3.1　问题描述

与 4.1 节和 4.2 节相同，考虑无人船运动学模型：

$$\begin{cases} \dot{x}_i = U_i \cos\psi_{iW} \\ \dot{y}_i = U_i \sin\psi_{iW} \\ \dot{\psi}_{iW} = r_i + \beta_{id} \end{cases} \tag{4.111}$$

给定一条闭曲线路径，参数化表示为

$$\begin{cases} x_{id}(\theta_i) = a_i \cos\theta_i + \mu_i b_i \sin\theta_i \\ y_{id}(\theta_i) = b_i \sin\theta_i \end{cases} \tag{4.112}$$

式中，θ_i 是路径参数；μ_i 是扭曲参数；a_i 和 b_i 是半轴长度，当 $a_i = b_i$ 且 $\mu_i = 0$ 时表示圆曲线。第 i 艘无人船对应的路径上虚拟点的切向角可表示为 $\psi_{id}(\theta_i) = \operatorname{atan2}(y_{id}^{\theta_i}(\theta_i), x_{id}^{\theta_i}(\theta_i))$。

如图 4.29 所示，对于位置为 $(x_i\ y_i)$ 的第 i 艘无人船，纵向跟踪误差与横向跟踪误差可在路径切向坐标系下表示为

$$\begin{bmatrix} x_{ie} \\ y_{ie} \end{bmatrix} = \begin{bmatrix} \cos\psi_{id} & -\sin\psi_{id} \\ \sin\psi_{id} & \cos\psi_{id} \end{bmatrix}^{\mathrm{T}} \begin{bmatrix} x_i - x_d(\theta_i) \\ y_i - y_d(\theta_i) \end{bmatrix} \tag{4.113}$$

对其求导，得到 x_{ie}, y_{ie} 和 ψ_{iW} 的动态方程为

$$\begin{cases} \dot{x}_{ie} = U_i\cos(\psi_{iW} - \psi_{id}) + \dot{\psi}_{id} y_{ie} - u_{id}^{*}\dot{\theta}_i \\ \dot{y}_{ie} = U_i\sin(\psi_{iW} - \psi_{id}) - \dot{\psi}_{id} x_{ie} \\ \dot{\psi}_{iW} = r_i + \beta_{id} \end{cases} \tag{4.114}$$

本小节的控制目标是针对闭曲线导引的协同路径跟踪问题，在运动学层次，设计制导合速度 U_{ic} 和制导艏摇角速度 r_{ic}，使得 N 艘无人船跟踪一条闭曲线路径 $(x_{id}(\theta_i), y_{id}(\theta_i))$，并得到对称的编队队形。

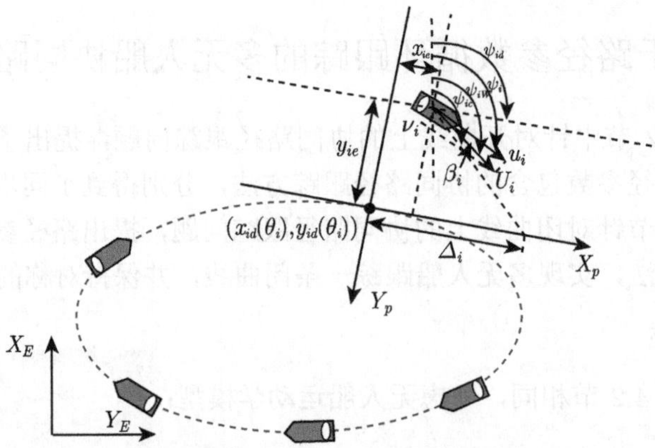

图 4.29 闭曲线上的协同路径跟踪

4.3.2 控制器设计

1. 制导律设计

首先基于 LOS 制导方法设计个体无人船的制导律，使得每艘无人船都跟踪给定的闭曲线路径。第 i 艘无人船的制导律设计如下：

$$\begin{cases} U_{ic} = -k_{ix}x_{ie}/\Pi_{ix} + u_{id}^{*}v_s + 2U_i\sin^2\left(\dfrac{\psi_{iW} - \psi_{id}}{2}\right) \\ r_{ic} = -k_{i\psi}\psi_{ie}/\Pi_{i\psi} - \beta_{id} + \dot{\psi}_{ic} - y_{ie}\varrho_i/\psi_{ie} \end{cases} \tag{4.115}$$

式中，$\Pi_{ix} = \sqrt{x_{ie}^2 + \Delta_{ix}^2}$, $\Pi_{i\psi} = \sqrt{\psi_{ie}^2 + \Delta_{i\psi}^2}$，其中 $\Delta_{ix} \in \mathbb{R}^+$, $\Delta_{i\psi} \in \mathbb{R}^+$ 为常数。且有

$$\psi_{ic} = \psi_{id} + \arctan\left(-\frac{y_{ie}}{\Delta_i}\right) \tag{4.116}$$

将式 (4.115)、式 (4.116) 代入式 (4.114)，得到误差动态为

$$\begin{cases} \dot{x}_{ie} = -k_{ix}x_{ie}/\Pi_{ix} + u_{id}^{*}\omega_i + \dot{\psi}_{id}y_{ie} \\ \dot{y}_{ie} = -U_iy_{ie}/\Pi_{iy} + \varrho_i - \dot{\psi}_{id}x_{ie} \\ \dot{\psi}_{ie} = -k_{i\psi}\psi_{ie}/\Pi_{i\psi} - y_{ie}\varrho_i/\psi_{ie} \end{cases} \tag{4.117}$$

式中，$\Pi_{iy} = \sqrt{y_{ie}^2 + \Delta_i^2}$。

2. 路径参数更新律设计

本小节设计 ω_i 的更新律，使得路径参数均匀地分散在一个圆周上，从而实现无人船在一条闭曲线上对称的编队队形。无人船间形成环形的通信关系，每一艘

无人船都接收它前面一艘无人船和后面一艘无人船的路径参数信息。以五艘无人船组成的集群系统为例，其通信拓扑结构如图 4.30 所示。

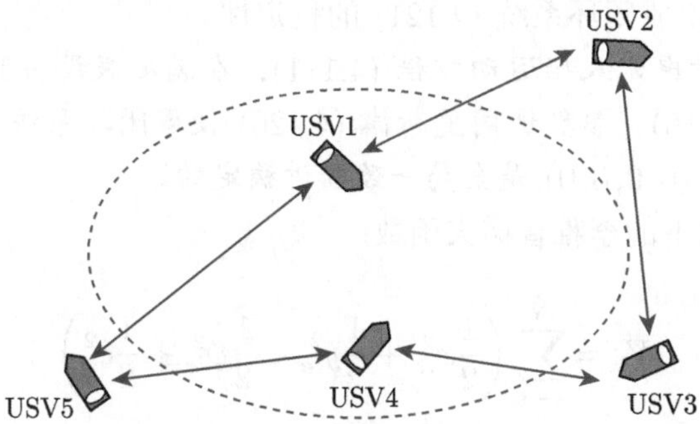

图 4.30　通信拓扑结构图

定义第 $i+$ 艘无人船为第 i 艘无人船的后一艘邻居无人船，第 $i-$ 艘无人船为第 i 艘无人船的前一艘邻居无人船，则基于邻居无人船信息的协同误差为

$$e_i = \theta_{i+} - \theta_i + \zeta_i \tag{4.118}$$

式中，

$$\zeta_i = \begin{cases} 0, & \theta_{i+} - \theta_i \geqslant 0 \\ 2\pi, & \theta_{i+} - \theta_i < 0 \end{cases} \tag{4.119}$$

设计 ω_i 的更新律如下：

$$\omega_i = -\mu_i(e_i - e_{i-}) - \mu_i u_{id}^* x_{ie} \tag{4.120}$$

式中，$\mu_i \in \mathbb{R}^+$ 是常数。定义 $e = [e_1, e_2, \cdots, e_N]^{\mathrm{T}}$ 和 $\omega = [\omega_1, \omega_2, \cdots, \omega_N]^{\mathrm{T}}$，则得到误差 $x_{ie}, y_{ie}, \psi_{ie}$ 和 e 的动态方程为

$$\begin{cases} \dot{x}_{ie} = -k_{ix}x_{ie}/\varPi_{ix} + u_{id}^*\omega_i + \dot{\psi}_{id}y_{ie} \\ \dot{y}_{ie} = -U_i y_{ie}/\varPi_{iy} + \varrho_i - \dot{\psi}_{id}x_{ie} \\ \dot{\psi}_{ie} = -k_{i\psi}\psi_{ie}/\varPi_{i\psi} - y_{ie}\varrho_i/\psi_{ie} \\ \dot{e} = L\omega \end{cases} \tag{4.121}$$

式中，

$$L = \begin{bmatrix} 1 & -1 & 0 & \cdots & 0 \\ 0 & 1 & -1 & \cdots & 0 \\ \vdots & & \ddots & & \vdots \\ 0 & \cdots & 0 & 1 & -1 \\ -1 & 0 & \cdots & 0 & 1 \end{bmatrix}_{N\times N} \tag{4.122}$$

4.3.3 稳定性分析

定义 $x_e=[x_{1e},x_{2e},\cdots,x_{Ne}]^{\mathrm{T}}$, $y_e=[y_{1e},y_{2e},\cdots,y_{Ne}]^{\mathrm{T}}$, $\psi_e=[\psi_{1e},\psi_{2e},\cdots,\psi_{Ne}]^{\mathrm{T}}$。以下定理说明闭环系统 (4.121) 的稳定性。

定理 4.7 考虑无人船运动方程 (4.111)，在满足假设 4.1 的条件下，制导律 (4.115) 和 (4.116)、参数协同更新律 (4.120) 使得闭环系统 (4.121) 的平衡点 $(x_e,y_e,\psi_e,L^{\mathrm{T}}e)=(0,0,0,0)$ 是全局一致渐近稳定的。

证明 构建如下的李雅普诺夫函数：

$$V_1=\sum_{i=1}^{N}\left(\frac{1}{2}x_{ie}^2+\frac{1}{2}y_{ie}^2+\frac{1}{2}\psi_{ie}^2+\frac{1}{2}e_i^2\right) \tag{4.123}$$

对其求导，并将式 (4.121) 代入可得

$$\begin{aligned}\dot V_1&\leqslant\sum_{i=1}^{N}\Big(-k_{ix}x_{ie}^2/\varPi_{ix}+x_{ie}u_{id}^*\omega_i-U_iy_{ie}^2/\varPi_{iy}-k_{i\psi}\psi_{ie}^2/\varPi_{i\psi}\Big)+e^{\mathrm{T}}L\omega\\&\leqslant\sum_{i=1}^{N}\Big(-k_{ix}x_{ie}^2/\varPi_{ix}-U_iy_{ie}^2/\varPi_{iy}-k_{i\psi}\psi_{ie}^2/\varPi_{i\psi}\Big)-\lambda_{\min}(\mu)\|\vartheta\|^2\end{aligned} \tag{4.124}$$

式中，$\mu=\mathrm{diag}\{\mu_1,\mu_2,\cdots,\mu_N\}$；$\vartheta=L^{\mathrm{T}}e+u_d^*x_e$, $u_d^*=\mathrm{diag}\{u_{1d}^*,u_{2d}^*,\cdots,u_{Nd}^*\}$。

由于 V_1 是连续可微径向无界的正定函数，且由式 (4.124) 可知 V_1 的导数是半负定的，因此闭环系统 (4.121) 是稳定的，也就是说 $z=(x_e,y_e,\psi_e,e)$ 是有界的。

为证明 $z'=(x_e,y_e,\psi_e,L^{\mathrm{T}}e)$ 趋近于 0, 需要分析 $\dot V_1$ 等于 0 的点。定义 $\varOmega=\{z\in\mathbb{R}^{4N}:V_1(z)\leqslant c\}$ 是 $V_1(z)$ 的子集。由于 $\dot V_1\leqslant 0$ 且 $\dot V_1$ 是径向无界的，所以 $\dot V_1$ 是一个紧致集。定义 $E=\{z\in\varOmega:\dot V_1(z)=0\}=\{z\in\varOmega:x_e=y_e=\psi_e=0\wedge L^{\mathrm{T}}e=0\}$ 为 $\dot V_1=0$ 的集合。根据定义，$x_e\equiv 0$ 意味着 $\dot x_e\equiv 0$, 将它和 $y_e\equiv 0$ 代入式 (4.121) 得到 $\omega=0$。进而能够得到 $\dot e=0$, 也就是说 e 恒等一个常数。所以，集合 E 等价于集合 $M=\{z\in\varOmega:\dot V_1(z)=0\}=\{z\in\varOmega:z'=0\wedge e=a\}$，其中 a 是一个常值向量。根据拉萨尔 (Lasalle) 不变集原理，得到当 $t\to\infty$，集合 $\varOmega$ 的任意解最终趋近于集合 M。所以，当 $t\to\infty$ 时。由于 $z'\to 0$ 是径向无界的，所得稳定性结论是全局的。由 $L^{\mathrm{T}}e\to 0$ 可得 $(e_i-e_{i-})\to 0$，从而 $e_1\to e_2\to\cdots\to e_N$。由于 $\mathbf{1}_N^{\mathrm{T}}e=2\pi$，可得 $e_1\to e_2\to\cdots\to e_N\to 2\pi/N$。因此，路径参数均匀地分散在圆周上。□

注解4.4 文献 [49]、[96]、[144]、[150]、[199]~[201] 中的协同路径跟踪控制器均是针对开曲线上的协同跟踪提出的，而有些实际应用场合需要闭曲线的跟踪，比如

闭曲线的海洋信息采集更有利于数据分析。而本节考虑的是多艘无人船在闭曲线上的协同跟踪，可用于多无人船包围、保护或监测某个目标区域。文献 [202]～[204] 研究了闭曲线上的协同跟踪问题，但是都是针对多个机器人跟踪多条路径的情形，得到同步的编队队形，而本节考虑的是多条无人船跟踪同一条闭曲线的情形，并实现了对称的编队队形。

4.3.4　相关扩展

1. 参考速度非全局已知

与 4.1.4 节和 4.2.4 节中的设计相同，基于路径参数环形跟踪的协同路径制导方法也可扩展到参考速度非全局已知的情况下。设计如下的分布式观测器来估计虚拟领航船的速度信息：

$$\dot{\hat{v}}_{is} = -g_{ix}\sum_{j=1}^{N} a_{ij}(\hat{v}_{is} - \hat{v}_{js}) - g_{iy}b_i(\hat{v}_{is} - v_s) \tag{4.125}$$

第 i 艘无人船的制导律设计如下：

$$\begin{cases} U_{ic} = -k_{ix}x_{ie}/\Pi_{ix} + u_{id}^{*}\hat{v}_{is} + 2U_i\sin^2\left[(\psi_{iW} - \psi_{id})/2\right] \\ r_{ic} = -k_{i\psi}\psi_{ie}/\Pi_{i\psi} - \beta_{id} + \dot{\psi}_{ic} - y_{ie}\varrho_i/\psi_{ie} \end{cases} \tag{4.126}$$

且有

$$\psi_{ic} = \psi_{id} + \arctan\left(-\frac{y_{ie}}{\Delta_i}\right) \tag{4.127}$$

设计 ω_i 的更新律为

$$\omega_i = -\mu_i(e_i - e_{i-}) - \mu_i u_{id}^{*} x_{ie} \tag{4.128}$$

最后得到误差 $\tilde{v}_s$, x_{ie}, y_{ie}, ψ_{ie} 和 e 的动态方程为

$$\begin{cases} \dot{\tilde{v}}_s = -H\tilde{v}_s \\ \dot{x}_{ie} = -k_{ix}x_{ie}/\Pi_{ix} + u_{id}^{*}\omega_i + \dot{\psi}_{id}y_{ie} \\ \dot{y}_{ie} = -U_iy_{ie}/\Pi_{iy} + \varrho_i - \dot{\psi}_{id}x_{ie} \\ \dot{\psi}_{ie} = -k_{i\psi}\psi_{ie}/\Pi_{i\psi} - y_{ie}\varrho_i/\psi_{ie} \\ \dot{e} = L\omega \end{cases} \tag{4.129}$$

以下定理说明闭环系统 (4.129) 的稳定性。

定理 4.8　考虑无人船运动方程 (4.111)，在满足假设 4.1 的条件下，分布式速度观测器 (4.125)、制导律 (4.126) 和 (4.127)、参数协同更新律 (4.128) 使得闭环系统 (4.129) 的平衡点 $(\tilde{v}_s, x_{ie}, y_{ie}, \psi_{ie}, e_i) = (0, 0, 0, 0, 0)$ 是全局一致渐近稳定的。

证明　证明过程与定理 4.2 类似，故略。□

2. 侧滑角未知

与前文类似，基于路径参数环形跟踪的协同路径制导方法也可扩展到侧滑角未知的情形。所设计的基于预估器的侧滑补偿方法和基于扩张状态观测器的侧滑补偿方法均可与基于路径参数环形跟踪的协同路径跟踪方法联合使用。下面以基于扩张状态观测器的侧滑补偿方法为例进行设计。

为估计 β_{id}, 提出如下扩张状态观测器：

$$\begin{cases}\dot{\hat{\psi}}_{iW}=-k_{i1}(\hat{\psi}_{iW}-\psi_{iW})+\hat{\beta}_{id}+r_i\\ \dot{\hat{\beta}}_{id}=-k_{i2}(\hat{\psi}_{iW}-\psi_{iW})\end{cases}\tag{4.130}$$

第 i 艘无人船的制导律设计如下：

$$\begin{cases}U_{ic}=-k_{ix}x_{ie}/\mathit{\Pi}_{ix}+u_{id}^{*}\hat{v}_{is}+2U_i\sin^2\left((\psi_{iW}-\psi_{id})/2\right)\\ r_{ic}=-k_{i\psi}\psi_{ie}/\mathit{\Pi}_{i\psi}-\hat{\beta}_{id}+\dot{\psi}_{ic}-y_{ie}\varrho_i/\psi_{ic}\end{cases}\tag{4.131}$$

且有

$$\psi_{ic}=\psi_{id}+\arctan\left(-\frac{y_{ie}}{\varDelta_i}\right)\tag{4.132}$$

设计 ω_i 的更新律为

$$\omega_i=-\mu_i(e_i-e_{i-})-\mu_i u_{id}^{*}x_{ie}\tag{4.133}$$

最后得到误差 $\tilde{v}_s, x_{ie}, y_{ie}, \psi_{ie}$ 和 e 的动态方程为

$$\begin{cases}\dot{\tilde{v}}_s=-H\tilde{v}_s\\ \dot{x}_{ie}=-k_{ix}x_{ie}/\mathit{\Pi}_{ix}+u_{id}^{*}\omega_i+\dot{\psi}_{id}y_{ie}\\ \dot{y}_{ie}=-U_i y_{ie}/\mathit{\Pi}_{iy}+\varrho_i-\dot{\psi}_{id}x_{ie}\\ \dot{\psi}_{ie}=-k_{i\psi}\psi_{ie}/\mathit{\Pi}_{i\psi}-y_{ie}\varrho_i/\psi_{ie}-\tilde{\beta}_{id}\\ \dot{e}=L\omega\end{cases}\tag{4.134}$$

下面给出系统 (4.134) 的稳定性。

定理 4.9 在满足假设 4.1 的条件下，考虑无人船运动方程 (4.111)、扩张状态观测器 (4.130)、分布式速度观测器 (4.125)、制导律 (4.131) 和 (4.132)、参数协同更新律 (4.133)，则闭环系统 (4.134) 看作一个状态为 $\tilde{v}_s, x_{ie}, y_{ie}, \psi_{ie}, e_i$，输入为 β_{id} 的系统，该系统是输入状态稳定的。

证明 证明过程与定理 4.5 类似，故略。□

4.3.5 仿真与实验验证

1. 仿真验证

为验证算法 (4.130)、(4.131)、(4.133)，考虑一个由五艘无人船组成的集群系统。采用如下的控制参数：$\varDelta_i=5$, $k_{ix}=0.5$, $k_{i\psi}=0.5$, $\varDelta_{ix}=1$, $\varDelta_{i\psi}=1$, $\mu_i=5$, $g_{ix}=10$, $g_{iy}=10$, $k_{i1}=20$, $k_{i2}=100$。

仿真结果如图 4.31 ~ 图 4.36 所示。其中图 4.31 给出了协同路径跟踪效果，可以看出五艘无人船跟踪同一条给定的参数化路径，并均匀地分散在该路径上。图 4.32 给出五艘无人船的纵向跟踪误差，经过一段时间纵向跟踪误差收敛到零

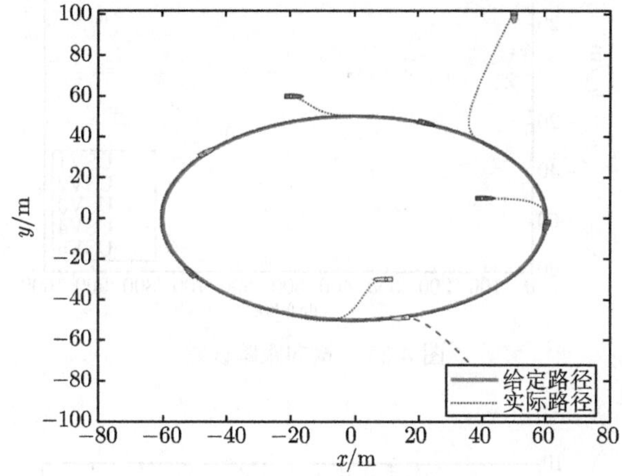

图 4.31　协同路径跟踪效果

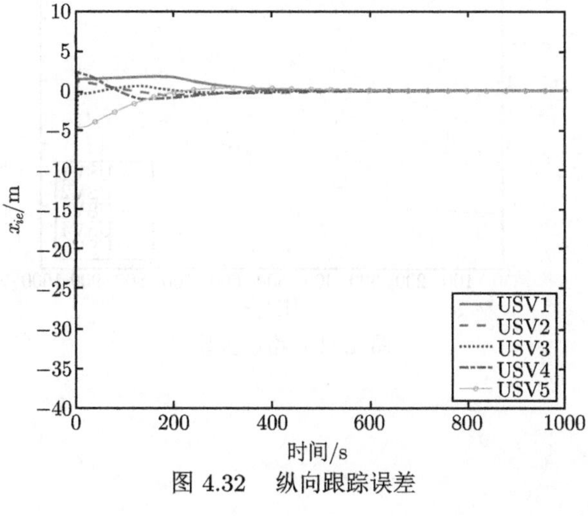

图 4.32　纵向跟踪误差

附近。图 4.33 给出五艘无人船的横向跟踪误差，可以看出横向跟踪误差收敛到零附近。图 4.34 给出路径参数的更新，可以看出多艘无人船的路径参数均匀地分散在两艘领航船之间，达到了路径参数均匀分散的控制效果。图 4.35 和图 4.36 分别给出制导合速度和制导艏摇角速度，可以看出制导信号均没有超出执行机构的执行范围。

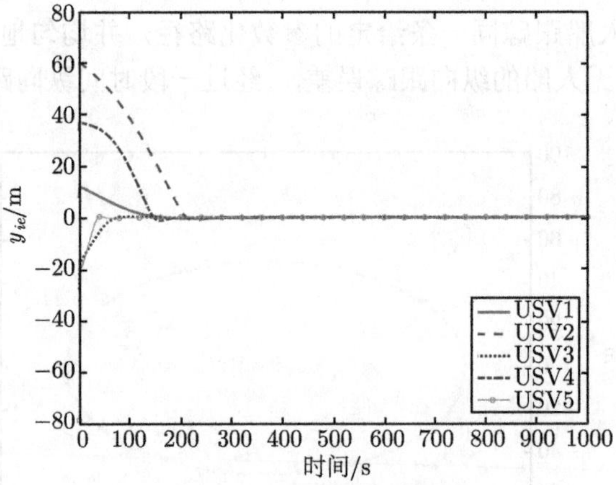

图 4.33　横向跟踪误差

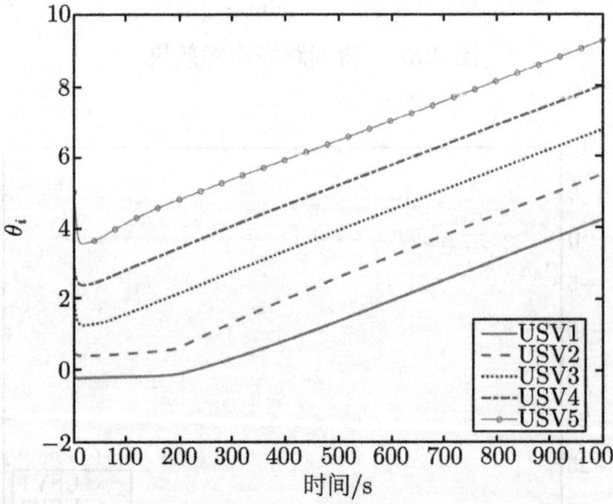

图 4.34　路径参数

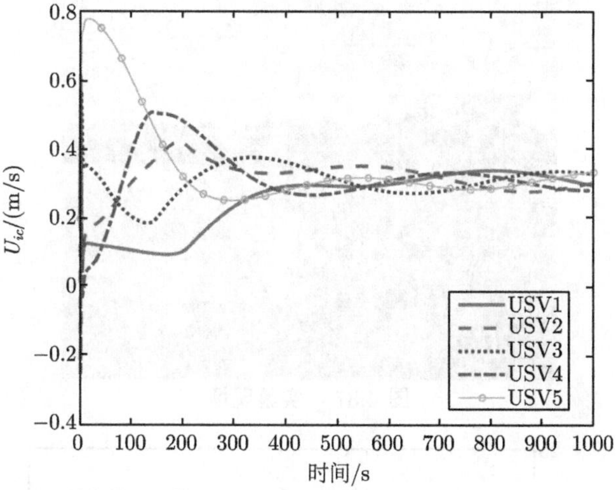

图 4.35　制导合速度

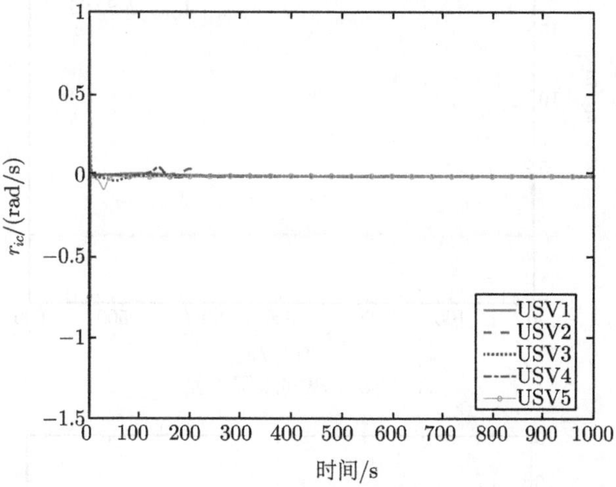

图 4.36　制导艏摇角速度

2. 实验验证

基于 CSICET-DH01 无人船集群系统平台，验证本节所提基于路径参数环形跟踪的协同制导方法的有效性。考虑由三艘无人船组成的集群系统，实验现场如图 4.37 所示。图 4.38 ~ 图 4.41 展示了实验结果。图 4.38 给出了纵向跟踪误差，图 4.39 给出了横向跟踪误差，跟踪误差均在可接受的范围以内。图 4.40 给出了路径参数更新的结果，三艘无人船的路径参数能够均匀地分散在圆周上。图 4.41 给出了路径跟踪实验结果，可以看出三艘无人船都能跟踪同一条给定的闭曲线路径，并在圆周上均匀地分布。

图 4.37　实验现场

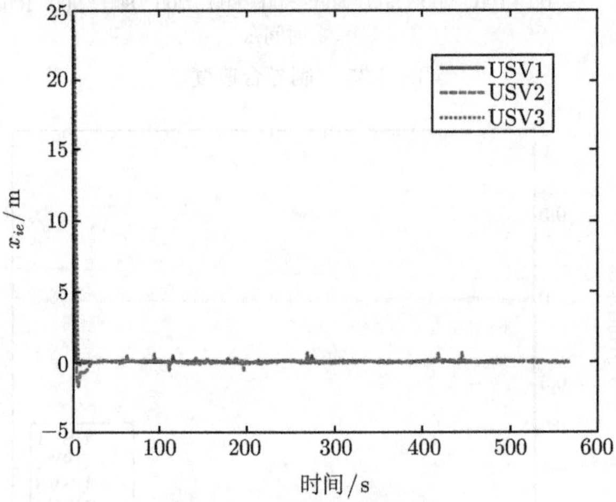

图 4.38　纵向跟踪误差

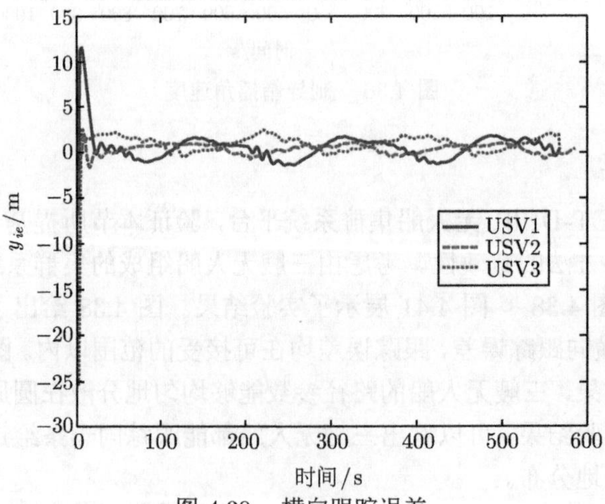

图 4.39　横向跟踪误差

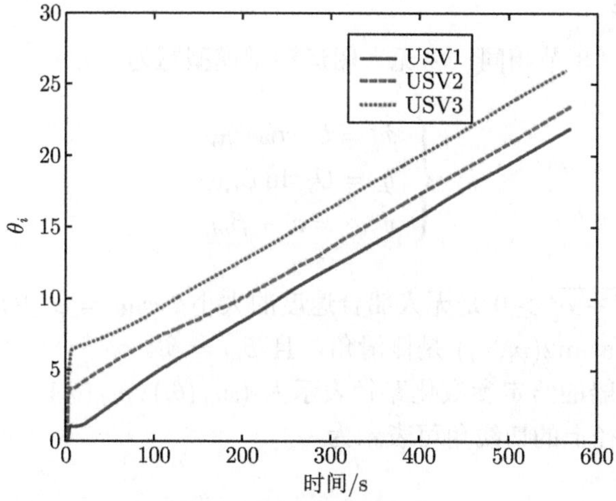

图 4.40　路径参数

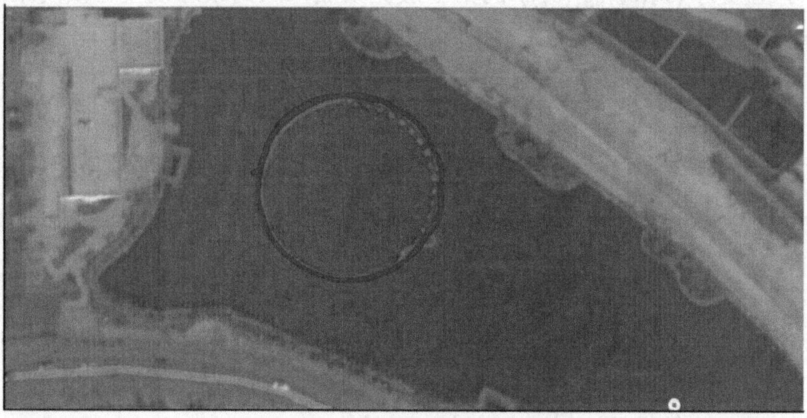

图 4.41　协同路径跟踪实验结果

4.4　基于事件触发通信的多无人船协同路径跟踪

4.1 节至 4.3 节提出的多无人船协同路径跟踪控制方法要求无人船之间保持连续或周期通信，这在实际网络环境下很难满足。本节考虑通信受限下欠驱动多无人船的非周期通信协同路径跟踪问题，将事件触发思想融入多无人船协同控制框架内，提出基于事件触发机制的协同路径跟踪方法，使得多无人船之间不再需要连续通信，仅在满足触发条件时进行通信，有效地降低了无人船集群协同所需的通信次数。

4.4.1 问题描述

与 4.1 节至 4.3 节相同，将无人船运动学模型写为

$$\begin{cases} \dot{x}_i = U_i \cos \psi_{iW} \\ \dot{y}_i = U_i \sin \psi_{iW} \\ \dot{\psi}_{iW} = r_i + \beta_{id} \end{cases} \tag{4.135}$$

式中，$U_i = \sqrt{u_i^2 + v_i^2} > 0$ 是无人船合速度的大小；$\psi_{iW} = \psi_i + \beta_i$ 是无人船实际运动方向，$\beta_i = \mathrm{atan2}(v_i, u_i)$ 是侧滑角，且 $\beta_{id} = \dot{\beta}_i$。

第 i 艘无人船的给定参数化路径表示为 $(x_{id}(\theta_i), y_{id}(\theta_i))$，其中，$\theta_i$ 是路径参数。第 i 条路径上的切线角可表示为

$$\psi_{id} = \mathrm{atan2}\left(y_{id}^{\theta_i}(\theta_i), x_{id}^{\theta_i}(\theta_i)\right) \tag{4.136}$$

对于位置为 $(x_i(\theta_i), y_i(\theta_i))$ 的第 i 艘无人船，纵向跟踪误差与横向跟踪误差可在路径切向坐标系下表示为

$$\begin{bmatrix} x_{ie} \\ y_{ie} \end{bmatrix} = \begin{bmatrix} \cos \psi_{id} & -\sin \psi_{id} \\ \sin \psi_{id} & \cos \psi_{id} \end{bmatrix}^{\mathrm{T}} \begin{bmatrix} x_i - x_{id}(\theta_i) \\ y_i - y_{id}(\theta_i) \end{bmatrix} \tag{4.137}$$

对其求导，并将式 (4.135) 代入可得

$$\begin{cases} \dot{x}_{ie} = U_i \cos(\psi_{iW} - \psi_{id}) + \dot{\psi}_{id} y_{ie} - u_{id}^* \dot{\theta}_i \\ \dot{y}_{ie} = U_i \sin(\psi_{iW} - \psi_{id}) - \dot{\psi}_{id} x_{ie} \end{cases} \tag{4.138}$$

式中，$u_{id}^* = \sqrt{(y_{id}^{\theta_i}(\theta_i))^2 + (x_{id}^{\theta_i}(\theta_i))^2}$。

定义 $\dot{\theta}_i = v_s - \omega_i$，$\psi_{ie} = \psi_{iW} - \psi_{ic}$，则 x_{ie}, y_{ie} 和 ψ_{ie} 的动态方程可以写为

$$\begin{cases} \dot{x}_{ie} = U_i \cos(\psi_{iW} - \psi_{id}) + \dot{\psi}_{id} y_{ie} - u_{id}^* (v_s - \omega_i) \\ \dot{y}_{ie} = U_i \sin(\psi_{iW} - \psi_{id}) - \dot{\psi}_{id} x_{ie} \\ \dot{\psi}_{ie} = r_i + \beta_{id} - \dot{\psi}_{ic} \end{cases} \tag{4.139}$$

式中，ψ_{ic} 是制导航向角；v_s 是参考速度；ω_i 是待设计的变量。

本节的控制目标是针对欠驱动多无人船运动学模型，设计制导合速度 U_{ic} 与角速度 r_{ic}，使得第 i 艘无人船跟踪参数化路径 $(x_{id}(\theta_i),\ y_{id}(\theta_i))$，同时减少通信次数。该控制目标具体可以分为如下两个任务。

(1) 路径跟踪任务。

设计路径控制器使得每艘船舶收敛到给定路径：

$$\lim_{t\to\infty}|x_{ie}|\leqslant l_{i1},\quad \lim_{t\to\infty}|y_{ie}|\leqslant l_{i2} \tag{4.140}$$

(2) 参数协同任务。

设计参数协同律使得

$$\lim_{t\to\infty}|\theta_i-\theta_j|\leqslant l_{i3} \tag{4.141}$$

式中，$i=1,2,\cdots,N$；$j\in\mathcal{N}_i$；$l_{i1}\in\mathbb{R}^+$；$l_{i2}\in\mathbb{R}^+$；$l_{i3}\in\mathbb{R}^+$ 为常数。

4.4.2 控制器设计

本节设计了基于事件触发机制的无人船运动学控制器，其控制结构如图 4.42 所示。

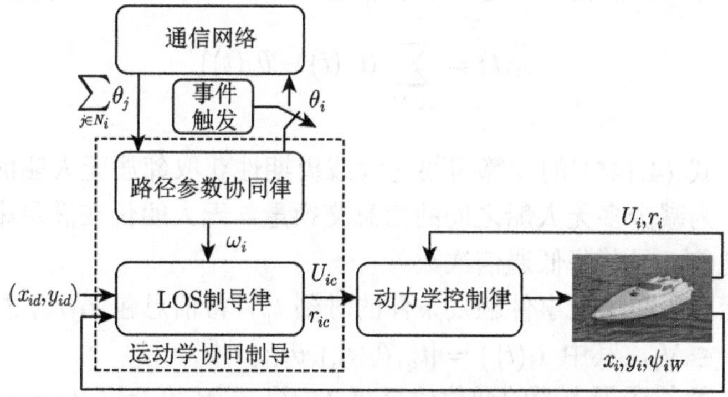

图 4.42　基于事件触发的协同路径跟踪控制结构

1. 制导律设计

首先基于 LOS 制导方法设计单无人船的制导律，使得每艘无人船跟踪给定的参数化路径。与 4.1 节相同，第 i 艘无人船的制导律设计如下：

$$\begin{cases} U_{ic}=-k_{ix}x_{ie}/\varPi_{ix}+u_{id}^*v_s+2U_i\sin^2\left((\psi_{iW}-\psi_{id})/2\right) \\ r_{ic}=-k_{i\psi}\psi_{ie}/\varPi_{i\psi}-\beta_{id}+\dot{\psi}_{ic}-y_{ie}\varrho_i/\psi_{ie} \end{cases} \tag{4.142}$$

且有

$$\psi_{ic}=\psi_{id}+\arctan\left(-\frac{y_{ie}}{\varDelta_i}\right) \tag{4.143}$$

式中，$\varPi_{ix}=\sqrt{x_{ie}^2+\varDelta_{ix}^2}$，$\varPi_{i\psi}=\sqrt{y_{ie}^2+\varDelta_{iy}^2}$，$\varDelta_{ix}\in\mathbb{R}^+$，$\varDelta_{iy}\in\mathbb{R}^+$，$k_{ix}\in\mathbb{R}^+$，$k_{i\psi}\in\mathbb{R}^+$ 为常数，$\varrho_i=U_i\sin(\psi_{iW}-\psi_{id})-U_i\sin(\psi_{ic}-\psi_{id})$，$\varDelta_i\in\mathbb{R}^+$ 是前视距离。

将式 (4.142) 代入式 (4.139)，得到误差动态为

$$\begin{cases} \dot{x}_{ie} = -k_{ix}x_{ie}/\Pi_{ix} + u_{id}^*\omega_i + \dot{\psi}_{id}y_{ie} \\ \dot{y}_{ie} = -U_i y_{ie}/\Pi_{iy} + \varrho_i - \psi_{id}x_{ie} \\ \dot{\psi}_{ie} = -k_{i\psi}\psi_{ie}/\Pi_{i\psi} - y_{ie}\varrho_i/\psi_{ie} \end{cases} \tag{4.144}$$

式中，$\Pi_{i\psi} = \sqrt{\psi_{ie}^2 + \Delta_{i\psi}^2}$，$\Delta_{i\psi} \in \mathbb{R}^+$ 为常数。

2. 路径参数更新律设计

本节设计 ω_i 的更新率，使得路径参数同步，从而实现同步的编队队形。4.1 节至 4.3 节中设计的路径参数更新律要求无人船持续交换状态信息，本节提出一种基于事件触发机制的路径参数更新律，从而降低通信次数。

与 4.1 节至 4.3 节相同，定义基于邻居无人船信息的路径参数协同误差为

$$e_i(t) = \sum_{j\in\mathcal{N}_i} (\theta_i(t) - \theta_j(t)) \tag{4.145}$$

可以看出式 (4.145) 的计算需要连续或周期性获取邻居无人船的状态，增加了通信负担。为减少多无人船之间的信息交换量，无人船仅在满足事件触发条件的时刻进行通信，显著降低通信次数。

第 i 艘无人船在满足事件触发条件的时刻 t_k^i，将信息包 $I_i(t_k^i)$ 发送到第 j 艘邻居无人船 $j \in \mathcal{N}_i$，其中 $I_i(t_k^i) = [t_k^i, \theta_i(t_k^i), \dot{\theta}_i(t_k^i)]^{\mathrm{T}}$。

利用第 j 艘邻居无人船的通信信息包 $I_j(t_k^j) = [t_k^j, \theta_j(t_k^j), \dot{\theta}_j(t_k^j)]^{\mathrm{T}}$，为第 i 艘无人船设计路径参数预估器如下：

$$\begin{cases} \hat{\theta}_i^i(t) = \theta_i(t) \\ \hat{\theta}_j^i(t) = \theta_j(t_k^j) + (t - t_k^j)\dot{\theta}_j(t_k^j) \end{cases} \tag{4.146}$$

定义基于事件触发的路径参数协同误差为

$$e_{ic}(t) = \sum_{j\in\mathcal{N}_i} \left(\hat{\theta}_i^i(t_k^i) - \hat{\theta}_j^i(t_k^i)\right), \quad \forall t \in \left[t_k^i, t_{k+1}^i\right) \tag{4.147}$$

式中，t_{k+1}^i 为下一个事件触发时刻。

根据式 (4.146)，式 (4.147) 可以写为

$$e_{ic}(t) = e_i(t) + \xi_i(t) + \delta_i(t) \tag{4.148}$$

式中，

$$\left\{\begin{array}{l}\xi_i(t)=\sum\limits_{j\in\mathcal{N}_i}a_{ij}\left(\hat{\theta}_i^i(t_k^i)-\hat{\theta}_j^i(t_k^i)\right)-\sum\limits_{j\in\mathcal{N}_i}\left(\hat{\theta}_i^i(t)-\hat{\theta}_j^i(t)\right)\\ \delta_i(t)=\sum\limits_{j\in\mathcal{N}_i}\left(\theta_j(t)-\hat{\theta}_j(t)\right)\end{array}\right. \tag{4.149}$$

设计 ω_i 更新律如下：

$$\omega_i=\mu_i e_{ic}-\mu_i u_{id}^* x_{ie} \tag{4.150}$$

式中，$\mu_i\in\mathbb{R}^+$ 为常数。

最后设计触发通信的事件触发条件，定义 $z_i(t)=\sum\limits_{j=1}^{N}a_{ij}\left(\hat{\theta}_i^i(t)-\hat{\theta}_j^i(t)\right)$，则第 i 艘无人船的事件触发条件为

$$\left\{\begin{array}{l}\xi_i^2(t)>k_{ic}^2 z_i^2(t)\\ |\xi_i^2(t)-k_{ic}^2 z_i^2(t)|>\epsilon_i\end{array}\right. \tag{4.151}$$

式中，$0<k_{ic}<1,\ \epsilon_i\in\mathbb{R}^+$ 是一个小的常数。

下一个事件触发时间 t_{k+1}^i 定义为

$$t_{k+1}^i=t_k^i+\min\left\{\tau_k^i,\tau_{iup}\right\} \tag{4.152}$$

式中，$\tau_k^i=\min\{t-t_k^i>0:\xi_i^2(t)>k_{ic}^2 z_i^2(t)$ 且 $|\xi_i^2(t)-k_{ic}^2 z_i^2(t)|>\epsilon_i\}$；$\tau_{iup}\in\mathbb{R}^+$ 为事件触发间隔时间的上限。

根据式 (4.144) 和式 (4.145)，定义 $e=[e_1,e_2,\cdots,e_N]^{\mathrm{T}}$ 和 $\omega=[\omega_1,\omega_2,\cdots,\omega_N]^{\mathrm{T}}$，则得到误差 x_{ie}，y_{ie}，ψ_{ie} 和 e 的动态方程为

$$\left\{\begin{array}{l}\dot{x}_{ie}=-k_{ix}x_{ie}/\varPi_{ix}+u_{id}^*\omega_i+\dot{\psi}_{id}y_{ie}\\ \dot{y}_{ie}=-U_i y_{ie}/\varPi_{iy}+\varrho_i-\psi_{id}x_{ie}\\ \dot{\psi}_{ie}=-k_{i\psi}\psi_{ie}/\varPi_{i\psi}-y_{ie}\varrho_i/\psi_{ie}\\ \dot{e}=-\mathcal{L}\omega\end{array}\right. \tag{4.153}$$

4.4.3　稳定性分析

以下定理说明闭环系统 (4.153) 的稳定性。

定理 4.10　系统 (4.153)，看作一个状态为 x_{ie}，y_{ie}，ψ_{ie} 和 e_i，输入为 ξ_i 和 δ_i 的系统，则该系统是输入状态稳定的。

证明 构建如下李雅普诺夫函数：

$$V=\sum_{i=1}^{N}\left(\frac{1}{2}x_{ie}^2+\frac{1}{2}y_{ie}^2+\frac{1}{2}\psi_{ie}^2\right)+\theta^{\mathrm{T}}\mathcal{L}\theta \tag{4.154}$$

根据定理 2.6，式 (4.154) 可以被写为

$$V=\sum_{i=1}^{N}\left(\frac{1}{2}x_{ie}^2+\frac{1}{2}y_{ie}^2+\frac{1}{2}\psi_{ie}^2\right)+e^{\mathrm{T}}Pe \tag{4.155}$$

对其求导，并将式 (4.153) 代入可得

$$\begin{aligned}\dot{V}=&\sum_{i=1}^{N}\Big(-k_{ix}x_{ie}^2/\varPi_{ix}+x_{ie}u_{id}^*\omega_i-U_iy_{ie}^2/\varPi_{iy}-k_{i\psi}\psi_{ie}^2/\varPi_{i\psi}-e_i\omega_i\Big)\\=&\sum_{i=1}^{N}\Big(-k_{ix}x_{ie}^2/\varPi_{ix}-U_iy_{ie}^2/\varPi_{iy}-k_{i\psi}\psi_{ie}^2/\varPi_{i\psi}\\&-(e_i-u_{id}^*x_{ie})\big(\mu_i(e_i+\xi_i+\delta_j)-\mu_iu_{id}^*x_{ie}\big)\Big)\\=&\sum_{i=1}^{N}\Big(-k_{ix}x_{ie}^2/\varPi_{ix}-U_iy_{ie}^2/\varPi_{jy}-k_{i\psi}\psi_{ie}^2/\varPi_{i\psi}\\&-\mu_i\varPi_{ie}\vartheta_{ie}^2/\varPi_{ie}+\mu_i\xi_i\vartheta_{ie}+\mu_i\delta_i\vartheta_{ie}\Big)\end{aligned} \tag{4.156}$$

式中，$\vartheta_{ie}=u_{id}^*x_{ie}-e_i$；$\varPi_{ie}=\sqrt{\vartheta_{ie}^2+\varDelta_{i\vartheta}^2}$，$\varDelta_{i\vartheta}\in\mathbb{R}^+$ 为常数。

由于 $z_i=e_i+\delta_i$, 事件触发条件 (4.151) 使得 $|\xi_i|\leqslant k_{ic}|e_i|+k_{ic}|\delta_i|$, 那么

$$\begin{aligned}\dot{V}\leqslant&\sum_{i=1}^{N}\Big(-k_{ix}x_{ie}^2/\varPi_{ix}-U_iy_{ie}^2/\varPi_{jy}-k_{i\psi}\psi_{ie}^2/\varPi_{i\psi}\\&-\mu_i\varPi_{ie}\vartheta_{ie}^2/\varPi_{ie}+\mu_ik_{ic}|e_i||\vartheta_{ie}|+\mu_ik_{ic}|\delta_i||\vartheta_{ie}|+\mu_i|\delta_i||\vartheta_{ie}|\Big)\\\leqslant&\sum_{i=1}^{N}\Big(-k_{ix}x_{ie}^2/\varPi_{ix}-U_iy_{ie}^2/\varPi_{jy}-k_{i\psi}\psi_{ie}^2/\varPi_{i\psi}-\mu_i\varPi_{ie}\vartheta_{ie}^2/\varPi_{ie}\\&+\mu_ik_{ic}\vartheta_{ie}^2+\mu_ik_{ic}u_{id}^*|x_{ie}||\vartheta_{ie}|+\mu_ik_{ic}|\delta_i||\vartheta_{ie}|+\mu_i|\delta_i||\vartheta_{ie}|\Big)\end{aligned} \tag{4.157}$$

由 $|x_{ie}||\vartheta_{ie}|\leqslant\dfrac{\zeta_i}{2}x_{ie}^2+\dfrac{1}{2\zeta_i}\vartheta_{ie}^2$，可进一步得到

$$\begin{aligned}\dot{V} \leqslant \sum_{i=1}^{N}\Big(&-(2k_{ix}-\mu_i k_{ic} u_{id}^{*}\zeta_i \varPi_{ix})x_{ie}^2/2\varPi_{ix}-U_i y_{ie}^2/\varPi_{jy}\\&-k_{i\psi}\psi_{ie}^2/\varPi_{i\psi}-\mu_i(2\zeta_i-2\zeta_i k_{ic}-k_{ic}u_{id}^{*})\varPi_{ie}\vartheta_{ie}^2/2\zeta_i\varPi_{ie}\\&+\mu_i k_{ic}|\delta_i||\vartheta_{ie}|+\mu_i|\delta_i||\vartheta_{ie}|\Big)\end{aligned}\tag{4.158}$$

定义 $E_i'=[x_{ie},y_{ie},\psi_{ie},\vartheta_{ie}]^{\mathrm{T}}$，可得

$$\dot{V} \leqslant \sum_{i=1}^{N}\left(-\frac{\lambda_{\min}(K_i)\|E_i'\|^2}{\sqrt{\|E_i'\|^2+\varDelta_{i\max}^2}}+\|E_i'\|\sum_{i=1}^{N}\mu_i h_i\right)\tag{4.159}$$

式中，$K_i=\mathrm{diag}\{(k_{ix}-\mu_i k_{ic}u_{id}^{*}\zeta_i\varPi_{ix}/2),U_i,k_{i\psi},\mu_i\varPi_{ie}(1-k_{ic}-k_{ic}u_{id}^{*}/2\zeta_i)\}$，$h_i=(1+k_{ic})|\delta_i|$，$\varDelta_{i\max}=\max\{\varDelta_{ix},\varDelta_{iy},\varDelta_{i\psi},\varDelta_{i\vartheta}\}$。

定义

$$\begin{cases}x_e=[x_{1e},x_{2e},\cdots,x_{Ne}]^{\mathrm{T}}\\ y_e=[y_{1e},y_{2e},\cdots,y_{Ne}]^{\mathrm{T}}\\ \psi_e=[\psi_{1e},\psi_{2e},\cdots,\psi_{Ne}]^{\mathrm{T}}\\ \vartheta_e=\left[\vartheta_{1e},\vartheta_{2e},\cdots,\vartheta_{Ne}^{\mathrm{T}}\right]^{\mathrm{T}}\\ E'=\left[x_e^{\mathrm{T}},y_e^{\mathrm{T}},\psi_e^{\mathrm{T}},\vartheta_e^{\mathrm{T}}\right]^{\mathrm{T}}\\ E=\left[x_e^{\mathrm{T}},y_e^{\mathrm{T}},\psi_e^{\mathrm{T}},e^{\mathrm{T}}\right]^{\mathrm{T}}\\ c_1=\min\left\{\dfrac{\lambda_{\min}(K_1)}{\sqrt{\|E_1'\|^2+\varDelta_{1\max}^2}},\dfrac{\lambda_{\min}(K_2)}{\sqrt{\|E_2'\|^2+\varDelta_{2\max}^2}},\cdots,\dfrac{\lambda_{\min}(K_N)}{\sqrt{\|E_N'\|^2+\varDelta_{N\max}^2}}\right\}\end{cases}\tag{4.160}$$

且有

$$E'=\varPhi E\tag{4.161}$$

式中，

$$\varPhi=\begin{bmatrix}1&0&0&0\\0&1&0&0\\0&0&1&0\\\mu_{id}^{*}&0&0&-1\end{bmatrix}\tag{4.162}$$

进一步可以得到

$$\dot{V}\leqslant -c_1\|E'\|^2+\|E'\|\sum_{i=1}^{N}\mu_i h_i\tag{4.163}$$

由

$$\|E'\| \geqslant \underline{\varrho}(\varPhi)\|E\| \geqslant \frac{\sum_{i=1}^{N}\mu_i h_i}{c_1\ell} \tag{4.164}$$

可得

$$\dot{V} \leqslant -c_1(1-\ell)\|E\|^2 \tag{4.165}$$

式中，$0<\ell<1$。

由此可知，系统 (4.153) 是输入状态稳定的，且存在一个 $\mathcal{KL}$ 类函数 $\gamma(\cdot)$ 和一个 $\mathcal{K}$ 类函数 $\kappa(\cdot)$ 使得

$$\|E(t)\| \leqslant \max\left\{\gamma(\|E(0)\|,t), \sum_{i=1}^{N}\kappa_i(|h_i|)\right\} \tag{4.166}$$

式中，

$$\kappa_i(s) = \sqrt{\frac{\lambda_{\max}(S)}{\lambda_{\min}(S)}\frac{\mu_i s}{c_1\ell}} \tag{4.167}$$

其中，$S=\mathrm{diag}\{1,P\}$。

下面证明 δ_i 的有界性，对 δ_i 求导可得

$$\dot{\delta}_i(t) = -\sum_{j\in\mathcal{N}_i}\left(\omega_j(t_k^j)-\omega_j(t)\right) \leqslant \mu_j u_{jd}^*|x_{je}(t)-x_{je}(t_k^j)| \tag{4.168}$$

由于跟踪偏差 x_{je} 是连续的，$\dot{\delta}_i(t)$ 是有界的，且触发间隔时间有上界 τ_{iup}，因此存在 δ_i^* 满足 $|\delta_i(t)| \leqslant (t-t_k^j)\dot{\delta}_i(t) \leqslant \delta_i^*$。

根据定理 2.6 和定理 2.7，可得

$$e^{\mathrm{T}}Pe \geqslant \lambda^*\|\theta - \mathbf{1}_N\frac{1}{N}\sum_{i=1}^{N}\theta_i\|^2 \tag{4.169}$$

由于已经证明 e_i 有界，因此存在 l_3 满足 $\left|\theta_i - \dfrac{1}{N}\sum_{i=1}^{N}\theta_i\right| \leqslant l_3$，实现了控制目标 (4.141)。□

下面证明系统不存在芝诺 (Zeno) 现象。

定理 4.11 对于事件触发条件 (4.151)，在任意初始状态下，第 i 艘无人船的事件触发时间间隔存在正下界 τ_{iwn}。

证明　对 ξ_i 求导可得

$$
\begin{aligned}
\dot{\xi}_i(t) &= \sum_{j=1}^{N} a_{ij}\left(\omega_i(t) - \omega_j(t_k^j)\right) \\
&\leqslant \sum_{j=1}^{N} a_{ij}\left(\mu_i e_{ic}(t) - \mu_i u_{id}^* x_{ie}(t) - (\mu_j e_{jc}(t_k^j) - \mu_j u_{jd}^* x_{je}(t_k^j))\right) \\
&\leqslant \sum_{j=1}^{N} a_{ij}\Big(\mu_i(1+k_{ic})|e_i(t)| + \mu_i(1+k_{ic})|\delta_i(t)| + \mu_i u_{id}^*|x_{ie}(t)| \\
&\quad + \mu_j(1+k_{jc})|e_j(t_k^j)| + \mu_j(1+k_{jc})|\delta_j(t_k^j)| + \mu_j u_{jd}^*|x_{je}(t_k^j)|\Big)
\end{aligned}
\tag{4.170}
$$

由定理 4.10 可知,x_{ie}, x_{je}, e_i 和 e_j 是有界的,同时 δ_i 和 δ_j 是有界的,因此存在 ς_i 满足 $|\dot{\xi}_i(t)| \leqslant \varsigma_i$。由于 $\xi_i(t_k^i) = 0$，并且根据事件触发条件有 $\lim_{t\to t_{k+1}^i} |\xi_i(t)| > \sqrt{\epsilon_i}$，因此最小事件触发间隔 τ_{iwn} 满足 $\tau_{iwn} > \sqrt{\epsilon_i}/\varsigma_i$，即所提事件触发机制不会引起芝诺现象。□

4.4.4　仿真验证

为了验证算法的有效性，考虑一个由三艘无人船组成的集群系统。控制参数选择如下：$\varDelta_i = 5$, $k_{i1} = 0.5$, $k_{i2} = 0.5$, $\varDelta_{ix} = 1$, $\varDelta_{iy} = 1$, $\varDelta_{i\psi} = 1$, $\varDelta_{i\xi} = 1$, $\mu_i = 0.25$, $\epsilon_i = 0.001$, $k_{ic} = 0.1$, $\tau_{iup} = 180\text{s}$。

仿真结果如图 4.43 ~ 图 4.49 所示。图 4.43 给出了协同路径跟踪效果,可以看出三艘无人船分别跟踪给定的参数化路径，并实现了同步的编队队形。图 4.44 给

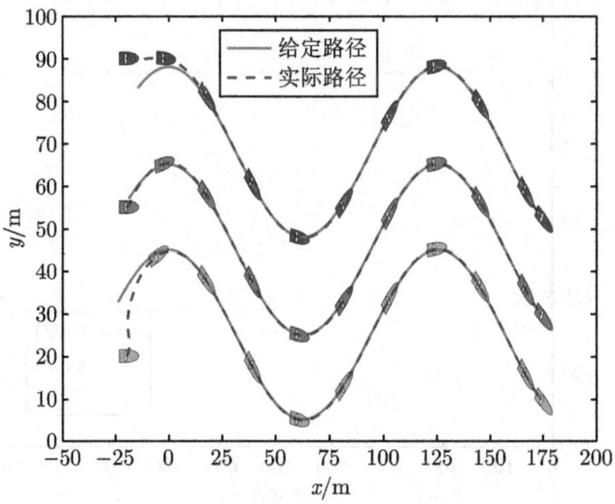

图 4.43　事件触发协同路径跟踪

出路径参数的更新情况，可以看出经过一段暂态调整过程，三艘无人船的路径参数趋于一致，达到了路径参数同步的控制效果。图 4.45 给出三艘无人船的纵向跟踪误差，经过一段时间纵向跟踪误差收敛到零附近。图 4.46 给出三艘无人船的横向跟踪误差，可以看出横向跟踪误差收敛到零附近。图 4.47 和图 4.48 分别为制导合速度和制导艏摇角速度。图 4.49 给出不同通信方案触发的事件，纵向坐标中的数字 1 和 0 分别表示基于事件触发通信方案和时间触发通信方案所触发的事件，由此可以看出基于事件触发的通信方案是非周期的，可以有效降低通信的次数。

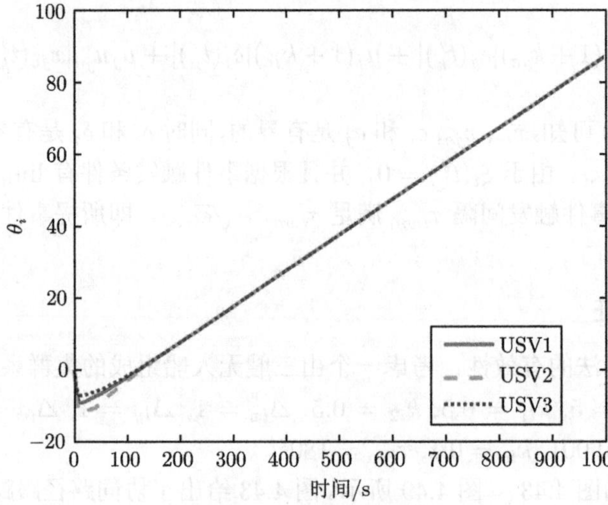

图 4.44　路径参数同步

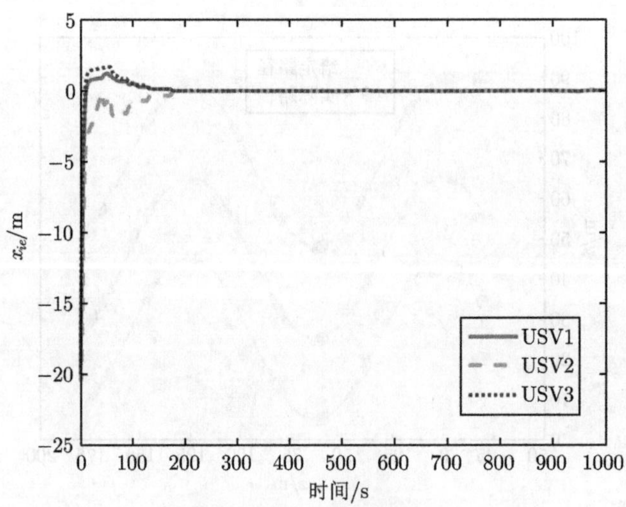

图 4.45　纵向跟踪误差

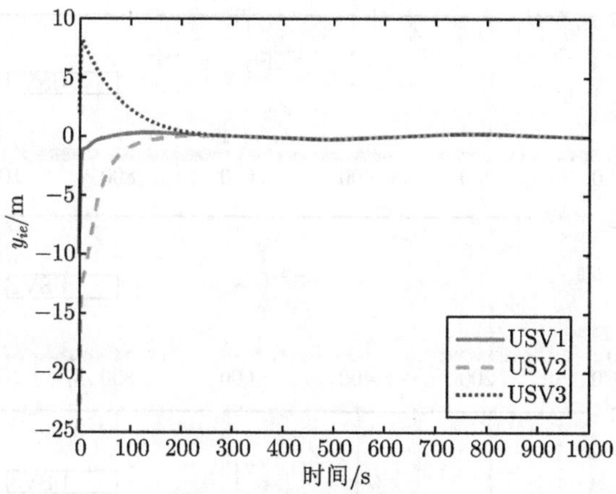

图 4.46　横向跟踪误差

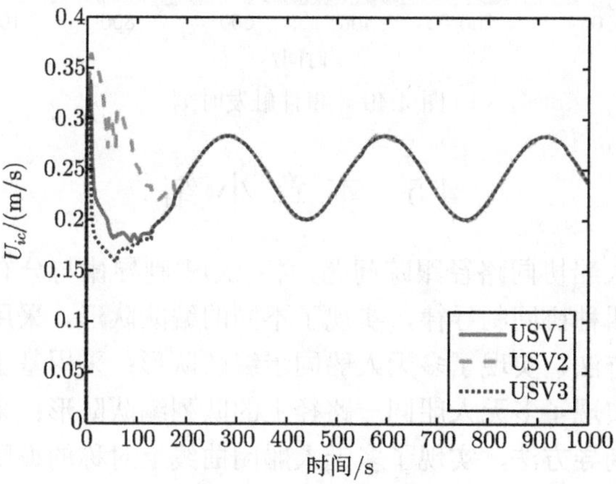

图 4.47　制导合速度

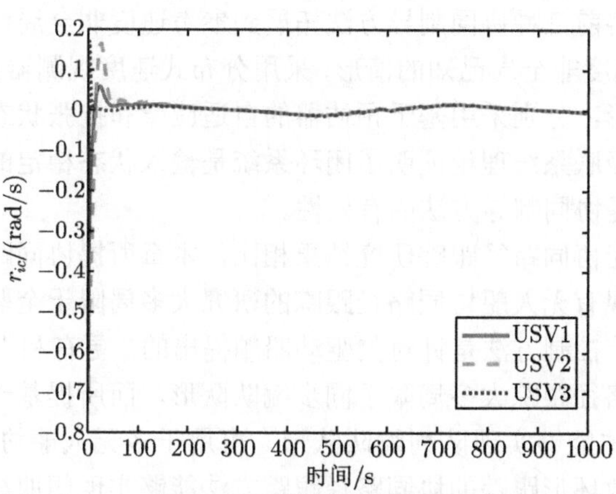

图 4.48　制导艏摇角速度

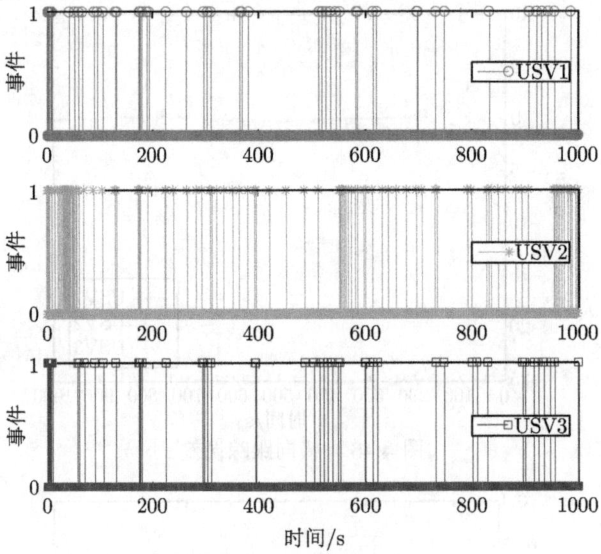

图 4.49　事件触发时刻

4.5 本章小结

本章针对无人船协同路径跟踪问题，将 LOS 制导律与分布式协同控制方法相结合，提出了四种协同制导律，实现了不同的编队队形。采用基于路径参数一致性的协同制导方法，实现了多无人船同步编队队形；采用基于路径参数包含的协同制导方法，实现了多无人船同一路径上的队列编队队形；采用基于路径参数环形跟踪的协同制导方法，实现了多无人船闭曲线上对称的编队队形；采用基于事件触发机制的协同制导方法，实现了多无人船同步编队队形，有效降低了通信次数。进一步，将前三种协同制导方法拓展到参考速度非全局已知和侧滑未知情形下。针对参考速度非全局已知的情形，采用分布式速度观测器估计参考速度；针对侧滑未知的情形，分别采用基于预估器的自适应律和扩张状态观测器来补偿未知的侧滑。采用级联系统理论证明了闭环系统是输入状态稳定的，仿真与实验结果验证了本章所提协同制导方法的有效性。

与现有无人船协同路径跟踪研究结果相比，本章所提协同路径跟踪方法的优点如下：第一，现有无人船协同路径跟踪的研究大多局限于全驱动船舶模型，而所提协同路径跟踪控制方法是针对欠驱动船舶提出的，更有利于实际应用。第二，现有无人船协同路径跟踪大多局限于同步编队队形，而所提基于路径参数包含的协同路径跟踪方法能够实现队列编队队形，可用于多无人船协同通过狭窄区域；所提基于路径参数环形跟踪的协同路径跟踪方法能够实现闭曲线上的对称编队队形，可用于区域包围。第三，现有无人船协同路径跟踪大多基于参考速度全局已知的假设，而所提协同路径跟踪方法通过采用分布式速度观测器，能够基于邻居无人船信息观测参考速度，只需部分无人船直接获得参考速度信息。第四，现有无人船协同路径跟踪的研究大多采用基于时间触发机制的周期性通信方式，而所提协同路径跟踪控制方法采用事件触发机制进行通信，能够在兼顾控制性能的同时有效降低通信次数。

第 5 章　基于单路径导引的多无人船分布式协同路径跟踪

第 4 章研究了基于全路径导引的多无人船协同路径跟踪问题，即需要为每艘船舶指定一条参数化路径。本章我们将在运动学层次讨论基于单路径导引的多无人船分布式协同路径跟踪问题，即集群系统由一条参数化路径信息导引。5.1 节针对单路径导引的全驱动多无人船集群系统，提出基于扩张状态观测器的分布式协同路径跟踪制导方法。5.2 节针对单路径导引的欠驱动多无人船集群系统，提出基于扩张状态观测器的分布式协同路径跟踪制导方法。为提高编队协同的安全性，5.3 节针对单路径导引的欠驱动多无人船集群系统，提出具有避障避碰和连通保持功能的分布式协同路径跟踪制导方法。仿真验证本章所提单路径导引的分布式协同路径跟踪控制方法的有效性。

5.1　基于单路径导引的全驱动多无人船分布式协同路径跟踪

本节在邻居无人船速度信息未知的情形下，研究全驱动多无人船的分布式协同路径跟踪问题。在运动学层次，采用扩张状态观测器对邻居无人船未知速度信息进行实时估计，结合路径跟踪原理和一致性方法，提出基于扩张状态观测器的分布式协同路径跟踪制导律。采用本节所提的分布式协同路径跟踪制导律，多无人船能够形成预定的编队队形，并且不需要邻居无人船的速度信息。级联稳定性分析表明，无人船集群的闭环制导系统是输入状态稳定的，并且协同跟踪误差收敛到平衡点的邻域。最后，仿真结果表明本节所提基于扩张状态观测器的分布式协同路径跟踪制导律的有效性。

与基于全路径信息导引的协同路径跟踪相比，本节所提的制导方法具有以下优点：第一，所设计的分布式协同路径跟踪制导律仅需船舶之间的相对位置和航向信息，无须邻居无人船速度信息，减少了协同所需的通信量；第二，无人船集群系统的轨迹可以通过一条参数化路径预先指定，并且无人船集群系统的速度可独立指定和控制；第三，所提分布式路径跟踪制导律能够实现时变的编队队形。

5.1.1　问题描述

如图 5.1 所示，考虑由一条参数化路径导引的 N 艘无人船组成的集群系统，

无人船编号为 1 到 N。根据式 (1.1), 第 i 艘无人船的运动学方程为

$$\dot{\eta}_i = R_i(\psi_i)\nu_i \tag{5.1}$$

式中，

$$R_i(\psi_i) = \begin{bmatrix} \cos\psi_i & -\sin\psi_i & 0 \\ \sin\psi_i & \cos\psi_i & 0 \\ 0 & 0 & 1 \end{bmatrix} \tag{5.2}$$

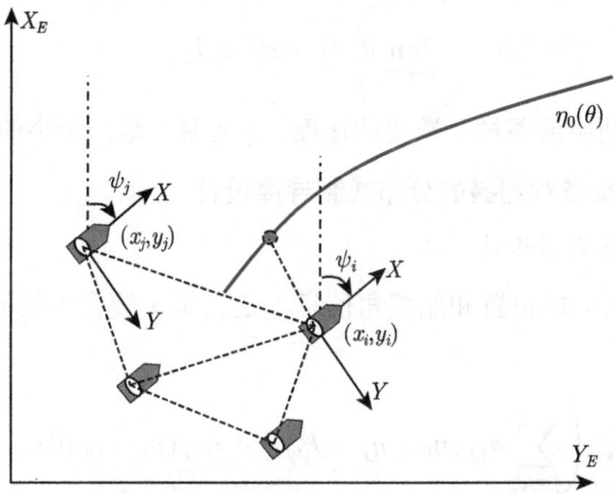

图 5.1　基于单路径导引的多无人船分布式协同路径跟踪

编号为 0 的参数化路径定义为

$$\begin{cases} \eta_0(\theta) = [x_0(\theta), y_0(\theta), \psi_0(\theta)]^{\mathrm{T}} \\ \psi_0(\theta) = \text{atan2}(y_0^\theta(\theta), x_0^\theta(\theta)) \end{cases} \tag{5.3}$$

式中，$\theta \in \mathbb{R}$ 表示路径参数，其演化轨迹是待设计的；$x_0^\theta(\theta) = \partial x_0(\theta)/\partial\theta$, $y_0^\theta(\theta) = \partial y_0(\theta)/\partial\theta$。

用图 $\bar{\mathcal{G}} = \{\bar{\mathcal{V}}, \bar{\mathcal{E}}\}$ 表示 N 艘无人船和参数化路径之间的通信关系，其中 $\bar{\mathcal{V}} = \{0, 1, \cdots, N\}$ 是节点集合，$\bar{\mathcal{E}} = \{(i, j) \in \bar{\mathcal{V}} \times \bar{\mathcal{V}}\}$ 是边集合。除节点 0 之外所有节点的通信关系用图 $\mathcal{G} = \{\mathcal{V}, \mathcal{E}\}$ 表示。

对于图 $\bar{\mathcal{G}}$，我们有如下假设条件。

假设 5.1　图 $\bar{\mathcal{G}}$ 中包含一个根节点为节点 0 的生成树。

本节的控制目标是考虑无人船运动学方程 (5.1)，在邻居无人船速度 ν_j ($j \in \mathcal{N}_i$) 不可获得情况下，设计无人船分布式路径跟踪制导律，实现以下两个目标。

(1) 几何目标。

控制每艘无人船保持相对于参考路径的期望编队队形：

$$\lim_{t\to\infty}\|\eta_i(t)-P_{id}(t)-\eta_0(\theta(t))\|\leqslant l_{i1} \tag{5.4}$$

式中，$P_{id}(t)\in\mathbb{R}^3$ 代表第 i 艘无人船与参考路径的相对距离和方向偏差，$l_{i1}\in\mathbb{R}^+$ 是一个小的常数。

(2) 动态目标。

控制路径参数更新速度 $\dot{\theta}(t)$ 满足

$$\lim_{t\to\infty}|\dot{\theta}(t)-v_s|\leqslant l_2 \tag{5.5}$$

式中，$v_s\in\mathbb{R}$ 是期望的路径参数更新速度；$l_2\in\mathbb{R}^+$ 是一个小的常数。

5.1.2 基于扩张状态观测器的分布式制导律设计

1. 扩张状态观测器设计

基于邻居无人船的位置和艏摇角信息，定义第 i 艘无人船的分布式路径跟踪误差为

$$\eta_{ie}=R_i^{\mathrm{T}}(\psi_i)\left(\sum_{j\in\mathcal{N}_i}a_{ij}\left(\eta_i-\eta_j-P_{ijd}\right)+a_{i0}\left(\eta_i-\eta_0(\theta)-P_{i0d}\right)\right) \tag{5.6}$$

式中，$P_{ijd}=P_{id}-P_{jd}\in\mathbb{R}^3$。如果第 i 个节点访问第 j 个节点的信息，那么 $a_{ij}=1$；否则，$a_{ij}=0$；$\mathcal{N}_i=\{j\in\mathcal{V}|(i\ j)\in\mathcal{E}\}$ 表示第 i 艘无人船除节点 0 之外的邻居无人船集合。

结合运动学方程 (5.1)，第 i 艘无人船的分布式路径跟踪误差动态可以表示为

$$\begin{aligned}\dot{\eta}_{ie}=&-r_iS\eta_{ie}+d_i\nu_i-\sum_{j\in\mathcal{N}_i}a_{ij}R_i^{\mathrm{T}}(\psi_i)\dot{\eta}_j-a_{i0}R_i^{\mathrm{T}}(\psi_i)\eta_0^{\theta}(\theta)\dot{\theta}\\&-\sum_{j\in\bar{\mathcal{N}}_i}a_{ij}R_i^{\mathrm{T}}(\psi_i)\dot{P}_{ijd}\end{aligned} \tag{5.7}$$

式中，$d_i=\sum_{j=0}^{N}a_{ij}$；$\bar{\mathcal{N}}_i=\{j\in\bar{\mathcal{V}}|(i\ j)\in\bar{\mathcal{E}}\}$，$\bar{\mathcal{V}}$ 为包括节点 0 的集合；$\eta_0^{\theta}(\theta)=[x_0^{\theta}(\theta),y_0^{\theta}(\theta),\psi_0^{\theta}(\theta)]^{\mathrm{T}}$，$\psi_0^{\theta}(\theta)=\partial\psi_0(\theta)/\partial\theta$；定义 S 如下：

$$S=\begin{bmatrix}0&-1&0\\1&0&0\\0&0&0\end{bmatrix} \tag{5.8}$$

定义路径参数更新速度和速度跟踪误差分别为

$$\dot{\theta} = v_s - \omega, \quad \nu_{ie} = \nu_i - \nu_{ic} \tag{5.9}$$

式中，$\omega \in \mathbb{R}$ 为待设计的变量；$\nu_{ic} = [u_{ic}, v_{ic}, r_{ic}]^{\mathrm{T}} \in \mathbb{R}^3$ 是一个制导速度向量。

将式 (5.9) 代入式 (5.7) 可得

$$\begin{aligned}\dot{\eta}_{ie} =& -r_i S \eta_{ie} + d_i(\nu_{ic} + \nu_{ie}) - \sum_{j \in \mathcal{N}_i} a_{ij} R_i^{\mathrm{T}}(\psi_i) \dot{\eta}_j \\ &- a_{i0} R_i^{\mathrm{T}}(\psi_i) \eta_0^{\theta}(\theta)(v_s - \omega) - \sum_{j \in \bar{\mathcal{N}}_i} a_{ij} R_i^{\mathrm{T}}(\psi_i) \dot{P}_{ijd}\end{aligned} \tag{5.10}$$

并且可进一步表示为

$$\dot{\eta}_{ie} = d_i(\nu_{ic} + \nu_{ie}) - a_{i0} R_i^{\mathrm{T}}(\psi_i) \eta_0^{\theta}(\theta)(v_s - \omega) + \sigma_{i\eta} \tag{5.11}$$

式中，

$$\sigma_{i\eta} = -r_i S \eta_{ie} - \sum_{j \in \mathcal{N}_i} a_{ij} R_i^{\mathrm{T}}(\psi_i) \dot{\eta}_j - \sum_{j \in \bar{\mathcal{N}}_i} a_{ij} R_i^{\mathrm{T}}(\psi_i) \dot{P}_{ijd} \tag{5.12}$$

为减少协同所需的通信量，假设不通信邻居无人船的速度信息和相对队形偏差的导数信息 $\dot{P}_{ijd}$。为了对未知信息进行估计，定义 $\hat{\eta}_{ie}$ 和 $\hat{\sigma}_{i\eta}$ 分别为 η_{ie} 和 $\sigma_{i\eta}$ 的估计，设计扩张状态观测器如下：

$$\left\{\begin{aligned}\dot{\hat{\eta}}_{ie} &= -K_{i1}(\hat{\eta}_{ie} - \eta_{ie}) + d_i(\nu_{ic} + \nu_{ie}) - a_{i0} R_i^{\mathrm{T}}(\psi_i) \eta_0^{\theta}(\theta)(v_s - \omega) + \hat{\sigma}_{i\eta} \\ \dot{\hat{\sigma}}_{i\eta} &= -K_{i2}(\hat{\eta}_{ie} - \eta_{ie})\end{aligned}\right. \tag{5.13}$$

式中，$K_{i1}, K_{i2} \in \mathbb{R}^{3\times 3}$ 为扩张状态观测器观测增益矩阵。定义扩张状态观测器估计误差为

$$\tilde{\eta}_{ie} = \hat{\eta}_{ie} - \eta_{ie}, \quad \tilde{\sigma}_{i\eta} = \hat{\sigma}_{i\eta} - \sigma_{i\eta} \tag{5.14}$$

则有

$$\left\{\begin{aligned}\dot{\tilde{\eta}}_{ie} &= -K_{i1} \tilde{\eta}_{ie} + \tilde{\sigma}_{i\eta} \\ \dot{\tilde{\sigma}}_{i\eta} &= -K_{i2} \tilde{\eta}_{ie} - \dot{\sigma}_{i\eta}\end{aligned}\right. \tag{5.15}$$

定义误差向量 $E_{i1} = [\tilde{\eta}_{ie}^{\mathrm{T}}, \tilde{\sigma}_{i\eta}^{\mathrm{T}}]^{\mathrm{T}}$，误差向量 E_{i1} 的导数表示为

$$\dot{E}_{i1} = A_i E_{i1} + B_i \xi_i \tag{5.16}$$

式中，

$$A_i = \begin{bmatrix} -K_{i1} & I_3 \\ -K_{i2} & 0_3 \end{bmatrix}, \quad B_i = \begin{bmatrix} 0_3 & I_3 \\ 0_3 & 0_3 \end{bmatrix}, \quad \xi_i = \begin{bmatrix} 0_3 \\ -\dot{\sigma}_{i\eta} \end{bmatrix}$$

注意到 A_i 是赫尔维茨矩阵，所以存在一个正定矩阵 P_i 满足 $A_i^{\mathrm{T}}P_i+P_iA_i=-I_6$。

2. 分布式制导律设计

为了稳定分布式路径跟踪误差 $\hat{\eta}_{ie}$，设计期望的速度和角速度向量如下：

$$\nu_{ic}=\left(-\frac{K_{i\eta}\hat{\eta}_{ie}}{\sqrt{\|\hat{\eta}_{ie}\|^2+\varDelta_i^2}}-\hat{\sigma}_{i\eta}+a_{i0}R_i^{\mathrm{T}}(\psi_i)\eta_0^{\theta}(\theta)\,v_s\right)/d_i \tag{5.17}$$

式中，$K_{i\eta}=\mathrm{diag}\{k_{ix},k_{iy}\ k_{i\psi}\}\in\mathbb{R}^{3\times3}$ 且 $k_{ix}\in\mathbb{R}^+,k_{iy}\in\mathbb{R}^+,k_{i\psi}\in\mathbb{R}^+$；$\varDelta_i\in\mathbb{R}^+$ 用于调节暂态跟踪性能。

为了更新路径参数 θ，ω 设计为如下形式：

$$\dot{\omega}=-\lambda\left(\omega+\mu\sum_{i\in\mathcal{N}_0}a_{i0}\eta_{ie}^{\mathrm{T}}R_i^{\mathrm{T}}(\psi_i)\eta_0^{\theta}(\theta)\right) \tag{5.18}$$

式中，$\mu\in\mathbb{R}^+$ 和 $\lambda\in\mathbb{R}^+$ 是常数；$\mathcal{N}_0$ 表示领航船的邻居无人船集合。根据式 (5.13)、式 (5.17)、式 (5.18)，得到闭环系统

$$\left\{\begin{aligned}\dot{\hat{\eta}}_{ie}&=\frac{-K_{i\eta}\hat{\eta}_{ie}}{\sqrt{\|\hat{\eta}_{ie}\|^2+\varDelta_i^2}}-K_{i1}\tilde{\eta}_{ie}+d_i\nu_{ie}+a_{i0}R_i^{\mathrm{T}}(\psi_i)\eta_0^{\theta}(\theta)\,\omega\\ \dot{\omega}&=-\lambda\left(\omega+\mu\sum_{i\in\mathcal{N}_0}a_{i0}\eta_{ie}^{\mathrm{T}}R_i^{\mathrm{T}}(\psi_i)\eta_0^{\theta}(\theta)\right)\end{aligned}\right. \tag{5.19}$$

5.1.3 稳定性分析

为分析子系统 (5.16) 的稳定性，我们有如下假设。

假设 5.2 信号 $\dot{\sigma}_{i\eta}$ 是有界的。即存在一个常数 $\sigma_{i\eta}^*\in\mathbb{R}^+$，使得 $\|\dot{\sigma}_{i\eta}\|\leqslant\sigma_{i\eta}^*$。

下列引理给出子系统 (5.16) 的稳定性。

引理 5.1 在假设 5.2 的条件下，扩张状态观测器观测误差动态 (5.16) 是输入状态稳定的。

证明 考虑如下李雅普诺夫函数：

$$V_{i1}=\frac{1}{2}E_{i1}^{\mathrm{T}}P_iE_{i1} \tag{5.20}$$

对 V_{i1} 进行求导，并联立式 (5.16) 得到

$$\dot{V}_{i1}=-\frac{1}{2}E_{i1}^{\mathrm{T}}E_{i1}+E_{i1}^{\mathrm{T}}P_iB_i\xi_i$$

$$\leqslant -\frac{1}{2}\|E_{i1}\|^2 + \|E_{i1}\|\|P_iB_i\|\|\xi_i\| \tag{5.21}$$

在假设 5.2 的条件下，输入向量 ξ_i 是有界的。当 $\|E_{i1}\| \geqslant 4\|P_iB_i\|\|\xi_i\|$，则有 $\dot{V}_{i1} \leqslant -\frac{1}{4}\|E_{i1}\|^2$。由定理 2.2 可知，式 (5.16) 的误差动态是输入状态稳定的。并且存在 $\mathcal{KL}$ 类函数 γ_i 和 $\mathcal{K}$ 类函数 $\kappa_i^{\xi}(s)$ 使得

$$\|E_{i1}(t)\| \leqslant \max\left\{\gamma_i(E_{i1}(t_0), t-t_0),\ \kappa_i^{\xi}(\|\xi_i\|)\right\} \tag{5.22}$$

式中，

$$\kappa_i^{\xi}(s) = 4\sqrt{\frac{\lambda_{\max}(P_i)}{\lambda_{\min}(P_i)}}\|P_iB_i\|s \tag{5.23}$$

□

引理 5.2　*在 $\nu_{ie}=0$ 的条件下，运动学误差动态 (5.19) 是输入状态稳定的。*

证明　考虑如下李雅普诺夫函数：

$$V_2 = \sum_{i=1}^{N}\frac{\hat{\eta}_{ie}^{\mathrm{T}}\hat{\eta}_{ie}}{2} + \frac{\omega^2}{2\lambda\mu} \tag{5.24}$$

对 V_2 进行求导，并联立式 (5.19) 得到

$$\begin{aligned}
\dot{V}_2 &= \sum_{i=1}^{N}\left(-\frac{\hat{\eta}_{ie}^{\mathrm{T}}K_{i\eta}\hat{\eta}_{ie}}{\sqrt{\|\hat{\eta}_{ie}\|^2+\varDelta_i^2}} - \hat{\eta}_{ie}^{\mathrm{T}}K_{i1}\tilde{\eta}_{ie} + \hat{\eta}_{ie}^{\mathrm{T}}\sum_{j=0}^{N}a_{ij}\nu_{ie} + a_{i0}\hat{\eta}_{ie}^{\mathrm{T}}\eta_0^{\theta}(\theta)\,\omega\right) + \frac{\omega\dot{\omega}}{\lambda\mu}\\
&= -\sum_{i=1}^{N}\frac{\hat{\eta}_{ie}^{\mathrm{T}}K_{i\eta}\hat{\eta}_{ie}}{\sqrt{\|\hat{\eta}_{ie}\|^2+\varDelta_i^2}} - \sum_{i=1}^{N}\hat{\eta}_{ie}^{\mathrm{T}}K_{i1}\tilde{\eta}_{ie} + \sum_{i=1}^{N}\hat{\eta}_{ie}^{\mathrm{T}}\sum_{j=0}^{N}a_{ij}\nu_{ie} - \frac{\omega^2}{\mu}
\end{aligned}$$

假设速度跟踪误差 ν_{ie} 为 0，则有

$$\begin{aligned}
\dot{V}_2 &= -\sum_{i=1}^{N}\frac{\hat{\eta}_{ie}^{\mathrm{T}}K_{i\eta}\hat{\eta}_{ie}}{\sqrt{\|\hat{\eta}_{ie}\|^2+\varDelta_i^2}} - \sum_{i=1}^{N}\hat{\eta}_{ie}^{\mathrm{T}}K_{i1}\tilde{\eta}_{ie} - \frac{\omega^2}{\mu}\\
&\leqslant -c_1\|E_2\|^2 + c_2\left(\sum_{i=1}^{N}\|E_{i1}\|\right)\|E_2\|
\end{aligned}$$

式中，

$$
\begin{cases}
E_2 = \left[\hat{\eta}_{1e}^{\mathrm{T}}, \hat{\eta}_{2e}^{\mathrm{T}}, \cdots, \hat{\eta}_{Ne}^{\mathrm{T}}, \omega\right]^{\mathrm{T}} \\
c_1 = \min\left\{\dfrac{\lambda_{\min}\left(K_{1\eta}\right)}{\sqrt{\left\|\hat{\eta}_{1e}\right\|^2 + \Delta_1^2}}, \dfrac{\lambda_{\min}\left(K_{2\eta}\right)}{\sqrt{\left\|\hat{\eta}_{2e}\right\|^2 + \Delta_2^2}}, \cdots, \dfrac{\lambda_{\min}\left(K_{N\eta}\right)}{\sqrt{\left\|\hat{\eta}_{Ne}\right\|^2 + \Delta_N^2}}, \dfrac{1}{\mu}\right\} \\
c_2 = \max\{\lambda_{\max}\left(K_{11}\right), \lambda_{\max}\left(K_{21}\right), \cdots, \lambda_{\max}\left(K_{N1}\right)\}
\end{cases}
\tag{5.25}
$$

根据引理 5.1 可知，$\|E_{i1}\|$ 是有界的，因此，子系统 (5.19) 是输入状态稳定的。

定理 5.1 *考虑全驱动无人船运动学方程 (5.1)，在满足假设 5.1 和假设 5.2 的条件下，运动学制导律 (5.17) 与路径参数更新律 (5.18) 使得由式 (5.16) 和式 (5.19) 级联的闭环系统是输入状态稳定的，并且闭环系统所有信号是有界的。*

证明 引理 5.1 和引理 5.2 已经证明，对于扩张状态观测器子系统 (5.16)，若状态是 E_{i1}，输入为 ξ_i，该系统是输入状态稳定的。对于误差子系统 (5.19)，若状态是 $\hat{\eta}_{ie}$ 和 ω，输入为 $\tilde{\eta}_{ie}$，该系统是输入状态稳定的；子系统 (5.16) 和子系统 (5.19) 组成一个级联系统。整个级联系统，其状态为 E_{i1}, $\hat{\eta}_{ie}$ 和 ω，外部输入为 ξ_i 和 $\tilde{\eta}_{ie}$，根据定理 2.4，该级联系统是输入状态稳定的，并且闭环系统所有信号是有界的。□

5.1.4 仿真验证

考虑五艘无人船组成的集群系统，编号 1 到 5。参数化路径设置为

$$
\eta_0(\theta) = \begin{cases}
[0.1\theta + 20, 0, 0]^{\mathrm{T}}, \quad \theta < 400 \\
[60 + 60\sin[0.003(\theta - 400)], 60 - 60\cos[0.003(\theta - 400)], 0.003(\theta - 400)]^{\mathrm{T}}, \\
400 \leqslant \theta < 400 + \pi/0.003 \\
[0.1(\theta - 400 - \pi/0.003) + 60, 120, \pi]^{\mathrm{T}}, \quad \theta \geqslant 400 + \pi/0.003
\end{cases}
$$

其通信拓扑结构如图 5.2 所示。无人船编队初始位置设置为：$\eta_1(0) = [0, 0, 0]^{\mathrm{T}}$, $\eta_2(0) = [-4, 0, 0]^{\mathrm{T}}$, $\eta_3(0) = [-8, 0, 0]^{\mathrm{T}}$, $\eta_4(0) = [-12, 0, 0]^{\mathrm{T}}$, $\eta_5(0) = [-16, 0, 0]^{\mathrm{T}}$。控制参数选择为：$K_{i\eta} = 0.2I_3$, $\Delta_i = 2$, $\mu = 10$, $\lambda = 10$, $K_{i1} = 20I_3$, $K_{i2} = 100I_3$。

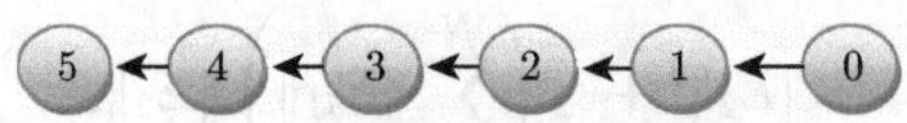

图 5.2 通信拓扑结构图

仿真结果如图 5.3 ~ 图 5.8 所示。图 5.3 为五艘无人船的编队轨迹，实现了期望的队形。图 5.4 给出了协同跟踪误差，稳态协同跟踪误差收敛到零。图 5.5 ~ 图 5.7 给出五艘无人船制导速度向量的仿真结果，可以看到制导速度向量是有界合理的。图 5.8 给出路径参数的演化过程。

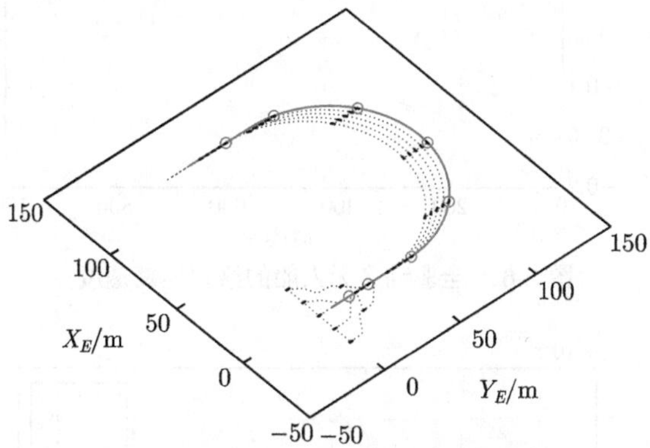

图 5.3　五艘无人船的编队轨迹

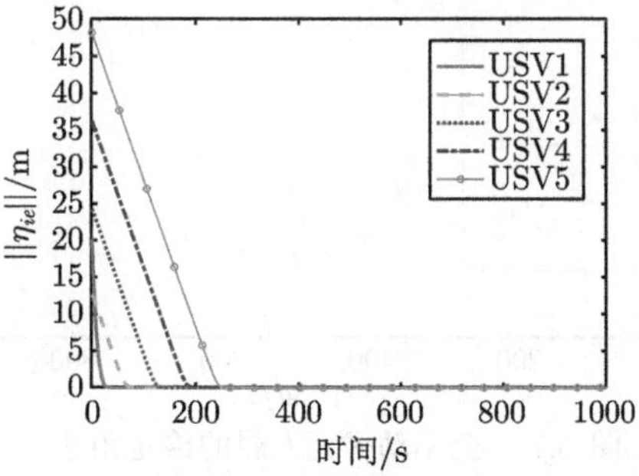

图 5.4　协同跟踪误差

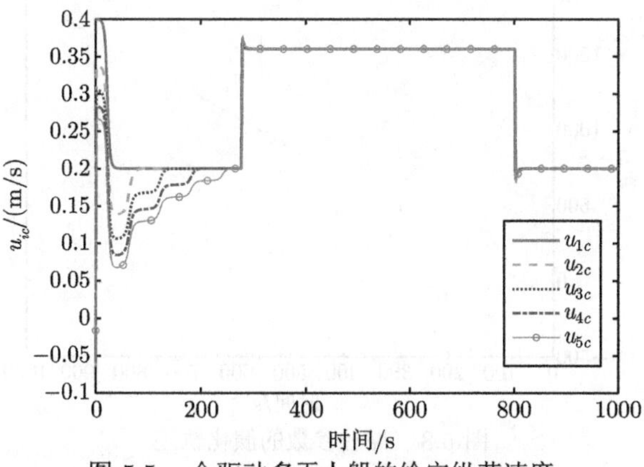

图 5.5　全驱动多无人船的给定纵荡速度

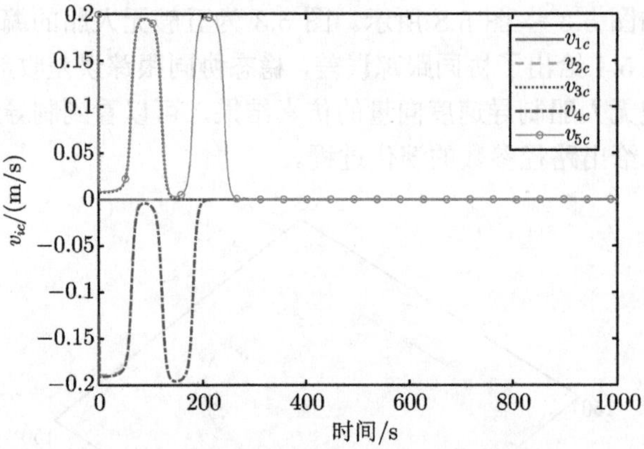

图 5.6　全驱动多无人船的给定横荡速度

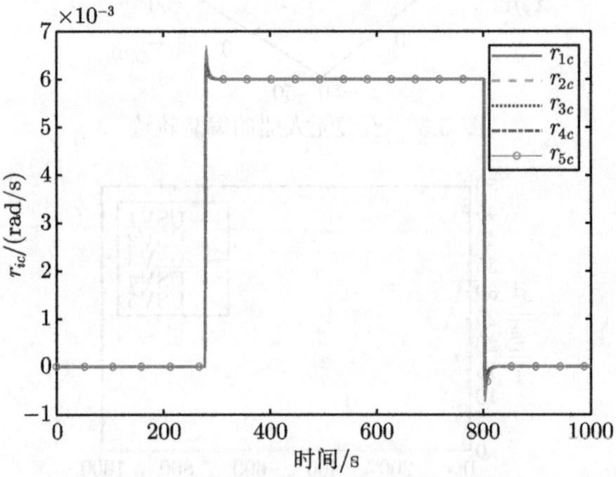

图 5.7　全驱动多无人船的给定角速度

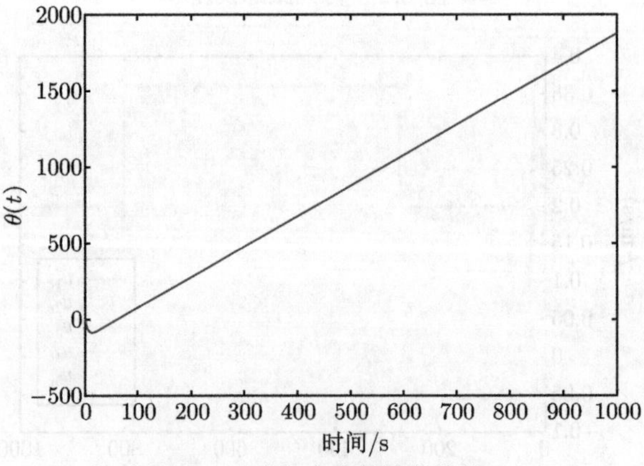

图 5.8　路径参数的演化轨迹

5.2 基于单路径导引的欠驱动多无人船分布式协同路径跟踪

5.1 节提出的分布式协同路径跟踪制导律适用于全驱动多无人船集群系统。在本节中，我们针对欠驱动多无人船集群系统，进一步研究邻居无人船速度信息未知情形下的分布式协同路径跟踪问题。采用扩张状态观测器对邻居无人船未知速度信息进行观测，结合路径跟踪原理，一致性方法和辅助变量法，针对欠驱动多无人船集群系统，提出基于扩张状态观测器的分布式协同路径跟踪制导律。采用本节所提的分布式协同路径跟踪制导律，欠驱动多无人船系统能够形成时变编队队形，并且不需要邻居无人船的速度信息。将本节所提制导方法应用于五艘欠驱动多无人船系统，仿真结果表明所提分布式协同路径跟踪制导律的有效性。

与基于全路径信息导引的协同路径跟踪相比，本节所提的制导方法具有以下优点：第一，所设计的分布式协同路径跟踪制导律仅需船舶之间的相对位置和航向信息，无须邻居无人船速度信息；第二，无人船集群系统的轨迹可以通过一条参数化路径预先指定，其速度可独立控制；第三，所提分布式路径跟踪制导律能够实现时变队形；第四，与 5.1 节所提分布式协同路径跟踪制导律适用于全驱动多无人船集群系统不同，本节所提出的分布式协同路径跟踪制导律能够适用于欠驱动多无人船集群系统。

5.2.1 问题描述

考虑由一条参数化路径导引的无人船集群系统，无人船编号为 1 到 N。用 5.1 节定义的图 $\bar{\mathcal{G}}$ 表示 N 艘欠驱动多无人船和参数化路径之间的通信关系。欠驱动多无人船编队运动状态集合描述如图 5.9 所示。

根据式 (1.1)，第 i 艘无人船的运动学方程为

$$\begin{cases} \dot{x}_i = u_i\cos\psi_i - v_i\sin\psi_i \\ \dot{y}_i = u_i\sin\psi_i + v_i\cos\psi_i \\ \dot{\psi}_i = r_i \end{cases} \tag{5.26}$$

参数化路径编号为 0，定义如下：

$$p_0(\theta) = [x_0(\theta), y_0(\theta)]^{\mathrm{T}} \tag{5.27}$$

本节的控制目标是考虑无人船运动学方程 (5.26)，在邻居无人船速度信息未知情况下，设计无人船分布式协同路径跟踪制导律，实现以下两个目标。

(1) 几何目标。

控制每艘无人船保持相对于参考路径的期望队形：

$$\lim_{t\to\infty}\|p_i(t) - p_{id}(t) - p_0(\theta(t))\| \leqslant l_{i1} \tag{5.28}$$

式中，$p_i(t)=[x_i,y_i]^{\mathrm{T}}$ 为位置向量；$p_{id}(t)\in\mathbb{R}^2$ 代表第 i 艘无人船与参考路径的相对偏差；$l_{i1}\in\mathbb{R}^+$ 是一个小的常数。

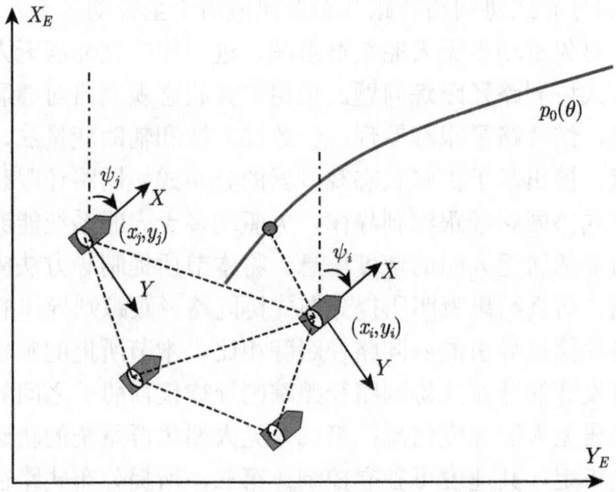

图 5.9　欠驱动多无人船分布式协同路径跟踪示意图

(2) 动态目标。

控制路径参数更新速度 $\dot{\theta}(t)$ 满足

$$\lim_{t\to\infty}|\dot{\theta}(t)-v_s|\leqslant l \tag{5.29}$$

式中，$l\in\mathbb{R}^+$ 是一个小的常数。

5.2.2　基于扩张状态观测器的分布式制导律设计

1. 扩张状态观测器设计

基于无人船的相对位置信息，定义第 i 艘无人船的分布式路径跟踪误差为

$$\eta_{ie}=\bar{R}_i^{\mathrm{T}}(\psi_i)\left(\sum_{j\in\mathcal{N}_i}a_{ij}(p_i-p_j-p_{ijd})+a_{i0}(p_i-p_0(\theta)-p_{i0d})\right) \tag{5.30}$$

式中，$p_{ijd}=p_{id}-p_{jd}\in\mathbb{R}^2$ 表示第 i 艘无人船和第 j 艘无人船之间的相对距离；$\bar{R}_i(\psi_i)$ 定义如下：

$$\bar{R}_i(\psi_i)=\begin{bmatrix}\cos\psi_i & -\sin\psi_i\\ \sin\psi_i & \cos\psi_i\end{bmatrix} \tag{5.31}$$

定义路径跟踪参数和速度跟踪误差分别为

$$\dot{\theta}=v_{\mathrm{s}}-\omega,\quad \bar{\nu}_{ie}=\bar{\nu}_i-\bar{\nu}_{ic} \tag{5.32}$$

式中，$\omega \in \mathbb{R}$ 为待设计的变量；$\bar{\nu}_i = [u_i, r_i]^{\mathrm{T}} \in \mathbb{R}^2$ 为包括纵荡速度和艏摇角速度的向量；$\bar{\nu}_{ic} = [u_{ic}, r_{ic}]^{\mathrm{T}} \in \mathbb{R}^2$ 为待设计的速度制导向量。

对式 (5.30) 进行求导得到

$$\begin{aligned}\dot{\eta}_{ie} = &-r_i S\eta_{ie} + d_i \begin{bmatrix} u_i \\ v_i \end{bmatrix} - \sum_{j\in\mathcal{N}_i} a_{ij}\bar{R}_i^{\mathrm{T}}(\psi_i)\dot{p}_j - a_{i0}\bar{R}_i^{\mathrm{T}}(\psi_i)p_0^{\theta}(\theta)(v_s-\omega) \\ &- \sum_{j\in\bar{\mathcal{N}}_i} a_{ij}\bar{R}_i^{\mathrm{T}}(\psi_i)\dot{p}_{ijd}\end{aligned} \tag{5.33}$$

式中，$p_0^{\theta}(\theta) = [\partial x_0(\theta)/\partial\theta, \partial y_0(\theta)/\partial\theta]^{\mathrm{T}}$；定义 S 如下：

$$S = \begin{bmatrix} 0 & -1 \\ 1 & 0 \end{bmatrix} \tag{5.34}$$

为了解决欠驱动问题，引入一个辅助变量 $\bar{\delta}_0 = [-\delta_0, 0] \in \mathbb{R}^2$。其中 $\delta_0 \in \mathbb{R}^+$ 是一个常数。重新定义分布式路径跟踪误差 $\bar{\eta}_{ie} = \eta_{ie} - \bar{\delta}_0$，并对其进行求导可得

$$\begin{aligned}\dot{\bar{\eta}}_{ie} = &-r_i S\bar{\eta}_{ie} + d_i \begin{bmatrix} u_i \\ v_i \end{bmatrix} - r_i S\bar{\delta}_0 - \sum_{j\in\mathcal{N}_i} a_{ij}\bar{R}_i^{\mathrm{T}}(\psi_i)\dot{p}_j \\ &- a_{i0}\bar{R}_i^{\mathrm{T}}(\psi_i)p_0^{\theta}(\theta)(v_s-\omega) - \sum_{j\in\bar{\mathcal{N}}_i} a_{ij}\bar{R}_i^{\mathrm{T}}(\psi_i)\dot{p}_{ijd}\end{aligned} \tag{5.35}$$

式 (5.35) 可进一步写为

$$\dot{\bar{\eta}}_{ie} = B_i(\bar{\nu}_{ie} + \bar{\nu}_{ic}) - a_{i0}\bar{R}_i^{\mathrm{T}}(\psi_i)p_0^{\theta}(\theta)(v_s-\omega) + \sigma_{ip} \tag{5.36}$$

式中，$B_i = \mathrm{diag}\left\{\sum_{j=0}^{N} a_{ij}\ \delta_0\right\}$，

$$\sigma_{ip} = -r_i S\bar{\eta}_{ie} - \sum_{j\in\bar{\mathcal{N}}_i} a_{ij}\bar{R}_i^{\mathrm{T}}(\psi_i)\dot{p}_j - \sum_{j\in\bar{\mathcal{N}}_i} a_{ij}\bar{R}_i^{\mathrm{T}}(\psi_i)\dot{p}_{ijd} + \left[0, \sum_{j=0}^{N} a_{ij}v_i\right]^{\mathrm{T}} \tag{5.37}$$

与 5.1 节类似，定义 $\hat{\bar{\eta}}_{ie}, \hat{\sigma}_{ip}$ 分别为 $\bar{\eta}_{ie}, \sigma_{ip}$ 的估计值，为了对未知信息进行观测，设计扩张状态观测器如下：

$$\begin{cases} \dot{\hat{\bar{\eta}}}_{ie} = -K_{i1}(\hat{\bar{\eta}}_{ie} - \bar{\eta}_{ie}) + B_i(\bar{\nu}_{ie} + \bar{\nu}_{ic}) - a_{i0}\bar{R}_i^{\mathrm{T}}(\psi_i)p_0^{\theta}(\theta)(v_s-\omega) + \hat{\sigma}_{ip} \\ \dot{\hat{\sigma}}_{ip} = -K_{i2}(\hat{\bar{\eta}}_{ie} - \bar{\eta}_{ie}) \end{cases} \tag{5.38}$$

式中，$K_{i1}, K_{i2} \in \mathbb{R}^{2\times 2}$ 是扩张状态观测器参数。定义扩张状态观测器估计误差为

$$\begin{cases} \tilde{\bar{\eta}}_{ie} = \hat{\bar{\eta}}_{ie} - \bar{\eta}_{ie} \\ \tilde{\sigma}_{ip} = \hat{\sigma}_{ip} - \sigma_{ip} \end{cases} \tag{5.39}$$

对估计误差求导，联立方程 (5.38) 和方程 (5.36) 可得

$$\begin{cases} \dot{\tilde{\bar{\eta}}}_{ie} = -k_{i1}\tilde{\bar{\eta}}_{ie} + \tilde{\sigma}_{ip} \\ \dot{\tilde{\sigma}}_{ip} = -k_{i2}\tilde{\bar{\eta}}_{ie} - \dot{\sigma}_{ip} \end{cases} \tag{5.40}$$

定义误差向量 $E_{i1} = [\tilde{\bar{\eta}}_{ie}^{\mathrm{T}}, \tilde{\sigma}_{ip}^{\mathrm{T}}]^{\mathrm{T}}$，误差向量 E_{i1} 的导数表示为

$$\dot{E}_{i1} = A_i E_{i1} + B_i \xi_i \tag{5.41}$$

式中，

$$A_i = \begin{bmatrix} -k_{i1} & I_2 \\ -k_{i2} & 0_2 \end{bmatrix}, \quad B_i = \begin{bmatrix} 0_2 & I_2 \\ 0_2 & 0_2 \end{bmatrix}, \quad \xi_i = [0, 0, -\dot{\sigma}_{ip}]^{\mathrm{T}}$$

注意到 A_i 是赫尔维茨矩阵,所以存在一个正定矩阵 P_i 满足 $A_i^{\mathrm{T}}P_i + P_iA_i = -I_4$。

2. 分布式制导律设计

为了稳定分布式路径跟踪误差 $\hat{e}_i$，设计期望的速度和角速度向量如下：

$$\bar{\nu}_{ic} = B_i^{-1}\left(-\frac{K_{ip}\hat{\bar{\eta}}_{ie}}{\sqrt{\left\|\hat{\bar{\eta}}_{ie}\right\|^2 + \Delta_i^2}} - \hat{\sigma}_{ip} + a_{i0}\bar{R}_i^{\mathrm{T}}(\psi_i)p_0^{\theta}(\theta)v_s\right) \tag{5.42}$$

式中，K_{ip} =diag$\{k_{ix}, k_{iy}\} \in \mathbb{R}^2$ 且 $k_{ix} \in \mathbb{R}^+, k_{iy} \in \mathbb{R}^+$ 都是常数；$\Delta_i \in \mathbb{R}^+$ 是一个待设计常数。ω 设计为如下形式：

$$\dot{\omega} = -\lambda\left(\omega + \mu\sum_{i\in\mathcal{N}_0} a_{i0}\hat{\bar{\eta}}_{ie}^{\mathrm{T}}\bar{R}_i^{\mathrm{T}}(\psi_i)p_0^{\theta}(\theta)\right) \tag{5.43}$$

式中，$\lambda \in \mathbb{R}^+$ 和 $\mu \in \mathbb{R}^+$ 是常数；$\mathcal{N}_0$ 表示领航船的邻居无人船集合。

根据式 (5.38)、式 (5.42)、式 (5.43)，得到分布式路径跟踪估计误差的动态方程：

$$\begin{cases} \dot{\hat{\bar{\eta}}}_{ie} = -\dfrac{K_{ip}\hat{\bar{\eta}}_{ie}}{\sqrt{\left\|\hat{\bar{\eta}}_{ie}\right\|^2 + \Delta_i^2}} - k_{i1}\tilde{\bar{\eta}}_{ie} + B_i\nu_{ie} + a_{i0}\bar{R}_i^{\mathrm{T}}(\psi_i)p_0^{\theta}(\theta)\,\omega \\ \dot{\omega} = -\lambda\left(\omega + \mu\displaystyle\sum_{i\in\mathcal{N}_0} a_{i0}\hat{\bar{\eta}}_{ie}^{\mathrm{T}}\bar{R}_i^{\mathrm{T}}(\psi_i)p_0^{\theta}(\theta)\right) \end{cases} \tag{5.44}$$

5.2.3 稳定性分析

为分析扩张状态观测器估计子系统 (5.41) 的稳定性，假设如下。

假设 5.3 信号 $\dot{\sigma}_{ip}$ 是有界的。即存在一个常数 $\sigma_{ip}^* \in \mathbb{R}^+$，使得 $\|\dot{\sigma}_{ip}\| \leqslant \sigma_{ip}^*$。

下列引理给出控制子系统 (5.41) 的稳定性。

引理 5.3 在假设 5.3 的条件下，子系统 (5.41) 是输入状态稳定的。

证明 此证明过程和引理 5.1 类似，其证明过程略。

引理 5.4 在 $\bar{\nu}_{ie} = 0$ 的条件下，运动学误差动态 (5.44) 是输入状态稳定的。

证明 构造如下李雅普诺夫函数：

$$V_2 = \sum_{i=1}^{N} \frac{\hat{\bar{\eta}}_{ie}^{\mathrm{T}} \hat{\bar{\eta}}_{ie}}{2} + \frac{\omega^2}{2\lambda\mu} \tag{5.45}$$

对 V_2 进行求导并联立式 (5.44) 可得

$$\begin{aligned}
\dot{V}_2 &= \sum_{i=1}^{N} \left(-\frac{\hat{\bar{\eta}}_{ie}^{\mathrm{T}} K_{ip} \hat{\bar{\eta}}_{ie}}{\sqrt{\left\|\hat{\bar{\eta}}_{ie}\right\|^2 + \Delta_i^2}} - \hat{\bar{\eta}}_{ie}^{\mathrm{T}} k_{i1} \tilde{\bar{\eta}}_{ie} + \hat{\bar{\eta}}_{ie}^{\mathrm{T}} \sum_{j=0}^{N} a_{ij} \nu_{ie} + a_{i0} \hat{\bar{\eta}}_{ie}^{\mathrm{T}} p_0^{\theta}(\theta)\, \omega \right) + \frac{\omega \dot{\omega}}{\lambda\mu} \\
&= -\sum_{i=1}^{N} \frac{\hat{\bar{\eta}}_{ie}^{\mathrm{T}} K_{ip} \hat{\bar{\eta}}_{ie}}{\sqrt{\left\|\hat{\bar{\eta}}_{ie}\right\|^2 + \Delta_i^2}} - \sum_{i=1}^{N} \hat{\bar{\eta}}_{ie}^{\mathrm{T}} k_{i1} \tilde{\bar{\eta}}_{ie} + \sum_{i=1}^{N} \hat{\bar{\eta}}_{ie}^{\mathrm{T}} \sum_{j=0}^{N} a_{ij} \nu_{ie} - \frac{\omega^2}{\mu}
\end{aligned} \tag{5.46}$$

假设速度跟踪误差 ν_{ie} 为 0，则有

$$\begin{aligned}
\dot{V}_2 &= -\sum_{i=1}^{N} \frac{\hat{\bar{\eta}}_{ie}^{\mathrm{T}} K_{ip} \hat{\bar{\eta}}_{ie}}{\sqrt{\left\|\hat{\bar{\eta}}_{ie}\right\|^2 + \Delta_i^2}} - \sum_{i=1}^{N} \hat{\bar{\eta}}_{ie}^{\mathrm{T}} k_{i1} \tilde{\bar{\eta}}_{ie} - \frac{\omega^2}{\mu} \\
&\leqslant -\sum_{i=1}^{N} \frac{\lambda_{\min}(K_{ip})}{\sqrt{\left\|\hat{\bar{\eta}}_{ie}\right\|^2 + \Delta_i^2}} \|\hat{\bar{\eta}}_{ie}\|^2 + \sum_{i=1}^{N} \lambda_{\max}(k_{i1}) \|\hat{\bar{\eta}}_{ie}\| \|\tilde{\bar{\eta}}_{ie}\| - \frac{\omega^2}{\mu} \\
&\leqslant -c_1 \|E_2\|^2 + c_2 \left(\sum_{i=1}^{N} \|E_{i1}\| \right) \|E_2\|
\end{aligned} \tag{5.47}$$

式中，

$$\begin{cases}
E_2 = \left[\hat{\bar{\eta}}_{1e}^{\mathrm{T}}, \hat{\bar{\eta}}_{2e}^{\mathrm{T}}, \cdots, \hat{\bar{\eta}}_{Ne}^{\mathrm{T}}, \omega\right]^{\mathrm{T}} \\
c_1 = \min\left\{ \dfrac{\lambda_{\min}(K_{1p})}{\sqrt{\left\|\hat{\bar{\eta}}_{1e}\right\|^2 + \Delta_1^2}}, \dfrac{\lambda_{\min}(K_{2p})}{\sqrt{\left\|\hat{\bar{\eta}}_{2e}\right\|^2 + \Delta_2^2}}, \cdots, \dfrac{\lambda_{\min}(K_{Np})}{\sqrt{\left\|\hat{\bar{\eta}}_{Ne}\right\|^2 + \Delta_N^2}}, \dfrac{1}{\mu} \right\} \\
c_2 = \max\{\lambda_{\max}(k_{11}), \lambda_{\max}(k_{21}), \cdots, \lambda_{\max}(k_{N1})\}
\end{cases} \tag{5.48}$$

根据引理 5.3 可知，$\|E_{i1}\|$ 是有界的，因此，子系统 (5.44) 是输入状态稳定的。

定理 5.2　考虑无人船运动学模型 (5.26)，在假设 5.1和假设 5.3 满足的条件下，运动学制导律 (5.42) 与路径参数更新律 (5.43) 使得由式 (5.41) 和式 (5.44) 组成的级联系统是输入状态稳定的。

证明　引理 5.3 和引理 5.4 已经证明，对于扩张状态观测器子系统 (5.41)，若状态是 E_{i1}，输入为 ξ_i，该系统是输入状态稳定的。对于误差子系统 (5.44)，若状态是 $\hat{\bar{\eta}}_{ie}$ 和 ω，输入为 $\tilde{\bar{\eta}}_{ie}$，该系统是输入状态稳定的。注意到子系统 (5.41) 和子系统 (5.44) 组成了一个级联系统。根据定理 2.4 可知，整个级联系统的状态为 $E_{i1}, \hat{\bar{\eta}}_{ie}$ 和 ω，外部输入为 ξ_i 和 $\tilde{\bar{\eta}}_{ie}$，该级联系统是输入状态稳定的，并且闭环系统所有误差信号是有界的。□

5.2.4　仿真验证

为验证欠驱动多无人船分布式协同路径跟踪制导律的有效性，考虑五艘无人船组成的集群系统，编号为 1 到 5。参数化路径设置为 $p_0(\theta) = [0.06\theta + 2; 0.06\theta + 2]^{\mathrm{T}}$，无人船初始状态设置为：$p_1(0) = [1.8, 1.8]^{\mathrm{T}}, p_2(0) = [2, 6]^{\mathrm{T}}, p_3(0) = [2, -2]^{\mathrm{T}}, p_4(0) = [2, 9]^{\mathrm{T}}, p_5(0) = [2, -5]^{\mathrm{T}}$，期望编队队形设置为

$$
\begin{cases}
p_{1d} = [0, 0]^{\mathrm{T}} \\
p_{2d} = [5\sin(\theta/16), 5\cos(t/16)]^{\mathrm{T}} \\
p_{3d} = [-5\sin(\theta/16), -5\cos(\theta/16)]^{\mathrm{T}} \\
p_{4d} = [10\sin(\theta/16), 10\cos(\theta/16)]^{\mathrm{T}} \\
p_{5d} = [-10\sin(\theta/16), -10\cos(\theta/16)]^{\mathrm{T}}
\end{cases}
$$

五艘无人船和路径的通信拓扑结构如图 5.10 所示。分布式制导律的参数设置为：$K_{ip} = 0.1I_2, \delta_0 = 0.1, \varDelta_i = 0.01, \mu = 10, \lambda = 10, K_{i1} = 20I_2, K_{i2} = 100I_2$。

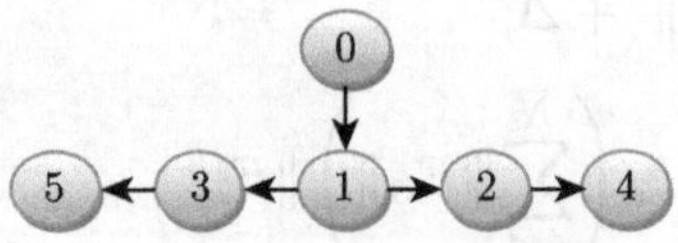

图 5.10　通信拓扑结构图

仿真结果如图 5.11 ~ 图 5.15 所示。图 5.11 给出五艘无人船的基于路径制导的分布式时变编队控制轨迹，可以观察到五艘无人船可以实现一个目标包围的编队轨迹。图 5.12 给出五艘无人船的分布式路径跟踪误差，可以看出误差在很短的时间内就会收敛到一个零域。图 5.13 ~ 图 5.14 给出五艘无人船的制导纵荡速度信号和制导艏摇角速度信号。图 5.15 给出路径参数的演化轨迹。

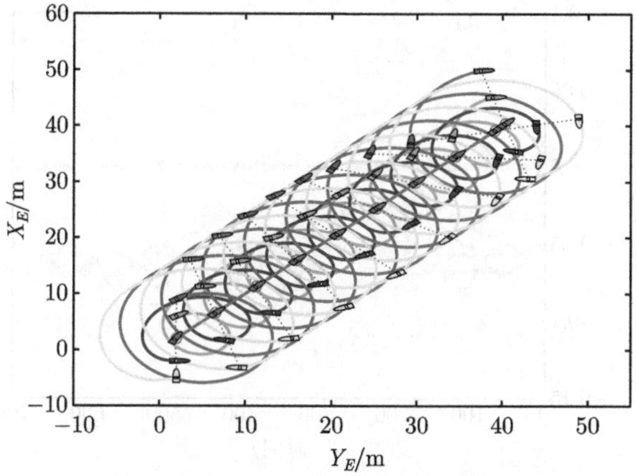

图 5.11　无人船编队轨迹

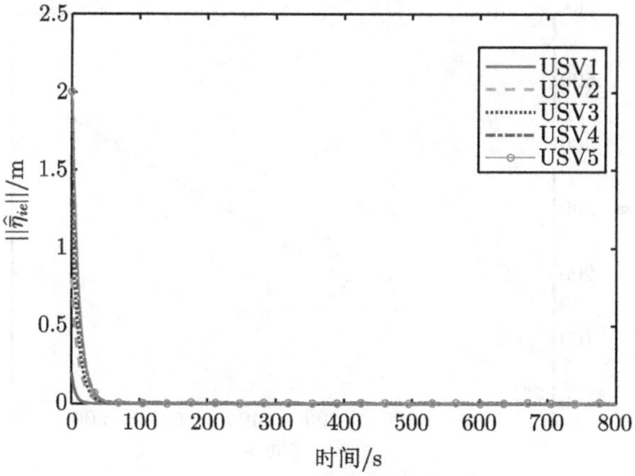

图 5.12　分布式路径跟踪误差

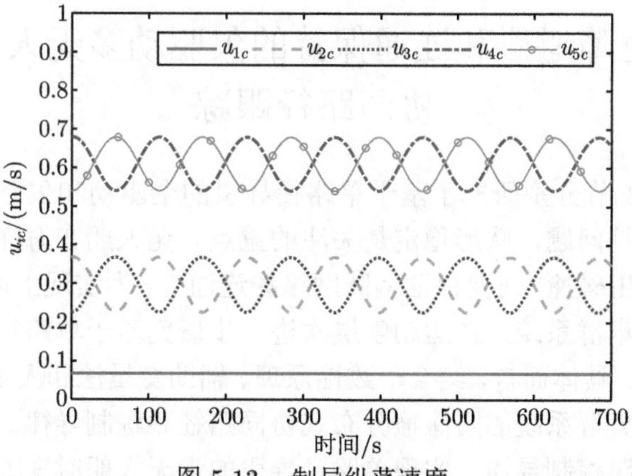

图 5.13　制导纵荡速度

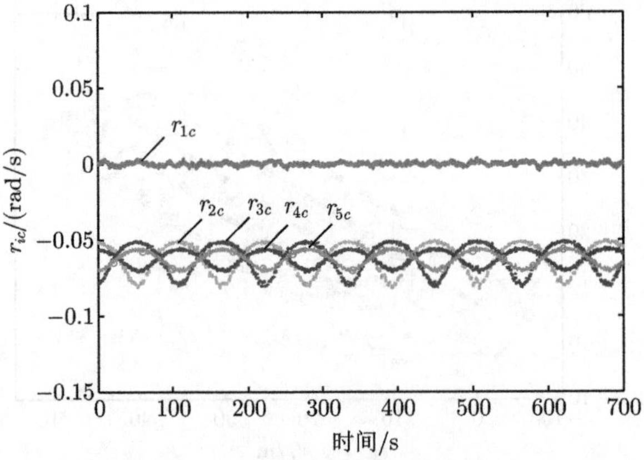

图 5.14 制导艏摇角速度

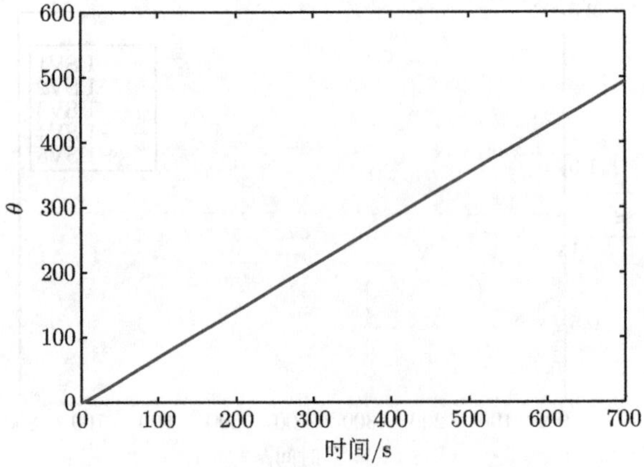

图 5.15 路径参数的演化轨迹

5.3 带避障避碰和连通保持的欠驱动多无人船分布式协同路径跟踪

5.1 节和 5.2 节分别研究了基于单路径导引的全驱动和欠驱动多无人船的分布式协同路径跟踪问题，队形稳定是关注的重点。无人船在海洋上航行时不仅要避免集群之间发生碰撞，还要保证编队网络的连通性。为实现上述目标，本节针对欠驱动多无人船集群系统，在运动学层次进一步研究基于单路径导引的分布式协同路径跟踪问题。具体而言，结合一致性原理、辅助变量法和人工势能函数，设计欠驱动多无人船集群系统的防碰撞分布式协同路径跟踪制导律。采用本节所提的分布式协同路径跟踪制导律，实现单路径导引的多无人船时变编队队形，不仅避免无人船和环境障碍物之间发生碰撞，而且避免多无人船个体之间发生碰撞，同时保证多无人船编队网络的连通性。采用输入状态稳定性分析，证明多无人船集群闭环制导系统是输入状态稳定的。仿真验证本节所提带避障避碰和连通保持的分布式协同路径跟踪制导律的有效性。

与现有的多无人船编队控制结果相比，该方法具有以下优点：第一，所设计的分布式协同路径跟踪制导律能够实现协同目标跟踪和协同目标包围等多种协同行为；第二，所设计的分布式协同路径跟踪制导律具有避免碰撞和保持连通性的能力。

5.3.1　问题描述

如图 5.16 所示，考虑由 N 艘欠驱动多无人船组成的集群系统，第 i 艘无人船的运动学方程为

$$\begin{cases} \dot{x}_i = u_i\cos\psi_i - v_i\sin\psi_i \\ \dot{y}_i = u_i\sin\psi_i + v_i\cos\psi_i \\ \dot{\psi}_i = r_i \end{cases} \tag{5.49}$$

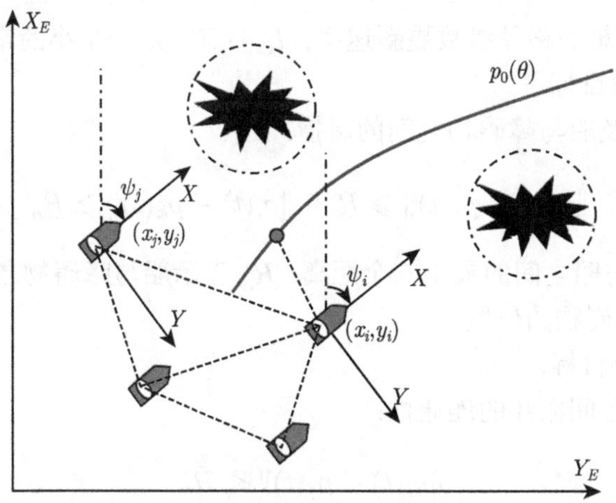

图 5.16　单路径导引的时变队形控制示意图

为方便控制器设计，将运动学方程 (5.49) 写为

$$\begin{cases} \dot{x}_i = U_i\cos\psi_{iW} \\ \dot{y}_i = U_i\sin\psi_{iW} \\ \dot{\psi}_{iW} = r_i + \beta_{id} \end{cases} \tag{5.50}$$

式中，$\beta_{id} = \dot{\beta}_i$。

考虑多无人船集群系统协同跟踪一条参数化路径：

$$p_0(\theta) = [x_0(\theta), y_0(\theta)]^{\mathrm{T}} \in \mathbb{R}^2 \tag{5.51}$$

本节控制器设计的目的主要实现以下四个控制目标。

(1) 几何目标。

控制每艘无人船保持相对于参考路径的期望编队队形：

$$\lim_{t\to\infty} \|p_i(t) - p_{id}(t) - p_0(\theta(t))\| \leqslant l_{i1} \tag{5.52}$$

式中，$p_i = [x_i, y_i]^{\mathrm{T}}$ 为第 i 艘无人船的位置向量；p_{id} 为第 i 艘无人船与虚拟领航船之间的理想时变偏差；$l_{i1} \in \mathbb{R}^+$ 是一个小的常数。

(2) 动态目标。

控制路径参数更新速度 $\dot{\theta}(t)$ 满足

$$\lim_{t\to\infty} |\dot{\theta}(t) - v_s(t)| \leqslant l_{i2} \tag{5.53}$$

式中，$v_s(t)$ 是理想的路径参数更新速率；$l_{i2} \in \mathbb{R}^+$ 是一个小的常数。

(3) 避碰避障目标。

避免船与船及船与障碍物之间的碰撞：

$$\|p_i(t) - p_j(t)\| \geqslant \underline{R}, \quad \|p_i(t) - p_k(t)\| \geqslant \underline{R}_{\mathrm{o}} \tag{5.54}$$

式中，$\underline{R}$ 表示船与船之间的最小安全距离；$\underline{R}_{\mathrm{o}}$ 表示船与障碍物之间的最小安全距离；$p_k(t)$ 表示障碍物的位置。

(4) 连通保持目标。

保证船与船之间拓扑的连通性：

$$\|p_i(t) - p_j(t)\| \leqslant \bar{R}_{\mathrm{m}} \tag{5.55}$$

式中，$\bar{R}_{\mathrm{m}}$ 表示船与船之间最大通信距离，它由通信设备的类型、通信频率、通信环境等确定。

5.3.2 势能函数

1. 避碰势能函数

为了防止多无人船之间发生碰撞，考虑如下势能函数：

$$V_{ij}^{\mathrm{c}}(p_{ij}) = \left(\min\left\{0, \frac{\|p_{ij}\|^2 - \bar{R}^2}{\|p_{ij}\|^2 - \underline{R}^2}\right\}\right)^2 \tag{5.56}$$

式中，$i,j=1,2,\cdots,N$, $i\neq j$；$p_{ij}=p_i-p_j$；$\bar{R}$ 表示无人船的检测半径，势能函数在检测范围以外时值为 0；$\underline{R}$ 表示无人船的避碰半径，势能函数在避碰范围的边界趋近于无穷大，所以 $\underline{R}$ 也被称作安全距离。当两艘无人船之间的距离满足 $\underline{R}<\|p_{ij}\|<\bar{R}$，式 (5.56) 中的 $V_{ij}^{\mathrm{c}}(p_{ij})$ 的值大于 0。

式 (5.56) 对 p_i 求偏导，可得

$$\frac{\partial V_{ij}^{\mathrm{c}}}{\partial p_i}=\begin{cases}\dfrac{4\left(\bar{R}^2-\underline{R}^2\right)\left(\|p_{ij}\|^2-\bar{R}^2\right)}{\left(\|p_{ij}\|-\underline{R}^2\right)^3}p_{ij}, & \underline{R}<\|p_{ij}\|<\bar{R}\\ 0_2, & \|p_{ij}\|\geqslant\bar{R} \text{ 或 } \|p_{ij}\|\leqslant\underline{R}\end{cases}\tag{5.57}$$

2. 避障势能函数

为了避免与静态障碍物发生碰撞，考虑如下势能函数：

$$V_{ik}^{\mathrm{o}}(p_{ik})=\left(\min\left\{0,\frac{\|p_{ik}\|^2-\bar{R}_{\mathrm{o}}^2}{\|p_{ik}\|^2-\underline{R}_{\mathrm{o}}^2}\right\}\right)^2\tag{5.58}$$

式中，$i=1,2,\cdots,N$；$k=1,2,\cdots,M_0$，M_0 表示静态障碍物数量；$p_{ik}=p_i-p_k$，p_k 表示第 k 个静态障碍物的位置向量；$\bar{R}_{\mathrm{o}}$ 表示检测半径。与式 (5.56) 相似，式 (5.58) 中的势能函数在检测范围以外值为 0，在避碰范围的边界趋近于无穷大。如果无人船和静态障碍物之间的距离满足 $\underline{R}_{\mathrm{o}}<\|p_{ik}\|<\bar{R}_{\mathrm{o}}$，式 (5.58) 中的 $V_{ik}^{\mathrm{o}}(p_{ik})$ 值大于 0。

式 (5.58) 对 p_i 求偏导可得

$$\frac{\partial V_{ik}^{\mathrm{o}}}{\partial p_i}=\begin{cases}\dfrac{4\left(\bar{R}_{\mathrm{o}}^2-R_{\mathrm{o}}^2\right)\left(\|p_{ij}\|^2-\bar{R}_{\mathrm{o}}^2\right)}{\left(\|p_{ik}\|-\underline{R}_{\mathrm{o}}^2\right)^3}p_{ik}, & \underline{R}_{\mathrm{o}}<\|p_{ik}\|<\bar{R}_{\mathrm{o}}\\ 0_2, & \|p_{ik}\|\geqslant\bar{R}_{\mathrm{o}} \text{ 或 } \|p_{ik}\|\leqslant\underline{R}_{\mathrm{o}}\end{cases}\tag{5.59}$$

3. 连通保持势能函数

为了保持无人船之间通信的连通性，设计如下势能函数：

$$V_{ij}^{\mathrm{m}}(p_{ij})=\begin{cases}\dfrac{1}{2\left(\bar{R}_{\mathrm{m}}^2-\|p_{ij}\|^2\right)}, & \underline{R}_{\mathrm{m}}<\|p_{ij}\|<\bar{R}_{\mathrm{m}}\\ 0, & \|p_{ij}\|\geqslant\bar{R}_{\mathrm{m}} \text{ 或 } \|p_{ij}\|\leqslant\underline{R}_{\mathrm{m}}\end{cases}\tag{5.60}$$

式中，$\bar{R}_{\mathrm{m}}$ 为最大通信范围的半径；$\underline{R}_{\mathrm{m}}$ 为连通保持函数有效的最小范围半径。如果无人船之间的距离满足 $\underline{R}_{\mathrm{m}}<\|p_{ik}\|<\bar{R}_{\mathrm{m}}$；式 (5.60) 中的 $V_{ij}^{\mathrm{m}}(p_{ij})$ 值大于 0，势能函数在附加控制输入中是有效的。

式 (5.60) 对 p_i 求偏导可得

$$\frac{\partial V_{ij}^{\mathrm{m}}}{\partial p_i}=\begin{cases}\dfrac{1}{(\bar{R}_{\mathrm{m}}^2-\|p_{ij}\|^2)^2}p_{ij}, & \underline{R}_{\mathrm{m}}<\|p_{ij}\|<\bar{R}_{\mathrm{m}}\\ 0_2, & \|p_{ij}\|\geqslant\bar{R}_{\mathrm{m}} \text{ 或 } \|p_{ij}\|\leqslant\underline{R}_{\mathrm{m}}\end{cases}\tag{5.61}$$

5.3.3 避障避碰和连通保持的分布式制导律设计

本节结合一致性原理、辅助变量法和人工势能函数, 设计防碰撞分布式协同路径跟踪制导律, 实现多无人船集群系统的分布式时变队形控制。具体设计过程如下。

基于邻居无人船的位置信息，定义第 i 艘无人船的分布式路径跟踪误差为

$$\eta_{ie}=\bar{R}_i^{\mathrm{T}}(\psi_i)\left(\sum_{j\in\mathcal{N}_i}a_{ij}\left(p_i-p_j-p_{ijd}\right)+a_{i0}\left(p_i-p_0(\theta)-p_{i0d}\right)\right)\tag{5.62}$$

式中，$p_{ijd}=p_{id}-p_{jd}\in\mathbb{R}^2$ 为期望的相对位置；如果第 i 个节点与第 j 个节点有通信连接，那么 $a_{ij}=1$；否则，$a_{ij}=0$；$\mathcal{N}_i=\{j\in\mathcal{V}|(i,j)\in\mathcal{E}\}$ 表示第 i 艘无人船除节点 0 之外的邻居无人船集合。$\bar{R}_i(\psi_i)$ 定义如下：

$$\bar{R}_i(\psi_i)=\begin{bmatrix}\cos\psi_i & -\sin\psi_i\\ \sin\psi_i & \cos\psi_i\end{bmatrix}\tag{5.63}$$

定义路径参数更新速度为 $\dot{\theta}=v_{\mathrm{s}}-\omega$，对式 (5.62) 求导可得

$$\begin{aligned}\dot{\eta}_{ie}=&-(r_i+\beta_{id})Se_i+d_i\begin{bmatrix}U_i\\0\end{bmatrix}-\sum_{j\in\mathcal{N}_i}a_{ij}\bar{R}_i^{\mathrm{T}}(\psi_i)\dot{p}_j\\&-a_{i0}\bar{R}_i^{\mathrm{T}}(\psi_i)p_0^{\theta}(\theta)(v_{\mathrm{s}}-\omega)-\sum_{j\in\bar{\mathcal{N}}_i}a_{ij}\bar{R}_i^{\mathrm{T}}(\psi_i)\dot{p}_{ijd}\end{aligned}\tag{5.64}$$

式中，$d_i=\sum\limits_{j=0}^{N}a_{ij}$；$\bar{\mathcal{N}}_i$ 表示第 i 艘无人船的邻集；S 定义为

$$S=\begin{bmatrix}0 & -1\\ 1 & 0\end{bmatrix}\tag{5.65}$$

为克服欠驱动特性，引入辅助向量 $\bar{\delta}_0=[-\delta_0,0]^{\mathrm{T}}\in\mathbb{R}^2$，则式 (5.64) 可以写为

$$\dot{\bar{\eta}}_{ic}=-(r_i+\beta_{id})S\bar{\eta}_{ic}+B_i\begin{bmatrix}U_i\\r_i+\beta_{id}\end{bmatrix}-\sum_{j\in\mathcal{N}_i}a_{ij}\bar{R}_i^{\mathrm{T}}(\psi_i)\dot{p}_j$$

$$- a_{i0}\bar{R}_i^{\mathrm{T}}(\psi_i)p_0^{\theta}(\theta)(v_s-\omega)-\sum_{j\in\bar{N}_i}a_{ij}\bar{R}_i^{\mathrm{T}}(\psi_i)\dot{p}_{ijd} \tag{5.66}$$

式中，$\bar{\eta}_{ie}=\eta_{ie}-\bar{\delta}_0$ 和 $B_i=\mathrm{diag}\{d_i,\delta_0\}$。

定义 $q_i=[q_{ix},q_{iy}]^{\mathrm{T}}=\bar{\eta}_{ie}+\bar{R}_i^{\mathrm{T}}(\psi_i)\eta_{if}$，其中

$$\eta_{if}=\sum_{j=1}^{N}\frac{\partial V_{ij}^{\mathrm{c}}}{\partial p_i}+\sum_{k=1}^{M_0}\frac{\partial V_{ik}^{\mathrm{o}}}{\partial p_i}+\sum_{j=1}^{N}\frac{\partial V_{ij}^{\mathrm{m}}}{\partial p_i} \tag{5.67}$$

式中，$V_{ij}^{\mathrm{c}}, V_{ik}^{\mathrm{o}}, V_{ij}^{\mathrm{m}}$ 分别表示避碰、避障和连通保持的势能函数。

为了实现带避碰避障和连通保持功能的时变队形控制，设计如下的分布式协同路径跟踪制导律：

$$\begin{aligned}\begin{bmatrix}U_{ic}\\ r_{ic}\end{bmatrix}=B^{-1}\Bigg(&-\frac{K_iq_i}{\sqrt{\|q_i\|^2+\varDelta_i^2}}+\sum_{j\in\mathcal{N}_i}a_{ij}\bar{R}_i^{\mathrm{T}}(\psi_i)\dot{p}_j+a_{i0}v_s\bar{R}_i^{\mathrm{T}}(\psi_i)p_0^{\theta}(\theta)\\&+\sum_{j\in\bar{N}_i}a_{ij}\bar{R}_i^{\mathrm{T}}(\psi_i)\dot{p}_{ijd}\Bigg)-\begin{bmatrix}0\\ \beta_{id}\end{bmatrix}\end{aligned} \tag{5.68}$$

式中，$K_i=\mathrm{diag}\{k_{i1},k_{i2}\}\in\mathbb{R}^{2\times2}, k_{i1}\in\mathbb{R}^{+}, k_{i2}\in\mathbb{R}^{+}$；$\varDelta_i\in\mathbb{R}^{+}$ 是一个常数。

参数 ω 的更新律设计如下：

$$\dot{\omega}=-\lambda\left(\omega+\mu\sum_{i\in\mathcal{N}_0}a_{i0}\big(p_0^{\theta}(\theta)\big)^{\mathrm{T}}\bar{R}_i(\psi_i)q_i\right) \tag{5.69}$$

式中，$\mathcal{N}_0$ 表示领航船的邻居无人船集合。本节的设计是基于运动学的，并在动力学回路假设 $U_i=U_{ic}, r_i=r_{ic}$。最后可得 $\bar{\eta}_{ie}$ 和 ω 的误差动态为

$$\begin{cases}\dot{\bar{\eta}}_{ie}=-(r_i+\beta_{id})S\bar{\eta}_{ie}-\dfrac{K_iq_i}{\sqrt{\|q_i\|^2+\varDelta_i^2}}+a_{i0}\bar{R}_i^{\mathrm{T}}(\psi_i)p_0^{\theta}\omega\\ \dot{\omega}=-\lambda\Big(\omega+\mu\displaystyle\sum_{i\in N_0}a_{i0}\big(p_0^{\theta}(\theta)\big)^{\mathrm{T}}\bar{R}_i(\psi_i)q_i\Big)\end{cases} \tag{5.70}$$

5.3.4　稳定性分析

下列定理给出系统 (5.70) 的稳定性。

定理 5.3　在避碰避障和连通保持之外，误差系统 (5.70) 的原点 $(\bar{\eta}_{ie},\omega)=(0,0)$ 是全局一致渐近稳定的。在避碰避障和连通保持之内，误差系统 (5.70) 所有信号是有界的，并且多无人船集群不会发生碰撞和失去连通性。

证明　构造如下李雅普诺夫函数：

$$V_1 = \frac{1}{2}\sum_{i=1}^{N}\left(\bar{\eta}_{ie}^{\mathrm{T}}\bar{\eta}_{ie} + d_i\sum_{j\in\mathcal{N}_i^{\mathrm{c}}}V_{ij}^{\mathrm{c}} + d_i\sum_{j\in\mathcal{N}_i^{\mathrm{o}}}V_{ik}^{\mathrm{o}} + d_i\sum_{j\in\mathcal{N}_i^{\mathrm{m}}}V_{ij}^{\mathrm{m}}\right) + \frac{\omega^2}{2\lambda\mu} \tag{5.71}$$

式中，$\mathcal{N}_i^{\mathrm{m}}$ 为与第 i 艘无人船连通的邻居无人船集合；$\mathcal{N}_i^{\mathrm{c}}$ 为与第 i 艘无人船避碰的邻居无人船集合；$\mathcal{N}_i^{\mathrm{o}}$ 为与第 i 艘无人船避障的障碍物集合。

对式 (5.71) 求导并代入式 (5.70)，可得

$$\begin{aligned}\dot{V}_1 &= \sum_{i=1}^{N}\left(-q_i^{\mathrm{T}}K_i'q_i + \eta_{if}^{\mathrm{T}}\bar{v}_i\right) - \frac{\omega^2}{\mu}\\ &\leqslant \sum_{i=1}^{N}\left(-\lambda_{\min}(K_i')\|q_i\|^2 + \|\eta_{if}\|\|\bar{v}_i\|\right) - \frac{\omega^2}{\mu}\end{aligned} \tag{5.72}$$

式中，$K_i' = K_i/\sqrt{\|q_i\|^2 + \Delta_i^2}$，且有

$$\bar{v}_i = \sum_{j\in\bar{\mathcal{N}}_i} a_{ij}\left(\dot{p}_j + \dot{p}_{ijd}\right) - \bar{R}_i\left(\psi_i\right)\begin{bmatrix}0\\ \delta_0\left(r_i + \beta_{id}\right)\end{bmatrix} \tag{5.73}$$

在避障、避碰和连通保持范围以外时：

$$\frac{\partial V_{ij}^{\mathrm{c}}}{\partial p_i} = \frac{\partial V_{ik}^{\mathrm{o}}}{\partial p_i} = \frac{\partial V_{ij}^{\mathrm{m}}}{\partial p_i} = 0 \tag{5.74}$$

于是 $q_i = \bar{\eta}_{ie}$。定义 $\bar{\eta}_e = [\bar{\eta}_{1e}^{\mathrm{T}}, \bar{\eta}_{2e}^{\mathrm{T}}, \cdots, \bar{\eta}_{Ne}^{\mathrm{T}}]^{\mathrm{T}}$, $c = \min\limits_{i=1,2,\cdots,N}\left(\lambda_{\min}(K_i'), \dfrac{1}{\mu}\right)$, $E_1 = [\bar{\eta}_e^{\mathrm{T}}, \omega]^{\mathrm{T}}$，于是有

$$\dot{V}_1 \leqslant -c\|E_1\|^2 \tag{5.75}$$

根据定理 2.1 可得，在避障避碰和连通保持范围之外，系统 (5.70) 是渐近稳定的。

接下来，我们分析无人船在避碰避障范围之内，即当 $\underline{R} < \|p_{ij}\| \leqslant \bar{R}$ 或 $\underline{R}_{\mathrm{m}} \leqslant \|p_{ij}\| < \bar{R}_{\mathrm{m}}$ 时集群控制系统的稳定性。

令 $q = [q_1^{\mathrm{T}}, q_2^{\mathrm{T}}, \cdots, q_N^{\mathrm{T}}]^{\mathrm{T}}$, $E_2 = [q^{\mathrm{T}}, \omega]^{\mathrm{T}}$，式 (5.72) 可以写为

$$\dot{V}_1 \leqslant \sum_{i=1}^{N}\left(-\lambda_{\min}\left(K_i'\right)\|q_i\|^2 + \|\eta_{if}\|\|\bar{v}_i\|\right) - \frac{\omega^2}{\mu}$$

$$
\begin{aligned}
&\leqslant -c\|E_2\|^2 + \|E_2\| \sum_{i=1}^{N} \|\bar{v}_i\| \\
&\leqslant -c(1-\ell_1)\|E_2\|^2 + \left(-c\,\ell_1\|E_2\|^2 + \|E_2\| \sum_{i=1}^{N} \|\bar{v}_i\|\right)
\end{aligned} \tag{5.76}
$$

式中，$0<\ell_1<1$。

由

$$
\|E_2\| \geqslant \frac{\sum_{i=1}^{N} \|\bar{v}_i\|}{c\,\ell_1} \tag{5.77}
$$

可得

$$
\dot{V}_1 \leqslant -c(1-\ell_1)\|E_2\|^2 \tag{5.78}
$$

由于 $\bar{v}_i$ 是有界的，则 E_2 中的所有信号都是有界的。当无人船在避碰范围内时, V_1 是非增的，且当 $\|p_{ij}\| = \underline{R}$ 时，$V_{ij}^{\mathrm{c}} = \infty$；当 $\|p_{ij}\| = \underline{R}_{\mathrm{o}}$ 时，$V_{ik}^{\mathrm{o}} = \infty$；当 $\|p_{ij}\| = \underline{R}_{\mathrm{m}}$ 时，$V_{ij}^{\mathrm{m}} = \infty$，这与系统信号的有界性矛盾。因此，无人船与无人船之间，以及无人船与环境静态障碍物之间不会发生碰撞，并且可以保持无人船之间通信网络的连通性，即实现了控制目标 (5.54) 和控制目标 (5.55)。□

5.3.5　仿真验证

考虑由五艘无人船组成的集群系统，它们的初始位置设定为：$p_1(0) = [1.8, 1.8]^{\mathrm{T}}$, $p_2(0) = [2,6]^{\mathrm{T}}$, $p_3(0) = [2,-2]^{\mathrm{T}}$, $p_4(0) = [2,9]^{\mathrm{T}}$, $p_5(0) = [2,-5]^{\mathrm{T}}$。参数化路径和期望的编队队形设置为 $p_0(\theta) = [0.06\theta+2, 0.06\theta+2]^{\mathrm{T}}$ 和

$$
\begin{cases}
p_{1d} = [0,0]^{\mathrm{T}} \\
p_{2d} = [5\sin(t/16), 5\cos(t/16)]^{\mathrm{T}} \\
p_{3d} = [-5\sin(t/16), -5\cos(t/16)]^{\mathrm{T}} \\
p_{4d} = [10\sin(t/16), 10\cos(t/16)]^{\mathrm{T}} \\
p_{5d} = [-10\sin(t/16), -10\cos(t/16)]^{\mathrm{T}}
\end{cases}
$$

仿真中控制器的参数选择为 $K_i = \mathrm{diag}\{0.1, 0.1\}$, $\delta_0 = 0.1$, $\lambda = 10$, $\varDelta_i = 0.01$, $\mu = 10$。势能函数的参数选择为 $\bar{R}_{\mathrm{o}} = 13$, $\underline{R}_{\mathrm{o}} = 10$, $\bar{R}_{\mathrm{m}} = 10$, $\underline{R}_{\mathrm{m}} = 7.5$, $\bar{R} = 4.5$, $\underline{R} = 2$。

仿真结果如图 5.17 ~ 图 5.21 所示。图 5.17 给出了五艘无人船在单路径导引下的分布式协同路径跟踪运动轨迹，可以看出五艘无人船形成了时变队形，同时避开了静态障碍物，且无人船之间没有碰撞。图 5.18 给出了网络连接的无人船之

间的距离，在 300~600s 时，由于静态障碍物激活了避障的势能函数，所以两船实际距离小于预先设置的实际距离。而且，在初始网络连通条件下，五艘无人船在保持了网络的连通性。图 5.19 给出了五艘无人船的分布式协同路径跟踪误差，可以看出经过短暂的时间后，跟踪误差减小到零附近。当遇到障碍物时，避障的势能函数被激活，跟踪误差增加，远离障碍物后，跟踪误差回到零附近。图 5.20 和图 5.21 给出五艘无人船期望的制导合速度和艏摇角速度。

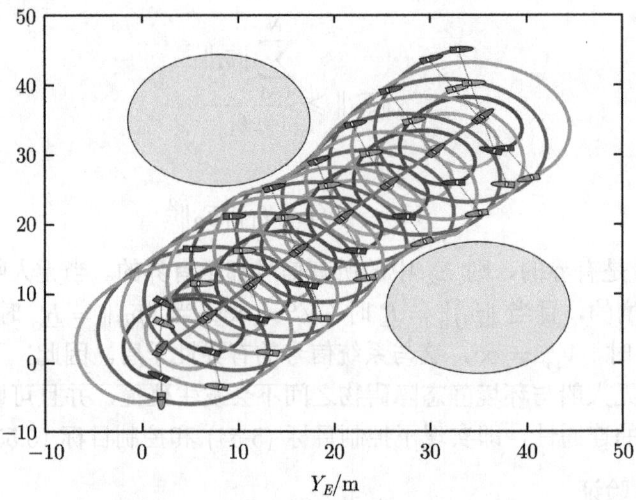

图 5.17　五艘无人船的时变编队轨迹

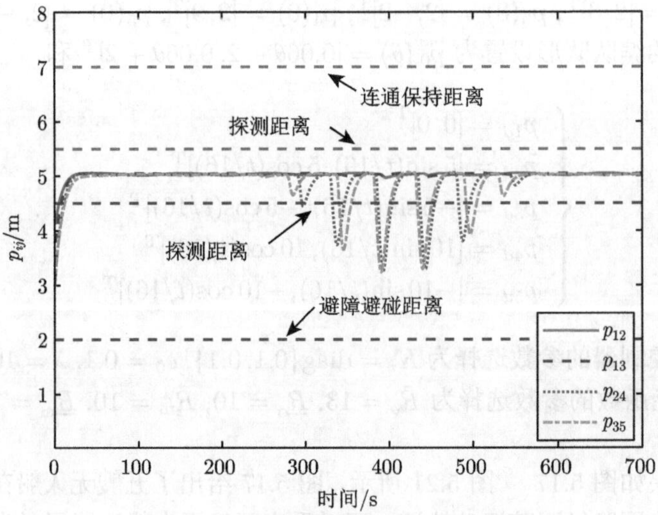

图 5.18　避碰避障和连通保持性能

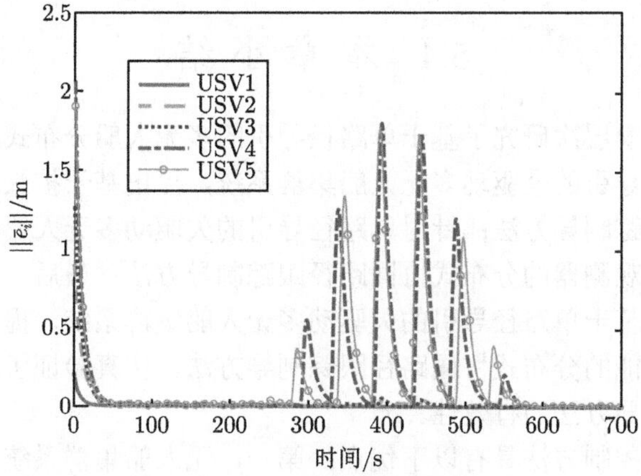

图 5.19　编队跟踪误差

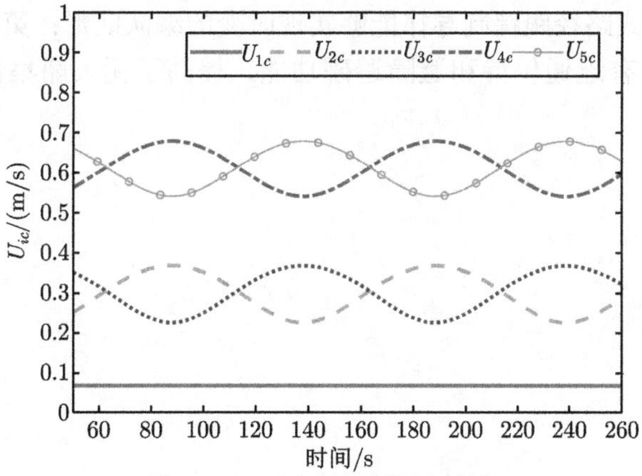

图 5.20　无人船的制导合速度

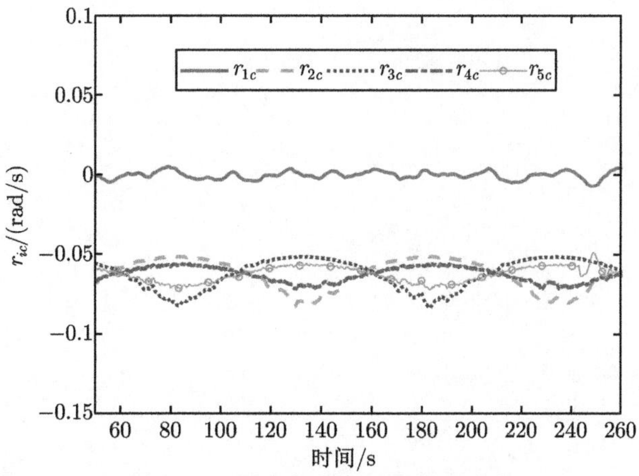

图 5.21　无人船的制导艏摇角速度

5.4　本章小结

本章从运动学层次研究了基于单路径导引的多无人船分布式协同路径跟踪问题。针对单路径导引的全驱动多无人船集群系统，提出基于扩张状态观测器的分布式协同路径跟踪制导方法；针对单路径导引的欠驱动多无人船集群系统，提出了基于扩张状态观测器的分布式协同路径跟踪制导方法；最后，为提高编队协同的安全性，针对基于单路径导引的欠驱动多无人船集群系统，提出了具有避障避碰和连通保持功能的分布式协同路径跟踪制导方法。仿真验证了本章所提分布式协同路径跟踪制导方法的有效性。

本章所提的控制方法具有以下优点：第一，无人船集群系统的航行轨迹可以由一条参数化路径预先指定，并且无人船集群系统的航行速度可独立指定和控制；第二，所提分布式路径跟踪制导律能够实现时变的编队队形；第三，所提的欠驱动分布式制导具有连通保持和避障避碰功能，提高了无人船集群系统的编队安全性。

第 6 章　基于多路径导引的多无人船分布式协同路径跟踪

第 5 章研究了基于单路径导引的多无人船分布式协同路径跟踪控制问题。本章在运动学层次进一步研究基于多路径导引的多无人船分布式协同路径跟踪问题。6.1 节针对全驱动多无人船集群系统，提出多路径导引的分布式包含操纵 (containment maneuvering) 制导方法，使得多无人船的航迹收敛到多虚拟领航船张成的凸包内；6.2 节针对欠驱动多无人船集群系统，结合路径跟踪和辅助变量法，提出多路径导引的分布式包含操纵制导方法；6.3 节研究基于多路径导引的多无人船避障避碰和连通保持问题，提出有限时间收敛的欠驱动多无人船分布式路径操纵方法，在实现包含编队队形的同时，能够避免多无人船与静态或动态障碍物发生碰撞，保证多无人船之间的网络连通性，提高多无人船协同作业的安全性。

6.1　基于多路径导引的全驱动多无人船分布式包含操纵

本节针对全驱动多无人船集群系统，研究多参数化路径导引的分布式包含操纵控制问题。基于路径操纵原理与包含控制原理，提出全驱动多无人船的分布式包含操纵制导方法，使得多船舶的航迹收敛到多虚拟领航船张成的凸包。分别提出基于路径操纵误差反馈和基于滤波操纵误差反馈的路径参数更新律，实现多虚拟领航船的路径参数同步。级联稳定性分析表明闭环系统是输入状态稳定的，仿真验证所提基于多路径导引的全驱动多无人船分布式包含操纵制导方法的有效性。与第 5 章基于单路径导引的分布式路径跟踪不同，本节所提的分布式协同路径跟踪制导方法能够使得多无人船航迹收敛到多虚拟领航船张成的凸包空间，实现更为复杂的队形。

6.1.1　问题描述

如图 6.1 所示，考虑一个由 M 艘无人船和 $N-M$ 艘虚拟领航船组成的多无人船集群系统，其中无人船编号为 $1,2,\cdots,M$，虚拟领航船编号为 $M+1,M+2,\cdots,N$。根据式 (1.1)，第 i 艘无人船的运动学模型为

$$\dot{\eta}_i = R_i\left(\psi_i\right)\nu_i \tag{6.1}$$

式中，$R_i(\psi_i) \in \mathbb{R}^{3\times 3}$ 为旋转矩阵，并满足 $\dot{R}_i(\psi_i) = r_i R_i(\psi_i) S$，其中，

$$R(\psi_i) = \begin{bmatrix} \cos\psi_i & -\sin\psi_i & 0 \\ \sin\psi_i & \cos\psi_i & 0 \\ 0 & 0 & 1 \end{bmatrix}, \quad S = \begin{bmatrix} 0 & -1 & 0 \\ 1 & 0 & 0 \\ 0 & 0 & 0 \end{bmatrix} \tag{6.2}$$

虚拟领航船由参数化路径导引，参数化路径为

$$\eta_{kd}(\theta_k) = [x_{kd}(\theta_k), y_{kd}(\theta_k), \psi_{kd}(\theta_k)]^{\mathrm{T}}, \quad k = M+1, M+2, \cdots, N$$

式中，θ_k 是路径参数。

集群的通信拓扑由图 $\mathcal{G}$ 来描述，$\mathcal{L}$ 是图 $\mathcal{G}$ 的拉普拉斯矩阵，$\mathcal{L}$ 可以分块表示为

$$\mathcal{L} = \begin{bmatrix} L_1 & L_2 \\ L_2^{\mathrm{T}} & L_0 \end{bmatrix} \tag{6.3}$$

式中，$L_0 \in \mathbb{R}^{(N-M)\times(N-M)}$；$L_1 \in \mathbb{R}^{M\times M}$；$L_2 \in \mathbb{R}^{M\times(N-M)}$。

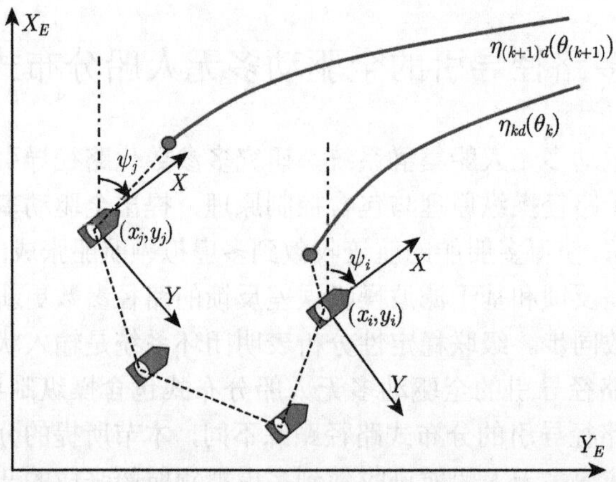

图 6.1　多路径导引的全驱动无人船集群包含操纵

多无人船间的通信拓扑满足如下的假设条件。

假设 6.1　对于任意跟随船，至少有一艘虚拟领航船与之存在一条有向的路径。虚拟领航船之间的通信图是无向且连通的。

定义函数 $\eta(\theta)$ 的 n 阶偏微分为 $\eta^{\theta^n}(\theta) = \partial^n\eta/\partial\theta^n$，则参数化路径需满足如下假设。

假设 6.2　路径信息 $\eta_{kd}(\theta_k), \eta_{kd}^{\theta_k}(\theta_k)$ 是有界的。

本节的控制目标包括以下三点。

(1) 几何目标。

使得第 i 艘无人船的航迹收敛到沿多参数化路径移动的多虚拟领航船张成的凸包内：

$$\lim_{t\to\infty}\|\eta_i(t)-\sum_{k=M+1}^{N}\lambda_k\eta_{kd}(\theta_k(t))\|\leqslant l_{i1} \tag{6.4}$$

式中，$\lambda_k\in\mathbb{R}^+$，$\sum\limits_{k=M+1}^{N}\lambda_k=1$；$l_{i1}\in\mathbb{R}^+$ 是一个小的常数。

(2) 动态目标。

使得虚拟领航船的路径参数更新速度收敛到期望速度 v_s：

$$\lim_{t\to\infty}|\dot{\theta}_k(t)-v_s|\leqslant l_{k2} \tag{6.5}$$

式中，$k=M+1,M+2,\cdots,N$；$l_{k2}\in\mathbb{R}^+$ 是一个小的常数。

(3) 协同目标。

使得路径参数同步：

$$\lim_{t\to\infty}|\theta_k(t)-\theta_l(t)|\leqslant l_{k3} \tag{6.6}$$

式中，$k,l=M+1,M+2,\cdots,N,\ k\neq l$；$l_{k3}\in\mathbb{R}^+$ 是一个小的常数。

注解6.1　如果系统中只有一艘领航船和一艘跟随船，则包含操纵问题变为文献 [48] 中所研究的单无人船路径操纵问题。如果系统有 N 艘领航船和 N 艘跟随船，并且每艘跟随船都被分配一条参数化路径，则包含操纵问题变为文献 [144] 中考虑的同步操纵问题。当 $\theta=t$，包含操纵问题变为文献 [102]、[165]、[187]、[205] 中考虑的包含跟踪问题。

6.1.2　分布式包含操纵制导律设计

本节结合路径操纵和包含控制原理，设计基于多路径导引的分布式包含操纵控制律，设计过程如下。

首先基于邻居无人船的位置和艏摇角信息，定义分布式包含操纵误差如下：

$$\eta_{ie}=R_i^{\mathrm{T}}(\psi_i)\left(\sum_{j=1}^{M}a_{ij}(\eta_i-\eta_j)+\sum_{k=M+1}^{N}a_{ik}(\eta_i-\eta_{kd}(\theta_k))\right) \tag{6.7}$$

令 $\dot{\theta}_k=v_s(t)-\omega_k$，对 η_{ie} 求导可得

$$\dot{\eta}_{ie}=-r_iS\eta_{ie}+d_i\nu_i-\sum_{j=1}^{M}a_{ij}R_i^{\mathrm{T}}(\psi_i)R_i(\psi_j)\nu_j$$

$$- \sum_{k=M+1}^{N} a_{ik} R_i^{\mathrm{T}}(\psi_i)\, \eta_{kd}^{\theta_k}(\theta_k)(v_s - \omega_k) \tag{6.8}$$

式中，$d_i = \sum\limits_{j=1}^{N} a_{ij}$。

为稳定路径操纵误差 η_{ie}，设计分布式路径操纵制导律如下：

$$\begin{aligned} \nu_{ic} = & \frac{1}{d_i}\Bigg(- K_{i\eta}\eta_{ie} + \sum_{j=1}^{M} a_{ij} R_i^{\mathrm{T}}(\psi_i) R_i(\psi_j)\nu_j \\ & + \sum_{k=M+1}^{N} a_{ik} R_i^{\mathrm{T}}(\psi_i)\, \eta_{kd}^{\theta_k}(\theta_k)\, v_s \Bigg) \end{aligned} \tag{6.9}$$

式中，$K_{i\eta} = \mathrm{diag}\{k_{ix}, k_{iy}, k_{i\psi}\}$，且 $k_{ix} \in \mathbb{R}^+, k_{iy} \in \mathbb{R}^+$ 和 $k_{i\psi} \in \mathbb{R}^+$。

将式 (6.9) 代入式 (6.8) 中，得到 η_{ie} 的误差动态为

$$\dot{\eta}_{ie} = -r_i S \eta_{ie} - K_{i\eta}\eta_{ie} + d_i \nu_{ie} + \sum_{k=M+1}^{N} a_{ik} h_{ik} \omega_k \tag{6.10}$$

式中，$h_{ik} = R_i^{\mathrm{T}}(\psi_i)\, \eta_{kd}^{\theta_k}(\theta_k)$；$\nu_{ie} = \nu_i - \nu_{ic}$ 是动力学跟踪误差，可通过设计动力学控制律使得 $\|\nu_{ie}\| \leqslant \nu_e^*$；

$$S = \begin{bmatrix} 0 & -1 & 0 \\ 1 & 0 & 0 \\ 0 & 0 & 0 \end{bmatrix} \tag{6.11}$$

下面设计变量 ω_k，以实现虚拟领航船之间的同步，分别提出基于分布式操纵误差反馈和基于滤波操纵误差反馈的两种设计方法。

设计 1：基于分布式操纵误差反馈设计方法。

为保证虚拟领航船的同步，设计从跟随无人船到虚拟领航船的反馈机制 ω_k 为[77]

$$\begin{cases} \omega_k = \mu_k \vartheta_k \\ \vartheta_k = -\sum\limits_{i=1}^{M} a_{ik} h_{ik}^{\mathrm{T}} \eta_{ie} + e_k \end{cases} \tag{6.12}$$

式中，$\mu_k \in \mathbb{R}^+$, $e_k = \sum\limits_{l=M+1}^{N} a_{kl}(\theta_k - \theta_l)$ 为第 k 艘虚拟领航船的路径参数同步误差。

定义 $e=[e_{M+1},e_{M+2},\cdots,e_N]^{\mathrm{T}}$, $\omega=[\omega_{M+1},\omega_{M+2},\cdots,\omega_N]^{\mathrm{T}}$，则路径操纵误差动态为

$$\begin{cases}\dot{\eta}_{ie}=-r_iS\eta_{ie}-K_{i\eta}\eta_{ie}+d_i\nu_{ie}+\displaystyle\sum_{k=M+1}^{N}a_{ik}h_{ik}\omega_k\\ \dot{e}=-L_0\omega\end{cases}\tag{6.13}$$

设计 2：基于滤波操纵误差反馈设计方法。

在路径参数更新律 (6.12) 中，ω_k 在初始阶段可能会出现较大偏差，严重时将导致无人船危险操纵。为解决这一问题，设计 ω_k 的更新律如下：

$$\begin{cases}\omega_k=l_{k1}\vartheta_k+\varpi_k\\ \dot{\varpi}_k=-l_{k2}(\varpi_k-\mu_k\vartheta_k)\end{cases}\tag{6.14}$$

式中，$l_{k1}\in\mathbb{R}^+$；$l_{k2}\in\mathbb{R}^+$。可以得到闭环系统的误差动态如下：

$$\begin{cases}\dot{\eta}_{ie}=-r_iS\eta_{ie}-K_{i\eta}\eta_{ie}+d_i\nu_{ie}+\displaystyle\sum_{k=M+1}^{N}a_{ik}h_{ik}\omega_k\\ \dot{e}=-L_0\omega\\ \dot{\varpi}_k=-l_{k2}(\varpi_k-\mu_k\vartheta_k)\end{cases}\tag{6.15}$$

6.1.3　稳定性分析

下列定理给出闭环系统 (6.13) 的稳定性。

定理 6.1　在满足假设 6.1 和假设 6.2 的条件下，考虑无人船运动方程 (6.1)、分布式制导律 (6.9)、路径参数更新律 (6.12)，则闭环系统 (6.13) 的状态为 η_{ie}, e_k，输入为 ν_{ie}，是输入状态稳定的。

证明　考虑如下的李雅普诺夫函数：

$$V_1=\frac{1}{2}\sum_{i=1}^{M}\eta_{ie}^{\mathrm{T}}\eta_{ie}+\frac{1}{2}\theta^{\mathrm{T}}L_0\theta\tag{6.16}$$

根据定理 2.6，其等价为

$$V_1=\frac{1}{2}\sum_{i=1}^{M}\eta_{ie}^{\mathrm{T}}\eta_{ie}+\frac{1}{2}e^{\mathrm{T}}Q_0e\tag{6.17}$$

通过对 V_1 求导可得

$$\dot{V}_1\leqslant-\sum_{i=1}^{M}\left(\lambda_{\min}\left(K_{i\eta}\right)\|\eta_{ie}\|^2+d_i\|\eta_{ie}\|\|\nu_{ie}\|\right)-\sum_{k=M+1}^{N}\mu_k\vartheta_k^2\tag{6.18}$$

定义

$$\left\{\begin{array}{l}\eta_e=[\eta_{1e},\eta_{2e},\cdots,\eta_{Ne}]^{\mathrm{T}}\\ \vartheta=[\vartheta_{M+1},\vartheta_{M+2},\cdots,\vartheta_N]^{\mathrm{T}}\\ E_1'=\left[\eta_e^{\mathrm{T}},\vartheta^{\mathrm{T}}\right]^{\mathrm{T}}\\ E_1=\left[\eta_e^{\mathrm{T}},e^{\mathrm{T}}\right]^{\mathrm{T}}\\ c_1=\min\limits_{\substack{i=1,2,\cdots,M;\\ k=M+1,M+2,\cdots,N}}\{\lambda_{\min}(K_{i\eta}),\mu_k\}\end{array}\right. \tag{6.19}$$

且有

$$E_1'=\varPhi_1E_1 \tag{6.20}$$

式中，

$$\varPhi_1=\begin{bmatrix}I_M\otimes I_3 & 0\\ \varUpsilon_1\otimes I_3 & -I_{N-M}\otimes I_3\end{bmatrix} \tag{6.21}$$

且

$$\varUpsilon_1=\begin{bmatrix}a_{1(M+1)}h_{1(M+1)}^{\mathrm{T}} & \cdots & a_{M(M+1)}h_{M(M+1)}^{\mathrm{T}}\\ \vdots & \ddots & \vdots\\ a_{1N}h_{1N}^{\mathrm{T}} & \cdots & a_{MN}h_{MN}^{\mathrm{T}}\end{bmatrix} \tag{6.22}$$

进一步可以得到

$$\dot V_1\leqslant -c_1(1-\ell_1)\|E_1'\|^2-c_1\ell_1\|E_1'\|^2+\|E_1'\|\sum_{i=1}^M d_i\|\nu_{ie}\| \tag{6.23}$$

由

$$\|E_1'\|\geqslant \underline{\varrho}(\varPhi_1)\|E_1\|\geqslant\frac{d_i\|\nu_{ie}\|}{c_1\ell_1} \tag{6.24}$$

可得

$$\dot V_1\leqslant -c_1(1-\ell_1)\|E_1'\|^2 \tag{6.25}$$

式中，$\underline{\varrho}(\varPhi_1)$ 为 $\varPhi_1$ 的最小奇异值。由定理 2.2 可知，闭环系统 (6.13) 是输入状态稳定的，并满足

$$\|E_1(t)\|\leqslant\max\left\{\gamma_1(\|E_1(0)\|,t),\ \sum_{i=1}^M\kappa_{1i}(\|\nu_{ie}\|)\right\} \tag{6.26}$$

式中，γ_1 是一个 $\mathcal{KL}$ 类函数，且

$$\kappa_{1i}(s)=\sqrt{\frac{\lambda_{\max}(P)}{\lambda_{\min}(P)}}\frac{d_i s}{c_1\ell_1} \tag{6.27}$$

式中，$P=\underset{k=M+1,M+2,\cdots,N}{\operatorname{diag}}\{1,Q_0\}$。

定义

$$\left\{\begin{array}{l}\eta=\left[\eta_1^{\mathrm{T}},\eta_2^{\mathrm{T}},\cdots,\eta_M^{\mathrm{T}}\right]^{\mathrm{T}}\\ R=\operatorname{diag}\left\{R_1^{\mathrm{T}}\left(\psi_1\right),R_2^{\mathrm{T}}\left(\psi_2\right),\cdots,R_M^{\mathrm{T}}\left(\psi_M\right)\right\}\\ \eta_r=\left[\eta_{(M+1)r}^{\mathrm{T}}\left(\theta_{M+1}\right),\eta_{(M+2)r}^{\mathrm{T}}\left(\theta_{M+2}\right),\cdots,\eta_{Nr}^{\mathrm{T}}\left(\theta_N\right)\right]^{\mathrm{T}}\end{array}\right. \tag{6.28}$$

得到

$$\eta_e=R\left[\left(L_1\otimes I_3\right)\eta+\left(L_2\otimes I_3\right)\eta_r\right] \tag{6.29}$$

由 $\|R\|=1$ 可得

$$\left\|\eta+\left(L_1^{-1}L_2\otimes I_3\right)\eta_r\right\|\leqslant\frac{\|\eta_e\|}{\underline{\varrho}(L_1)} \tag{6.30}$$

式中，$\underline{\varrho}(L_1)$ 表示 L_1 的最小奇异值，并由此得出

$$\lim_{t\to\infty}\left\|\eta+\left(L_1^{-1}L_2\otimes I_2\right)\eta_r\right\|\leqslant\lim_{t\to\infty}\frac{\|\eta_e\|}{\underline{\varrho}(L_1)}\leqslant\frac{1}{\underline{\varrho}(L_1)}\sum_{i=1}^{M}\left\{\kappa_{ic}(\nu_e^*)\right\} \tag{6.31}$$

根据假设 6.2，$L_1^{-1}L_2$ 每一行的总和等于 1，因此存在 $l_{i1}\in\mathbb{R}^+$ 满足控制目标 (6.4)，由假设 6.1 可知：

$$\lambda_0\left(L_0\right)\|\theta-1\otimes\operatorname{Ave}(\theta)\|\leqslant\theta^{\mathrm{T}}L_0\theta\leqslant\lambda_{\max}(Q_0)\|e\|^2 \tag{6.32}$$

式中，$\lambda_0\left(L_0\right)$ 为 L_0 的最小非零特征值，$\operatorname{Ave}(\theta)=\sum\limits_{j=M+1}^{N}\theta_j/(N-M)$，因此存在一个正数 l_{k3} 满足控制目标 (6.6)。□

下列定理给出闭环系统 (6.15) 的稳定性。

定理 6.2　在满足假设 6.1 和假设 6.2 的条件下，考虑无人船运动方程 (6.1)、分布式制导律 (6.9)、路径参数更新律 (6.14)，则闭环系统 (6.15) 的状态为 η_{ie}，θ_{ke}，输入为 ν_{ie}，是输入状态稳定的。

证明 建立如下的李雅普诺夫函数：

$$V_2 = V_1 + \sum_{j=M+1}^{N} \frac{1}{2l_{k2}\mu_k}\varpi_k^2 \tag{6.33}$$

对 V_2 求导得

$$\dot{V}_2 \leqslant -\sum_{i=1}^{M}\left(\lambda_{\min}\left(K_{i\eta}\right)\|\eta_{ie}\|^2 + d_i\|\eta_{ie}\|\|\nu_{ie}\|\right) - \sum_{k=M+1}^{N}\left(\frac{\varpi_k^2}{\mu_k} + l_{k1}\vartheta_k^2\right) \tag{6.34}$$

定义

$$\begin{cases} \varpi = \left[\varpi_{M+1}, \varpi_{M+2}, \cdots, \varpi_N\right]^{\mathrm{T}} \\ E_2' = \left[{\eta_e}^{\mathrm{T}}, \varpi^{\mathrm{T}}, \vartheta^{\mathrm{T}}\right]^{\mathrm{T}} \\ E_2 = \left[{\eta_e}^{\mathrm{T}}, \varpi^{\mathrm{T}}, e^{\mathrm{T}}\right]^{\mathrm{T}} \\ c_2 = \min\limits_{i=1,2,\cdots,M;\, k=M+1,M+2,\cdots,N}\left\{\lambda_{\min}\left(K_{i\eta}\right), l_{k1}, \dfrac{1}{\mu_k}\right\} \end{cases} \tag{6.35}$$

且有

$$E_2' = \varPhi_2 E_2 \tag{6.36}$$

式中，

$$\varPhi_2 = \begin{bmatrix} I_M \otimes I_3 & 0 & 0 \\ 0 & I_{N-M} \otimes I_3 & 0 \\ \varUpsilon_2 \otimes I_3 & 0 & -I_{N-M} \otimes I_3 \end{bmatrix} \tag{6.37}$$

且

$$\varUpsilon_2 = \begin{bmatrix} a_{1(M+1)}h_{1(M+1)}^{\mathrm{T}} & \cdots & a_{M(M+1)}h_{M(M+1)}^{\mathrm{T}} \\ \vdots & \ddots & \vdots \\ a_{1N}h_{1N}^{\mathrm{T}} & \cdots & a_{MN}h_{MN}^{\mathrm{T}} \end{bmatrix} \tag{6.38}$$

进一步可以得到

$$\dot{V}_2 \leqslant -c_2(1-\ell_2)\|E_2'\|^2 - c_2\ell_2\|E_2'\|^2 + \|E_2'\|\sum_{i=1}^{M} d_i\|\nu_{ie}\| \tag{6.39}$$

由

$$\|E_2'\| \geqslant \underline{\varrho}(\varPhi_2)\|E_2\| \geqslant \frac{d_i\|\nu_{ie}\|}{c_2\ell_2} \tag{6.40}$$

可得

$$\dot{V}_2 \leqslant -c_2(1-\ell_2)\|E_2'\|^2 \tag{6.41}$$

由定理 2.2 可知，闭环系统 (6.15) 是输入状态稳定的，并满足

$$\|E_2(t)\| \leqslant \max\left\{\gamma_2\left(\|E_2(0)\|,t\right),\ \sum_{i=1}^{M}\kappa_{2i}\left(\|\nu_{ie}\|\right)\right\} \tag{6.42}$$

式中，γ_2 是一个 $\mathcal{KL}$ 类函数，且

$$\kappa_{2i}(s) = \sqrt{\frac{\lambda_{\max}(P)}{\lambda_{\min}(P_2)}\frac{d_i s}{c_2\ell_2}} \tag{6.43}$$

式中，$P_2 = \underset{k=M+1,M+2,\cdots,N}{\operatorname{diag}}\{1, Q_0, 1/l_{k2}\mu_k\}$。与定理 6.1 类似，可以进一步证明存在一个 $l_{i1} \in \mathbb{R}^+$ 满足控制目标 (6.4)，存在一个 $l_{k3} \in \mathbb{R}^+$ 满足控制目标 (6.6)，证明略。

在滤波路径参数更新律 (6.14) 中，减小参数 l_{k1} 可以减小暂态时 θ_j 的偏差带来的影响。参数 l_{k2} 可以用于缓解测量噪声的影响，在无噪声情况下，可以增加 l_{k2}。当 $l_{k2} \to \infty$ 时，$l_{k1} \to 0$，那么 $\omega_k = \varpi_k = -\mu_k\vartheta_j$。□

6.1.4　仿真验证

考虑由五艘无人船和两艘虚拟领航船组成的集群系统，跟随无人船编号为 1 到 5，虚拟领航船编号为 6 和 7，通信拓扑结构如图 6.2 所示。采用 Cybership Ⅱ 无人船的数学模型，船舶参数见参考文献 [48]。两艘虚拟领航船的路径信息为

$$\begin{aligned}\eta_{6r} &= [0.2\theta_6; \sin(0.1\theta_6)+3; \arctan(0.1\cos(0.1\theta_6)/0.2)]\\ \eta_{7r} &= [0.2\theta_7; \sin(0.1\theta_7)-3; \arctan(0.1\cos(0.1\theta_7)/0.2)]\end{aligned}$$

仿真中选择分布式包含操纵制导律 (6.12) 和 (6.14)，其控制参数选取为 $K_{i\eta} = \operatorname{diag}\{0.2, 0.2, 0.2\}$, $l_{k1} = 0.0001$, $l_{k2} = 10$, $\mu_k = 10$。仿真结果如图 6.3 ~ 图 6.8 所示。图 6.3 给出五艘无人船的航行轨迹，可以看出五艘船收敛到由两艘虚拟领航船所张成的凸包内，所提分布式包含操纵制导方法能够实现并排的编队队形。图 6.4 给出了基于邻居无人船信息的包含操纵误差 η_{ie}，可以看出跟踪误差很快收敛到零附近。图 6.5 ~ 图 6.7 给出五艘无人船纵荡、横荡及艏摇方向的制导速度。图 6.8 给出了虚拟领航船的路径参数更新，可以看出两艘虚拟领航船的路径参数达到了同步。

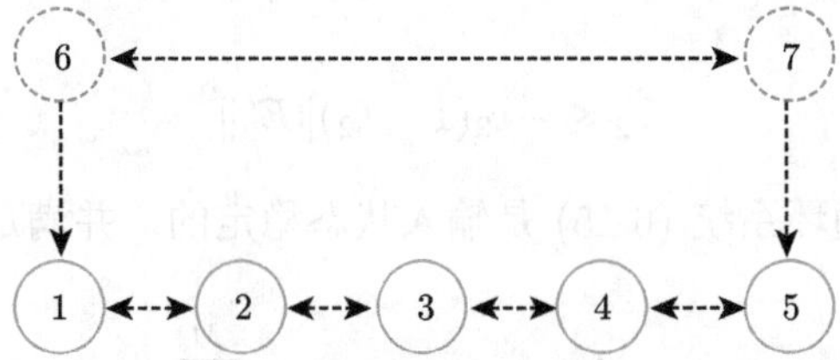

图 6.2　通信拓扑结构图

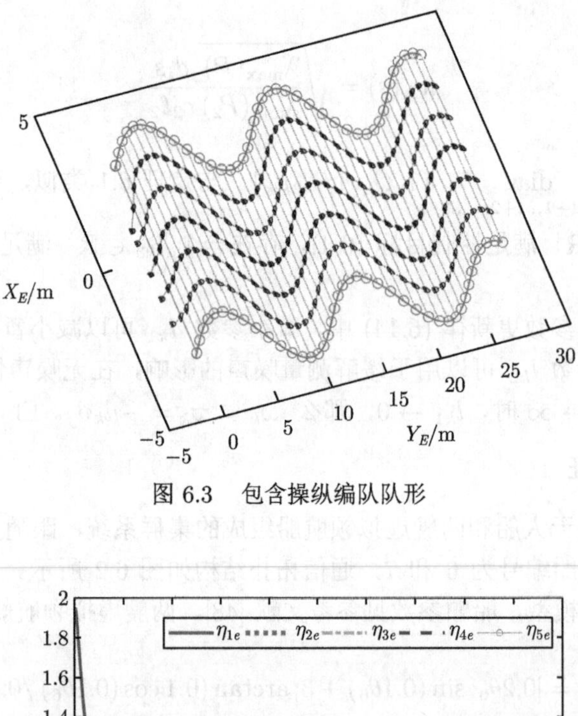

图 6.3　包含操纵编队队形

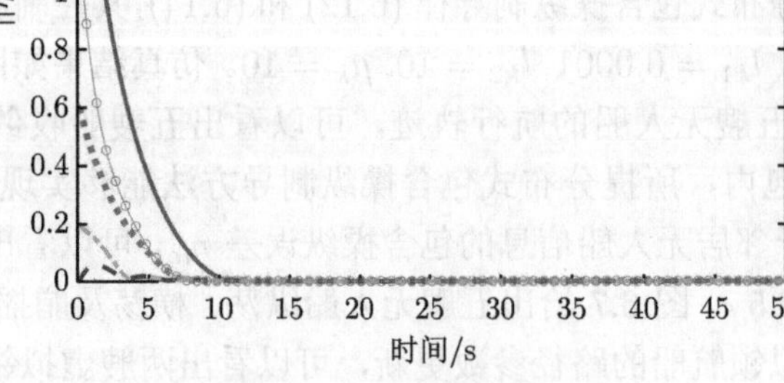

图 6.4　包含操纵误差

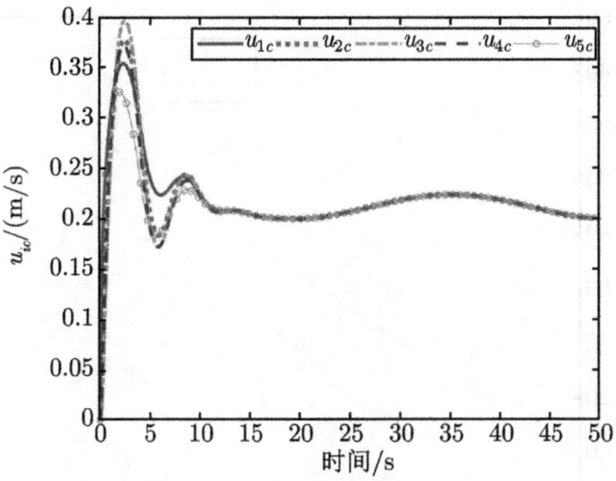

图 6.5　无人船的制导纵荡速度

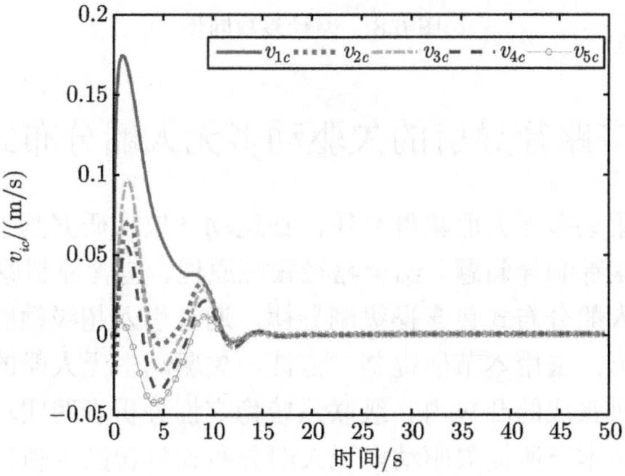

图 6.6　无人船的制导横荡速度

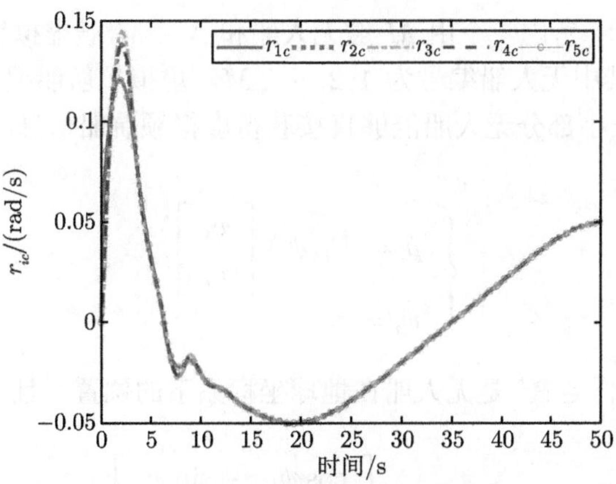

图 6.7　无人船的制导艏摇角速度

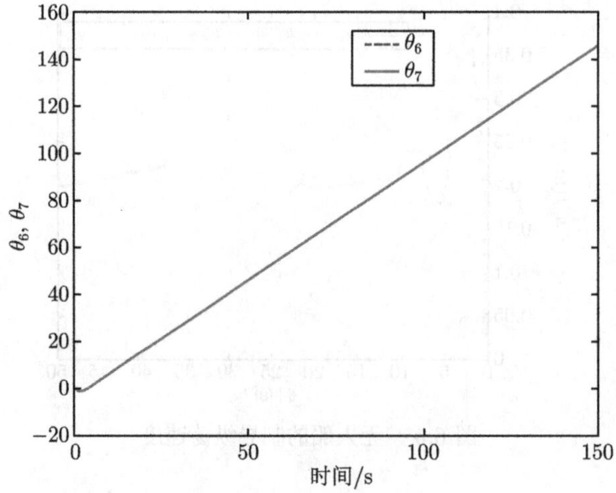

图 6.8 路径参数同步

6.2 基于多路径导引的欠驱动多无人船分布式包含操纵

本节针对欠驱动多无人船集群系统，在运动学层次研究基于多参数化路径导引的分布式路径跟踪制导问题。结合路径跟踪原理、包含控制原理、辅助变量法，提出欠驱动多无人船分布式包含操纵制导律，通过引入超级领航船实现虚拟领航船的任意编队队形。采用本节所提制导方法，欠驱动多无人船的航迹能够收敛到由多虚拟领航船所张成的凸包内。级联系统稳定性分析表明闭环系统是输入状态稳定的，仿真验证本节所提欠驱动多无人船分布式包含操纵制导方法的有效性。

6.2.1 问题描述

如图 6.9 所示，考虑一个由 M 艘无人船和 $N-M$ 艘虚拟领航船组成的多无人船集群系统，其中无人船编号为 $1,2,\cdots,M$，虚拟领航船编号为 $M+1,M+2,\cdots,N$，只有一小部分无人船能够直接获得虚拟领航船信息。第 i 艘无人船的运动学模型为[31]

$$\begin{cases} \dot{p}_i = \bar{R}_i(\psi_i)\begin{bmatrix} u_i \\ v_i \end{bmatrix} \\ \dot{\psi}_i = r_i \end{cases} \tag{6.44}$$

式中，$p_i = [x_i, y_i]^{\mathrm{T}} \in \mathbb{R}^2$ 是无人船在地球坐标系下的位置，且

$$\bar{R}_i(\psi_i) = \begin{bmatrix} \cos\psi_i & -\sin\psi_i \\ \sin\psi_i & \cos\psi_i \end{bmatrix} \tag{6.45}$$

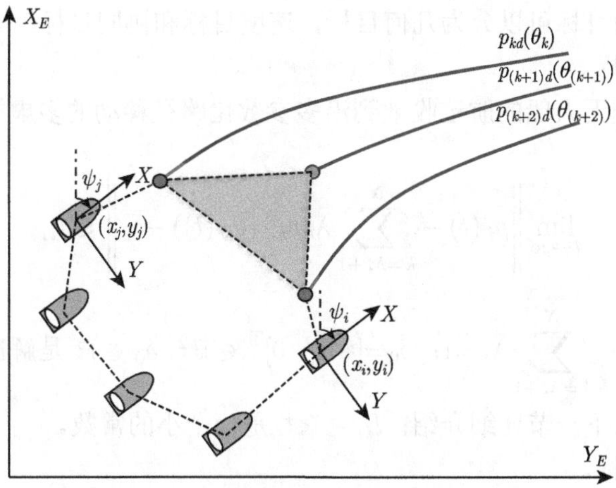

图 6.9　多路径导引的欠驱动无人船集群包含操纵

虚拟领航船沿着参数化路径移动，路径信息由 $p_{kd}(\theta_k)=[x_{kd}(\theta_k),y_{kd}(\theta_k)]^{\mathrm{T}}\in\mathbb{R}^2$ 表示，其中，$k=M+1,M+2,\cdots,N$，θ_k 是一个路径变量。$p_{kd}(\theta_k)$ 的偏微分表示为

$$p_{kd}^{\theta_k}(\theta_k)=\frac{\partial p_{kd}(\theta_k)}{\partial\theta_k} \tag{6.46}$$

并假设 $p_{kd}(\theta_k)$ 和 $p_{kd}^{\theta_k}(\theta_k)$ 是有界的。

多艘无人船和虚拟领航船的通信拓扑可以由一个图 $\mathcal{G}$ 表示，其拉普拉斯矩阵 $\mathcal{L}$ 可以表示为

$$\mathcal{L}=\begin{bmatrix} L_1 & L_2 \\ L_2^{\mathrm{T}} & L_0 \end{bmatrix} \tag{6.47}$$

式中，$L_1\in\mathbb{R}^{M\times M}$；$L_2\in\mathbb{R}^{M\times(N-M)}$；$L_0\in\mathbb{R}^{(N-M)\times(N-M)}$。

另外考虑一艘超级领航船，表示为

$$\dot{\theta}_0=v_s \tag{6.48}$$

式中，θ_0 是超级领航船的路径参数；v_s 是期望的路径更新速度。本节中多无人船间的通信拓扑满足如下的假设条件：

假设 6.3　对于任意跟随船，至少有一艘虚拟领航船与之存在一条有向的路径。

假设 6.4　虚拟领航船之间的通信图是双向连通的，并且至少有一艘虚拟领航船与超级领航船通信，跟随船之间的通信图是有向的。

本节的控制目标可以分为几何目标，速度目标和协同目标，具体如下。

(1) 几何目标。

使得第 i 艘无人船的航迹收敛到沿多参数化路径移动的多虚拟领航船张成的凸包内：

$$\lim_{t\to\infty}\left\|p_i(t)-\sum_{k=M+1}^{N}\lambda_k p_{kd}(\theta_k(t))-\bar{\delta}_0\right\|\leqslant l_{i1} \tag{6.49}$$

式中，$\lambda_k\in\mathbb{R}^+$；$\sum\limits_{k=M+1}^{N}\lambda_k=1$；$\bar{\delta}_0=[-\delta_0,\ 0]^{\mathrm{T}}\in\mathbb{R}^2$, $\delta_0\in\mathbb{R}$ 是解决欠驱动问题的辅助变量，将在下一节详细介绍；$l_{i1}\in\mathbb{R}^+$ 是一个小的常数。

(2) 动态目标。

使得虚拟领航船的路径更新速度收敛到期望速度 v_s：

$$\lim_{t\to\infty}|\dot{\theta}_k(t)-v_s|\leqslant l_{k2} \tag{6.50}$$

式中，$k=M+1,M+2,\cdots,N$；$l_{k2}\in\mathbb{R}^+$ 是一个小的常数。

(3) 协同目标。

使得虚拟领航船的路径更新满足

$$\lim_{t\to\infty}|\theta_k(t)-\theta_0(t)-\mathcal{P}_{kl}|\leqslant l_{k3} \tag{6.51}$$

式中，$\mathcal{P}_{kl}=\mathcal{P}_k-\mathcal{P}_l$ 是第 k 艘虚拟领航船与超级领航船之间的偏差；$l_{k3}\in\mathbb{R}^+$ 是一个小的常数。

6.2.2 分布式包含操纵制导律设计

定义包含操纵跟踪误差如下：

$$e_i=\bar{R}_i^{\mathrm{T}}(\psi_i)\left(\sum_{j=1}^{M}a_{ij}(p_i-p_j)+\sum_{k=M+1}^{N}a_{ik}(p_i-p_{kd}(\theta_k))\right) \tag{6.52}$$

该包含操纵误差由两部分组成：第一部分 $\sum\limits_{j=1}^{M}a_{ij}(p_i-p_j)$ 代表第 i 艘无人船与其邻居无人船的位置和艏摇角误差之和；第二部分 $\sum\limits_{k=M+1}^{N}a_{ik}(p_i-p_{kd}(\theta_k))$ 代表获取到路径信息的无人船的路径操纵误差。

对 e_i 求导可得到

$$\dot{e}_i = -r_i S e_i + d_i \begin{bmatrix} u_i \\ v_i \end{bmatrix} - \sum_{j=1}^{M} a_{ij} \bar{R}_i^{\mathrm{T}}(\psi_i) \bar{R}_j(\psi_j) \begin{bmatrix} u_j \\ v_j \end{bmatrix} - \sum_{k=M+1}^{N} a_{ik} \hbar_{ik} \dot{\theta}_k \tag{6.53}$$

式中，$d_i = \sum_{j=1}^{N} a_{ij}$；$\hbar_{ik} = \bar{R}_i^{\mathrm{T}}(\psi_i) p_{kd}^{\theta_k}(\theta_k)$。

对于欠驱动多无人船，无法通过设计适当的艏摇方向制导信号来抵消横漂方向的包含操纵误差。为了解决这一问题，引入辅助变量 δ_0，则包含操纵跟踪误差重新定义为 $\bar{e}_i = e_i + \bar{\delta}_0$。通过引入变量 δ_0，式 (6.53) 中误差动态可写成如下形式[85]：

$$\begin{aligned} \dot{\bar{e}}_i = & - r_i S \bar{e}_i - r_i S \bar{\delta}_0 - \sum_{j=1}^{M} a_{ij} \bar{R}_i^{\mathrm{T}}(\psi_i) \bar{R}_j(\psi_j) \begin{bmatrix} u_j \\ v_j \end{bmatrix} \\ & - \sum_{k=M+1}^{N} a_{ik} \hbar_{ik} \dot{\theta}_k + d_i \begin{bmatrix} u_i \\ v_i \end{bmatrix} \end{aligned} \tag{6.54}$$

定义 $\dot{\theta}_k = v_s - \omega_k$，式中，$\omega_k$ 是一个协同变量。式 (6.54) 可进一步转化成如下形式：

$$\begin{aligned} \dot{\bar{e}}_i = & - r_i S \bar{e}_i + G_i \begin{bmatrix} u_i \\ r_i \end{bmatrix} - \sum_{j=1}^{M} a_{ij} \bar{R}_i^{\mathrm{T}}(\psi_i) \bar{R}_j(\psi_j) \begin{bmatrix} u_j \\ v_j \end{bmatrix} \\ & - \sum_{k=M+1}^{N} a_{ik} \hbar_{ik} (v_s - \omega_k) + \begin{bmatrix} 0 \\ d_i v_i \end{bmatrix} \end{aligned} \tag{6.55}$$

式中，

$$G_i = \begin{bmatrix} d_i & 0 \\ 0 & \delta_0 \end{bmatrix} \tag{6.56}$$

设计分布式包含操纵制导律如下：

$$\begin{aligned} \begin{bmatrix} u_{ic} \\ r_{ic} \end{bmatrix} = & G_i^{-1} \left(-K_{ie} \bar{e}_i + \sum_{j=1}^{M} a_{ij} \bar{R}_i^{\mathrm{T}}(\psi_i) \bar{R}_j(\psi_j) \begin{bmatrix} u_j \\ v_j \end{bmatrix} \right. \\ & \left. + \sum_{k=M+1}^{N} a_{ik} \hbar_{ik} v_s - \begin{bmatrix} 0 \\ d_i v_i \end{bmatrix} \right) \end{aligned} \tag{6.57}$$

式中，$K_{ie} \in \mathbb{R}^{2\times 2}$ 为动力学增益矩阵。将式 (6.57) 代入式 (6.55)，得到路径操纵误差的动态方程如下：

$$\dot{\bar{e}}_i = -r_i S\bar{e}_i - K_{ie}\bar{e}_i + G_i\nu_{ie} + \sum_{k=M+1}^{N} a_{ik}\hbar_{ik}\omega_k \tag{6.58}$$

式中，$\nu_{ie} = [u_i, r_i]^{\mathrm{T}} - [u_{ic}, r_{ic}]^{\mathrm{T}}$ 是动力学跟踪误差，可通过设计动力学控制律使得 $\|\nu_{ie}\| \leqslant \nu_e^*$。

注解 6.2 对于欠驱动的无人船，$\bar{e}_i$ 的第二项不能通过设计 v_i 来稳定，为此引入辅助变量 δ_0，使得 r_i 出现在 $\bar{e}_i$ 的误差动力学中。然后，设计 r_i 产生旋转力矩代替横向力矩，从而稳定 $\bar{e}_i$ 的第二项。

注解 6.3 辅助变量 δ_0 的选择应遵循如下原则：第一，由于运动控制增益包含了 δ_0 的倒数，过小的 δ_0 可能引起信号振荡；第二，δ_0 的选择应小于船体长度的二分之一。因此，实际应用中需要权衡以上两点以选择合适的 δ_0。

接下来，设计变量 ω_k，以实现虚拟领航船之间的同步，分别提出基于无操纵误差反馈、基于操纵误差反馈和基于滤波操纵误差反馈的三种设计方法。

设计 1：基于无操纵误差反馈的设计方法。

在这种情况下，虚拟领航船运动独立于所有无人船，设计 ω_k 为

$$\omega_k = \mu_k e_k \tag{6.59}$$

式中，$\mu_k \in \mathbb{R}^+$ 为正常数；e_k 是第 k 艘虚拟领航船的路径参数协调误差，定义为

$$e_k = \sum_{l=M+1}^{N} a_{kl}(\theta_k - \theta_l - \mathcal{P}_{kl}) + b_k(\theta_k - \theta_0 - \mathcal{P}_{k0}) \tag{6.60}$$

式中，a_{kl} 和 b_k 由参数连通拓扑决定，$\mathcal{P}_{kl}$ 决定了虚拟领航船之间的编队队形，$\mathcal{P}_{k0}$ 决定了虚拟领航船和超级领航船之间的编队队形，并且可以通过选择不同的偏差来实现不同的领航船队形。

定义全局路径协同误差：

$$\theta_{ke} = \theta_k - \theta_0 - \mathcal{P}_{k0} \tag{6.61}$$

得到

$$\dot{\theta}_e = -\omega_k = -\mu\mathcal{H}\theta_e \tag{6.62}$$

式中，$\omega = [\omega_{M+1}, \omega_{M+2}, \cdots, \omega_N]^{\mathrm{T}}$；$\mu = \mathrm{diag}\{\mu_{M+1}, \mu_{M+2}, \cdots, \mu_N\}$；$\theta_e = \left[\theta_{(M+1)e}, \theta_{(M+2)e}, \cdots, \theta_{Ne}\right]^{\mathrm{T}}$；$\mathcal{H} = L_0 + \mathit{\Lambda}$，$\mathit{\Lambda}$ 表示领航船的邻接矩阵，定义

$\Lambda = \text{diag}\left\{a_{(M+1)0}, a_{(M+2)0}, \cdots, a_{N0}\right\}$，如果第 i 艘虚拟领航船接收到超级领航船的信息，则 $a_{k0}=1$, 否则 $a_{k0}=0$。

根据定理 2.8 和假设 6.4, $\mathcal{H}$ 的所有特征值都为正，系统 (6.62) 是全局渐近稳定的。

设计 2：基于操纵误差反馈的设计方法。

在设计 1 中，虚拟领航船的运动独立于任何跟随无人船。为了提高无人船与虚拟领航船的协调性，建立从跟随船到虚拟领航船的反馈机制，设计 ω_k 为

$$\begin{cases} \omega_k = \mu_k \vartheta_k \\ \vartheta_k = -\displaystyle\sum_{i=1}^{M} a_{ik} h_{ik}^{\mathrm{T}} \bar{e}_{ie} + e_k \end{cases} \tag{6.63}$$

式中，ϑ_k 的第一项将包含操纵误差 $\bar{e}_i$ 引入路径参数更新律设计以建立反馈机制，实现了虚拟领航船和无人船之间的相互协同。

由式 (6.61) 可知，θ_{ke} 的误差动态如下：

$$\dot{\theta}_{ke} = -\omega_k \tag{6.64}$$

设计 3：基于滤波操纵误差反馈的设计方法。

在路径参数更新律 (6.63) 中，ω_k 在初始阶段可能会出现较大偏差，严重时将导致对无人船的危险操纵。为解决这一问题，设计 ω_k 的更新律如下：

$$\begin{cases} \omega_k = l_{k1}\vartheta_k + \varpi_k \\ \dot{\varpi}_k = -l_{k2}(\varpi_k - \mu_k \vartheta_k) \end{cases} \tag{6.65}$$

式中，$l_{k1} \in \mathbb{R}^+$, $l_{k2} \in \mathbb{R}^+$ 为常数。

最后，闭环系统误差动态可写为

$$\begin{cases} \dot{\bar{e}}_i = -r_i S \bar{e}_i - K_{ie}\bar{e}_{ie} + G_i \nu_{ie} + \displaystyle\sum_{k=M+1}^{N} a_{ik}\hbar_{ik}\omega_k \\ \dot{\theta}_{ke} = -l_{k1}\vartheta_k - \varpi_k \\ \dot{\varpi}_k = -l_{k2}(\varpi_k - \mu_k \vartheta_k) \end{cases} \tag{6.66}$$

6.2.3 稳定性分析

下面的定理给出闭环系统 (6.66) 的稳定性。

定理 6.3　在满足假设 6.3 和假设 6.4 的条件下，考虑无人船运动方程 (6.44)、分布式制导律 (6.57)、路径参数更新律 (6.65)，则闭环系统 (6.66) 的状态为 $\bar{e}_i$, θ_{ke}, ϖ_k，输入为 ν_{ie}，是输入状态稳定的。

证明 构造一个李雅普诺夫函数：

$$V=\frac{1}{2}\sum_{i=1}^{M}\bar{e}_i^{\mathrm{T}}\bar{e}_i+\frac{1}{2}\theta_e^{\mathrm{T}}\mathcal{H}\theta_e+\sum_{k=M+1}^{N}\frac{1}{2l_{k2}\mu_k}\varpi_k^2 \tag{6.67}$$

对 V 进行求导，可以得到

$$\dot{V}\leqslant\sum_{i=1}^{M}\left(-\lambda_{\min}\left(K_{ie}\right)\|\bar{e}_i\|^2+\|G_i\|\|\bar{e}_i\|\|\nu_{ie}\|\right)-\sum_{k=M+1}^{N}\left(l_{k1}\vartheta_k^2+\frac{\varpi_k^2}{\mu_k}\right) \tag{6.68}$$

式中，$\bar{e}=[\bar{e}_1,\bar{e}_2,\cdots,\bar{e}_M]^{\mathrm{T}}$。

定义

$$\begin{cases}\varpi=[\varpi_{M+1},\varpi_{M+2},\cdots,\varpi_N]^{\mathrm{T}}\\ \vartheta=[\vartheta_{M+1},\vartheta_{M+2},\cdots,\vartheta_N]^{\mathrm{T}}\\ E'=\left[\bar{e}^{\mathrm{T}},\varpi^{\mathrm{T}},\vartheta^{\mathrm{T}}\right]^{\mathrm{T}}\\ E=\left[\bar{e}^{\mathrm{T}},\varpi^{\mathrm{T}},\theta_e^{\mathrm{T}}\right]^{\mathrm{T}}\\ c=\min\limits_{i=1,2,\cdots,M;k=M+1,M+2,\cdots,N}\left\{\lambda_{\min}\left(K_{ie}\right),l_{k1},\dfrac{1}{\mu_k}\right\}\end{cases} \tag{6.69}$$

且有

$$E'=\varPhi E \tag{6.70}$$

式中，

$$\varPhi=\begin{bmatrix}I_M\otimes I_2 & 0 & 0\\ 0 & I_{N-M}\otimes I_2 & 0\\ -\varUpsilon\otimes I_2 & 0 & \mathcal{H}\otimes I_2\end{bmatrix} \tag{6.71}$$

且

$$\varUpsilon=\begin{bmatrix}a_{1(M+1)}\hbar_{1(M+1)}^{\mathrm{T}} & \cdots & a_{M(M+1)}\hbar_{M(M+1)}^{\mathrm{T}}\\ \vdots & \ddots & \vdots\\ a_{1N}\hbar_{1N}^{\mathrm{T}} & \cdots & a_{MN}\hbar_{MN}^{\mathrm{T}}\end{bmatrix} \tag{6.72}$$

进一步可以得到

$$\dot{V}\leqslant-c(1-\ell)\|E'\|^2-c\ell\|E'\|^2+\|E'\|\sum_{i=1}^{M}\|G_i\|\|\nu_{ie}\| \tag{6.73}$$

式中，$0 < \ell < 1$，由

$$\|\|E'\| \geqslant \underline{o}(\varPhi)\|E\| \geqslant \frac{\|G_i\|\|\nu_{ie}\|}{c\ell} \tag{6.74}$$

式中，$\underline{o}(\varPhi\|E\|)$ 表示 $\varPhi\|E\|$ 的最小奇异值，可得

$$\dot{V} \leqslant -c(1-\ell)\|E'\|^2 \tag{6.75}$$

由定理 2.2 可知，闭环系统 (6.66) 是输入状态稳定的，并满足

$$\|E(t)\| \leqslant \max\left\{\gamma\left(\|E(0)\|, t\right),\ \sum_{i=1}^{M}\left\{\kappa_i\left(\|\nu_{ie}\|\right)\right\}\right\} \tag{6.76}$$

式中，γ 是一个 $\mathcal{KL}$ 类函数，且

$$\kappa_i(s) = \sqrt{\frac{\lambda_{\max}(P)}{\lambda_{\min}(P)}}\frac{\|G_i\|s}{c\ell} \tag{6.77}$$

式中，$P = \operatorname*{diag}_{k=M+1,M+2,\cdots,N}\{1, \mathcal{H}, 1/(l_{k2}\mu_k)\}$。

当 $t \to \infty, \gamma(\cdot) \to 0$，因此 $\bar{e}$ 最终边界如下：

$$\lim_{t\to\infty}\|\bar{e}\| \leqslant \lim_{t\to\infty}\|E\| \leqslant \sum_{i=1}^{M}\kappa_i(\nu_e^*) \tag{6.78}$$

定义

$$\begin{cases} p = \left[p_1^{\mathrm{T}}, p_2^{\mathrm{T}}, \cdots, p_M^{\mathrm{T}}\right]^{\mathrm{T}} \\ R = \operatorname{diag}\left\{R_1^{\mathrm{T}}(\psi_1), R_2^{\mathrm{T}}(\psi_2), \cdots, R_M^{\mathrm{T}}(\psi_M)\right\} \\ p_d = \left[p_{(M+1)d}^{\mathrm{T}}(\theta_{M+1}), p_{(M+2)d}^{\mathrm{T}}(\theta_{M+2}), \cdots, p_{Nd}^{\mathrm{T}}(\theta_N)\right]^{\mathrm{T}} \\ \bar{\delta} = \left[\bar{\delta}_0^{\mathrm{T}}, \cdots, \bar{\delta}_0^{\mathrm{T}}\right] \in \mathbb{R}^{2N} \end{cases} \tag{6.79}$$

得到

$$\bar{e} = e + \bar{\delta} = R\left[(L_1 \otimes I_2)\,p + (L_2 \otimes I_2)\,p_d\right] + \bar{\delta} \tag{6.80}$$

由于 $\|R\| = 1$，

$$\left\|p + \left(L_1^{-1}L_2 \otimes I_2\right)p_d\right\| \leqslant \frac{\|e\|}{\underline{o}\,(L_1)} \tag{6.81}$$

式中，$\underline{\varrho}(L_1)$ 表示 L_1 的最小奇异值，并由此得出

$$\lim_{t\to\infty}\left\|p+\left(L_1^{-1}L_2\otimes I_2\right)p_d\right\|\leqslant\lim_{t\to\infty}\frac{\|e\|}{\underline{\varrho}(L_1)}\leqslant\frac{1}{\underline{\varrho}(L_1)}\left(\sum_{i=1}^{M}\{\kappa_{ic}(\nu_{ie}^*)\}+\delta_0\right)\quad(6.82)$$

根据假设 6.4，$L_1^{-1}L_2$ 的每一行总和等于 1，因此存在一个常数 $l_{i1}\in\mathbb{R}^+$ 满足控制目标 (6.49)。

根据假设 6.3 可得

$$\lambda_{\min}(\mathcal{H})\|\theta_e\|^2\leqslant\theta_e^{\mathrm{T}}\mathcal{H}\theta_e\quad(6.83)$$

因此存在一个常数 $l_{k3}\in\mathbb{R}^+$ 满足控制目标 (6.51)。□

6.2.4　仿真验证

考虑由五艘无人船和三艘虚拟领航船组成的集群系统，通信拓扑结构如图 6.10 所示，虚拟领航船之间是双向通信，跟随无人船之间是单向通信。虚拟领航船 6 的参数化路径信息如式 (6.84) 所示，同时它可以获取超级领航船的信息。无人船 1、无人船 3 和无人船 5 可直接获取虚拟领航船的路径信息，无人船 2 和无人船 4 只能获取邻居无人船信息。

$$P_{6d}(\theta_6)=\begin{cases}[0.2\theta_6,0.2\theta_6],\quad\theta_6<400,\\ \left[120-40\sqrt{2}\sin\left(\dfrac{\theta_6-400}{200}+\dfrac{3\pi}{4}\right),40-40\sqrt{2}\cos\left(\dfrac{\theta_6-400}{200}+\dfrac{3\pi}{4}\right)\right],\\ 400\leqslant\theta_6<400+200\pi,\\ \left[-0.2\left(\theta_6-400-200\pi\right)+160,0.2\left(\theta_6-400-200\pi\right)\right],\\ 400+200\pi\leqslant\theta_6<800+200\pi,\\ \left[40-40\sqrt{2}\sin\left(\dfrac{\theta_6-800}{200}+\dfrac{3\pi}{4}\right),40-40\sqrt{2}\cos\left(\dfrac{\theta_6-800}{200}+\dfrac{3\pi}{4}\right)\right],\\ 800+200\pi\leqslant\theta_6<800+400\pi,\\ \left[0.2\left(\theta_6-800-400\pi\right),0.2\left(\theta_6-800-400\pi\right)\right],\\ \theta_6\geqslant800+400\pi.\end{cases}\quad(6.84)$$

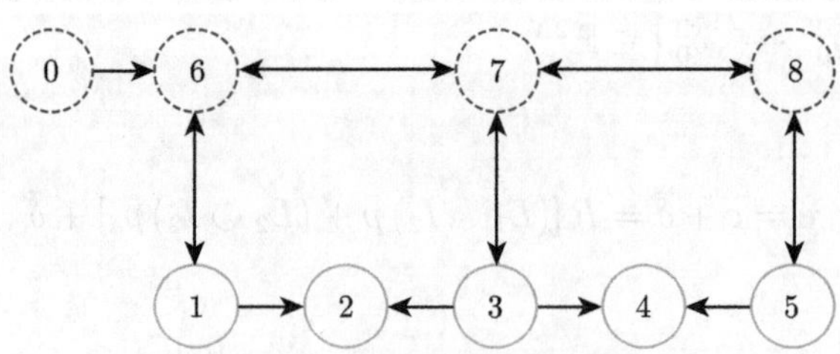

图 6.10　通信拓扑结构图

为了使虚拟领航船呈现三角形编队队形,虚拟领航船和超级领航船之间的偏差设定为 $p_6=-20, p_7=0, p_8=-20$。辅助变量 δ_0 设定为 0.1。在仿真中,采用了基于滤波操纵误差反馈的路径参数更新律,参数选取为 $l_{k1}=0.0001$, $l_{k2}=10$, $\mu_k=10$。

仿真结果如图 6.11 ~ 图 6.15 所示。图 6.11 可以看出采用本节所提出的分布式包含操纵控制器,五艘无人船能够以三角形编队队形跟踪三条参数化路径,并收敛到虚拟领航船张成的凸包内。图 6.12 给出了五艘无人船的横向跟踪误差,可以看出横向跟踪误差收敛到零附近。图 6.13 给出了五艘无人船的纵向跟踪误差,可以看出纵向跟踪误差收敛到零附近。图 6.14 和图 6.15 给出了基于多参数化路径导引的分布式包含操纵制导方法的制导纵荡速度和制导艏摇角速度。

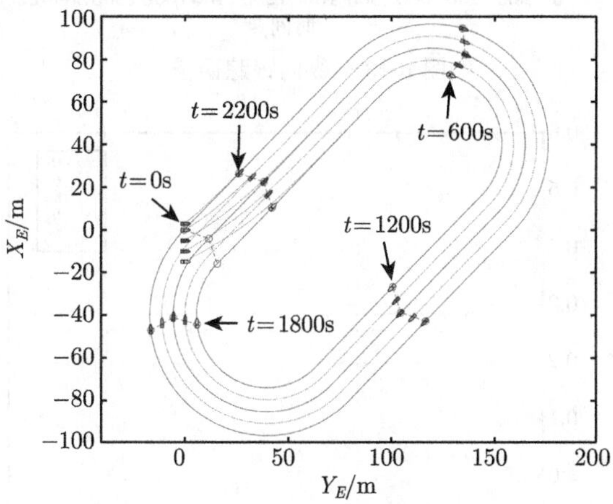

图 6.11 五艘无人船的运动轨迹

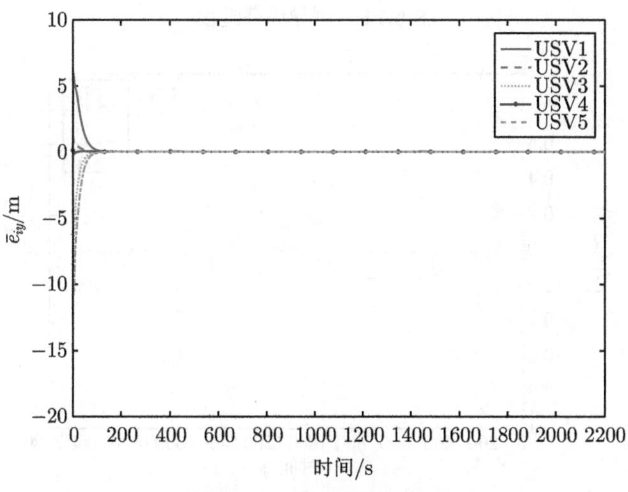

图 6.12 横向跟踪误差

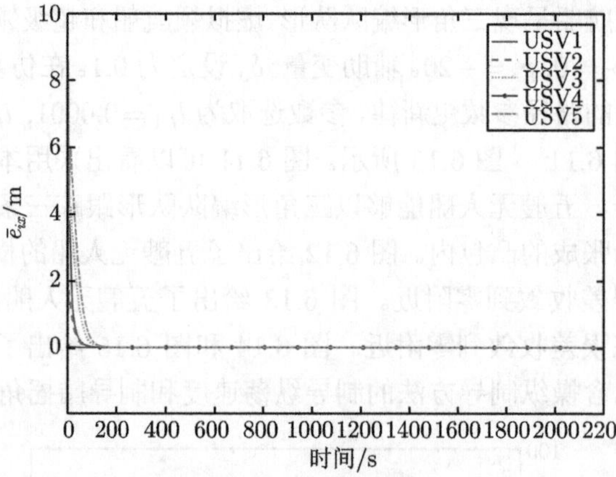

图 6.13　纵向跟踪误差

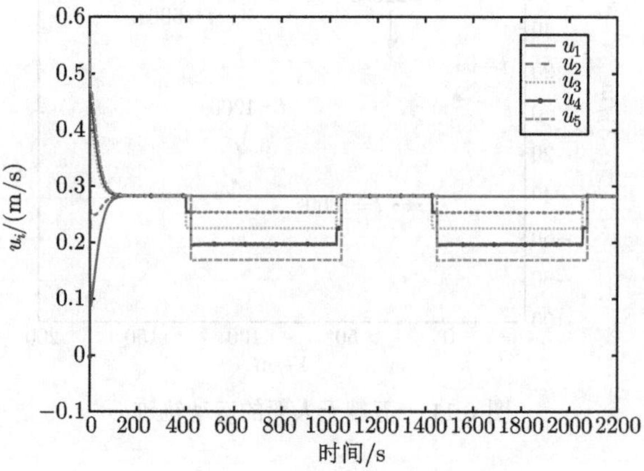

图 6.14　制导纵荡速度

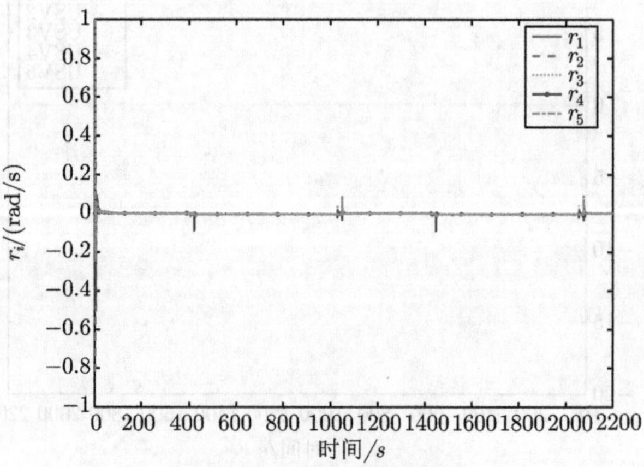

图 6.15　制导艏摇角速度

6.3 有限时间收敛的欠驱动多无人船分布式路径操纵

6.2 节讨论的分布式包含操纵方法在 $t \to \infty$ 时，跟踪误差收敛到零附近。本节继续讨论多路径导引的欠驱动多无人船分布式路径操纵问题，目的是实现跟踪误差的有限时间收敛。结合一致性原理、辅助变量法和人工势能函数，设计有限时间收敛的欠驱动多无人船分布式路径操纵制导律，不仅避免无人船和环境障碍物发生碰撞，而且避免多无人船个体之间发生碰撞，同时保证多无人船编队网络的连通性。仿真验证本节所提有限时间收敛的欠驱动多无人船分布式路径操纵制导律的有效性。

6.3.1 问题描述

如图 6.16 所示，考虑一个由 M 艘无人船和 $N-M$ 艘虚拟领航船组成的多无人船集群系统，其中无人船编号为 $1,2,\cdots,M$，虚拟领航船编号为 $M+1,M+2,\cdots,N$，只有一小部分无人船能够直接获得虚拟领航船信息。第 i 艘 $(i=1,2,\cdots,M)$ 无人船运动学模型为[31]

$$\begin{cases} \dot{p}_i = \bar{R}_i(\psi_i)\begin{bmatrix} u_i \\ v_i \end{bmatrix} \\ \dot{\psi}_i = r_i \end{cases} \tag{6.85}$$

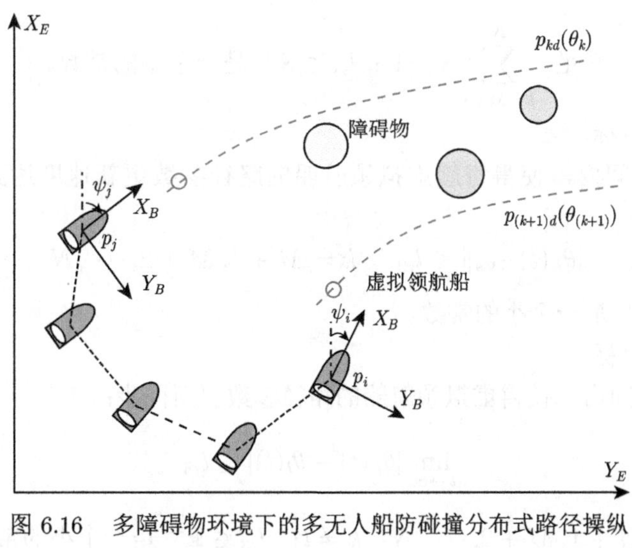

图 6.16　多障碍物环境下的多无人船防碰撞分布式路径操纵

式中，$p_i = [x_i, y_i]^{\mathrm{T}} \in \mathbb{R}^2$ 是无人船在地球坐标系下的位置，且

$$\bar{R}_i(\psi_i) = \begin{bmatrix} \cos\psi_i & -\sin\psi_i \\ \sin\psi_i & \cos\psi_i \end{bmatrix} \tag{6.86}$$

考虑 $N-M$ 条参数化路径，沿着第 k 条 $(k=M+1, M+2, \cdots, N)$ 参数化路径移动的第 k 艘虚拟领航船可以表示为

$$p_{kd}(\theta_k) = [x_{kd}(\theta_k), y_{kd}(\theta_k)]^{\mathrm{T}} \in \mathbb{R}^2 \tag{6.87}$$

本节的设计和分析用到如下假设。

假设 6.5 对于每艘无人船，至少有一艘虚拟领航船与该无人船直接存在通信路径。此外，至少有一艘虚拟领航船可以访问超级领航船的信息。

假设 6.6 参数化路径 $p_{kd}(\theta_k)$ 及其一阶偏微分 $p_{kd}^{\theta_k}(\theta_k)$ 是有界的。

假设 6.7 在 $t=0$ 时，无人船处于避碰检测范围和连通保持检测范围之外，即 $R_a < p_{ij}(0) < R_p$，$i,j=1,2,\cdots,M$，$j \in \mathcal{N}_i$，$p_{ik}(0) > R_0$，$k=1,2,\cdots,N_0$，式中，R_a 和 R_0 是避碰与避障检测范围，R_p 是连通保持检测范围。

本节设计分布式制导律实现以下控制目标。

(1) 几何目标。

在有限时间内，使得第 i 艘无人船的航迹跟随多艘虚拟领航船张成的凸包内：

$$\left\| p_i - \sum_{k=M+1}^{N} \lambda_k p_{kd}(\theta_k) \right\| \leqslant l_{i1}, \quad i=1,2,\cdots,M \tag{6.88}$$

式中，$\lambda_k \in \mathbb{R}^+$ 满足 $\sum\limits_{k=M+1}^{N} \lambda_k = 1$；$l_{i1} \in \mathbb{R}^+$ 是一个小的常数。

(2) 动态目标。

在有限时间内，使得每艘虚拟领航船的路径参数更新速度达到一个期望速度 v_s：

$$\|\dot{\theta}_k(t) - v_s\| \leqslant l_{i2}, \quad k=M+1, M+2, \cdots, N \tag{6.89}$$

式中，$l_{i2} \in \mathbb{R}^+$ 是一个小的常数。

(3) 协同目标。

在有限时间内，使得虚拟领航船的路径参数更新同步：

$$\lim_{t\to\infty} |\theta_k(t) - \theta_l(t)| \leqslant l_{i3} \tag{6.90}$$

式中，$k,l = M+1, M+2, \cdots, N$，$k \neq l$；$l_{i3} \in \mathbb{R}^+$ 是一个小的常数。

(4) 避碰避障目标。

无人船与邻居无人船及障碍物之间的距离满足

$$\begin{cases} \|p_i - p_j\| > \underline{R}_a, & i,j = 1,2,\cdots, M;\ j \in \mathcal{N}_i \\ \|p_i - p_k\| > \underline{R}_o, & k = 1,2,\cdots, N_o \end{cases} \tag{6.91}$$

式中，$p_k = [x_k, y_k]^{\mathrm{T}}$ 表示静态障碍物的位置；$\mathcal{N}_i$ 表示第 i 艘无人船的邻域集；N_0 表示静态障碍物的数量；$\underline{R}_a$ 表示船与船之间的最小安全距离；$\underline{R}_o$ 表示船与障碍物之间的最小安全距离。

(5) 连通保持目标。

邻居无人船之间的距离保持在通信范围内：

$$\|p_i - p_j\| < \bar{R}_p, \quad i,\ j = 1,2,\cdots, M; j \in \mathcal{N}_i \tag{6.92}$$

式中，$\bar{R}_p$ 是两艘无人船之间的极限通信距离。

6.3.2 势能函数

1. 避碰势能函数

为避免多无人船之间的发生碰撞，考虑如下的避碰势能函数[206]：

$$V_{ij}^a(p_i, p_j) = \begin{cases} \iota_{ia}\varepsilon_{ia}^{(\rho_{ia} - \|p_{ij}\|)/(\rho_{ia} - R_a)}, & p_{ij} < R_a \\ 0, & p_{ij} \geqslant R_a \end{cases} \tag{6.93}$$

式中，$i, j = 1,2,\cdots, N$，$i \neq j$，$p_{ij} = p_i - p_j$；$\iota_{ia} \in \mathbb{R}^+$ 是一个常数；$\varepsilon_{ia} \in \mathbb{R}^+$ 满足 $0 < \varepsilon_{ia} < 1$；$\rho_{ia} \in \mathbb{R}^+$ 满足 $\rho_{ia} < R_a$；R_a 是避碰检测范围，当 $\|p_{ij}\|$ 小于 R_a 时将激活避碰机制。对式 (6.93) 求偏导，得到

$$\frac{\partial V_{ij}^a}{\partial p_i} = \begin{cases} -\ln \varepsilon_{ia} V_{ij}^a \dfrac{p_i - p_j}{\|p_{ij}\|(\rho_{ia} - R_a)}, & p_{ij} < R_a \\ 0_2, & p_{ij} \geqslant R_a \end{cases} \tag{6.94}$$

2. 避障势能函数

为了解决无人船对静态障碍物的避障问题，设计如下的势能函数[206]：

$$V_{ik}^o(p_i, p_k) = \begin{cases} \iota_{io}\varepsilon_{io}^{(\rho_{io} - \|p_{ik}\|)/(\rho_{io} - R_o)}, & p_{ik} < R_o \\ 0, & p_{ik} \geqslant R_o \end{cases} \tag{6.95}$$

式中，$i = 1,2,\cdots, N$，$k = 1,2,\cdots, M_0$，M_0 表示静态障碍物数量，$p_{ik} = p_i - p_k$；$\iota_{io} \in \mathbb{R}^+$ 是一个常数；$\varepsilon_{io} \in \mathbb{R}^+$ 满足 $0 < \varepsilon_{io} < 1$；$\rho_{io} \in \mathbb{R}^+$ 满足 $\rho_{io} < R_a$；与

式 (6.93) 相似，R_0 是避障检测范围，当 $\|p_{ik}\|$ 小于 R_a 时将激活避障机制。对式 (6.95) 求偏导，得到

$$\frac{\partial V_{ik}^{o}}{\partial p_i}=\begin{cases}-\ln\varepsilon_{io}V_{ij}^{o}\dfrac{p_i-p_k}{\|p_{ik}\|(\rho_{io}-R_o)}, & p_{ik}<R_o\\ 0_2, & p_{ik}\geqslant R_o\end{cases}\tag{6.96}$$

3. 连通保持势能函数

为了保持无人船编队时的网络连通性，考虑如下势能函数[206]：

$$V_{ij}^{p}(p_i,p_j)=\begin{cases}\iota_{ip}\varepsilon_{ip}^{(\rho_{ip}-\|p_{ij}\|)/(\rho_{ip}-R_p)}, & p_{ij}>R_p\\ 0, & p_{ij}\leqslant R_p\end{cases}\tag{6.97}$$

式中，$\iota_{ip}\in\mathbb{R}^+$ 是一个常数；$\varepsilon_{ip}\in\mathbb{R}^+$ 满足 $0<\varepsilon_{ip}<1$；$\rho_{ip}\in\mathbb{R}^+$ 满足 $\rho_{ip}>R_p$。R_p 是连通性保持检测范围，当距离 $\|p_{ij}\|$ 大于 R_p 时将激活连通性保持机制。对式 (6.97) 求偏导，得到

$$\frac{\partial V_{ij}^{p}}{\partial p_i}=\begin{cases}-\ln\varepsilon_{ip}V_{ij}^{p}\dfrac{p_i-p_j}{\|p_{ij}\|(\rho_{ip}-R_p)}, & p_{ij}>R_p\\ 0_2, & p_{ij}\leqslant R_p\end{cases}\tag{6.98}$$

6.3.3 分布式路径操纵制导律设计

基于无人船的相对位置信息，定义第 i 艘无人船的分布式路径跟踪误差为

$$e_i=\bar{R}_i^{\mathrm{T}}(\psi_i)\left\{\sum_{j=1}^{M}a_{ij}(p_i-p_j)+\sum_{k=M+1}^{N}a_{ik}(p_i-p_{kd}(\theta_k))\right\}\in\mathbb{R}^2\tag{6.99}$$

对分布式路径跟踪误差 e_i 求导可得

$$\begin{aligned}\dot{e}_i=&-r_iSe_i+d_i\begin{bmatrix}u_i\\v_i\end{bmatrix}-\sum_{j=1}^{M}a_{ij}\bar{R}_i^{\mathrm{T}}(\psi_i)\bar{R}_j(\psi_j)\begin{bmatrix}u_j\\v_j\end{bmatrix}\\&-\sum_{k=M+1}^{N}a_{ik}\bar{R}_i^{\mathrm{T}}(\psi_i)p_{kd}^{\theta_k}\dot{\theta}_k\end{aligned}\tag{6.100}$$

式中，$d_i=\sum_{j=1}^{N}a_{ij}$；$S=\begin{bmatrix}0&-1\\1&0\end{bmatrix}$。

令 $\dot{\theta} = v_s - \omega_k$，其中 ω_k 是待设计协同变量，式 (6.100) 可以写成

$$\begin{aligned}\dot{e}_i =& - r_i S_i e_i + d_i \begin{bmatrix} u_i \\ v_i \end{bmatrix} - \sum_{j=1}^{M} a_{ij} \bar{R}_i(\psi_i) \bar{R}_j(\psi_j) \begin{bmatrix} u_j \\ v_j \end{bmatrix} \\ & - \sum_{k=M+1}^{N} a_{ik} \bar{R}_i^{\mathrm{T}}(\psi_i) p_{kd}^{\theta_k} v_s + \sum_{k=M+1}^{N} a_{ik} \bar{R}_i^{\mathrm{T}}(\psi_i) p_{kd}^{\theta_k} \omega_k \end{aligned} \tag{6.101}$$

为解决欠驱动控制问题，引入一个辅助变量 δ_0[85]，重新定义式 (6.99) 中的分布式路径跟踪误差如下：

$$\bar{e}_i = e_i - \bar{\delta}_0 \tag{6.102}$$

式中，$\bar{\delta}_0 = [-\delta_0,\ 0]^{\mathrm{T}} \in \mathbb{R}^2$。根据式 (6.101) 和式 (6.102)，$\bar{e}_i$ 的误差动态可表示为

$$\begin{aligned}\dot{\bar{e}}_i =& - r_i S_i \bar{e}_i + G_i \begin{bmatrix} u_i \\ r_i \end{bmatrix} - \sum_{j=1}^{M} a_{ij} \bar{R}_i^{\mathrm{T}}(\psi_i) \bar{R}_j(\psi_j) \begin{bmatrix} u_j \\ v_j \end{bmatrix} + \begin{bmatrix} 0 \\ d_i v_i \end{bmatrix} \\ & - \sum_{k=M+1}^{N} a_{ik} \bar{R}_i^{\mathrm{T}}(\psi_i) p_{kd}^{\theta_k} v_s + \sum_{k=M+1}^{N} a_{ik} \bar{R}_i^{\mathrm{T}}(\psi_i) p_{kd}^{\theta_k} \omega_k \end{aligned} \tag{6.103}$$

式中，$G_i = \mathrm{diag}\{d_i,\ \delta_0\}$。

定义

$$\begin{cases} e_{ip} = \bar{e}_i + R_i^{\mathrm{T}}(\psi_i) e_{iz} \\ e_{iz} = \displaystyle\sum_{j=1}^{M} \frac{\partial V_{ij}^a}{\partial p_i} + \sum_{j=1}^{M} \frac{\partial V_{ij}^p}{\partial p_i} + \sum_{k=1}^{N_o} \frac{\partial V_{ik}^o}{\partial p_i} \end{cases} \tag{6.104}$$

设计如下的防碰撞有限时间分布式协同路径跟踪制导律：

$$\begin{cases} \begin{bmatrix} u_{ic} \\ r_{ic} \end{bmatrix} = G_i^{-1} \Big\{ - K_{i1} e_{ip} - K_{i2} \mathrm{sgn}^{\gamma_{i1}}(e_{ip}) \\ \qquad + \displaystyle\sum_{j=1}^{M} a_{ij} \bar{R}_i^{\mathrm{T}}(\psi_i) \bar{R}_j(\psi_j) \begin{bmatrix} u_j \\ v_j \end{bmatrix} - \begin{bmatrix} 0 \\ d_i v_i \end{bmatrix} \\ \qquad + \displaystyle\sum_{k=M+1}^{N} a_{ik} \bar{R}_i^{\mathrm{T}}(\psi_i) p_{kd}^{\theta_k} v_s \Big\} \\ \omega_k = -\mu_{k1} \vartheta_k - \mu_{k2} \mathrm{sgn}^{\gamma_{i2}}(\vartheta_k) \end{cases} \tag{6.105}$$

式中，K_{i1}，$K_{i2}\in\mathbb{R}^{2\times2}$ 是增益矩阵；μ_{k1}，$\mu_{k2}\in\mathbb{R}^{+}$ 是常数；γ_{i1}，$\gamma_{i2}\in\mathbb{R}^{+}$ 是设计参数，并且

$$\begin{cases}\vartheta_k=\displaystyle\sum_{i=1}^{M}a_{ki}e_{ip}^{\mathrm{T}}\bar{R}_i(\psi_i)p_{kd}^{\theta_k}-e_k\\ e_k=\displaystyle\sum_{l=M+1}^{N}a_{kl}(\theta_k-\theta_l)+a_{k0}(\theta_k-\theta_0)\end{cases}\tag{6.106}$$

定义一个全局路径同步误差为 $\theta_{ke}=\theta_k-\theta_0$, 可以得到

$$\dot{\theta}_{ke}=-\omega_k\tag{6.107}$$

令 $\theta_e=\left[\theta_{(M+1)e},\theta_{(M+2)e},\cdots,\theta_{Ne}\right]^{\mathrm{T}}$, $e=[e_{M+1},e_{M+2},\cdots,e_N]^{\mathrm{T}}$，则全局路径同步误差 θ_e 和局部路径同步误差 e 满足 $e=\mathcal{H}\theta_e$，式中，$\mathcal{H}=L_0+\Lambda_0$，$\Lambda_0$ 是领航船邻接矩阵。

将式 (6.105) 和式 (6.107) 代入式 (6.103)，得到误差动态为

$$\begin{cases}\dot{\bar{e}}_i=-r_i\bar{S}\bar{e}_i-K_{i1}e_{ip}-K_{i2}\mathrm{sgn}^{\gamma_{i1}}(e_{ip})+G_i\nu_{ie}\\ \qquad+\displaystyle\sum_{k=M+1}^{N}a_{ik}R_i^{\mathrm{T}}(\psi_i)p_{kd}^{\theta_k}\omega_k\\ \dot{\theta}_{ke}=-\omega_k\end{cases}\tag{6.108}$$

式中，$\nu_{ie}=[u_i,\ r_i]^{\mathrm{T}}-[u_{ic},\ r_{ic}]^{\mathrm{T}}$ 是动力学跟踪误差，可通过设计动力学控制律使得 $\|\nu_{ie}\|\leqslant\nu_e^*$。

6.3.4 稳定性分析

下面给出欠驱动多无人船分布式路径跟踪闭环系统 (6.108) 的稳定性。

定理6.4 考虑欠驱动多无人船的运动学模型 (6.85) 和分布式制导律 (6.105)，在假设 6.5 ~ 假设 6.7 的条件下，闭环中的所有误差信号一致最终有界。此外，当无人船在避碰和连通保持区域之外时可以在有限的时间内实现分布式路径操纵。

证明 构建李雅普诺夫函数如下：

$$V=\frac{1}{2}\sum_{i=1}^{M}\left(\bar{e}_i^{\mathrm{T}}\bar{e}_i+d_i\sum_{j=1}^{M}\left(V_{ij}^{a}+V_{ij}^{p}\right)+d_i\sum_{k=1}^{N_o}V_{ik}^{o}\right)+\frac{1}{2}\theta_e^{\mathrm{T}}\mathcal{H}\theta_e\tag{6.109}$$

对式 (6.109) 求导，并将式 (6.103) 代入可得

$$\dot{V}=\sum_{i=1}^{M}\left(e_i^{\mathrm{T}}G_i\begin{bmatrix}u_i\\ v_i\end{bmatrix}+d_ie_{ip}^{\mathrm{T}}\begin{bmatrix}0\\ v_i\end{bmatrix}-\sum_{j=1}^{N}a_{ij}e_{ip}^{\mathrm{T}}\bar{R}_i^{\mathrm{T}}(\psi_i)\dot{p}_j\right.$$

$$+e_{iz}^{\mathrm{T}}\left(\sum_{j=1}^{N}a_{ij}\dot{p}_j-\bar{R}_i(\psi_i)\begin{bmatrix}0\\ \delta_0 r_i\end{bmatrix}\right)\Bigg)-\sum_{k=M+1}^{N}\omega_k e_k \tag{6.110}$$

将式 (6.105) 代入式 (6.110) 得到

$$\begin{aligned}\dot{V}=&\sum_{i=1}^{M}\left(-e_{ip}^{\mathrm{T}}K_{i1}e_{ip}-K_{i2}\|e_{ip}\|^{\gamma_{i1}+1}+e_{ip}^{\mathrm{T}}G_i\nu_{ie}+e_{iz}^{\mathrm{T}}\breve{v}_i\right)\\&-\sum_{k=M+1}^{N}\left(\mu_{k1}\vartheta_k^2+\mu_{k2}\vartheta_k^{\gamma_{i2}+1}\right)\end{aligned} \tag{6.111}$$

式中，$\breve{v}_i=\sum\limits_{j=1}^{N}a_{ij}\dot{p}_j-\bar{R}_i\begin{bmatrix}0\\ \delta_0 r_i\end{bmatrix}$。

进一步可以得到

$$\begin{aligned}\dot{V}\leqslant&\sum_{i=1}^{M}\Big(-\lambda_{\min}(K_{i1})e_{ip}^{\mathrm{T}}e_{ip}-\lambda_{\min}(K_{i2})\|e_{ip}\|^{\gamma_{i1}+1}+\|e_{ip}\|\|G_i\|\|\nu_{ie}\|\\&+\|e_{iz}\|\left\|\breve{v}_i\right\|\Big)-\sum_{k=M+1}^{N}\left(\mu_{k1}\vartheta_k^2+\mu_{k2}\vartheta_k^{\gamma_{i2}+1}\right)\end{aligned} \tag{6.112}$$

首先分析闭环系统在避碰和连通保持范围外的稳定性，当第 i 艘无人船在避碰和连通性保持范围之外时，其距离应该满足 $R_a<p_{ij}<R_p$，$p_{ik}>R_o$ 和 $\partial V_{ij}^{a}/\partial p_{ij}=\partial V_{ij}^{p}/\partial p_{ij}=\partial V_{ik}^{o}/\partial p_{ik}=0$，因此 $e_{ip}=\bar{e}_i$。

根据式 (6.112) 可得

$$\begin{aligned}\dot{V}\leqslant&\sum_{i=1}^{M}\left(-\lambda_{\min}(K_{i1})\bar{e}_i^{\mathrm{T}}\bar{e}_i-\lambda_{\min}(K_{i2})\|\bar{e}_i\|^{\gamma_1+1}+\|\bar{e}_i\|\|G_i\|\|\nu_{ie}\|\right)\\&-\sum_{k=M+1}^{N}\left(\mu_{k1}\vartheta_k^2+\mu_{k2}\vartheta_k^{\gamma_{i2}+1}\right)\end{aligned} \tag{6.113}$$

令 $E_1=\left[\bar{e}^{\mathrm{T}},\theta_e^{\mathrm{T}}\right]^{\mathrm{T}}$，$E_1'=\left[\bar{e}^{\mathrm{T}},\vartheta^{\mathrm{T}}\right]^{\mathrm{T}}$，$\bar{e}=\left[\bar{e}_1^{\mathrm{T}},\bar{e}_2^{\mathrm{T}},\cdots,\bar{e}_M^{\mathrm{T}}\right]^{\mathrm{T}}$，$\vartheta=[\vartheta_{M+1},\vartheta_{M+2},\cdots,\vartheta_N]^{\mathrm{T}}$，可以得到

$$\dot{V}\leqslant-c_1\|E_1'\|^2-c_2\|E_1'\|^{\gamma+1}+h_1\|E_1\| \tag{6.114}$$

式中，

$$
\left\{\begin{array}{l}
c_1=\min\limits_{\substack{i=1,2,\cdots,M;\\ k=M+1,M+2,\cdots,N}}\left\{\lambda_{\min}\left(K_{i1}\right),\mu_{k1}\right\}\\
c_2=\min\limits_{\substack{i=1,2,\cdots,M;\\ k=M+1,M+2,\cdots,N}}\left\{\lambda_{\min}\left(K_{i2}\right),\mu_{k2}\right\}\\
\gamma=\min\limits_{i=1,2,\cdots,M}\left\{\gamma_{i1},\gamma_{i2}\right\}\\
h_1=\max\limits_{i=1,2,\cdots,M}\left\{\|G_i\|\nu_e^*\right\}
\end{array}\right.\tag{6.115}
$$

定义

$$
\varPhi=\begin{bmatrix} I_M\otimes I_2 & 0 & 0\\ 0 & I_M\otimes I_2 & 0\\ \varUpsilon & 0 & -\mathcal{H}\end{bmatrix}\tag{6.116}
$$

式中，

$$
\varUpsilon=\begin{bmatrix} a_{(M+1)1}(p_{(M+1)d}^{\theta_{M+1}})^{\mathrm{T}}R_1 & \cdots & a_{(M+1)M}(p_{(M+1)d}^{\theta_{M+1}})^{\mathrm{T}}R_M\\ \vdots & \ddots & \vdots\\ a_{N1}(p_{Nd}^{\theta_N})^{\mathrm{T}}R_1 & \cdots & a_{NM}(p_{Nd}^{\theta_N})^{\mathrm{T}}R_M\end{bmatrix}\tag{6.117}
$$

那么 $E_1'=\varPhi E_1$，且 $\|E_1'\|\geqslant\underline{\sigma}(\varPhi)\|E_1\|$，其中，$\underline{\sigma}(\varPhi)$ 表示 $\varPhi$ 的最小奇异值，由于 $\varPhi$ 为满秩矩阵，则

$$
\dot{V}\leqslant-c_1\underline{\sigma}^2(\varPhi)\|E_1\|^2-c_2\underline{\sigma}^{\gamma+1}(\varPhi)\|E_1\|^{\gamma+1}+h_1\|E_1\|\tag{6.118}
$$

式 (6.118) 可以进一步写为

$$
\dot{V}\leqslant-\left\{c_1\underline{\sigma}^2(\varPhi)-h_1/\|E_1\|\right\}\|E_1\|^2-c_2\underline{\sigma}^{\gamma+1}(\varPhi)\|E_1\|^{\gamma+1}\tag{6.119}
$$

和

$$
\dot{V}\leqslant-c_1\underline{\sigma}^2(\varPhi)\|E_1\|^2-\left\{c_2\underline{\sigma}^{\gamma+1}(\varPhi)+h_1/\|E_1\|^{\gamma}\right\}\|E_1\|^{\gamma+1}\tag{6.120}
$$

根据式 (6.119)，当 $\|E_1\|>h_1/c_1\underline{\sigma}^2(\varPhi)$ 可得

$$
\dot{V}\leqslant-\kappa_1V-\kappa_2V^{(\gamma+1)/2}\tag{6.121}
$$

式中，$\kappa_1=2(c_1\underline{\sigma}^2(\varPhi)-h_1/\|E_1\|)/\bar{P}$；$\kappa_2=c_2\underline{\sigma}^{\gamma+1}(\varPhi)(2/\bar{P})^{(\gamma+1)/2}$，$\bar{P}=\max\{1,\underline{\lambda}(\mathcal{H})\}$。

在有限时间内能够实现 $\|E_1\|\leqslant h_1/c_1\underline{\sigma}^2(\varPhi)$，有限时间 T_1 内满足

$$
T_1\leqslant t_0+\frac{2}{\kappa_1(1-\gamma)}\ln\left(\frac{\kappa_1V^{(1-\gamma)/2}\left(\|E_1(0)\|\right)+\kappa_2}{\kappa_2}\right)\tag{6.122}
$$

式中，$t_0=\max\limits_{i=1,2,\cdots,M}\{t_{i1},t_{i2}\}$。

根据式 (6.120)，当 $\|E_1\|>(h_1/c_2\underline{\varrho}^{\gamma+1}(\varPhi))^{1/\gamma}$ 时，可得

$$\dot{V}\leqslant-\kappa_3V-\kappa_4V^{(\gamma+1)/2} \tag{6.123}$$

式中，$\kappa_3=2c_1\underline{\varrho}^2(\varPhi)/\bar{P}$；$\kappa_4=(c_2\underline{\varrho}^{\gamma+1}(\varPhi)-h_1/\|E_1\|^\gamma)(2/\bar{P})^{(\gamma+1)/2}$。

在有限时间内能够实现 $\|E_1\|\leqslant(h_1/c_1\underline{\varrho}^{\gamma+1}(\varPhi))^{1/\gamma}$，有限时间 T_2 内满足

$$T_2\leqslant t_0+\frac{2}{\kappa_3(1-\gamma)}\ln\left(\frac{\kappa_3V^{(1-\gamma)/2}(\|E_1(0)\|)+\kappa_4}{\kappa_4}\right) \tag{6.124}$$

因此，误差 E_1 在有限时间 T^* 内收敛到

$$\|E_1\|\leqslant\min\left\{\frac{h_1}{c_1\underline{\varrho}^2(\varPhi)},\left(\frac{h_1}{c_1\underline{\varrho}^{\gamma+1}(\varPhi)}\right)^{1/\gamma}\right\} \tag{6.125}$$

式中，$T^*\leqslant\max\{T_1,\ T_2\}$。

令

$$\begin{cases}p=\left[p_1^{\mathrm{T}},p_2^{\mathrm{T}},\cdots,p_M^{\mathrm{T}}\right]^{\mathrm{T}}\in\mathbb{R}^{2M}\\R=\mathrm{diag}\left\{R_1^{\mathrm{T}},R_2^{\mathrm{T}},\cdots,R_M^{\mathrm{T}}\right\}\in\mathbb{R}^{2M\times2M}\\\bar{\delta}=\left[\bar{\delta}_0^{\mathrm{T}},\cdots,\bar{\delta}_0^{\mathrm{T}}\right]^{\mathrm{T}}\in\mathbb{R}^{2M}\\p_d=\left[p_{(M+1)d}^{\mathrm{T}},p_{(M+2)d}^{\mathrm{T}},\cdots,p_{Nd}^{\mathrm{T}}\right]^{\mathrm{T}}\in\mathbb{R}^{2(N-M)}\end{cases} \tag{6.126}$$

则有

$$e=\bar{e}+\bar{\delta}=R[(L_1\otimes I_2)\,p+(L_2\otimes I_2)\,p_d] \tag{6.127}$$

由于 $\|\bar{R}\|=1$, 那么

$$\left\|p+\left(L_1^{-1}L_2\otimes I_2\right)p_d\right\|\leqslant\left(\|\bar{e}\|+\|\bar{\delta}\|\right)/\,\underline{\lambda}\,(L_1) \tag{6.128}$$

在假设 6.5 的条件下，根据定理 2.10，$-L_1^{-1}L_2$ 每一行的和等于 1，因此存在一个小的常数 l_{i1}，使得控制目标 (6.88) 在有限时间 T^* 内成立。在假设 6.6 的条件下，根据 θ_{ke} 和 $\bar{e}_i$ 的有界性可知 ω_k 在有限时间内是有界的，因此，存在常数 l_{i2} 使得控制目标 (6.89) 成立。另外，在假设 6.5 的条件下，$\lambda_{\min}(\mathcal{H})\|\theta_e\|^2\leqslant\theta_e^{\mathrm{T}}\mathcal{H}\theta_e$，因此存在一个小的常数 l_{i3}，使得控制目标 (6.90) 在有限时间 T^* 内成立。

接下来，分析闭环系统在避碰和连通保持范围内的稳定性。根据式 (6.112) 可得

$$\dot{V}\leqslant\sum_{i=1}^{M}\left(-\lambda_{\min}\left(K_{i1}\right)e_{ip}^{\mathrm{T}}e_{ip}-\lambda_{\min}\left(K_{i2}\right)\|e_{ip}\|^{\gamma_1+1}+\|e_{ip}\|\|h_{i2}\|\right)$$

$$
-\sum_{k=M+1}^{N}\left(\mu_{k1}\vartheta_k^2+\mu_{k2}\vartheta_k^{\gamma_{i2}+1}\right) \tag{6.129}
$$

式中，$\|h_{i2}\|=\|G_i\|\nu_e^*+\|\breve{v}_i\|$。

定义 $E_2=\left[e_p^{\mathrm{T}},\theta_e^{\mathrm{T}}\right]^{\mathrm{T}}$, $E_2'=\left[e_p^{\mathrm{T}},\vartheta^{\mathrm{T}}\right]^{\mathrm{T}}$, $e_p=\left[e_{1p}^{\mathrm{T}},e_{2p}^{\mathrm{T}},\cdots,e_{Mp}^{\mathrm{T}}\right]^{\mathrm{T}}$，则有

$$
\begin{aligned}
\dot{V}\leqslant&-c_1\|E_2'\|^2-c_2\|E_2'\|^{\gamma+1}+h_2\|E_2\|\\
\leqslant&-c_1\underline{\varrho}^2(\Phi)\|E_2\|^2-c_2\underline{\varrho}^{\gamma+1}(\Phi)\|E_2\|^{\gamma+1}+h_2\|E_2\|
\end{aligned} \tag{6.130}
$$

式中，$h_2=\max\limits_{i=1,2,\cdots,M}\{\|h_{i2}\|\}$。

当输入 $h_2=0$ 的时候，系统 (6.130) 是渐近稳定的。当外部输入 h_2 有界时，误差信号 E_2 是一致最终有界的。在假设 6.7 下，无人船初始在防碰撞和连通保持区域以外。当无人船进入防碰撞或连通保持区域内时，势能函数单调指数增加，当无人船离开防碰撞和连通保持区域，势能函数归零。因此，无人船既不会发生碰撞也不会超过连通保持范围，即实现了控制目标 (6.91) 和 (6.92)。□

6.3.5 仿真验证

考虑由五艘无人船组成的集群系统，编号为 1 到 5，两艘虚拟领航船编号为 6 和 7，以及一艘超级领航船，标记为 0。通信拓扑结构如图 6.17 所示。通信拓扑是双向的，虚拟领航船 6 可以访问超级领航船。虚拟领航船 6 和 7 的路径信息如下：

$$
\begin{cases}
p_{6d}=\left[0.1\sqrt{2}\theta_6-7.5\sqrt{2}\cos\left(0.005\theta_6+\pi/3\right)+20,\right.\\
\qquad\left.0.1\sqrt{2}\theta_6+7.5\sqrt{2}\cos\left(0.005\theta_6+\pi/3\right)+20\right]^{\mathrm{T}}\\
p_{7d}=\left[0.1\sqrt{2}\theta_7+7.5\sqrt{2}\cos\left(0.005\theta_7+\pi/3\right)-20,\right.\\
\qquad\left.0.1\sqrt{2}\theta_7-7.5\sqrt{2}\cos\left(0.005\theta_7+\pi/3\right)-20\right]^{\mathrm{T}}
\end{cases} \tag{6.131}
$$

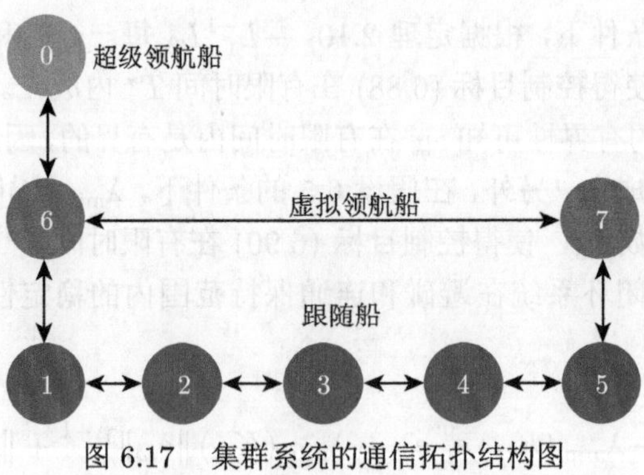

图 6.17 集群系统的通信拓扑结构图

仿真中采用有限时间收敛分布式路径操纵制导律 (6.105)，辅助变量选择为 $\delta_0 = 0.1$，超级领航船的路径更新速度为 $v_s = 0.2$，控制器参数选择为 $K_{i1} = \mathrm{diag}\{0.1, 0.05\}$, $K_{i2} = 0.01I_2$, $\mu_{k1} = 2$, $\mu_{k2} = 0.1$, $\gamma_{i1} = 0.9$, $\gamma_{i2} = 0.9$。五艘无人船的初始位置设置为 $p_1 = [7, -13]^{\mathrm{T}}$, $p_2 = [2, -7]^{\mathrm{T}}$, $p_3 = [2, -5]^{\mathrm{T}}$, $p_4 = [-6, 2]^{\mathrm{T}}$, $p_5 = [-10, 8]^{\mathrm{T}}$。四个静态障碍物的位置设置为 $(0, 24), (22, 10), (120, 100)$ 和 $(100, 114)$。四个静态障碍物的半径设为 3m。势能函数相关参数设为 $t_{ia} = 0.2$, $t_{io} = 0.2$, $t_{ip} = 0.2$, $\varepsilon_{ia} = 0.7$, $\varepsilon_{io} = 0.7$, $\varepsilon_{ip} = 0.7$, $\rho_{ia} = 3.8$, $\rho_{io} = 3.8$, $\rho_{ip} = 10.2$, $R_a = 4$, $\underline{R}_a = 2$, $R_o = 5$, $\underline{R}_o = 3$, $R_p = 10$, $\overline{R}_p = 12$。

仿真结果如图 6.18 ～ 图 6.22 所示。图 6.18 给出五艘欠驱动多无人船的运动轨迹，可以看出多无人船能够跟随由两艘虚拟领航船张成的凸包。在编队运动的过程中，可以躲避四个静态障碍物，同时避免无人船之间的碰撞并保持了通信连通性。图 6.19 和图 6.20 分别给出了五艘欠驱动多无人船的纵向跟踪误差和横向跟踪误差。在 20～200s 和 680～750s 时，因多无人船为避免与障碍物发生碰撞而出现较大的横向跟踪误差。在 200～550s 和 750 ～ 1250s 时，因多无人船为避免碰撞和保持网络连通性而产生较大的横向跟踪误差。图 6.21 给出了邻居无人船之间的距离，可以看出当邻居无人船之间的距离小于防撞检测范围或大于连通性保持检测范围时，避碰和连通性保持的机制分别被激活。图 6.22 给出虚拟领航船路径参数，可以看出路径参数更新速度可以根据无人船的避障避碰或连通保持情况进行更新。

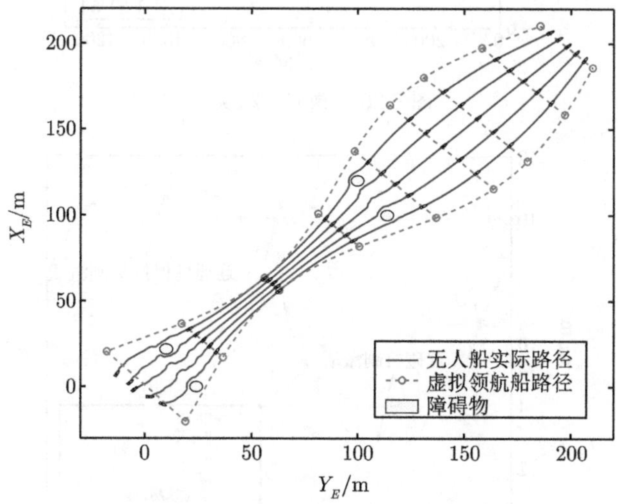

图 6.18　五艘无人船的编队运动轨迹

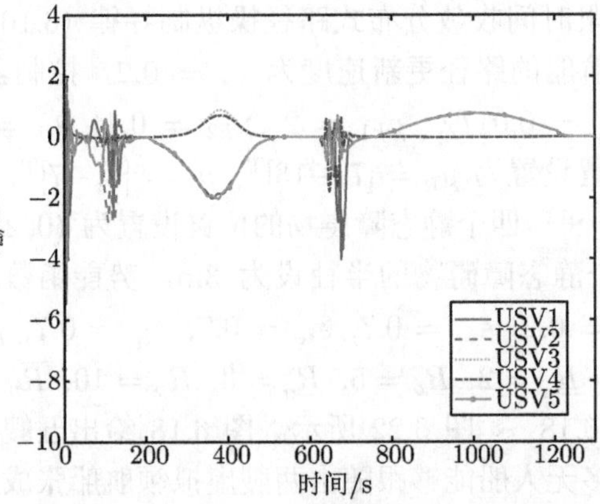

图 6.19 纵向跟踪误差

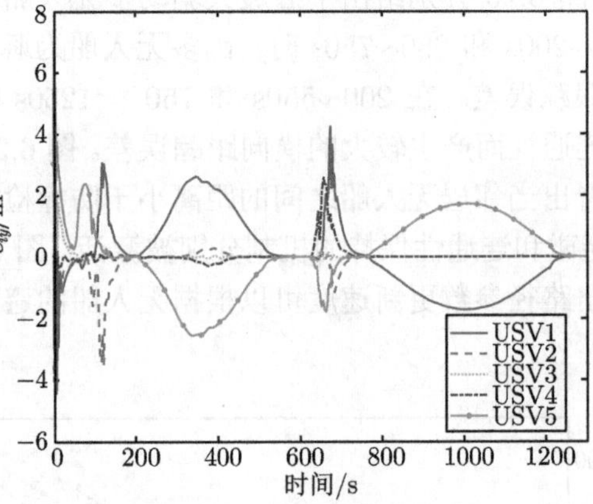

图 6.20 横向跟踪误差

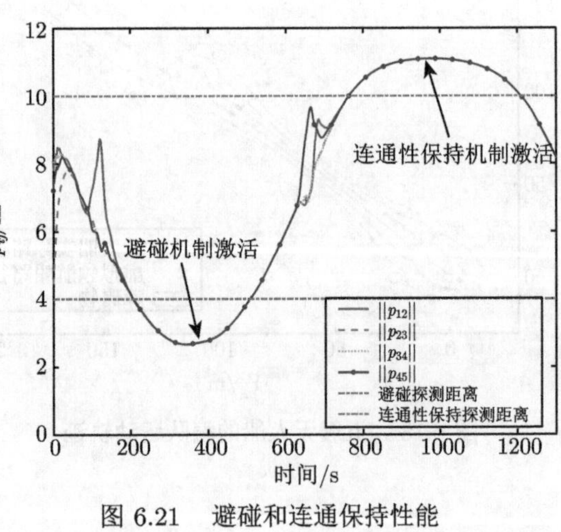

图 6.21 避碰和连通保持性能

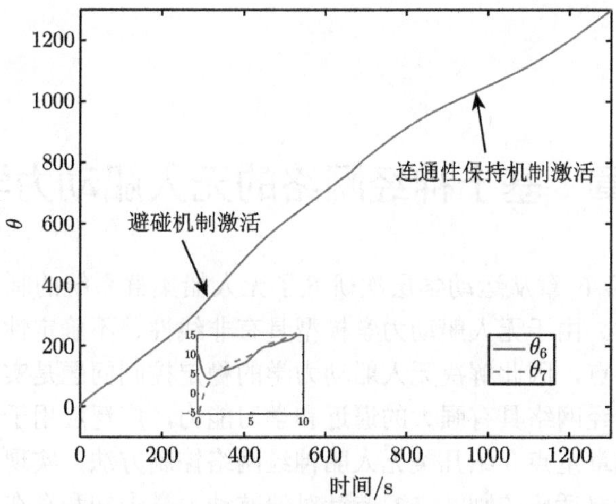

图 6.22　虚拟领航船的路径参数

6.4 本章小结

本章在运动学层次研究了基于多路径导引的多无人船分布式协同路径跟踪问题。针对全驱动多无人船集群系统，提出了多路径导引的分布式包含操纵制导方法，使得多无人船收敛到多虚拟领航船张成的凸包内。针对欠驱动多无人船集群系统，结合路径跟踪和辅助变量法，提出了多路径导引的分布式包含操纵制导方法，解决了欠驱动所带来的设计问题；针对多无人船避障避碰和连通保持问题，提出了有限时间收敛的欠驱动多无人船分布式路径操纵方法，在实现包含编队队形的同时，能够避免多无人船与静态或动态障碍物发生碰撞，保持多无人船之间的网络连通性，提高无人船协同作业的安全性。仿真验证了本章所提基于多路径导引的多无人船分布式协同路径跟踪制导控制方法的有效性。

第 7 章 基于神经网络的无人船动力学控制

第 3 章到第 6 章从运动学层次研究了无人船集群系统的制导问题，没有考虑无人船动力学。由于无人船动力学模型具有非线性、不确定性、强扰动、欠驱动、多约束等特点，因此解决无人船动力学的稳定控制问题是实现集群协同的关键问题之一。神经网络具有强大的逼近和学习能力，广泛应用于无人船动力学建模与控制中。本章重点介绍几类无人船神经网络控制方法，实现动力学层次的无人船航向和速度自适应控制。 7.1 节针对偏航动力学未知和存在测量噪声情况下的无人船航向控制问题，提出一种基于低频学习预估器的神经网络动态面控制方法；7.2 节针对模型参数未知和海洋环境扰动下的欠驱动无人船动力学模型，提出一种基于预估器的神经网络控制方法，提高了神经网络的暂态学习性能； 7.3 节针对输入增益未知欠驱动无人船动力学模型，提出一种基于积分并行学习的神经网络动力学控制方法；7.4 节针对模型参数不确定、海洋环境扰动和输入约束下全驱动无人船动力学模型，提出一种基于预估器的饱和神经网络动力学控制方法；7.5 节针对网络通信带宽受限的全驱动无人船动力学控制问题，提出一种基于事件触发的神经网络动力学控制方法，降低了网络通信的频次。

7.1 基于低频学习预估器的无人船神经网络航向控制

本节研究偏航动力学未知和含有测量噪声情况下的无人船航向控制问题，提出基于低频学习预估器的神经网络动态面控制方法，实现无人船鲁棒自适应航向控制。具体而言，采用低频学习机制更新神经网络参数，在含有测量噪声情况下实现对系统状态的重构和偏航动力学低频分量的快速估计。将二阶线性跟踪微分器融合到动态面控制设计方法中，避免一阶滤波器的噪声放大效应，实现对虚拟控制信号的精确求导。通过级联稳定性理论分析证明无人船闭环航向控制系统的输入状态稳定性，并且跟踪误差收敛到零附近。与神经网络动态面方法对比分析，仿真验证本节所提基于低频学习预估器的神经网络动态面控制方法的有效性。

与现有神经网络动态面控制方法相比，本节提出的方法特点如下：首先，与一阶滤波器相比，二阶线性跟踪微分器可以在存在测量噪声的情况下，实现对虚拟控制信号精确求导。其次，本节所提基于低频学习的神经网络预估器不仅可以学习系统动态的低频信息，而且能够重构含噪声的系统状态。

7.1.1 问题描述

根据文献 [98]，无人船的偏航动力学模型可描述为

$$\begin{cases} \dot{\psi}_i = r_i \\ \dot{r}_i = -\dfrac{K_i}{T_i}\sigma_{ir}(r_i) + \dfrac{K_i}{T_i}\delta_i \end{cases} \tag{7.1}$$

式中，ψ_i 是艏摇角；r_i 是艏摇角速度；δ_i 是执行器角度；K_i 和 T_i 是流体动力系数，其标称参数可以通过实验获得；σ_{ir} 是关于 r_i 的未知非线性函数，可以近似为

$$\sigma_{ir}(r_i) = b_{i0} + b_{i1}r_i + b_{i2}r_i^3 + b_{i3}r_i^5 + \cdots \tag{7.2}$$

其中，$b_{i0} \in \mathbb{R}$，$b_{i1} \in \mathbb{R}$，$b_{i2} \in \mathbb{R}$，$b_{i3} \in \mathbb{R}$ 均为未知常数。

测量的艏摇角和艏摇角速度可以表示为

$$\psi_{im} = \psi_i + w_{i1}, \quad r_{im} = r_i + w_{i2} \tag{7.3}$$

式中，w_{i1} 和 w_{i2} 是测量噪声，满足 $|w_{i1}| \leqslant w_{i1}^*, |w_{i2}| \leqslant w_{i2}^*$，且 $w_{i1}^* \in \mathbb{R}^+, w_{i2}^* \in \mathbb{R}^+$ 为常数。

本节的控制目标是针对偏航动力学模型 (7.1)，设计鲁棒自适应航向控制律，以跟踪航向参考信号 ψ_{id}，使得

$$\lim_{t\to\infty} |\psi_i - \psi_{id}| \leqslant l_i \tag{7.4}$$

式中，$l_i \in \mathbb{R}^+$ 为一个小的常数。

7.1.2 基于预估器的航向控制器设计

本节提出基于低频学习机制的神经网络动态面控制方法，设计无人船鲁棒自适应航向控制律，具体设计过程详述如下。

步骤 1 首先定义航向跟踪误差 ψ_{ie} 如下：

$$\psi_{ie} = \psi_i - \psi_{id} \tag{7.5}$$

对其求导可得

$$\dot{\psi}_{ie} = r_i - \dot{\psi}_{id} \tag{7.6}$$

为了稳定航向跟踪误差 ψ_{ie}，设计期望的艏摇角速度为

$$r_{ic} = -k_{i\psi}(\psi_i - \psi_{id}) + \dot{\psi}_{id} \tag{7.7}$$

式中，$k_{i\psi} \in \mathbb{R}^+$ 是控制参数。由于传感器存在测量噪声，实际测得的艏摇角 ψ_i 不可用于反馈控制，因此，式 (7.7) 中给出的虚拟控制律 r_{ic} 不可获得。为了解决这个问题，将期望的艏摇角速度 (7.7) 更改为

$$r_{ic} = -k_{i\psi}(\hat{\psi}_i - \psi_{id}) + \dot{\psi}_{id} \tag{7.8}$$

式中，$\hat{\psi}_i$ 可由一个状态预估器获得，设计如下：

$$\dot{\hat{\psi}}_i = \hat{r}_i - \varrho_{i1}(\hat{\psi}_i - \psi_{im}) \tag{7.9}$$

式中，$\varrho_{i1} \in \mathbb{R}^+$ 是设计参数；$\hat{r}_i$ 是 r_i 的一个估计值。

若采用动态面控制设计方法中的一阶滤波器，则导数的估计变为 $\iota\dot{r}_{id} = r_{id} - r_{ic}$，其中 ι 是时间常数。可以看出，一阶滤波器对系统噪声敏感，即虚拟控制律 (7.8) 的任何噪声都会被放大 $1/\iota$ 倍。为了克服这个问题，让 r_{ic} 通过二阶线性跟踪微分器[172,207]，以获得 r_{ic} 导数的估计值，具体如下：

$$\begin{cases} \dot{r}_{id} = \bar{r}_{id} \\ \dot{\bar{r}}_{id} = -k_{id}^2(r_{id} - r_{ic}) - 2k_{id}r_{id} \end{cases} \tag{7.10}$$

式中，$k_{id} \in \mathbb{R}^+$ 为设计参数。

步骤 2 为了简化控制器设计，将偏航动力学模型 (7.1) 写为

$$\dot{r}_i = f(r_i, \delta_i) + \frac{K_i^*}{T_i^*}\delta_i \tag{7.11}$$

且

$$f(r_i, \delta_i) = -\frac{K_i}{T_i}\sigma_{ir}(r_i) + \left(\frac{K_i}{T_i} - \frac{K_i^*}{T_i^*}\right)\delta_i \tag{7.12}$$

式中，K_i^* 和 T_i^* 是标称参数，可以从实验中获得。

定义艏摇角速度跟踪误差 r_{ie} 如下：

$$r_{ie} = r_i - r_{id} \tag{7.13}$$

对其求导可得

$$\dot{r}_{ie} = f(r_i, \delta_i) + \frac{K_i^*}{T_i^*}\delta_i - \dot{r}_{id} \tag{7.14}$$

理想的控制输入 δ_i 设计如下：

$$\delta_i = \frac{T_i^*}{K_i^*}\Big(-k_{ir}\left(r_i - r_{id}\right) + \dot{r}_{id} - f(r_i, \delta_i)\Big) \tag{7.15}$$

式中，$k_{ir} \in \mathbb{R}^+$ 为设计参数。在实际中，$f(r_i, \delta_i)$ 的准确信息不可获得，为了利用测量状态值 r_{im} 来重建 r_i 和 $f(r_i, \delta_i)$，低频学习预估器设计如下：

$$\dot{\hat{r}}_i = \hat{W}_{ir}^{\mathrm{T}} X_{ir}(\hat{\xi}_i) + \frac{K_i^*}{T_i^*}\delta_i - \varrho_{i2}(\hat{r}_i - r_{im}) \tag{7.16}$$

式中，$\hat{\xi}_i = [1, \hat{r}_i, \delta_i]^{\mathrm{T}}$；$\varrho_{i2} \in \mathbb{R}^+$；$\hat{W}_{ir}$ 是 W_{ir} 的一个估计值，其更新律设计如下：

$$\begin{cases} \dot{\hat{W}}_{ir} = \Gamma_{ir}(-X_{ir}(\hat{\xi}_i)\tilde{r}_i - k_{iW}(\hat{W}_{ir} - \hat{W}_{if}) - \sigma_{iW}\hat{W}_{ir}) \\ \dot{\hat{W}}_{if} = \Gamma_{if}(\hat{W}_{ir} - \hat{W}_{if} - \sigma_{if}\hat{W}_{if}) \end{cases} \tag{7.17}$$

式中，$\Gamma_{ir} \in \mathbb{R}^+$；$\Gamma_{if} \in \mathbb{R}^+$；$\sigma_{iW} \in \mathbb{R}^+$；$\sigma_{if} \in \mathbb{R}^+$；$k_{iW} \in \mathbb{R}^+$；$\hat{W}_{if}$ 是 W_{ir} 的滤波估计值。文献 [208] 表明，自适应律 (7.17) 能够有效估计系统不确定性的低频信息。

基于低频学习预估器 (7.16)，可将实际控制律 δ_i 设计为

$$\delta_i = \frac{T_i^*}{K_i^*}\left(-k_{ir}(\hat{r}_i - r_{id}) + \dot{r}_{id} - \hat{W}_{ir}^{\mathrm{T}} X_{ir}(\hat{\xi}_i)\right) \tag{7.18}$$

7.1.3　稳定性分析

令 $\tilde{\psi}_i = \hat{\psi}_i - \psi_i$，$\tilde{r}_i = \hat{r}_i - r_i$，$\hat{\psi}_{ie} = \hat{\psi}_i - \psi_{id}$，$\hat{r}_{ie} = \hat{r}_i - r_{id}$，$\tilde{W}_{ir} = \hat{W}_{ir} - W_{ir}$，$\tilde{W}_{if} = \hat{W}_{if} - W_{ir}$，则关于 $\tilde{\psi}_i, \hat{\psi}_{ie}, \tilde{r}_i, \hat{r}_{ie}, \tilde{W}_{ir}, \tilde{W}_{if}$ 的误差动态为

$$\begin{cases} \dot{\hat{\psi}}_{ie} = -k_{i\psi}\hat{\psi}_{ie} - \varrho_{i1}\tilde{\psi}_i + \hat{r}_{ie} + q_i + \bar{h}_{i1} \\ \dot{\hat{r}}_{ie} = -k_{ir}\hat{r}_{ie} - \varrho_{i2}\tilde{r}_i + \bar{h}_{i2} \end{cases} \tag{7.19}$$

和

$$\begin{cases} \dot{\tilde{\psi}}_i = -\varrho_{i1}\tilde{\psi}_i + \tilde{r}_i + \bar{h}_{i1} \\ \dot{\tilde{r}}_i = -\varrho_{i2}\tilde{r}_i + \tilde{W}_{ir}^{\mathrm{T}} X_{ir}(\hat{\xi}_i) + W_{ir}^{\mathrm{T}}\tilde{X}_{ir} - \varepsilon_{ir} + \bar{h}_{i2} \\ \dot{\tilde{W}}_{ir} = \Gamma_{ir}(-X_{ir}(\hat{\xi}_i)\tilde{r}_{ir} - k_{iW}(\hat{W}_{ir} - \hat{W}_{if}) - \sigma_{iW}\hat{W}_{ir}) \\ \dot{\tilde{W}}_{if} = \Gamma_{if}(\hat{W}_{ir} - \hat{W}_{if} - \sigma_{if}\hat{W}_{if}) \end{cases} \tag{7.20}$$

式中，$q_i = r_{id} - r_{ic}$; $\bar{h}_{i1} = \varrho_{i1}w_{i1}$; $\bar{h}_{i2} = \varrho_{i2}w_{i2}$。由于 ω_{i1} 和 ω_{i2} 是有界的，因此存在常数 $\bar{h}_{i1}^*$ 和 $\bar{h}_{i2}^*$ 使得 $|\bar{h}_{i1}| \leqslant \bar{h}_{i1}^*$; $|\bar{h}_{i2}| \leqslant \bar{h}_{i2}^*$。$\tilde{X}_{ir} = X_{ir}(\hat{\xi}_i) - X_{ir}(\xi_i)$，由于激活函数是有界的，因此存在常数 $\tilde{X}_{ir}^*$ 使得 $\|\tilde{X}_{ir}\| \leqslant \tilde{X}_{ir}^*$。以下引理给出子系统 (7.19) 的稳定性。

引理 7.1　考虑子系统 (7.19)，若状态为 $\hat{\psi}_{ie}$ 和 $\hat{r}_{ie}$，输入为 $\tilde{\psi}_i, \tilde{r}_i, q_i, \bar{h}_{i1}$ 和 $\bar{h}_{i2}$，则该系统是输入状态稳定的。

证明 构建如下的李雅普诺夫函数：

$$V_{i1}=\frac{1}{2}(\hat{\psi}_{ie}^2+\hat{r}_{ie}^2) \tag{7.21}$$

对其求导，并将式 (7.19) 代入可得

$$\begin{aligned}\dot{V}_{i1}=&-k_{i\psi}\hat{\psi}_{ie}^2-\varrho_{i1}\hat{\psi}_{ie}\tilde{\psi}_i+\hat{\psi}_{ie}\hat{r}_{ie}+\hat{\psi}_{ie}q_i+\hat{\psi}_{ie}\bar{h}_{i1}-k_{ir}\hat{r}_{ie}^2\\&-\varrho_{i2}\hat{r}_{ie}\tilde{r}_i+\hat{r}_{ie}\bar{h}_{i2}\\\leqslant&-k_{i\psi}|\hat{\psi}_{ie}|^2+\varrho_{i1}|\hat{\psi}_{ie}||\tilde{\psi}_i|+|\hat{\psi}_{ie}||\hat{r}_{ie}|+|\hat{\psi}_{ie}||q_i|\\&+|\hat{\psi}_{ie}||\bar{h}_{i1}|-k_{ir}|\hat{r}_{ie}|^2+\varrho_{i2}|\hat{r}_{ie}||\tilde{r}_i|+|\hat{r}_{ie}||\bar{h}_{i2}|\end{aligned} \tag{7.22}$$

令 $E_{i1}=[|\hat{\psi}_{ie}|,|\hat{r}_{ie}|]^{\mathrm{T}}$，$h_{i1}=(\varrho_{i1}|\tilde{\psi}_i|+|q_i|+|\bar{h}_{i1}|,\varrho_{i2}|\tilde{r}_i|+|\bar{h}_{i2}|)$，$c_{i1}=\lambda_{\min}(k_{i1})$，且

$$k_{i1}=\begin{bmatrix}k_{i\psi} & -\dfrac{1}{2}\\ -\dfrac{1}{2} & k_{ir}\end{bmatrix} \tag{7.23}$$

则不等式 (7.22) 可写为

$$\begin{aligned}\dot{V}_{i1}&\leqslant -c_{i1}E_{i1}^{\mathrm{T}}E_{i1}+h_{i1}E_{i1}\\&\leqslant -c_{i1}\|E_{i1}\|^2+\|h_{i1}\|\,\|E_{i1}\|\end{aligned} \tag{7.24}$$

当 $\|E_{i1}\|\geqslant\|h_{i1}\|/(c_{i1}\ell_{i1})$，有

$$\dot{V}_{i1}\leqslant-(1-\ell_{i1})c_{i1}\|E_{i1}\|^2 \tag{7.25}$$

式中，$0<\ell_{i1}<1$。

因此，子系统 (7.19) 是输入状态稳定的，并且存在 $\mathcal{KL}$ 类函数 $\gamma_{ic}(\cdot)$ 和 $\mathcal{K}$ 类函数 $\kappa_{ic}^{\tilde{\psi}}(\cdot)$, $\kappa_{ic}^{\tilde{r}}(\cdot)$, $\kappa_{ic}^{q}(\cdot)$, $\kappa_{ic}^{\bar{h}_1}(\cdot)$ 和 $\kappa_{ic}^{\bar{h}_2}(\cdot)$ 使得

$$\begin{aligned}\|E_{i1}(t)\|\leqslant\max\Big\{&\gamma_{ic}(\|E_{i1}(t_0)\|,t-t_0),\kappa_{ic}^{\tilde{\psi}}|\tilde{\psi}_i|+\kappa_{ic}^{\tilde{r}}|\tilde{r}_i|\\&+\kappa_{ic}^{q}|q_i|+\kappa_{ic}^{\bar{h}_1}|\bar{h}_{i1}|+\kappa_{ic}^{\bar{h}_2}|\bar{h}_{i2}|\Big\}\end{aligned} \tag{7.26}$$

式中，

$$\begin{cases}\kappa_{ic}^{q}(s)=\kappa_{ic}^{\bar{h}_1}(s)=\kappa_{ic}^{\bar{h}_2}(s)=\dfrac{s}{c_{i1}\ell_{i1}}\\ \kappa_{ic}^{\tilde{\psi}}(s)=\dfrac{s\varrho_{i1}}{c_{i1}\ell_{i1}},\ \kappa_{ic}^{\tilde{r}}(s)=\dfrac{s\varrho_{i2}}{c_{i1}\ell_{i1}}\end{cases} \tag{7.27}$$

□

以下引理给出子系统 (7.20) 的稳定性。

引理 7.2　考虑子系统 (7.20)，若状态为 $\tilde{\psi}_i$，$\tilde{r}_i$，$\tilde{W}_{ir}$ 和 $\tilde{W}_{if}$，输入为 W_{ir}，W_{if}，$\tilde{X}_{ir}$，ε_{ir}，$\bar{h}_{i1}$ 和 $\bar{h}_{i2}$，则该系统是输入状态稳定的。

证明　构建如下的李雅普诺夫函数：

$$V_{i2}=\frac{1}{2}\Big(\tilde{\psi}_i^2+\tilde{r}_i^2+\varGamma_{ir}^{-1}\tilde{W}_{ir}^{\mathrm{T}}\tilde{W}_{ir}+k_{iW}\varGamma_{if}^{-1}\tilde{W}_{if}^{\mathrm{T}}\tilde{W}_{if}\Big) \tag{7.28}$$

对其求导，并将式 (7.20) 代入可得

$$\begin{aligned}\dot{V}_{i2}=&-\varrho_{i1}\tilde{\psi}_i^2+\tilde{\psi}_i\tilde{r}_i+\tilde{\psi}_i\bar{h}_{i1}-\varrho_{i2}\tilde{r}_i^2+\tilde{r}_iW_{ir}^{\mathrm{T}}\tilde{X}_{ir}-\tilde{r}_i\varepsilon_{ir}+\tilde{r}_{ir}\bar{h}_{i2}\\&-\sigma_{iW}\tilde{W}_{ir}^2-\sigma_{iW}\tilde{W}_{ir}^{\mathrm{T}}W_{ir}-k_{iW}\sigma_{if}\tilde{W}_{if}^2-k_{iW}\sigma_{if}\tilde{W}_{if}^{\mathrm{T}}W_{if}\\\leqslant&-\varrho_{i1}|\tilde{\psi}_i|^2+|\tilde{\psi}_i||\tilde{r}_i|+|\tilde{\psi}_i||\bar{h}_{i1}|-\varrho_{i2}|\tilde{r}_i|^2+|\tilde{r}_i|\|W_{ir}^{\mathrm{T}}\|\|\tilde{X}_{ir}\|\\&+|\tilde{r}_i||\varepsilon_{ir}|+|\tilde{r}_i||\bar{h}_{i2}|-\sigma_{iW}\|\tilde{W}_{ir}\|^2+\sigma_{iW}\|\tilde{W}_{ir}^{\mathrm{T}}\|\|W_{ir}\|\\&-k_{iW}\sigma_{if}\|\tilde{W}_{if}\|^2+k_{iW}\sigma_{if}\|\tilde{W}_{if}^{\mathrm{T}}\|\|W_{if}\|\end{aligned} \tag{7.29}$$

令 $E_{i2}=[|\tilde{\psi}_i|,|\tilde{r}_i|,\|\tilde{W}_{ir}\|,\|\tilde{W}_{if}\|]^{\mathrm{T}}$，$c_{i2}=\min\{\varrho_{i1},\varrho_{i2},\sigma_{iW},k_{iW}\sigma_{if}\}$，$k_{i2}=\max\{\sigma_{iW},\ k_{iW}\sigma_{if}\}$，$h_{i2}=[|\bar{h}_{i1}|,(\|W_{ir}^{\mathrm{T}}\|\|\tilde{X}_{ir}\|+|\varepsilon_{ir}|+|\bar{h}_{i2}|),k_{i2}\|W_{ir}\|,k_{i2}\|W_{if}\|]^{\mathrm{T}}$，则上述不等式可写为

$$\dot{V}_{i2}\leqslant-c_{i2}\|E_{i2}\|^2+\|h_{i2}\|\|E_{i2}\| \tag{7.30}$$

若 $\|E_{i2}\|\geqslant(k_{i2}\|W_{ir}\|+k_{i2}\|W_{if}\|+\|\tilde{X}_{ir}\|+|\varepsilon_{ir}|+|\bar{h}_{i1}|+|\bar{h}_{i2}|)/(c_{i2}\ell_{i2})\geqslant\|h_{i2}\|/(c_{i2}\ell_{i2})$，则有

$$\dot{V}_{i2}\leqslant-(1-\ell_{i2})\,c_{i2}\|E_{i2}\|^2 \tag{7.31}$$

式中，$0<\ell_{i2}<1$。因此，子系统 (7.20) 是输入状态稳定的。令 $P_i=\mathrm{diag}\{1,\varGamma_{ir}^{-1},k_{iW}\varGamma_{if}^{-1}\}$，则存在 $\mathcal{KL}$ 类函数 $\gamma_{io}(\cdot)$ 和 $\mathcal{K}$ 类函数 $\kappa_{io}^{W_r}(\cdot)$，$\kappa_{io}^{W_f}(\cdot)$，$\kappa_{io}^{\tilde{X}_r}(\cdot)$，$\kappa_{io}^{\varepsilon_r}(\cdot)$，$\kappa_{io}^{\bar{h}_1}(\cdot)$ 和 $\kappa_{io}^{\bar{h}_2}(\cdot)$ 使得

$$\begin{aligned}\|E_{i2}(t)\|\leqslant\max\Big\{&\gamma_{io}(\|E_{i2}(t_0)\|,t-t_0),\kappa_{io}^{W_r}(\|W_{ir}\|)+\kappa_{io}^{W_f}(\|W_{if}\|)\\&+\kappa_{io}^{\varepsilon_r}(|\varepsilon_{ir}|)+\kappa_{io}^{\tilde{X}_r}(\|\tilde{X}_{ir}\|)+\kappa_{io}^{\bar{h}_1}(|\bar{h}_{i1}|)+\kappa_{io}^{\bar{h}_2}(|\bar{h}_{i2}|)\Big\}\end{aligned} \tag{7.32}$$

式中，

$$\begin{cases} \kappa_{io}^{\tilde{X}_r}(s) = \kappa_{io}^{\varepsilon_r}(s) = \kappa_{io}^{\bar{h}_1}(s) = \kappa_{io}^{\bar{h}_2}(s) = \sqrt{\dfrac{\lambda_{\max}(P_i)}{\lambda_{\min}(P_i)}}\dfrac{s}{c_{i2}\ell_{i2}} \\ \kappa_{io}^{W_r}(s)=\kappa_{io}^{W_f}(s) = \sqrt{\dfrac{\lambda_{\max}(P_i)}{\lambda_{\min}(P_i)}}\dfrac{sk_{i2}}{c_{i2}\ell_{i2}} \end{cases} \tag{7.33}$$

□

以下定理给出了子系统 (7.19) 和子系统 (7.20) 的级联系统稳定性。

定理 7.1 考虑无人船偏航动力学模型 (7.1)、控制律 (7.18)、自适应律 (7.17)、线性跟踪微分器 (7.10) 及预估器 (7.9) 和 (7.16) 使得系统 (7.19) 和 (7.20) 级联的闭环系统是输入状态稳定的, 并且闭环系统所有信号是有界的。

证明 由引理 7.1 和引理 7.2 可得: 对于子系统 (7.19), 若状态为 $\hat{\psi}_{ie}$ 和 $\hat{r}_{ie}$, 输入为 $\tilde{\psi}_i, \tilde{r}_i, q_i, \bar{h}_{i1}$ 和 $\bar{h}_{i2}$, 则该系统是输入状态稳定的。对于子系统 (7.20), 若状态为 $\tilde{\psi}_i$, $\tilde{r}_i$, $\tilde{W}_{ir}$ 和 $\tilde{W}_{if}$, 输入为 $W_{ir}, W_{if}, \tilde{X}_{ir}, \varepsilon_{ir}, \bar{h}_{i1}$ 和 $\bar{h}_{i2}$, 则该系统是输入状态稳定的。根据定理 2.3, 若子系统 (7.19) 和 (7.20) 都是输入状态稳定的, 则由它们级联而成的闭环系统是输入状态稳定的。由于 $W_{ir}, W_{if}, \tilde{X}_{ir}, \varepsilon_{ir}, \bar{h}_{i1}, \bar{h}_{i2}$ 都是有界的, 因此闭环系统所有信号是有界的。□

注解 7.1 与现有文献 [40]、[209]、[210] 的无人船航向控制设计方法相比, 本节所提出的低频学习预估器能在有测量噪声情况下学习不确定性动态的低频分量, 保证了控制信号的低频特性, 因而更有利于执行机构实现。

7.1.4 仿真验证

为验证本节所提方法的有效性, 考虑无人船航向模型参数为: $b_{i0} = 0.12$, $b_{i1} = 0.35$, $b_{i2} = 0.24$, $b_{i3} = 0.30$, $K_i^* = 0.366$, $T_i^* = 0.24$。仿真中控制参数设置为: $k_{i\psi} = 2$, $k_{ir} = 2$, $\varrho_{i1} = 4$, $\varrho_{i2} = 4$, $\Gamma_{ir} = 100$, $\Gamma_{if} = 2$, $k_{iW} = 10$, $\sigma_{iW} = \sigma_{if} = 0.0001$。神经网络的激活函数选为: $(1 - \mathrm{e}^{-x})/(1 + \mathrm{e}^{-x})$。在仿真中, 将本节所提方法与神经网络动态面控制（neural dynamic surface control , NDSC）方法[167] 进行对比, 其形式为

$$\begin{cases} r_{ic} = -k_{i\psi}\psi_{ie} + \dot{\psi}_{id} \\ k_{id}\dot{r}_{id} = r_{ic} - r_{id} \\ \dot{\hat{W}}_{ir} = \Gamma_{ir}(X_{ir}(\xi_i)r_{ie} - \sigma_{iW}\hat{W}_{ir}) \\ \delta_i = -k_{ir}r_{ie} + \dot{r}_{id} - \hat{W}_{ir}^{\mathrm{T}}X_{ir}(\xi_i) \end{cases} \tag{7.34}$$

其控制参数选为: $k_{i\psi} = 2$, $k_{ir} = 2$, $\Gamma_{ir} = 100$, $\sigma_{iW} = 0.0001$, k_{id}=0.1。

仿真结果如图 7.1 ~ 图 7.6 所示。图 7.1 分别展示了 NDSC 方法和本节所提出的方法的输出响应, 可以看出两种方法的输出响应相似。图 7.2 分别展示了 NDSC 方法和本节所提出的方法的逼近性能。结果表明, NDSC 方法对测量

噪声敏感，而本节所提出的方法能够在存在测量噪声的情况下快速估计偏航动力学。图 7.3 和图 7.4 展示了测量状态和预估器的估计状态，两图均表明测量噪声已被预估器滤除。图 7.5 展示了控制信号的有界性，可以看出，该方法的性能优于 NDSC 方法，控制信号中的噪声更平滑且噪声更少。图 7.6 表示控制信号频谱图，从图中可以看出本节所提方法大大降低了控制信号的高频分量。

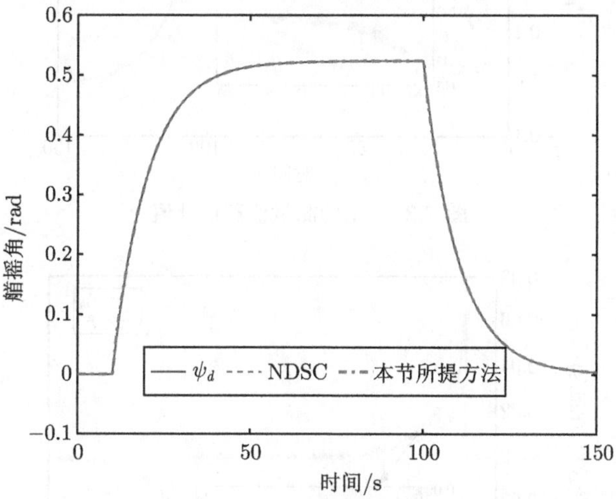

图 7.1　ψ_i 的输出响应

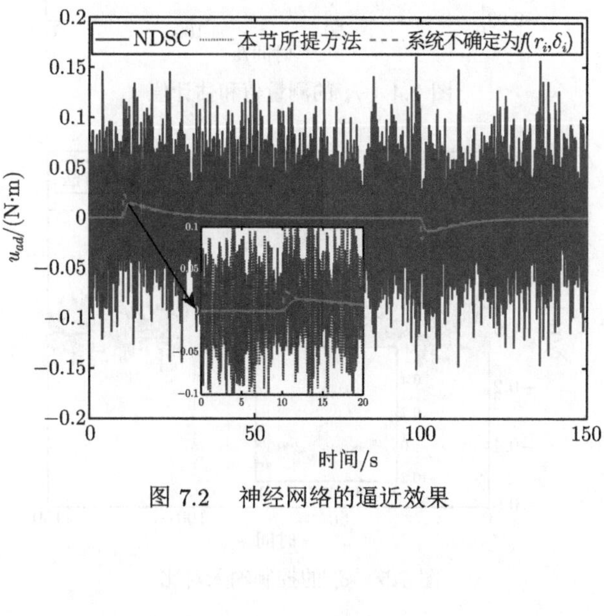

图 7.2　神经网络的逼近效果

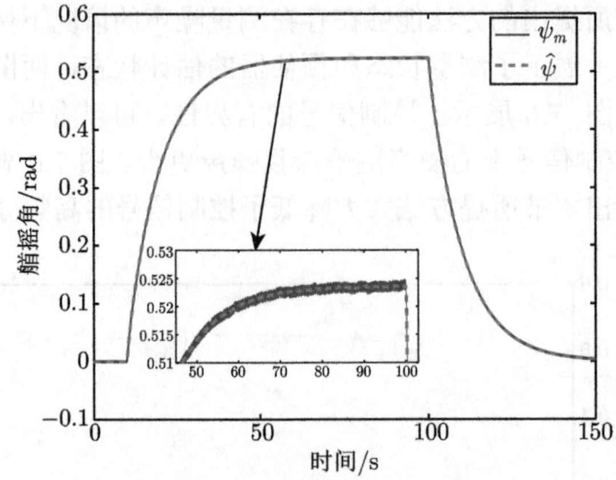

图 7.3　ψ_i 的测量值和估计值

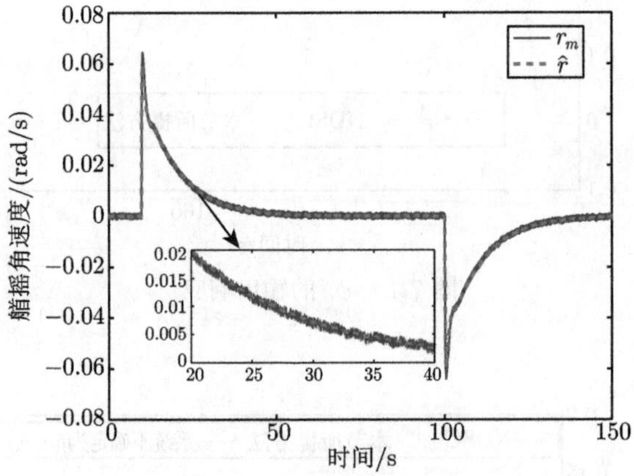

图 7.4　r_i 的测量值和估计值

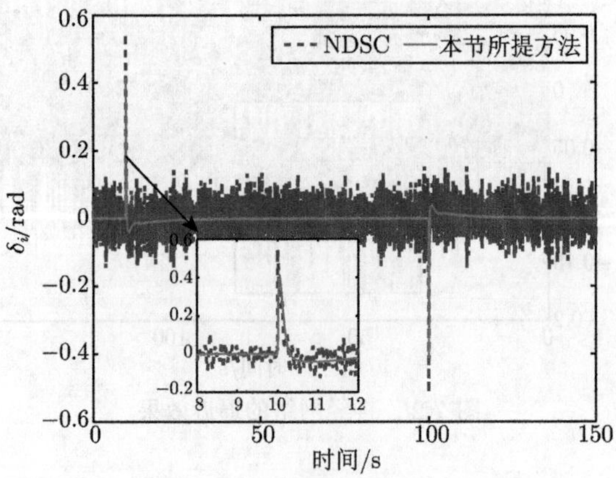

图 7.5　δ_i 的控制输入对比

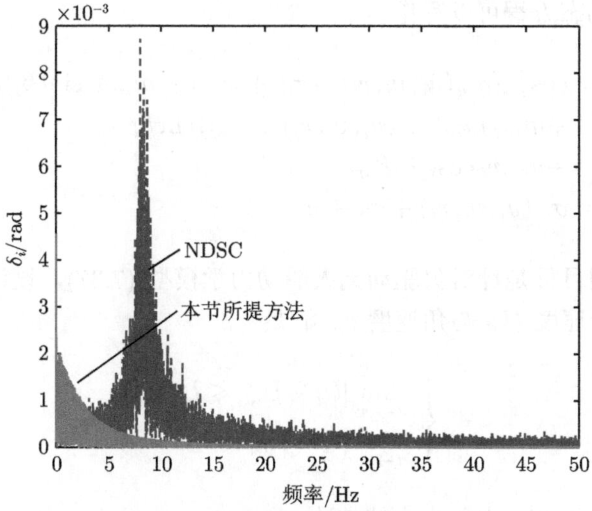

图 7.6　控制信号 δ_i 的频谱图对比

7.2　输入约束下欠驱动无人船的神经网络动力学控制

本节研究欠驱动无人船的动力学控制问题，提出一种基于预估器的神经网络饱和控制方法。将预估器引入神经网络的设计中，基于预估误差设计神经网络权值更新律，实现对模型不确定与外部海洋环境扰动的快速自适应学习与补偿。采用饱和函数设计方法，保证控制信号是有界的，且界值是明确已知的，从而可以通过调整参数控制输入信号在饱和约束范围内。采用级联系统稳定性分析，证明闭环系统是输入状态稳定的，仿真验证本节所提基于预估器的神经网络饱和动力学控制器的有效性。

7.2.1　问题描述

考虑由 N 艘无人船组成的集群系统，第 i 艘无人船动力学模型表示为

$$\begin{cases} m_{iu}\dot{u}_i = \sigma_{iu}(u_i, v_i, r_i) + \tau_{iu} + w_{iu} \\ m_{iv}\dot{v}_i = \sigma_{iv}(u_i, v_i, r_i) + w_{iv} \\ m_{ir}\dot{r}_i = \sigma_{ir}(u_i, v_i, r_i) + \tau_{ir} + w_{ir} \end{cases} \tag{7.35}$$

由于 $u_i = U_i\cos\beta_i$ 和 $v_i = U_i\sin\beta_i$，其中 $U_i = \sqrt{u_i^2 + v_i^2}$ ，因此有

$$U_i = u_i \cos\beta_i + v_i \sin\beta_i \tag{7.36}$$

则 U_i 和 r_i 的动态方程可以写作

$$\begin{cases} m_{iu}\dot{U}_i = \cos\beta_i(\sigma_{iu}(u_i,v_i,r_i)+\tau_{iu}+w_{iu}) - m_{iu}u_i\sin(\beta_i)\beta_{id} \\ \qquad\quad +m_{iu}/m_{iv}(\sigma_{iv}(u_i,v_i,r_i)+w_{iv})\sin\beta_i \\ \qquad\quad +m_{iu}v_i\cos(\beta_i)\beta_{id} \\ m_{ir}\dot{r}_i = \sigma_{ir}(u_i,v_i,r_i)+\tau_{ir}+w_{ir} \end{cases} \tag{7.37}$$

本节的控制目标是针对欠驱动无人船动力学模型 (7.37)，设计控制器使得无人船跟踪期望合速度 U_{id} 与角速度 r_{id} 满足

$$\begin{cases} \lim\limits_{t\to\infty} |U_i - U_{id}| \leqslant l_{i1} \\ \lim\limits_{t\to\infty} |r_i - r_{id}| \leqslant l_{i2} \end{cases} \tag{7.38}$$

式中，$l_{i1}\in\mathbb{R}^+$ 和 $l_{i2}\in\mathbb{R}^+$ 为小的常数。

7.2.2 基于预估器的饱和动力学控制器设计

本节设计的速度和角速度控制器是动力学控制，其目的是跟踪运动学控制器给出的制导速度指令。对于底层动力学控制环节，每艘无人船速度和角速度控制器的设计是相同的。

1. 神经网络预估器设计

本节基于预估器的神经网络估计系统不确定性，根据不确定性的估计值，设计有界速度和角速度控制律。首先定义速度和角速度跟踪误差为

$$\begin{cases} U_{ie} = U_i - U_{id} \\ r_{ie} = r_i - r_{id} \end{cases} \tag{7.39}$$

根据式 (7.37)，U_{ie} 和 r_{ie} 的导数可写为

$$\begin{cases} m_{iu}\dot{U}_{ie} = \bar{\sigma}_{iu}(\cdot)+\tau_{iu} \\ m_{ir}\dot{r}_{ie} = \bar{\sigma}_{ir}(\cdot)+\tau_{ir} \end{cases} \tag{7.40}$$

式中，

$$\begin{cases} \bar{\sigma}_{iu}(\cdot) = \cos\beta_i(\sigma_{iu}(u_i,v_i,r_i)+\tau_{iu}+w_{iu}) - m_{iu}u_i\sin(\beta_i)\beta_{id} \\ \qquad\quad +m_{iu}/m_{iv}(\sigma_{iv}(u_i,v_i,r_i)+w_{iv})\sin\beta_i \\ \qquad\quad +m_{iu}v_i\cos(\beta_i)\beta_{id} - m_{iu}\dot{U}_{id} \\ \bar{\sigma}_{ir}(\cdot) = \sigma_{ir}(u_i,v_i,r_i)+w_{ir}-m_{ir}\dot{r}_{id} \end{cases}$$

未知函数 $\bar{\sigma}_{iu}(\cdot)$ 和 $\bar{\sigma}_{ir}(\cdot)$ 包含与状态相关的非线性不确定，同时包含外部扰动，不能采用现有神经网络方法进行逼近，这里采用输入输出数据来逼近不确定函数：

$$\begin{cases} \bar{\sigma}_{iu} = W_{iu}^{\mathrm{T}} X_{iu}(\xi_{iu}) + \varepsilon_{iu} \\ \bar{\sigma}_{ir} = W_{ir}^{\mathrm{T}} X_{ir}(\xi_{ir}) + \varepsilon_{ir} \end{cases} \tag{7.41}$$

式中，$W_{iu} \in \mathbb{R}^s$ 和 $W_{ir} \in \mathbb{R}^s$ 是未知矩阵，满足 $\|W_{iu}\| \leqslant W_{iu}^*$ 和 $\|W_{ir}\| \leqslant W_{ir}^*$，$W_{iu}^* \in \mathbb{R}^+$ 和 $W_{ir}^* \in \mathbb{R}^+$ 是常数；$\xi_{iu} = [U_{ie}(t), U_{ie}(t-t_d), \tau_{iu}, 1]^{\mathrm{T}} \in \mathbb{R}^4$ 和 $\xi_{ir} = [r_{ie}(t), r_{ie}(t-t_d), \tau_{ir}, 1]^{\mathrm{T}} \in \mathbb{R}^4$ 是输入矩阵；$X_{iu}(\xi_{iu}) \in \mathbb{R}^N$ 和 $X_{ir}(\xi_{ir}) \in \mathbb{R}^N$ 是已知的激励函数，满足 $\|X_{iu}\| \leqslant X_{iu}^*$ 和 $\|X_{ir}\| \leqslant X_{ir}^*$，$X_{iu}^* \in \mathbb{R}^+$ 和 $X_{ir}^* \in \mathbb{R}^+$ 是常数；ε_{iu} 和 ε_{ir} 是逼近误差，满足 $|\varepsilon_{iu}| \leqslant \varepsilon_{iu}^*$ 和 $|\varepsilon_{ir}| \leqslant \varepsilon_{ir}^*$，$\varepsilon_{iu}^* \in \mathbb{R}^+$ 和 $\varepsilon_{ir}^* \in \mathbb{R}^+$ 是常数。

为设计神经网络更新律，设计如下的预估器：

$$\begin{cases} m_{iu}\dot{\hat{U}}_{ie} = \hat{W}_{iu}^{\mathrm{T}} X_{iu}(\xi_{iu}) + \tau_{iu} - (k_{iu} + \rho_{iu})(\hat{U}_{ie} - U_{ie}) \\ m_{ir}\dot{\hat{r}}_{ie} = \hat{W}_{ir}^{\mathrm{T}} X_{ir}(\xi_{ir}) + \tau_{ir} - (k_{ir} + \rho_{ir})(\hat{r}_{ie} - r_{ie}) \end{cases} \tag{7.42}$$

式中，$k_{iu} \in \mathbb{R}^+$ 和 $k_{ir} \in \mathbb{R}^+$ 是控制增益；$\rho_{iu} \in \mathbb{R}^+$ 和 $\rho_{ir} \in \mathbb{R}^+$ 是常数；定义预估误差为 $\tilde{U}_{ie} = \hat{U}_{ie} - U_{ie}$ 和 $\tilde{r}_{ie} = \hat{r}_{ie} - r_{ie}$ ，基于预估误差设计神经网络的更新律如下：

$$\begin{cases} \dot{\hat{W}}_{iu} = -\Gamma_{iu}\mathrm{Proj}(\hat{W}_{iu}, X_{iu}(\xi_{iu})\tilde{u}_{ie}) \\ \dot{\hat{W}}_{ir} = -\Gamma_{ir}\mathrm{Proj}(\hat{W}_{ir}, X_{ir}(\xi_{ir})\tilde{r}_{ie}) \end{cases} \tag{7.43}$$

式中，Proj 表示投影算子；$\Gamma_{iu} \in \mathbb{R}^+$ 和 $\Gamma_{ir} \in \mathbb{R}^+$ 是常数。根据投影算子的性质，存在常数 $\epsilon_{i1} \in \mathbb{R}^+$ 和 $\epsilon_{i2} \in \mathbb{R}^+$，满足 $||\hat{W}_{iu}|| \leqslant W_{iu}^* + \epsilon_{i1}$ 和 $||\hat{W}_{ir}|| \leqslant W_{ir}^* + \epsilon_{i2}$。

定义 $\tilde{W}_{iu} = \hat{W}_{iu} - W_{iu}$ 和 $\tilde{W}_{ir} = \hat{W}_{ir} - W_{ir}$，则预估神经网络子系统的误差动态如下：

$$\begin{cases} m_{iu}\dot{\tilde{u}}_{ie} = -(k_{iu} + \rho_{iu})\tilde{u}_{ie} + \tilde{W}_{iu}^{\mathrm{T}} X_{iu}(\xi_{iu}) - \varepsilon_{iu} \\ m_{ir}\dot{\tilde{r}}_{ie} = -(k_{ir} + \rho_{ir})\tilde{r}_{ie} + \tilde{W}_{ir}^{\mathrm{T}} X_{ir}(\xi_{ir}) - \varepsilon_{ir} \\ \dot{\tilde{W}}_{iu} = -\Gamma_{iu}\mathrm{Proj}(\hat{W}_{iu}, X_{iu}(\xi_{iu})\tilde{u}_{ie}) \\ \dot{\tilde{W}}_{ir} = -\Gamma_{ir}\mathrm{Proj}(\hat{W}_{ir}, X_{ir}(\xi_{ir})\tilde{r}_{ie}) \end{cases} \tag{7.44}$$

根据投影算子的性质，存在常数 $\epsilon_{iu}^w \in \mathbb{R}^+$ 和 $\epsilon_{ir}^w \in \mathbb{R}^+$，使得 $\|\tilde{W}_{iu}\| \leqslant \epsilon_{iu}^w$ 和 $\|\tilde{W}_{ir}\| \leqslant \epsilon_{ir}^w$。

2. 控制器设计

基于预估器设计如下的神经网络动力学控制器：

$$\begin{cases} \tau_{iu} = -k_{iu}\hat{U}_{ie}/\Pi_{iu} - \hat{W}_{iu}^{\mathrm{T}}X_{iu}(\xi_{iu}) \\ \tau_{ir} = -k_{ir}\hat{r}_{ie}/\Pi_{ir} - \hat{W}_{ir}^{\mathrm{T}}X_{ir}(\xi_{ir}) \end{cases} \tag{7.45}$$

式中，$\Pi_{iu} = \sqrt{\hat{U}_{ie}^2 + \Delta_{iu}^2}$；$\Pi_{ir} = \sqrt{\hat{r}_{ie}^2 + \Delta_{ir}^2}$；$\Delta_{iu} \in \mathbb{R}^+$ 和 $\Delta_{ir} \in \mathbb{R}^+$ 是常数。

将式 (7.45) 代入式 (7.42) 得到如下的误差动态：

$$\begin{cases} m_{iu}\dot{\hat{U}}_{ie} = -k_{iu}\hat{U}_{ie}/\Pi_{iu} - (k_{iu} + \rho_{iu})\tilde{u}_{ie} \\ m_{ir}\dot{\hat{r}}_{ie} = -k_{ir}\hat{r}_{ie}/\Pi_{ir} - (k_{ir} + \rho_{ir})\tilde{r}_{ie} \end{cases} \tag{7.46}$$

控制器 (7.45) 的一个显著优点是控制信号是有界的，且界值是明确已知的。控制输入的上界可求出如下：

$$\begin{cases} |\tau_{iu}| \leqslant k_{iu} + \delta_{iu}X_{iu}^* \\ |\tau_{ir}| \leqslant k_{ir} + \delta_{ir}X_{ir}^* \end{cases} \tag{7.47}$$

式中，$\delta_{iu} \in \mathbb{R}^+$ 和 $\delta_{ir} \in \mathbb{R}^+$ 是常数，且 $\delta_{iu} = W_{iu}^* + \epsilon_{i1}$ 和 $\delta_{ir} = W_{ir}^* + \epsilon_{i2}$。

7.2.3 稳定性分析

首先分析基于神经网络预估器的逼近子系统的稳定性，以下引理给出子系统 (7.44) 的稳定性。

引理 7.3 子系统 (7.44)，看作一个状态为 $\tilde{U}_{ie}, \tilde{r}_{ie}, \tilde{W}_{iu}, \tilde{W}_{ir}$，输入为 ϵ_{iu}^w，ϵ_{ir}^w，ε_{iu}，ε_{ir} 的系统，该系统是输入状态稳定的。

证明 考虑如下李雅普诺夫函数：

$$V_{io} = \frac{1}{2}\Big(m_{iu}\tilde{U}_{ie}^2 + m_{ir}\tilde{r}_{ie}^2 + \tilde{W}_{iu}^{\mathrm{T}}\Gamma_{iu}^{-1}\tilde{W}_{iu} + \tilde{W}_{ir}^{\mathrm{T}}\Gamma_{ir}^{-1}\tilde{W}_{ir}\Big) \tag{7.48}$$

对其求导，并将式 (7.44) 代入可得

$$\begin{aligned} \dot{V}_{io} =& - E_{i1}^{\mathrm{T}}K_{i1}E_{i1} + h_{i1}^{\mathrm{T}}E_{i1} \\ \leqslant& - \lambda_{\min}(K_{i1})||E_{i1}||^2 - \lambda_{\min}(K_{i2})||\tilde{W}_{iu}||^2 - \lambda_{\min}(K_{i2})||\tilde{W}_{ir}||^2 \\ &+ h_{i1}^{\mathrm{T}}E_{i1} + \lambda_{\min}(K_{i1})||\tilde{W}_{iu}||^2 + \lambda_{\min}(K_{i1})||\tilde{W}_{ir}||^2 \\ \leqslant& - \lambda_{\min}(K_{i3})||E_{i2}||^2 + ||h_{i2}||||E_{i2}|| \end{aligned} \tag{7.49}$$

式中，$K_{i1} = \mathrm{diag}\{k_{iu} + \varrho_{iu}, k_{ir} + \varrho_{ir}\}$；$K_{i2} = \mathrm{diag}\{\Gamma_{iu}^{-1}, \Gamma_{ir}^{-1}\}$；$K_{i3} = K_{i1} - K_{i2}$；$E_{i1} = [\tilde{U}_{ie}, \tilde{r}_{ie}]^{\mathrm{T}}$；$h_{i1} = [\varepsilon_{iu}, \varepsilon_{ir}]^{\mathrm{T}}$；$E_{i2} = [|\tilde{U}_{ie}|, |\tilde{r}_{ie}|, ||\tilde{W}_{iu}||, ||\tilde{W}_{ir}||]^{\mathrm{T}}$；$h_{i2} = [|\varepsilon_{iu}|, |\varepsilon_{ir}|, \lambda_{\min}(K_{i1})\epsilon_{iu}^{w}, \lambda_{\min}(K_{i1})\epsilon_{ir}^{w}]^{\mathrm{T}}$。

当

$$||E_{i2}|| \geqslant \frac{|\varepsilon_{iu}|}{\ell_{io}\lambda_{\min}(K_{i3})} + \frac{|\varepsilon_{ir}|}{\ell_{io}\lambda_{\min}(K_{i3})} + \frac{\epsilon_{iu}^{w}}{\ell_{io}} + \frac{\epsilon_{ir}^{w}}{\ell_{io}} \geqslant \frac{||h_{i2}||}{\ell_{io}\lambda_{\min}(K_{i3})} \tag{7.50}$$

有

$$\dot{V}_{io} \leqslant -(1 - \ell_{io})\lambda_{\min}(K_{i3})||E_{i2}||^2 \tag{7.51}$$

式中，$0 < \ell_{io} < 1$。因此，子系统 (7.44) 是输入状态稳定的，且有

$$\begin{aligned} \|E_{i2}(t)\| \leqslant \max\Big\{&\gamma_{io}(\|E_{i2}(0)\|, t), \kappa_{io}^{\varepsilon_u}(|\varepsilon_{iu}|) + \kappa_{io}^{\varepsilon_r}(|\varepsilon_{ir}|) \\ &+ \kappa_{io}^{\epsilon_{iu}^{w}}(\epsilon_{iu}^{w}) + \kappa_{io}^{\epsilon_{ir}^{w}}(\epsilon_{ir}^{w})\Big\} \end{aligned} \tag{7.52}$$

式中，γ_{io} 是一个 $\mathcal{KL}$ 类函数，且

$$\begin{cases} \kappa_{io}^{\varepsilon_u}(s) = \sqrt{\dfrac{\lambda_{\max}(S_{i1})}{\lambda_{\min}(S_{i1})}} \dfrac{s}{\ell_{io}\lambda_{\min}(K_{i1})} \\ \kappa_{io}^{\varepsilon_r}(s) = \sqrt{\dfrac{\lambda_{\max}(S_{i1})}{\lambda_{\min}(S_{i1})}} \dfrac{s}{\ell_{io}\lambda_{\min}(K_{i1})} \\ \kappa_{io}^{\epsilon_{iu}^{w}}(s) = \sqrt{\dfrac{\lambda_{\max}(S_{i1})}{\lambda_{\min}(S_{i1})}} \dfrac{s}{\ell_{io}} \\ \kappa_{io}^{\epsilon_{ir}^{w}}(s) = \sqrt{\dfrac{\lambda_{\max}(S_{i1})}{\lambda_{\min}(S_{i1})}} \dfrac{s}{\ell_{io}} \end{cases} \tag{7.53}$$

式中，$S_{i1} = \mathrm{diag}\{m_{iu}, m_{ir}, \Gamma_{iu}^{-1}, \Gamma_{ir}^{-1}\}$。

下面引理给出误差子系统 (7.46) 的稳定性。

引理 7.4　子系统 (7.46)，看作一个状态为 $\hat{u}_{ie}, \hat{r}_{ie}$，输入为 $\tilde{u}_{ie}, \tilde{r}_{ie}$ 的系统，该系统是输入状态稳定的。

证明　构建下列李雅普诺夫函数：

$$V_{ic} = \frac{1}{2}\Big(m_{iu}\hat{u}_{ie}^2 + m_{ir}\hat{r}_{ie}^2\Big) \tag{7.54}$$

对其求导，并将式 (7.46) 代入得

$$
\begin{aligned}
\dot{V}_{ic} =& -k_{iu}\hat{u}_{ie}^2/\Pi_{iu} - (k_{iu}+\rho_{iu})\hat{u}_{ie}\tilde{u}_{ie} - k_{ir}\hat{r}_{ie}^2/\Pi_{ir} - (k_{ir}+\rho_{ir})\hat{r}_{ie}\tilde{r}_{ie} \\
\leqslant& -c_i\|E_{i3}\|^2 + ||h_{i3}||||E_{i3}||
\end{aligned} \tag{7.55}
$$

式中，$c_i = \lambda_{\min}(K_i)/\sqrt{||E_{i3}||^2+\Delta_{i\max}^2}$，$K_i = \mathrm{diag}\{k_{iu}, k_{ir}\}$，$E_{i3} = [\hat{u}_{ie}, \hat{r}_{ie}]^{\mathrm{T}}$，$\Delta_{i\max} = \max\{\Delta_{iu}, \Delta_{ir}\}$，$h_{i3} = [(k_{iu}+\rho_{iu})|\tilde{u}_{ie}|, (k_{ir}+\rho_{ir})|\tilde{r}_{ie}|]^{\mathrm{T}}$。

由

$$
||E_{i3}|| \geqslant \frac{(k_{iu}+\rho_{iu})|\tilde{u}_{ie}|}{\ell_{ic}c_i} + \frac{(k_{ir}+\rho_{ir})|\tilde{r}_{ie}|}{\ell_{ic}c_i} \geqslant \frac{||h_{i3}||}{\ell_{ic}\lambda_{\min}(K_i)} \tag{7.56}
$$

可得

$$
\dot{V}_{ic} \leqslant -(1-\ell_{ic})c_i||E_{i3}||^2 \tag{7.57}
$$

式中，$0<\ell_{ic}<1$。所以子系统 (7.46) 是输入状态稳定的，且有

$$
||E_{i3}(t)|| \leqslant \max\left\{\gamma_{ic}(||E_{i3}(0)||, t), \kappa_{ic}^{\tilde{u}_e}(|\tilde{u}_{ie}|) + \kappa_{ic}^{\tilde{r}_e}(|\tilde{r}_{ie}|)\right\} \tag{7.58}
$$

式中，γ_{ic} 是 $\mathcal{KL}$ 类函数，且有

$$
\begin{cases}
\kappa_{ic}^{\tilde{u}_e}(s) = \sqrt{\dfrac{\lambda_{\max}(S_{i2})}{\lambda_{\min}(S_{i2})}}\left(\dfrac{(k_{iu}+\rho_{iu})s}{\ell_{ic}c_i}\right) \\
\kappa_{ic}^{\tilde{r}_e}(s) = \sqrt{\dfrac{\lambda_{\max}(S_{i2})}{\lambda_{\min}(S_{i2})}}\left(\dfrac{(k_{ir}+\rho_{ir})s}{\ell_{ic}c_i}\right)
\end{cases} \tag{7.59}
$$

式中，$S_{i2} = \mathrm{diag}\{m_{iu}, m_{ir}\}$。

以下定理给出子系统（7.46）和子系统（7.44）组成的闭环系统的稳定性。

定理 7.2 由无人船动力学模型 (7.35)、预估器 (7.42)、神经网络更新律 (7.43) 和动力学控制律 (7.45) 组成的闭环系统是输入状态稳定的。

证明 引理 7.3 和引理 7.4 表明：对于子系统 (7.44)，若状态为 $\tilde{u}_{ie}$，$\tilde{r}_{ie}$，$\tilde{W}_{iu}$，$\tilde{W}_{ir}$，输入为 $\varepsilon_{iu}, \varepsilon_{ir}, \epsilon_{iu}^w, \epsilon_{ir}^w$，该系统是输入状态稳定的；对于子系统 (7.46)，若状态为 $\hat{u}_{ie}, \hat{r}_{ie}$，输入为 $\tilde{u}_{ie}, \tilde{r}_{ie}$，该系统是输入状态稳定的。运用定理 2.4 可得，整个闭环系统，其状态为 $\tilde{u}_{ie}, \tilde{r}_{ie}, \tilde{W}_{iu}\ \tilde{W}_{ir}, \hat{u}_{ie}, \hat{r}_{ie}$，外部输入为 $\varepsilon_{iu}, \varepsilon_{ir}, \epsilon_{iu}^w, \epsilon_{ir}^w$，该系统是输入状态稳定的。即存在一个 $\mathcal{KL}$ 类函数 γ_i 和一个 $\mathcal{K}$ 类函数 κ_i，使得

$$
||E_i(t)|| \leqslant \max\left\{\gamma_i(||E_i(0)||, t),\ \kappa_i(||[\dot{\beta}_{id}, \varepsilon_{iu}, \varepsilon_{ir}, \epsilon_{iu}^w, \epsilon_{ir}^w, q_{iu}, q_{ir}]||)\right\} \tag{7.60}
$$

式中，$E_i = [\tilde{u}_{ie}, \tilde{r}_{ie}, \|\tilde{W}_{iu}\|, \|\tilde{W}_{ir}\|, \hat{u}_{ie}, \hat{r}_{ie}]$。由于 $\varepsilon_{iu}, \varepsilon_{ir}, \epsilon_{iu}^w, \epsilon_{ir}^w$ 都是有界的，所以误差信号 $\tilde{u}_{ie}, \tilde{r}_{ie}, \tilde{W}_{iu}, \tilde{W}_{ir}, \hat{u}_{ie}, \hat{r}_{ie}$ 都是有界的。此外，因为 $|u_{ie}| = |\hat{u}_{ie} - \tilde{u}_{ie}| \leqslant |\hat{u}_{ie}| + |\tilde{u}_{ie}|$ 和 $|r_{ie}| = |\hat{r}_{ie} - \tilde{r}_{ie}| \leqslant |\hat{r}_{ie}| + |\tilde{r}_{ie}|$，其中，$\hat{u}_{ie}, \hat{r}_{ie}, \tilde{u}_{ie}, \tilde{r}_{ie}$ 都是有界的，故跟踪误差 u_{ie}, r_{ie} 是有界的。

7.2.4　仿真验证

为验证本节所提控制方法的有效性，本节跟踪的参考信号是 4.3 节中的制导速度指令。仿真采用文献 [48] 中的模型参数，控制器参数选取如下：$k_{iu}=1, \varDelta_{iu}=0.8, k_{ir}=0.7, \varDelta_{ir}=0.8, \rho_{iu}=25, \rho_{ir}=25, \varGamma_{iu}=100, \varGamma_{ir}=100$。执行机构的执行范围为　2N 和 1.5N·m。为了更好地验证本节所提方法的有效性，与基于预估器的神经网络控制器进行对比仿真，基于预估器的神经网络动力学控制器表示如下：

$$\begin{cases} \tau_{iu}=-k_{iu}\hat{u}_{ie}-\hat{W}_{iu}^{\mathrm{T}}X_{iu}(\xi_{iu}) \\ \tau_{ir}=-k_{ir}\hat{r}_{ie}-\hat{W}_{ir}^{\mathrm{T}}X_{ir}(\xi_{ir}) \end{cases} \tag{7.61}$$

仿真结果如图 7.7～ 图 7.12 所示。图 7.7 给出了前向速度跟踪效果，可以看出采用本节所设计的基于预估器的神经网络动力学控制器能够较好跟踪期望的速度。图 7.8 展示了艏摇角速度的跟踪效果，可以看出无人船实际艏摇角速度较好地跟踪了期望的艏摇角速度。图 7.9 和图 7.10 给出了基于预估器的神经网络的逼近效果，可以看出无论是在暂态还是在稳态，神经网络都能有效估计无人船模型中的不确定性。图 7.11 和图 7.12 给出了控制器 (7.61) 与控制器 (7.47) 的输入信号对比。图 7.11 是基于预估器的神经网络动力学控制器 (7.61) 的输入信号，可以看出在暂态阶段该控制输入信号明显超出了执行机构的执行范围。图 7.12 给出了控制器 (7.47) 输入信号，可以看出该控制信号在界值 2N 和 1.5N·m 以内，能够满足执行机构的输入约束。

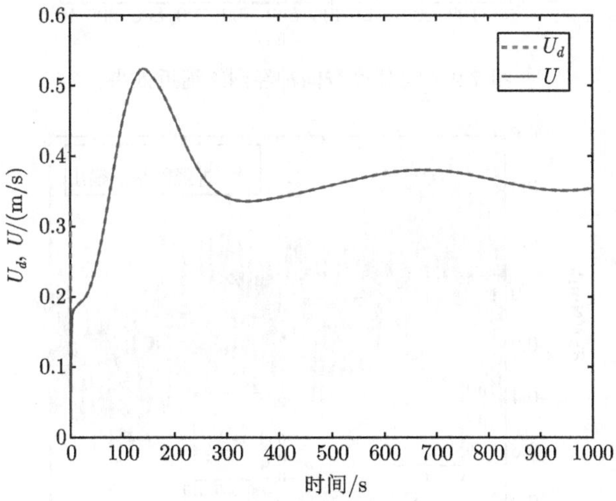

图 7.7　速度跟踪效果

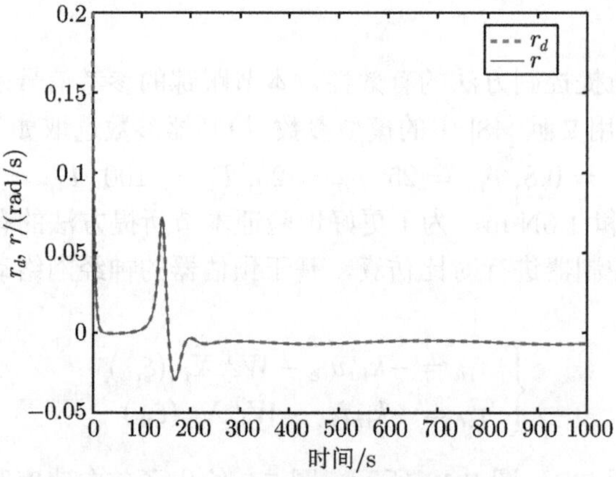

图 7.8　艏摇角速度跟踪效果

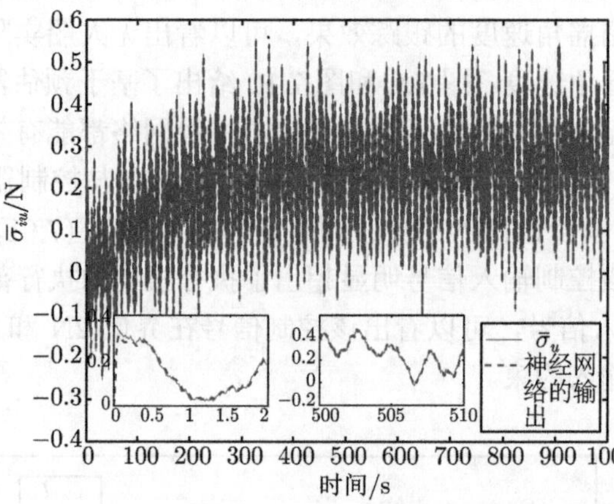

图 7.9　总速度方向神经网络逼近效果

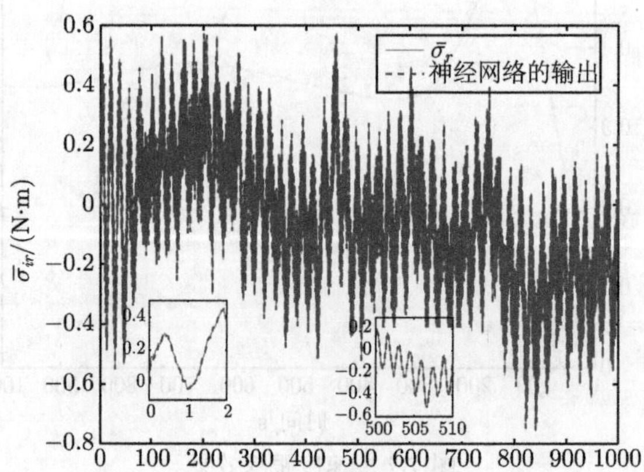

图 7.10　艏摇方向神经网络逼近效果

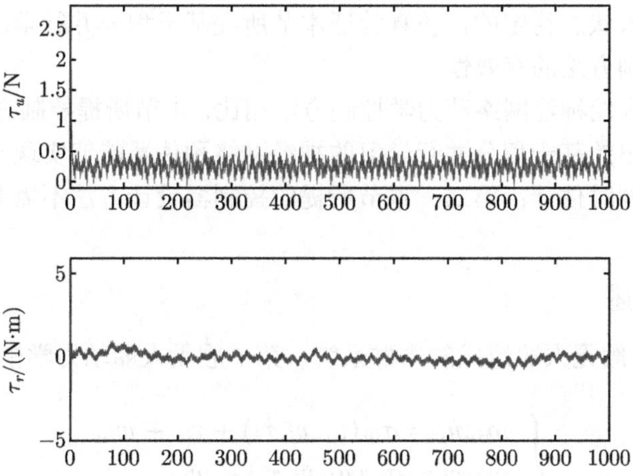

图 7.11　控制器 (7.61) 的输入信号

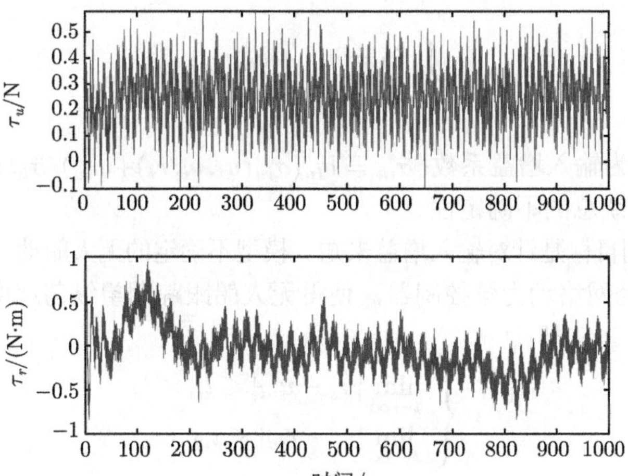

图 7.12　控制器 (7.47) 的输入信号

7.3　输入增益未知欠驱动无人船的神经网络动力学控制

本节针对模型参数不确定、海洋环境扰动、输入增益未知欠驱动无人船的动力学控制问题，提出基于积分并行学习的神经网络动力学控制器设计方法。在动力学层次，将积分并行学习融入预估器设计中，设计基于积分并行学习方法的神经网络权值和未知输入增益的更新律，实现模型参数不确定性、海洋环境扰动，以及未知输入增益的同时估计。级联稳定性理论分析表明欠驱动无人船动力学闭环控制系统是输入状态稳定的，仿真验证本节所提基于积分并行学习预估器的神经网络动力学控制方法的有效性。

与现有无人船神经网络动力学控制方法相比，本节所提控制方法的优点如下：第一，本节提出的基于积分并行学习的神经网络预估器能够实现对不确定性和未知输入增益的同时估计；第二，本节所提的控制器设计方法不需要任何无人船动力学模型参数。

7.3.1 问题描述

考虑由 N 艘无人船组成的集群系统，第 i 艘无人船动力学模型表示为

$$\begin{cases} m_{iu}\dot{u}_i = \sigma_{iu}(u_i, v_i, r_i) + \tau_{iu} + w_{iu} \\ m_{iv}\dot{v}_i = \sigma_{iv}(u_i, v_i, r_i) + w_{iv} \\ m_{ir}\dot{r}_i = \sigma_{ir}(u_i, v_i, r_i) + \tau_{ir} + w_{ir} \end{cases} \tag{7.62}$$

令 $b_{iu} = 1/m_{iu}$ 和 $b_{ir} = 1/m_{ir}$，考虑纵荡和艏摇动态，则动力学方程 (7.62) 可以写为

$$\begin{cases} \dot{u}_i = \bar{\sigma}_{iu} + b_{iu}\tau_{iu} \\ \dot{r}_i = \bar{\sigma}_{ir} + b_{ir}\tau_{ir} \end{cases} \tag{7.63}$$

式中，b_{iu} 和 b_{ir} 为输入增益系数；$\bar{\sigma}_{iu} = b_{iu}(\sigma_{iu}(u_i, v_i, r_i) + w_{iu})$，$\bar{\sigma}_{ir} = b_{ir}(\sigma_{ir}(u_i, v_i, r_i) + w_{ir})$ 为系统总的不确定性。

本节的控制目标是针对输入增益未知、模型不确定的无人船动力学模型 (7.63)，设计无人船神经网络动力学控制器，使得无人船跟踪期望纵荡速度 $u_{id} \in \mathbb{R}$ 与艏摇角速度 $r_{id} \in \mathbb{R}$，即

$$\begin{cases} \lim\limits_{t\to\infty} |u_i - u_{id}| \leqslant l_{i1} \\ \lim\limits_{t\to\infty} |r_i - r_{id}| \leqslant l_{i2} \end{cases} \tag{7.64}$$

式中，$l_{i1} \in \mathbb{R}^+$，$l_{i2} \in \mathbb{R}^+$，均为小的常数。

7.3.2 基于积分并行学习预估器的动力学控制器设计

本节针对欠驱动无人船动力学模型，提出基于积分并行学习的神经网络预估器，实现对无人船未知输入增益和模型不确定的同时估计，基于估计的输入增益和不确定性信息，设计自适应神经网络动力学控制器。本节所提控制方法无须任何无人船模型参数。

1. 积分并行学习预估器

未知函数 $\bar{\sigma}_{iu}$ 和 $\bar{\sigma}_{ir}$ 包含与状态相关的非线性不确定性与外部扰动，基于无人船输入信息 τ_{iu} 和 τ_{ir}，以及无人船输出信息 u_i 和 r_i，采用神经网络来逼近未知函数：

$$\begin{cases} \bar{\sigma}_{iu} = W_{iu}^{\mathrm{T}} X_{iu}(\xi_{iu}) + \varepsilon_{iu} \\ \bar{\sigma}_{ir} = W_{ir}^{\mathrm{T}} X_{ir}(\xi_{ir}) + \varepsilon_{ir} \end{cases} \tag{7.65}$$

式中，$W_{iu} \in \mathbb{R}^n$ 和 $W_{ir} \in \mathbb{R}^n$ 表示神经网络权值，满足 $\|W_{iu}\| \leqslant W_{iu}^*$, $\|W_{ir}\| \leqslant W_{ir}^*$, $W_{iu}^* \in \mathbb{R}^+$ 和 $W_{ir}^* \in \mathbb{R}^+$；$\varepsilon_{iu}$ 和 ε_{ir} 表示逼近误差，满足 $|\varepsilon_{iu}| \leqslant \varepsilon_{iu}^*$, $|\varepsilon_{ir}| \leqslant \varepsilon_{ir}^*$, $\varepsilon_{iu}^* \in \mathbb{R}^+$ 和 $\varepsilon_{ir}^* \in \mathbb{R}^+$；$\xi_{iu} = [u_{ie}(t), u_{ie}(t-t_d), \tau_{iu}, 1]^{\mathrm{T}} \in \mathbb{R}^4$ 和 $\xi_{ir} = [r_{ie}(t), r_{ie}(t-t_d), \tau_{ir}, 1]^{\mathrm{T}} \in \mathbb{R}^4$ 表示神经网络的输入；$X_{iu}(\cdot)$ 和 $X_{ir}(\cdot)$ 表示已知的激励函数。

令 $\hat{u}_i$ 和 $\hat{r}_i$ 分别为 u_i 和 r_i 的估计；$\hat{W}_{iu}$ 和 $\hat{W}_{ir}$ 分别为 W_{iu} 和 W_{ir} 的估计；$\hat{b}_{iu}$ 和 $\hat{b}_{ir}$ 分别为 b_{iu} 和 b_{ir} 的估计。设计基于积分并行学习的神经网络预估器如下：

$$\begin{cases} \dot{\hat{u}}_i = \hat{W}_{iu}^{\mathrm{T}} X_{iu}(\xi_{iu}) + \hat{b}_{iu}\tau_{iu} - (k_{i1} + \rho_{iu})\tilde{u}_i \\ \dot{\hat{r}}_i = \hat{W}_{ir}^{\mathrm{T}} X_{ir}(\xi_{ir}) + \hat{b}_{ir}\tau_{ir} - (k_{i2} + \rho_{ir})\tilde{r}_i \end{cases} \tag{7.66}$$

式中，$\tilde{u}_i = \hat{u}_i - u_i$, $\tilde{r}_i = \hat{r}_i - r_i$；$k_{i1} \in \mathbb{R}^+$, $k_{i2} \in \mathbb{R}^+$, $\rho_{iu} \in \mathbb{R}^+$, $\rho_{ir} \in \mathbb{R}^+$。

神经网络权值和未知输入增益的更新律如下：

$$\begin{cases} \begin{bmatrix} \dot{\hat{W}}_{iu} \\ \dot{\hat{b}}_{iu} \end{bmatrix} = -\Gamma_{iu} \begin{bmatrix} X_{iu}(\xi_{iu}) \\ \tau_{iu} \end{bmatrix} \tilde{u}_i - c_{iu}\Gamma_{iu} \sum_{k=1}^{N} \left(\begin{bmatrix} \Phi_{iu}^k \\ T_{iu}^k \end{bmatrix} \Big[u_i(t_k) \right. \\ \qquad \left. - u_i(t_k - \Delta t) - \hat{W}_{iu}^{\mathrm{T}} \Phi_{iu}^k - \hat{b}_{iu} T_{iu}^k \Big] \right) \\ \begin{bmatrix} \dot{\hat{W}}_{ir} \\ \dot{\hat{b}}_{ir} \end{bmatrix} = -\Gamma_{ir} \begin{bmatrix} X_{ir}(\xi_{ir}) \\ \tau_{ir} \end{bmatrix} \tilde{r}_i - c_{ir}\Gamma_{ir} \sum_{k=1}^{N} \left(\begin{bmatrix} \Phi_{ir}^k \\ T_{ir}^k \end{bmatrix} \Big[r_i(t_k) \right. \\ \qquad \left. - r_i(t_k - \Delta t) - \hat{W}_{ir}^{\mathrm{T}} \Phi_{ir}^k - \hat{b}_{ir} T_{ir}^k \Big] \right) \end{cases} \tag{7.67}$$

式中，$\Gamma_{iu} \in \mathbb{R}^{(n+1)\times(n+1)}$, $\Gamma_{ir} \in \mathbb{R}^{(n+1)\times(n+1)}$ 是对角矩阵；$\Delta t \in \mathbb{R}^+$ 为延时时间；$c_{iu} \in \mathbb{R}^+$, $c_{ir} \in \mathbb{R}^+$ 是自适应增益；定义 $\Phi_{iu}^k \triangleq \Phi_{iu}(t_k)$, $\Phi_{ir}^k \triangleq \Phi_{ir}(t_k)$, $T_{iu}^k \triangleq T_{iu}(t_k)$, $T_{ir}^k \triangleq T_{ir}(t_k)$，具体如下：

$$\begin{cases} \varPhi_{iu}(t)=\displaystyle\int_{\max\{t-\Delta t,0\}}^{t} X_{iu}(\xi_{iu})\mathrm{d}t \\ \varPhi_{ir}(t)=\displaystyle\int_{\max\{t-\Delta t,0\}}^{t} X_{ir}(\xi_{ir})\mathrm{d}t \\ T_{iu}(t)=\displaystyle\int_{\max\{t-\Delta t,0\}}^{t} \tau_{iu}\mathrm{d}t \\ T_{ir}(t)=\displaystyle\int_{\max\{t-\Delta t,0\}}^{t} \tau_{ir}\mathrm{d}t \end{cases} \tag{7.68}$$

式中，$t_k\in[0,t]$ 表示初始时间和当前时间之间的时间点。令 $\epsilon_{iu}=\displaystyle\int_{t-\Delta t}^{t}\varepsilon_{iu}\mathrm{d}t$，$\epsilon_{ir}=\displaystyle\int_{t-\Delta t}^{t}\varepsilon_{ir}\mathrm{d}t$，且存在 ϵ^* 满足 $\epsilon_{iu}\leqslant\epsilon^*$ 和 $\epsilon_{ir}\leqslant\epsilon^*$。对式 (7.63) 积分，结合式 (7.65) 得到

$$\begin{cases} \displaystyle\int_{t-\Delta t}^{t}\dot{u}_i\mathrm{d}t=W_{iu}^{\mathrm{T}}\int_{t-\Delta t}^{t}X_{iu}(\xi_{iu})\mathrm{d}t+b_{iu}\int_{t-\Delta t}^{t}\tau_{iu}\mathrm{d}t+\epsilon_{iu} \\ \displaystyle\int_{t-\Delta t}^{t}\dot{r}_i\mathrm{d}t=W_{ir}^{\mathrm{T}}\int_{t-\Delta t}^{t}X_{ir}(\xi_{ir})\mathrm{d}t+b_{ir}\int_{t-\Delta t}^{t}\tau_{ir}\mathrm{d}t+\epsilon_{ir} \end{cases} \tag{7.69}$$

进一步可得

$$\begin{cases} u_i(t)-u_i(t-\Delta t)=W_{iu}^{\mathrm{T}}\varPhi_{iu}+b_{iu}T_{iu}+\epsilon_{iu} \\ r_i(t)-r_i(t-\Delta t)=W_{ir}^{\mathrm{T}}\varPhi_{ir}+b_{ir}T_{ir}+\epsilon_{ir} \end{cases} \tag{7.70}$$

式中，$\forall t>\Delta t$。

在实际应用时，可以采用投影算子保证 $\hat{b}_{iu}$ 和 $\hat{b}_{ir}$ 估计值在实际变化范围内，从而保证估计值是非零的。

稳定性分析需要做如下假设。

假设 7.1 *存在 $\gamma>0$ 和 $T>\Delta t$，使得*

$$\begin{cases} \lambda_{\min}\left\{\displaystyle\sum_{k=1}^{M}\begin{bmatrix}\varPhi_{iu}^k\\T_{iu}^k\end{bmatrix}\begin{bmatrix}\varPhi_{iu}^k\\T_{iu}^k\end{bmatrix}^{\mathrm{T}}\right\}>\gamma \\ \lambda_{\min}\left\{\displaystyle\sum_{k=1}^{M}\begin{bmatrix}\varPhi_{ir}^k\\T_{ir}^k\end{bmatrix}\begin{bmatrix}\varPhi_{ir}^k\\T_{ir}^k\end{bmatrix}^{\mathrm{T}}\right\}>\gamma \end{cases} \tag{7.71}$$

定义神经网络和输入增益估计误差为 $\tilde{W}_{iu}=\hat{W}_{iu}-W_{iu}$, $\tilde{W}_{ir}=\hat{W}_{ir}-W_{ir}$, $\tilde{b}_{iu}=\hat{b}_{iu}-b_{iu}$, $\tilde{b}_{ir}=\hat{b}_{ir}-b_{ir}$，由式 (7.62)、式 (7.66)、式 (7.70) 和 式 (7.67) 可得估计误差动态为

$$\begin{cases}\dot{\tilde{u}}_i=\tilde{W}_{iu}X_{iu}(\xi_{iu})+\tilde{b}_{iu}\tau_{iu}-(k_{i1}+\rho_{iu})\tilde{u}_i\\ \dot{\tilde{r}}_i=\tilde{W}_{ir}X_{ir}(\xi_{ir})+\tilde{b}_{ir}\tau_{ir}-(k_{i2}+\rho_{ir})\tilde{r}_i\\ \begin{bmatrix}\dot{\tilde{W}}_{iu}\\ \dot{\tilde{b}}_{iu}\end{bmatrix}=-\varGamma_{iu}\begin{bmatrix}X_{iu}(\xi_{iu})\\ \tau_{iu}\end{bmatrix}\tilde{u}_i-c_{iu}\varGamma_{iu}\sum_{k=1}^{M}\left(\begin{bmatrix}\varPhi_{iu}^k\\ T_{iu}^k\end{bmatrix}\right.\\ \qquad\left.\cdot\begin{bmatrix}\varPhi_{iu}^k\\ T_{iu}^k\end{bmatrix}^{\mathrm{T}}\begin{bmatrix}\tilde{W}_{iu}\\ \tilde{b}_{iu}\end{bmatrix}+\begin{bmatrix}\varPhi_{iu}^k\\ T_{iu}^k\end{bmatrix}\epsilon_{iu}\right)\\ \begin{bmatrix}\dot{\tilde{W}}_{ir}\\ \dot{\tilde{b}}_{ir}\end{bmatrix}=-\varGamma_{ir}\begin{bmatrix}X_{ir}(\xi_{ir})\\ \tau_{ir}\end{bmatrix}\tilde{r}_i-c_{ir}\varGamma_{ir}\sum_{k=1}^{M}\left(\begin{bmatrix}\varPhi_{ir}^k\\ T_{ir}^k\end{bmatrix}\right.\\ \qquad\left.\cdot\begin{bmatrix}\varPhi_{ir}^k\\ T_{ir}^k\end{bmatrix}^{\mathrm{T}}\begin{bmatrix}\tilde{W}_{ir}\\ \tilde{b}_{ir}\end{bmatrix}+\begin{bmatrix}\varPhi_{ir}^k\\ T_{ir}^k\end{bmatrix}\epsilon_{ir}\right)\end{cases}\tag{7.72}$$

2. 控制器设计

为跟踪给定的参考速度和角速度信号，定义速度跟踪误差：

$$\begin{cases}z_{iu}=\hat{u}_i-u_{id}\\ z_{ir}=\hat{r}_i-r_{id}\end{cases}\tag{7.73}$$

对式 (7.73) 求导并将式 (7.66) 代入可得

$$\begin{cases}\dot{z}_{iu}=\hat{b}_{iu}\tau_{iu}+\hat{W}_{iu}^{\mathrm{T}}X_{iu}(\xi_{iu})-(k_{i1}+\rho_{iu})\tilde{u}_i-u_{id}^d\\ \dot{z}_{ir}=\hat{b}_{ir}\tau_{ir}+\hat{W}_{ir}^{\mathrm{T}}X_{ir}(\xi_{ir})-(k_{i2}+\rho_{ir})\tilde{r}_i-r_{id}^d\end{cases}\tag{7.74}$$

式中，u_{id}^d 和 r_{id}^d 分别是 u_{id} 和 r_{id} 的一阶导数。

令 $u_{ie}=u_i-u_{id}$ 和 $r_{ie}=r_i-r_{id}$，欠驱动无人船动力学控制器设计如下：

$$\begin{cases}\tau_{iu}=(-k_{i1}u_{ie}+u_{id}^d-\hat{\sigma}_{iu})/\hat{b}_{iu}\\ \tau_{ir}=(-k_{i2}r_{ie}+r_{id}^d-\hat{\sigma}_{ir})/\hat{b}_{ir}\end{cases}\tag{7.75}$$

式中，$\hat{\sigma}_{iu}=\hat{W}_{iu}^{\mathrm{T}}X_{iu}(\xi_{iu})$ 和 $\hat{\sigma}_{ir}=\hat{W}_{ir}^{\mathrm{T}}X_{ir}(\xi_{ir})$。将式 (7.75) 代入式 (7.74)，得到速度跟踪误差动态如下：

$$\begin{cases}\dot{z}_{iu}=-k_{i1}z_{iu}-\rho_{iu}\tilde{u}_i\\ \dot{z}_{ir}=-k_{i2}z_{ir}-\rho_{ir}\tilde{r}_i\end{cases}\tag{7.76}$$

7.3.3 稳定性分析

以下引理给出估计子系统 (7.72) 的稳定性。

引理 7.5 子系统 (7.72) 看作一个状态为 $\tilde{u}_i$, $\tilde{r}_i$, $\tilde{W}_{iu}$, $\tilde{W}_{ir}$, $\tilde{b}_{iu}$, $\tilde{b}_{ir}$，输入为 ϵ_{iu}, ϵ_{ir} 的系统，该系统是输入状态稳定的。

证明 构造如下李雅普诺夫函数：

$$V_1=\frac{1}{2}\left(\tilde{u}_i^2+\tilde{r}_i^2+\begin{bmatrix}\tilde{W}_{iu}\\ \tilde{b}_{iu}\end{bmatrix}^{\mathrm{T}}\varGamma_{iu}\begin{bmatrix}\tilde{W}_{iu}\\ \tilde{b}_{iu}\end{bmatrix}+\begin{bmatrix}\tilde{W}_{ir}\\ \tilde{b}_{ir}\end{bmatrix}^{\mathrm{T}}\varGamma_{ir}\begin{bmatrix}\tilde{W}_{ir}\\ \tilde{b}_{ir}\end{bmatrix}\right) \tag{7.77}$$

对式 (7.77) 求导，并将式 (7.72) 代入得到

$$\begin{aligned}\dot{V}_1=&-(k_{i1}+\rho_{iu})\tilde{u}_i^2-(k_{i2}+\rho_{ir})\tilde{r}_i^2\\&-c_{iu}\left[\ \tilde{W}_{iu}\tilde{b}_{iu}\ \right]^{\mathrm{T}}\sum_{k=1}^{M}\dot{V}_1=\left\{\begin{bmatrix}\varPhi_{iu}^k\\ T_{iu}^k\end{bmatrix}\begin{bmatrix}\varPhi_{iu}^k\\ T_{iu}^k\end{bmatrix}^{\mathrm{T}}\begin{bmatrix}\tilde{W}_{iu}\\ \tilde{b}_{iu}\end{bmatrix}+\begin{bmatrix}\varPhi_{iu}^k\\ T_{iu}^k\end{bmatrix}\epsilon_{iu}\right\}\\&-c_{ir}\left[\ \tilde{W}_{ir}\tilde{b}_{ir}\ \right]^{\mathrm{T}}\dot{V}_1=\sum_{k=1}^{M}\left(\begin{bmatrix}\varPhi_{ir}^k\\ T_{ir}^k\end{bmatrix}\begin{bmatrix}\varPhi_{ir}^k\\ T_{ir}^k\end{bmatrix}^{\mathrm{T}}\begin{bmatrix}\tilde{W}_{ir}\\ \tilde{b}_{ir}\end{bmatrix}+\begin{bmatrix}\varPhi_{ir}^k\\ T_{ir}^k\end{bmatrix}\epsilon_{ir}\right)\\\leqslant&-(k_{i1}+\rho_{iu})\tilde{u}_i^2-(k_{i2}+\rho_{ir})\tilde{r}_i^2-c_{iu}\gamma\|\tilde{W}_{iu}\|^2\\&-c_{iu}\gamma\|\tilde{b}_{iu}\|^2+\iota_{iu}\|\tilde{W}_{iu}\||\epsilon_{iu}|+\iota_{iu}\|\tilde{b}_{iu}\||\epsilon_{iu}|-c_{ir}\gamma\|\tilde{W}_{ir}\|^2\\&-c_{ir}\gamma\|\tilde{b}_{ir}\|^2+\iota_{ir}\|\tilde{W}_{ir}\||\epsilon_{ir}|+\iota_{ir}\|\tilde{b}_{ir}\||\epsilon_{ir}|\end{aligned}$$

式中，

$$\begin{cases}\iota_{iu}=\max\limits_{k=1,2,\cdots,M}(\varPhi_{iu}^k(1),\varPhi_{iu}^k(2),\cdots,\varPhi_{iu}^k(M),T_{iu}^k)>0\\ \iota_{ir}=\max\limits_{k=1,2,\cdots,M}(\varPhi_{ir}^k(1),\varPhi_{ir}^k(2),\cdots,\varPhi_{ir}^k(M),T_{ir}^k)>0\end{cases} \tag{7.78}$$

进而可得

$$\dot{V}_1\leqslant -c_{i1}\|E_{i1}\|^2+\iota_{i1}\|E_{i1}\|\|\epsilon_i\| \tag{7.79}$$

式中，$c_{i1}=\min(k_{i1}+\rho_{iu},k_{i2}+\rho_{ir},c_{iu}\gamma,c_{ir}\gamma)$, $\epsilon_i=[0,0,\epsilon_{iu},\epsilon_{ir},\epsilon_{iu},\epsilon_{ir}]^{\mathrm{T}}$ 且存在一个常数 $\epsilon^*\in\mathbb{R}^+$ 满足 $\|\epsilon_i\|\leqslant\epsilon^*$, $\iota_{i1}=\max(\iota_{iu},\iota_{ir})$, $E_{i1}=[|\tilde{u}_i|,|\tilde{r}_i|,\|\tilde{W}_{iu}\|,\|\tilde{W}_{ir}\|,\|\tilde{b}_{iu}\|,\|\tilde{b}_{ir}\|]^{\mathrm{T}}$。

当

$$\|E_{i1}\|\geqslant\frac{\iota_{i1}|\epsilon_{iu}|}{\ell_{i1}c_{i1}}+\frac{\iota_{i1}|\epsilon_{ir}|}{\ell_{i1}c_{i1}}\geqslant\frac{\iota_{i1}\|\epsilon_i\|}{\ell_{i1}c_{i1}} \tag{7.80}$$

有

$$\dot{V}_1\leqslant -(1-\ell_{i1})c_{i1}\|E_{i1}\|^2 \tag{7.81}$$

式中，$0<\ell_{i1}<1$，根据定理 2.2 可知，子系统 (7.72) 是输入状态稳定的。并且有

$$\|E_{i1}(t)\| \leqslant \sqrt{\frac{\lambda_{\max}(P_{io})}{\lambda_{\min}(P_{io})}} \max\left\{\|E_{i1}(t_0)\|\mathrm{e}^{-\gamma_{i1}(t-t_0)}\ \frac{\iota_{i1}\epsilon^*}{\ell_{i1}c_{i1}}\right\}, \quad \forall t \geqslant t_0 \tag{7.82}$$

式中，$P_{io}=\mathrm{diag}\{1,\varGamma_{iu}^{-1},\varGamma_{ir}^{-1}\}$，$\gamma_{i1}=2c_{i1}(1-\ell_{i1})/\lambda_{\max}(P_{io})$。□

以下引理给出误差子系统 (7.76) 的稳定性。

引理 7.6　子系统 (7.76) 看作一个状态为 z_{iu} 和 z_{ir}，输入为 $\tilde{u}_i$ 和 $\tilde{r}_i$ 的系统，该系统是输入状态稳定的。

证明　构造如下李雅普诺夫函数：

$$V_2=\frac{1}{2}\left(z_{iu}^2+z_{ir}^2\right) \tag{7.83}$$

对式 (7.83) 求导并代入式 (7.76) 得到

$$\dot{V}_2=-k_{i1}z_{iu}^2-k_{i2}z_{ir}^2-\rho_{iu}z_{iu}\tilde{u}_i-\rho_{ir}z_{ir}\tilde{r}_i \tag{7.84}$$

定义 $c_{i2}=\min\{k_{i1},k_{i2}\}$，$\iota_{i2}=\max\{\rho_{iu},\rho_{ir}\}$ 和 $E_{i2}=[z_{iu},z_{ir}]^{\mathrm{T}}$，进一步得到

$$\dot{V}_2 \leqslant -c_{i2}\|E_{i2}\|^2+\iota_{i2}\|E_{i2}\|\|E_{i1}\| \tag{7.85}$$

由

$$\|E_{i2}\| \geqslant \frac{\iota_{i2}\|E_{i1}\|}{c_{i2}\ell_{i2}} \tag{7.86}$$

可以得到

$$\dot{V}_2 \leqslant -c_{i2}(1-\ell_{i2})\|E_2\|^2 \tag{7.87}$$

式中，$0<\ell_{i2}<1$。所以，根据定理 2.2 可知，子系统 (7.76) 是输入状态稳定的。于是有

$$\|E_{i2}(t)\| \leqslant \max\left\{\|E_{i2}(t_0)\|\mathrm{e}^{-\gamma_{i2}(t-t_0)}, \frac{\iota_{i2}\|E_{i1}\|}{c_{i2}\ell_{i2}}\right\}, \quad \forall t \geqslant t_0 \tag{7.88}$$

式中，

$$\gamma_{i2}=2c_{i2}(1-\ell_{i2}) \tag{7.89}$$

□

定理 7.3 考虑无人船运动方程 (7.62) 、动力学控制器 (7.75) ，基于数据的神经预估器 (7.66) 积分并行学习更新律 (7.67)，在满足假设 7.1 的条件下，子系统 (7.72) 和子系统 (7.76) 组成的级联系统是输入状态稳定的，且跟踪误差是一致最终有界的。

证明 引理 7.5 和引理 7.6 已经证明:子系统 (7.72) 的状态为 $\tilde{u}_i, \tilde{r}_i, \tilde{W}_{iu}, \tilde{W}_{ir}, \tilde{b}_{iu}, \tilde{b}_{ir}$，输入为 $\epsilon_{iu}, \epsilon_{ir}$，是输入状态稳定的；子系统 (7.76) 状态为 z_{iu} 和 z_{ir}，输入为 $\tilde{u}_i$ 和 $\tilde{r}_i$，是输入状态稳定的。根据定理 2.4 可知，整个级联系统，其状态为 $\tilde{u}_i, \tilde{r}_i, \tilde{W}_{iu}, \tilde{W}_{ir}, \tilde{b}_{iu}, \tilde{b}_{ir}, z_{iu}$ 和 z_{ir}，输入为 $\epsilon_{iu}, \epsilon_{ir}$，该系统是输入状态稳定的，且当 $t \to \infty$ 时，误差信号的界为 $\|E_{i2}(t)\| \leqslant \iota_{i2}\iota_{i1}\epsilon^*/(c_{i2}\ell_{i2}\ell_{i1}c_{i1})$。□

7.3.4 仿真验证

为验证本节所提控制方法的有效性，将所提基于积分并行学习预估器的神经网络动力学控制方法应用于 Cybership Ⅱ 船舶模型[48]。动力学控制器参数选取如下：$\epsilon_i = 0.01$, $\Gamma_{iu} = 900, \Gamma_{ir} = 900, c_{iu} = 0.33, c_{ir} = 0.33, k_{i1} = 2, k_{i2} = 2, \rho_{iu} = 30, \rho_{ir} = 30$。

仿真结果如图 7.13 ～ 图 7.16 所示。图 7.13 给出纵荡速度与艏摇角速度的跟踪效果, 可以看出采用所提控制方法能够准确跟踪给定速度和角速度参考信号。图 7.14 给出未知控制输入增益的估计效果, 可以看出所提积分并行学习预估器可以准确地估计未知控制输入增益。在 200s 时, 控制输入增益发生变化, 所提出的积分并行学习预估器能在短时间内学习到真实值。图 7.15 给出动力学模型不确定性的估计效果，可以看出神经网络预估器的输出经过瞬态过程后学习到了无人船

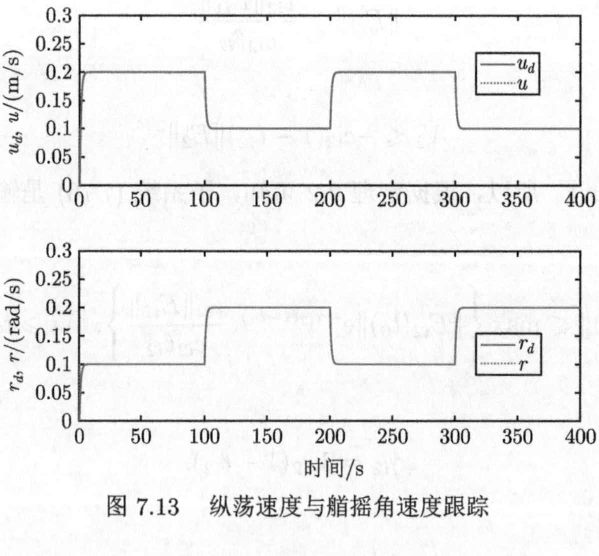

图 7.13　纵荡速度与艏摇角速度跟踪

模型的不确定性。图 7.16 给出了无人船的纵荡力和艏摇力矩，可以看出它们是有界的。

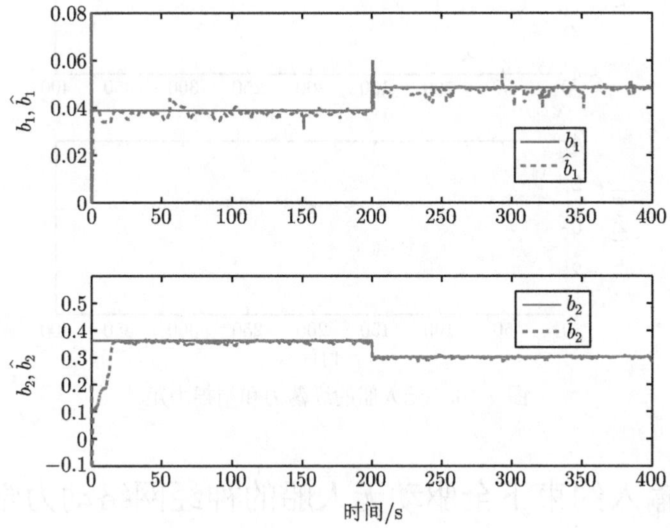

图 7.14　控制输入增益的估计

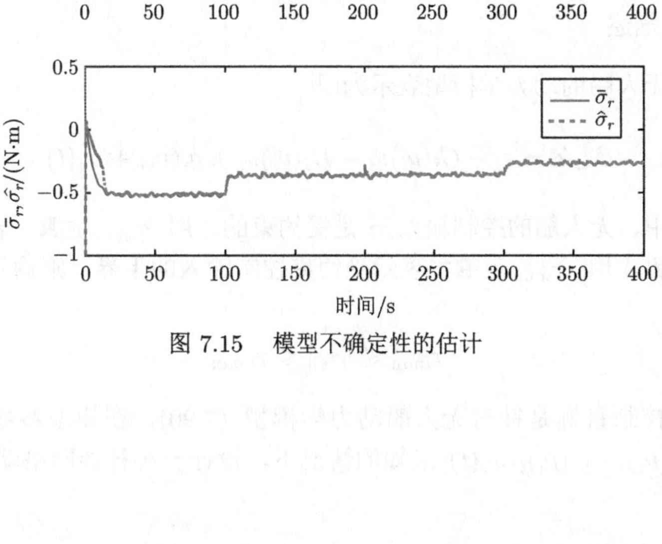

图 7.15　模型不确定性的估计

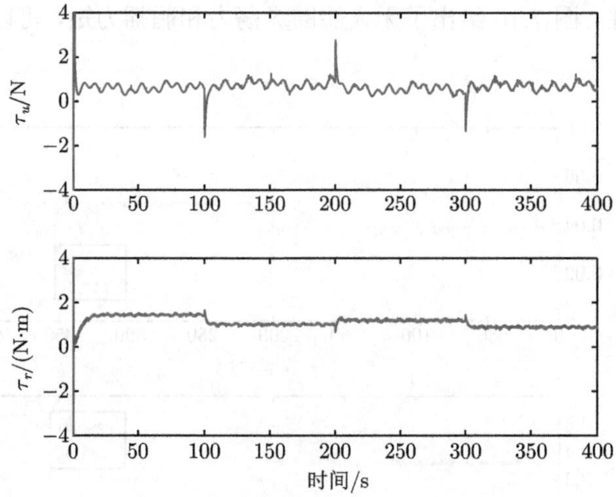

图 7.16　无人船的纵荡力和艏摇力矩

7.4　输入约束下全驱动无人船的神经网络动力学控制

7.3 节中提出的输入有界神经网络控制器设计方法适用于欠驱动无人船，本节研究模型参数不确定、海洋环境扰动和输入约束下全驱动无人船的动力学控制问题。采用预估器神经网络估计内部模型不确定性与外部海洋环境扰动，实现纵荡、横荡、艏摇角三个方向的自适应动力学控制，同时保证控制信号是有界的，且界值是明确已知的。采用级联系统稳定性分析，证明闭环系统是输入状态稳定的，跟踪误差收敛到零附近。仿真验证本节所提输入界值已知神经网络动力学控制器的有效性。

7.4.1　问题描述

第 i 艘无人船的动力学模型表示为[31]

$$M_i\dot{\nu}_i = \tau_i - C_i(\nu_i)\nu_i - D_i(\nu_i)\nu_i + g_i(\nu_i) + w_i(t) \tag{7.90}$$

在实际系统中，无人船的控制输入 τ_i 是受约束的。用 $\tau_{i\max} \in \mathbb{R}^+$ 表示受约束控制输入的上界，用 $\tau_{i\min} \in \mathbb{R}^+$ 表示受约束控制输入的下界，则输入约束可以表示为

$$\tau_{i\min} \leqslant \|\tau_i\| \leqslant \tau_{i\max} \tag{7.91}$$

本节的控制目标是针对无人船动力学模型 (7.90)，在模型参数和外部扰动 $C_i(\nu_i)$, $D_i(\nu_i)$, $g_i(\nu_i)$, $w_i(t)$ 未知的情况下，设计一种神经网络动力学控制器，

使得无人船跟踪常值期望速度 $\nu_{id}\in\mathbb{R}^3$，即

$$\lim_{t\to\infty}\|\nu_i-\nu_{id}\|\leqslant l_i \tag{7.92}$$

式中，$l_i\in\mathbb{R}^+$ 是小的常数，同时满足输入约束 (7.91)。

7.4.2 基于预估器的饱和动力学控制器设计

1. 神经网络预估器设计

无人船的动力学模型 (7.90) 可写为

$$M_i\dot{\nu}_i=\tau_i+\sigma_{i\nu}(\cdot) \tag{7.93}$$

式中，$\sigma_{i\nu}(\cdot)=w_i(t)-C_i(\nu_i)\nu_i-D_i(\nu_i)\nu_i+g_i(\nu_i)$。

由于 $\sigma_{i\nu}(\cdot)$ 是未知的，采用神经网络对其进行逼近，其形式为

$$\sigma_{i\nu}(\cdot)=W_{i\nu}^{\mathrm{T}}X_{i\nu}(\xi_{i\nu})+\varepsilon_{i\nu} \tag{7.94}$$

式中，$\xi_{i\nu}=[\nu_i^{\mathrm{T}}(t),\nu_i^{\mathrm{T}}(t-t_p^*),\tau_i^{\mathrm{T}}(t),1]^{\mathrm{T}}\in\mathbb{R}^{10}$ 为输入向量，其中 t_p^* 表示采样时间；$W_{i\nu}\in\mathbb{R}^{n\times3}$ 是神经网络权值矩阵，满足 $\|W_{i\nu}\|_{\mathrm{F}}\leqslant W_{i\nu}^*$，$W_{i\nu}^*\in\mathbb{R}^+$；$X_{i\nu}(s):\mathbb{R}^{10}\to\mathbb{R}^n$ 是已知的神经网络基函数，满足 $\|X_{i\nu}\|\leqslant X_{i\nu}^*$，其中 $X_{i\nu}^*\in\mathbb{R}^+$；$\varepsilon_{i\nu}=[\varepsilon_{iu},\varepsilon_{iv},\varepsilon_{ir}]^{\mathrm{T}}\in\mathbb{R}^3$ 表示神经网络逼近误差，满足 $\|\varepsilon_{i\nu}\|\leqslant\varepsilon_{i\nu}^*$，其中 $\varepsilon_{i\nu}^*\in\mathbb{R}^+$。

为设计神经网络权值的更新律，设计如下的预估器：

$$M_i\dot{\hat{\nu}}_i=-(K_{i\nu}+\varrho_i)(\hat{\nu}_i-\nu_i)+\hat{W}_{i\nu}^{\mathrm{T}}X_{i\nu}(\xi_{i\nu})+\tau_i \tag{7.95}$$

式中，$\hat{W}_{i\nu}=[\hat{W}_{iu},\hat{W}_{iv},\hat{W}_{ir}]\in\mathbb{R}^{n\times3}$ 为神经网络权值的估计；$K_{i\nu}=\mathrm{diag}\{k_{iu},k_{iv},k_{ir}\}\in\mathbb{R}^{3\times3}$ 是增益矩阵，其中 $k_{iu}\in\mathbb{R}^+,k_{iv}\in\mathbb{R}^+,k_{ir}\in\mathbb{R}^+$；$\varrho_i=\mathrm{diag}\{\varrho_{iu},\varrho_{iv},\varrho_{ir}\}\in\mathbb{R}^{3\times3}$ 是增益矩阵，其中 $\varrho_{iu}\in\mathbb{R}^+,\varrho_{iv}\in\mathbb{R}^+,\varrho_{ir}\in\mathbb{R}^+$。设计神经网络的更新律如下：

$$\dot{\hat{W}}_{i\nu}(t)=-\varGamma_{i\nu}\mathrm{Proj}(\hat{W}_{i\nu}(t),X_{i\nu}(\xi_{i\nu})(\hat{\nu}_i-\nu_i)^{\mathrm{T}}) \tag{7.96}$$

式中，$\mathrm{Proj}(\cdot,\cdot)$ 表示投影算子[170]；$\varGamma_{i\nu}\in\mathbb{R}^+$ 是自适应增益。根据投影算子的性质，存在常数 $\epsilon_{i\nu}\in\mathbb{R}^+$，满足 $\|\hat{W}_{i\nu}(t)\|_{\mathrm{F}}\leqslant\epsilon_{i\nu}+W_{i\nu}^*$。

定义 $\tilde{W}_{i\nu}=\hat{W}_{i\nu}-W_{i\nu}$ 为神经网络权值估计误差，$\tilde{\nu}_i=\hat{\nu}_i-\nu_i$ 为速度估计误差，则预估神经网络子系统的误差动态如下：

$$\left\{\begin{aligned}M_i\dot{\tilde{\nu}}_i&=-(K_{i\nu}+\varrho_i)\tilde{\nu}_i+\tilde{W}_{i\nu}^{\mathrm{T}}X_{i\nu}(\xi_{i\nu})-\varepsilon_{i\nu}\\ \dot{\tilde{W}}_{i\nu}&=-\varGamma_{i\nu}\mathrm{Proj}(\hat{W}_{i\nu},X_{i\nu}(\xi_{i\nu})\tilde{\nu}_i^{\mathrm{T}})\end{aligned}\right. \tag{7.97}$$

根据投影算子的性质，存在常数 $\epsilon_{i\nu}^w\in\mathbb{R}^+$，使得 $\|\tilde{W}_{i\nu}\|_{\mathrm{F}}\leqslant\epsilon_{i\nu}^w$。

2. 控制器设计

定义 $\nu_{ie}=\nu_i-\nu_{id}$ 为速度跟踪误差，$\hat{\nu}_{ie}=\hat{\nu}_i-\nu_{id}$ 为估计的速度跟踪误差，对 $\hat{\nu}_{ie}$ 求导并代入式 (7.95)，可得

$$M_i\dot{\hat{\nu}}_{ie}=-(K_{i\nu}+\varrho_i)\tilde{\nu}_i+\tau_i+\hat{W}_{i\nu}^{\mathrm{T}}X_{i\nu}(\xi_{i\nu}) \tag{7.98}$$

基于预估器设计如下的动力学控制器：

$$\tau_i=-\frac{K_{i\nu}\hat{\nu}_{ie}}{\sqrt{\|\hat{\nu}_{ie}\|^2+\varDelta_i^2}}-\hat{W}_{i\nu}^{\mathrm{T}}X_{i\nu}(\xi_{i\nu}) \tag{7.99}$$

式中，$K_{i\nu}=\mathrm{diag}\{k_{iu},k_{iv},k_{ir}\}\in\mathbb{R}^{3\times 3}$ 是增益矩阵，其中 $k_{iu}\in\mathbb{R}^+$, $k_{iv}\in\mathbb{R}^+$, $k_{ir}\in\mathbb{R}^+$；$\varDelta_i\in\mathbb{R}^+$。将式 (7.99) 代入式 (7.98) 得

$$M_i\dot{\hat{\nu}}_{ie}=-\frac{K_{i\nu}\hat{\nu}_{ie}}{\sqrt{\|\hat{\nu}_{ie}\|^2+\varDelta_i^2}}-(K_{i\nu}+\varrho_i)\tilde{\nu}_i \tag{7.100}$$

控制器 (7.100) 的一个显著优点是控制器信号是有界的，且界值是明确已知的，控制输入信号满足

$$\|\tau_i\|\leqslant K_{i\nu}^*+(W_{i\nu}^*+\epsilon_{i\nu})X_{i\nu}^* \tag{7.101}$$

式中，$\|K_{i\nu}\|_{\mathrm{F}}\leqslant K_{i\nu}^*$。

7.4.3 稳定性分析

在这一节中，我们分析由估计误差子系统 (7.97) 和速度跟踪误差子系统 (7.100) 组成的级联系统的稳定性。首先分析子系统 (7.97) 的稳定性。

引理 7.7 子系统 (7.97)，看作一个状态为 $\tilde{\nu}_i$, $\tilde{W}_{i\nu}$，输入为 $\varepsilon_{i\nu}$, $\epsilon_{i\nu}^w$ 的系统，该系统是输入状态稳定的。

证明 构建如下的李雅普诺夫函数：

$$V_{i1}=\frac{1}{2}\Big\{\tilde{\nu}_i^{\mathrm{T}}M_i\tilde{\nu}_i+\varGamma_{i\nu}^{-1}\mathrm{tr}\{\tilde{W}_{i\nu}^{\mathrm{T}}\tilde{W}_{i\nu}\}\Big\} \tag{7.102}$$

对式 (7.102) 求导，并将式 (7.97) 代入可得

$$\begin{aligned}\dot{V}_{i1}=&-\tilde{\nu}_i^{\mathrm{T}}K_i\tilde{\nu}_i-\tilde{\nu}_i^{\mathrm{T}}\varepsilon_{i\nu}\\ \leqslant&-\lambda_{\min}(K_i)\|\tilde{\nu}_i\|^2-\lambda_{\min}(\varGamma_{i\nu})\|\tilde{W}_{i\nu}\|_{\mathrm{F}}^2\\ &+\|\tilde{\nu}_i\|\|\varepsilon_{i\nu}\|+X_{i\nu}\|\tilde{W}_{i\nu}\|\|\tilde{\upsilon}_{i\nu}\|\|\tilde{W}_{i\nu}\|\end{aligned}$$

$$\leqslant -\lambda_{\min}(K_i)\|E_{i1}\|^2+\|h_{i1}\|\|E_{i1}\| \tag{7.103}$$

式中，$K_i=\mathrm{diag}\{(K_{i\nu}+\varrho_i),-\varGamma_{i\nu}^{-1}\}$；$E_{i1}=[\|\tilde{\nu}_i\|,\|\tilde{W}_{i\nu}\|_{\mathrm{F}}]^{\mathrm{T}}$；$h_{i1}=[(\|\varepsilon_{i\nu}\|+\epsilon_{i\nu}^{w}),\|X_{i\nu}\|]^{\mathrm{T}}$。

由

$$\|E_{i1}\|\geqslant\frac{\varepsilon_{i\nu}}{\ell_{i1}\lambda_{\min}(K_i)}+\frac{\epsilon_{i\nu}^{w}}{\ell_{i1}}\geqslant\frac{\|h_{i1}\|}{\ell_{i1}\lambda_{\min}(K_i)} \tag{7.104}$$

可得

$$\dot{V}_{i1}\leqslant-(1-\ell_{i1})\lambda_{\min}(K_i)\|E_{i1}\|^2 \tag{7.105}$$

式中，$0<\ell_{i1}<1$。由定理 2.2 可知，子系统 (7.97) 是输入状态稳定的，且 $\|E_{i1}(t)\|$ 满足

$$\|E_{i1}(t)\|\leqslant\max\left\{\gamma_{io}(\|E_{i1}(0)\|,t),\kappa_{io}^{\varepsilon_\nu}(\|\varepsilon_{i\nu}\|)+\kappa_{io}^{\epsilon_\nu^w}(\epsilon_{i\nu}^{w})\right\} \tag{7.106}$$

式中，γ_{io} 是 $\mathcal{KL}$ 类函数，且

$$\begin{cases}\kappa_{io}^{\varepsilon_\nu}(s)=\sqrt{\dfrac{\lambda_{\max}(S_{i1})}{\lambda_{\min}(S_{i1})}}\dfrac{s}{\ell_{i1}\lambda_{\min}(K_i)}\\[2ex]\kappa_{io}^{\epsilon_\nu^w}(s)=\sqrt{\dfrac{\lambda_{\max}(S_{i1})}{\lambda_{\min}(S_{i1})}}\dfrac{s}{\ell_{i1}}\end{cases} \tag{7.107}$$

式中，$S_{i1}=\mathrm{diag}\{M_i,\varGamma_i^{-1}\}$。

以下引理给出速度跟踪误差子系统 (7.100) 的稳定性。

引理 7.8 子系统 (7.100)，看作一个状态为 $\hat{\nu}_{ie}$，输入为 $\tilde{\nu}_i$ 的系统，该系统是输入状态稳定的。

证明 构建如下的李雅普诺夫函数：

$$V_{i2}=\frac{1}{2}\hat{\nu}_{ie}^{\mathrm{T}}M_i\hat{\nu}_{ie} \tag{7.108}$$

对其求导，并将式 (7.100) 代入得

$$\begin{aligned}\dot{V}_{i2}&=-\frac{\hat{\nu}_{ie}^{\mathrm{T}}K_{i\nu}\hat{\nu}_{ie}}{\sqrt{\|\hat{\nu}_{ie}\|^2+\varDelta_i^2}}-\hat{\nu}_{ie}^{\mathrm{T}}K_i\tilde{\nu}_i\\&\leqslant-c_i\|\hat{\nu}_{ie}\|^2+\lambda_{\max}(K_i)\|\hat{\nu}_{ie}\|\|\tilde{\nu}_i\|\end{aligned} \tag{7.109}$$

式中，

$$c_i=\frac{\lambda_{\min}(K_{i\nu})}{\sqrt{\|\hat{\nu}_{ie}\|^2+\varDelta_i^2}} \tag{7.110}$$

可看成一个时变增益。

由

$$\|\hat{\nu}_{ie}\| \geqslant \frac{\lambda_{\max}(K_i)\|\tilde{\nu}_i\|}{\ell_{i2}c_i} \tag{7.111}$$

可得

$$\dot{V}_{i2} \leqslant -(1-\ell_{i2})c_i\|\hat{\nu}_{ie}\|^2 \tag{7.112}$$

式中，$0<\ell_{i2}<1$。

由定理 2.2 可知，子系统 (7.100) 是输入状态稳定的，且有

$$\|\hat{\nu}_{ie}(t)\| \leqslant \max\left\{\gamma_{ic}(\|\hat{\nu}_{ie}(0)\|,t), \kappa_{ic}^{\tilde{\nu}}(\|\tilde{\nu}_i\|)\right\} \tag{7.113}$$

式中，γ_{ic} 是 $\mathcal{KL}$ 类函数，且

$$\kappa_{ic}^{\tilde{\nu}}(s) = \sqrt{\frac{\lambda_{\max}(M_i)}{\lambda_{\min}(M_i)}}\left(\frac{\lambda_{\max}(K_i)s}{\ell_{i2}c_i}\right) \tag{7.114}$$

□

以下定理给出由式 (7.97) 和式 (7.100) 组成的级联系统的稳定性。

定理7.4 *考虑无人船动力学模型 (7.93)、动力学控制律 (7.99)、预估器 (7.95)、神经网络 (7.94)、神经网络权值更新律 (7.96)，由式 (7.97) 和式 (7.100) 级联得到的闭环系统是输入状态稳定的，并且速度跟踪误差 ν_{ie} 是有界的。*

证明 引理 7.7 和引理 7.8 表明，对于子系统 (7.97)，其状态为 $\tilde{\nu}_i$，$\tilde{W}_{i\nu}$，输入为 $\varepsilon_{i\nu}, \epsilon_{i\nu}^w$，该系统是输入状态稳定的；对于子系统 (7.100)，其状态为 $\hat{\nu}_{ie}$，输入为 $\tilde{\nu}_i$，该系统是输入状态稳定的；根据定理 2.4 可知，整个闭环系统，其状态为 $\hat{\nu}_{ie}$, $\tilde{\nu}_i$, $\tilde{W}_{i\nu}$，外部输入为 $\varepsilon_{i\nu}, \epsilon_{i\nu}^w$，该系统是输入状态稳定的。即存在一个 $\mathcal{KL}$ 类函数 $\gamma_i(\cdot)$ 和一个 $\mathcal{K}$ 类函数 $\kappa_i(\cdot)$，使得

$$\|E_i(t)\| \leqslant \max\{\gamma_i(\|E_i(0)\|,t), \kappa_i(\|[|\varepsilon_{i\nu}|, \epsilon_{i\nu}^w]\|)\} \tag{7.115}$$

式中，$E_i = [\|\tilde{\nu}_i\| \, \|\tilde{W}_{i\nu}\|_{\mathrm{F}}, \|\hat{\nu}_{ie}\|]^{\mathrm{T}}$。由于 $\varepsilon_{i\nu}$ 和 $\epsilon_{i\nu}^w$ 都是有界的，所以误差信号 $\tilde{\nu}_i, \tilde{W}_{i\nu}, \tilde{\nu}_{ie}$ 都是有界的。

此外，因为

$$\|\nu_{ie}\| = \|-\tilde{\nu}_i + \hat{\nu}_{ie}\| \leqslant \|\hat{\nu}_{ie}\| + \|\tilde{\nu}_i\| \tag{7.116}$$

故速度跟踪误差 ν_{ie} 是有界的。□

7.4.4 仿真验证

采用 Cybership Ⅱ 船舶模型[48]，通过仿真验证本节所提基于神经网络预估器的动力学控制方法的有效性。控制器参数选为 $\Gamma_{iu}=35, \Gamma_{iv}=25, \Gamma_{ir}=20, \Delta_i=1, k_{iu}=20, k_{iv}=40, k_{ir}=10, k_{iu}^c=3, k_{iv}^c=5, k_{ir}^c=1, t_p^*=0.01$，神经网络基函数选为 $X_{i\nu}(s)=(1-\mathrm{e}^{-s})/(1+\mathrm{e}^{-s})$。

仿真结果如图 7.17 ~ 图 7.19 所示。图 7.17 可以看出采用所设计的神经网络预估器动力学控制方法能够跟踪给定期望速度。图 7.18 给出了神经网络的逼近效果，可以看出无论是在暂态还是稳态，本节所提神经网络均能有效逼近系统的不确

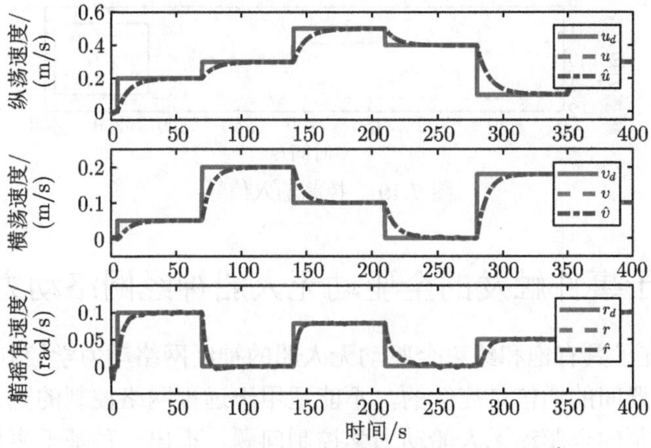

图 7.17 速度跟踪效果

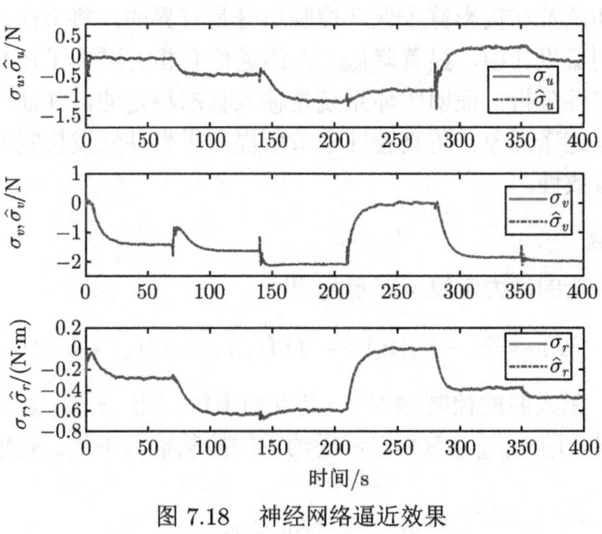

图 7.18 神经网络逼近效果

定性。图 7.19 给出了无人船的控制输入信号，可以看出该控制信号在界值 2N、2.5N 和 1.5N·m 的范围内，能够满足执行机构的约束。

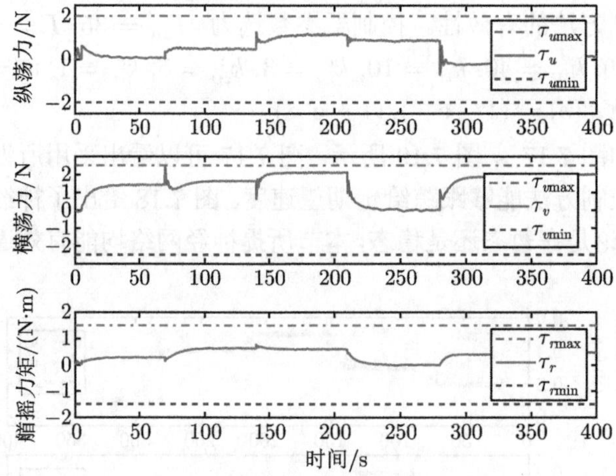

图 7.19 控制输入信号

7.5 基于事件触发的全驱动无人船神经网络动力学控制

7.4 节研究了具有饱和约束全驱动无人船的神经网络动力学控制，但是均假设无人船与控制器间的通信是连续的，不能适用于远程网络控制的无人船系统。本节考虑网络控制的全驱动无人船动力学控制问题，提出一种基于事件触发机制的神经网络动力学控制方法。采用预估器神经网络估计模型不确定与外部海洋环境扰动；引入饱和函数和投影算子保证控制信号是有界的；将事件触发机制引入无人船动力学控制器设计中，显著降低了网络通信负担并减少了控制器计算量。采用级联系统稳定性分析，证明闭环系统是输入状态稳定的，并证明本节所提事件触发控制器没有芝诺现象。仿真验证本节所提基于事件触发机制的神经网络动力学控制方法的有效性。

7.5.1 问题描述

第 i 艘无人船的动力学模型表示为[31]

$$M_i\dot{\nu}_i = \tau_i - C_i(\nu_i)\nu_i - D_i(\nu_i)\nu_i + g_i(\nu_i) + w_i(t) \tag{7.117}$$

在实际系统中，无人船的控制输入 τ_i 是受约束的。用 $\tau_{i\max} \in \mathbb{R}^+$ 表示受约束的控制输入上界，用 $\tau_{i\min} \in \mathbb{R}^+$ 表示受约束的控制输入下界。则输入约束可以表示为

$$\tau_{i\min} \leqslant \|\tau_i\| \leqslant \tau_{i\max} \tag{7.118}$$

本节的控制目标是设计一种无人船非周期动力学控制器，使得无人船跟踪期望的速度指令 $\nu_{id} \in \mathbb{R}^3$，即

$$\lim_{t\to\infty} \|\nu_i - \nu_{id}\| \leqslant l_i \tag{7.119}$$

式中，$l_i \in \mathbb{R}^+$ 是一个小的常数。

7.5.2 基于事件触发预估器的动力学控制器设计

1. 神经网络预估器设计

无人船的动力学模型 (7.117) 可写为

$$M_i\dot{\nu}_i = \tau_i + \sigma_{i\nu}(\cdot) \tag{7.120}$$

式中，$\sigma_{i\nu}(\cdot) = w_i(t) - C_i(\nu_i)\nu_i - D_i(\nu_i)\nu_i + g_i(\nu_i)$。

由于 $\sigma_{i\nu}(\cdot)$ 是未知的，采用神经网络对其进行逼近，其形式为

$$\sigma_{i\nu}(\cdot) = W_{i\nu}^{\mathrm{T}} X_{i\nu}(\xi_{i\nu}) + \varepsilon_{i\nu} \tag{7.121}$$

式中，$\xi_{i\nu} = [\nu_i^{\mathrm{T}}(t), \nu_i^{\mathrm{T}}(t-t_p^*), \tau_i^{\mathrm{T}}(t), 1]^{\mathrm{T}} \in \mathbb{R}^{10}$, t_p^* 是采样时间；$W_{i\nu} \in \mathbb{R}^{n\times 3}$ 是神经网络权值矩阵，满足 $\|W_{i\nu}\|_{\mathrm{F}} \leqslant W_{i\nu}^*$，$W_{i\nu}^* \in \mathbb{R}^+$；$X_{i\nu}(s) : \mathbb{R}^{10} \to \mathbb{R}^n$ 是已知的神经网络基函数，满足 $\|X_{i\nu}\| \leqslant X_{i\nu}^*$，其中 $X_{i\nu}^* \in \mathbb{R}^+$，且 $\|\dot{X}_{i\nu}\| \leqslant X_{i\nu}^d$，其中 $X_{i\nu}^d \in \mathbb{R}^+$；$\varepsilon_{i\nu} \in \mathbb{R}^3$ 是神经网络逼近误差，满足 $\|\varepsilon_{i\nu}\| \leqslant \varepsilon_{i\nu}^*$，其中 $\varepsilon_{i\nu}^* \in \mathbb{R}^+$。

定义触发的无人船速度为 $\nu_{is}(t)$, 则基于事件的神经网络输入为 $\xi_{i\nu}^s = [\nu_{is}^{\mathrm{T}}(t), \nu_{is}^{\mathrm{T}}(t-t_p^*), \tau_i^{\mathrm{T}}(t), 1]^{\mathrm{T}} \in \mathbb{R}^{10}$。定义事件触发神经网络输入误差为 $e_{i\nu}^\sigma = \xi_{i\nu} - \xi_{i\nu}^s$, 则式 (7.121) 可改写为

$$\sigma_{i\nu}(\cdot) = W_{i\nu}^{\mathrm{T}} X_{i\nu}(\xi_{i\nu}^s) + \varepsilon_{i\nu}^s(\xi_{i\nu}^s, e_{i\nu}^\sigma) \tag{7.122}$$

式中，$\varepsilon_{i\nu}^s(\xi_{i\nu}^s, e_{i\nu}^\sigma) = W_{i\nu}^{\mathrm{T}}[X_{i\nu}(\xi_{iu}^s + e_{i\nu}^\sigma) - X_{i\nu}(\xi_{i\nu}^s)] + \varepsilon_{i\nu}(\xi_{i\nu}^s + e_{i\nu}^\sigma)$ 表示事件驱动的神经网络逼近误差，满足 $\|\varepsilon_{i\nu}^s\| \leqslant \varepsilon_{i\nu}^{s*}$，其中 $\varepsilon_{i\nu}^{s*} \in \mathbb{R}^+$。

为设计神经网络权值的更新律，设计如下的预估器：

$$M_i\dot{\hat{\nu}}_i = -(K_{i\nu} + \varrho_i)(\hat{\nu}_i - \nu_{is}) + \hat{W}_{i\nu}^{\mathrm{T}} X_{i\nu}(\xi_{i\nu}^s) + \tau_i \tag{7.123}$$

式中，$\hat{W}_{i\nu} \in \mathbb{R}^{n\times 3}$ 为神经网络权值的估计；$K_{i\nu} = \mathrm{diag}\{k_{iu}, k_{iv}, k_{ir}\} \in \mathbb{R}^{3\times 3}$ 是增益矩阵，其中 $k_{iu} \in \mathbb{R}^+$, $k_{iv} \in \mathbb{R}^+$, $k_{ir} \in \mathbb{R}^+$；$\varrho_i = \mathrm{diag}\{\varrho_{iu}, \varrho_{iv}, \varrho_{ir}\} \in \mathbb{R}^{3\times 3}$ 是增益矩阵，其中 $\varrho_{iu} \in \mathbb{R}^+$, $\varrho_{iv} \in \mathbb{R}^+$, $\varrho_{ir} \in \mathbb{R}^+$。设计神经网络的更新律如下：

$$\dot{\hat{W}}_{i\nu}(t) = -\Gamma_{i\nu}\mathrm{Proj}(\hat{W}_{i\nu}(t), X_{i\nu}(\xi_{i\nu}^s)(\hat{\nu}_i - \nu_{is})^{\mathrm{T}}) \tag{7.124}$$

式中，$\mathrm{Proj}(\cdot,\cdot)$ 表示投影算子[170]；$\Gamma_{i\nu}\in\mathbb{R}^+$ 为自适应增益。根据投影算子的性质，存在常数 $\epsilon_{i\nu}\in\mathbb{R}^+$，满足 $\|\hat{W}_{i\nu}(t)\|_{\mathrm{F}}\leqslant\epsilon_{i\nu}+W_{i\nu}^*$。

定义 $\tilde{W}_{i\nu}=\hat{W}_{i\nu}-W_{i\nu}$ 为神经网络权值估计误差，$\tilde{\nu}_i=\hat{\nu}_i-\nu_i$ 为速度估计误差，$\tilde{\nu}_{is}=\hat{\nu}_i-\nu_{is}$ 表示基于事件触发机制的速度估计误差，则预估神经网络子系统的误差动态如下：

$$\left\{\begin{array}{l} M_i\dot{\tilde{\nu}}_i=-(K_{i\nu}+\varrho_i)(\tilde{\nu}_i+\tilde{\nu}_{is})+\tilde{W}_{i\nu}^{\mathrm{T}}X_{i\nu}(\xi_{i\nu}^s)-\varepsilon_{i\nu}^s \\ \dot{\tilde{W}}_{i\nu}=-\Gamma_{i\nu}\mathrm{Proj}(\hat{W}_{i\nu},X_{i\nu}(\xi_{i\nu}^s)(\tilde{\nu}_i+\tilde{\nu}_{is})) \end{array}\right. \tag{7.125}$$

根据投影算子的性质，存在常数 $\epsilon_{i\nu}^w\in\mathbb{R}^+$，使得 $\|\tilde{W}_{i\nu}\|_{\mathrm{F}}\leqslant\epsilon_{i\nu}^w$。

2. 控制器设计

定义 $\nu_{ie}=\nu_i-\nu_{id}$ 表示速度跟踪误差，$\hat{\nu}_{ie}=\hat{\nu}_i-\nu_{id}$ 表示估计的速度跟踪误差，对 $\hat{\nu}_{ie}$ 求导并代入式 (7.123)，可得

$$M_i\dot{\hat{\nu}}_{ie}=-(K_{i\nu}+\varrho_i)(\hat{\nu}_i-\nu_{is})+\hat{W}_{i\nu}^{\mathrm{T}}X_{i\nu}(\xi_{i\nu}^s)+\tau_i \tag{7.126}$$

基于预估器设计如下的动力学控制器：

$$\tau_{is}=-\frac{K_{i\nu}\hat{\nu}_{ie}}{\sqrt{\|\hat{\nu}_{ie}\|^2+\Delta_i^2}}-\hat{W}_{i\nu}^{\mathrm{T}}X_{i\nu}(\xi_{i\nu}) \tag{7.127}$$

式中，$\tau_{is}\in\mathbb{R}^3$ 表示控制器的输出；$\Delta_i\in\mathbb{R}^+$。注意到无人船的控制输入是 τ_i，而控制器的输出是 τ_{is}，τ_i 只在触发的时刻等于 τ_{is}。

定义 $\tilde{\tau}_{is}=\tau_{is}-\tau_i$ 为控制输入的事件触发误差。将式 (7.127) 代入式 (7.126) 得

$$M_i\dot{\hat{\nu}}_{ie}\ =-\frac{K_{i\nu}\hat{\nu}_{ie}}{\sqrt{\|\hat{\nu}_{is}\|^2+\Delta_i^2}}-\tilde{\tau}_{is}-(K_{i\nu}+\varrho_i)(\tilde{\nu}_i+\tilde{\nu}_{is}) \tag{7.128}$$

控制器 (7.128) 的一个显著优点是控制器信号是有界的，且界值是明确已知的，控制输入的上界求出如下：

$$\|\tau_{is}\|\leqslant K_{i\nu}^*+(W_{i\nu}^*+\epsilon_{i\nu})X_{i\nu}^* \tag{7.129}$$

式中，$\|K_{i\nu}\|_{\mathrm{F}}\leqslant K_{i\nu}^*$。

3. 事件触发机制设计

本节设计事件触发机制来减少网络通信，系统的采样和控制只在预定义事件为真时发生。具体而言，设计了三个具有预定义阈值的逻辑规则，这三个规则定义如下[211]：

$$R_1:\|\nu_{is}(t)-\nu_i(t)\|\leqslant e_{i\nu} \tag{7.130}$$

$$R_2 : \|\tau_{is}(t) - \tau_i(t)\| \leqslant e_{i\tau} \tag{7.131}$$

$$R_3 : \nu_{is} \text{ 被传输至控制器} \tag{7.132}$$

式中，$e_{i\nu} \in \mathbb{R}^+$ 为采样阈值；$e_{i\tau} \in \mathbb{R}^+$ 为控制阈值。

定义逻辑运算 $\bar{R}_1$ 表示非 R_1，$\bar{R}_2$ 表示非 R_2。应用 R_1, R_2 和 R_3 规则，无人船仅在 $\bar{R}_1$ 满足时才将其状态数据发送给控制器。状态数据传输的第 m 个瞬间用一个单调序列来表示，该序列定义为 $\{s_m\}_{m=1}^{\infty}$，$s_m \in \mathbb{R}^+$。控制器只有在满足 $\bar{R}_2$ 和 R_3 时才向无人船发送新的反馈控制输入数据。控制输入数据传输的第 n 个瞬间用另一个单调序列表示，该序列定义为 $\{r_n\}_{n=1}^{\infty}, r_n \in \mathbb{R}^+$。定义 $r_k^m \in (s_m, s_{m+1})$ 表示 $\bar{R}_2$ 在 (s_m, s_{m+1}) 上满足的第 k 个时刻。因为 $\{s_m\}_{m=1}^{\infty}$ 是 $\{r_n\}_{n=1}^{\infty}$ 的一个子集，那么有 $\{r_n\}_{n=1}^{\infty} = \{s_m\}_{m=1}^{\infty} \bigcup \{r_k^m\}_{k=1,m=1}^{\infty,c_m}$ 成立，$c_m \in \mathbb{N}$ 表示 R_2 在 (s_m, s_{m+1}) 上的违背次数。所设计的事件触发神经网络控制结构如图 7.20 所示。零阶保持器用于在下一个事件被触发前存储前一个传输信号。

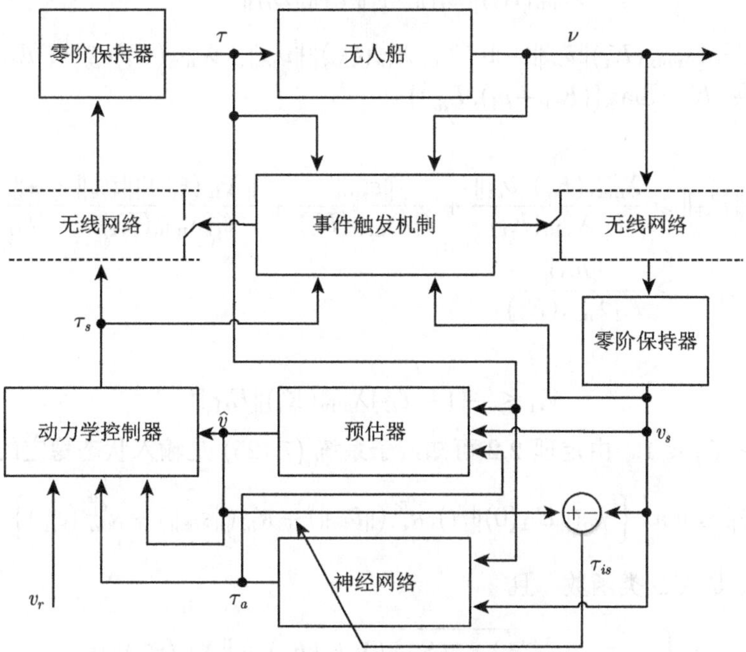

图 7.20　事件触发神经网络控制结构

7.5.3　稳定性和芝诺现象分析

在本小节中，我们分析闭环系统的稳定性和芝诺现象。这个闭环系统可以看作是由估计误差子系统 (7.125) 和速度跟踪误差子系统 (7.128) 组成的级联系统。首先分析子系统 (7.125) 的稳定性。

引理 7.9　子系统 (7.125)，看作一个状态为 $\tilde{\nu}_i, \tilde{W}_{i\nu}$，输入为 $\tilde{\nu}_{ie}, \varepsilon^s_{i\nu}, \epsilon^w_{i\nu}$ 的系统，该系统是输入状态稳定的。

证明　构建如下的李雅普诺夫函数：

$$V_{i1} = \frac{1}{2}\Big(\tilde{\nu}_i^{\mathrm{T}} M_i \tilde{\nu}_i + \varGamma_{i\nu}^{-1}\mathrm{tr}(\tilde{W}_{i\nu}^{\mathrm{T}}\tilde{W}_{i\nu})\Big) \tag{7.133}$$

对其求导，并将式 (7.125) 代入可得

$$\begin{aligned}\dot{V}_{i1} =& -\tilde{\nu}_i^{\mathrm{T}} K_i \tilde{\nu}_i - \tilde{\nu}_i^{\mathrm{T}} K_i \tilde{\nu}_{ie} - \tilde{\nu}_i^{\mathrm{T}} \varepsilon^s_{i\nu} - \tilde{W}_{i\nu}^{\mathrm{T}} X_{i\nu}(\xi^s_{i\nu})\tilde{\nu}_{ie}^{\mathrm{T}} \\ \leqslant& -\lambda_{\min}(K_i)\|\tilde{\nu}_i\|^2 - \lambda_{\min}(\varGamma_{i\nu}^{-1})\|\tilde{W}_{i\nu}\|^2_{\mathrm{F}} \\ &+ \lambda_{\max}(K_i)\|\tilde{\nu}_i\|\|\tilde{\nu}_{ie}\| + \|\tilde{\nu}_i\|\|\varepsilon^s_{i\nu}\| \\ &+ \|\tilde{W}_{i\nu}\|_{\mathrm{F}}\|X_{i\nu}(\xi^s_{i\nu})\|\|\tilde{\nu}_{ie}\| + \lambda_{\min}(K_i)\|\tilde{W}_{i\nu}\|^2_{\mathrm{F}} \\ \leqslant& -\lambda_{\min}(K_i)\|E_{i1}\|^2 + \|h_{i1}\|\|E_{i1}\|\end{aligned} \tag{7.134}$$

式中，$h_{i1} = [\lambda_{\max}(K_i)\|\tilde{\nu}_{ie}\| + \|\varepsilon^s_{i\nu}\|, \|X_{i\nu}(\xi^s_{i\nu})\|\|\tilde{\nu}_{ie}\| + \lambda_{\min}(K_i)\epsilon^w_{i\nu}]^{\mathrm{T}}$；$E_{i1} = [\|\tilde{\nu}_i\|, \|\tilde{W}_{i\nu}\|_{\mathrm{F}}]^{\mathrm{T}}$；$K_i = \mathrm{diag}\{(K_{i\nu}+\varrho_i), \varGamma_{i\nu}^{-1}\}$。

由

$$\begin{aligned}\|E_{i1}\| \geqslant& \frac{\lambda_{\max}(K_i)\|\tilde{\nu}_{ie}\|}{\ell_{i1}\lambda_{\min}(K_i)} + \frac{\|\varepsilon^s_{i\nu}\|}{\ell_{i1}\lambda_{\min}(K_i)} + \frac{\|X_{i\nu}(\xi^s_{i\nu})\|\|\tilde{\nu}_{ie}\|}{\ell_{i1}\lambda_{\min}(K_i)} + \frac{\epsilon^w_{i\nu}}{\ell_{i1}} \\ \geqslant& \frac{\|h_{i1}\|}{\ell_{i1}\lambda_{\min}(K_i)}\end{aligned} \tag{7.135}$$

可得

$$\dot{V}_{i1} \leqslant -(1-\ell_{i1})\lambda_{\min}(K_i)\|E_{i1}\|^2 \tag{7.136}$$

式中，$0 < \ell_{i1} < 1$。由定理 2.2 可知，子系统 (7.125) 是输入状态稳定的，且有

$$\|E_{i1}(t)\| \leqslant \max\Big\{\gamma_{io}(\|E_{i1}(0)\|, t), \kappa_{io}^{\tilde{\nu}_e}(\|\tilde{\nu}_{ie}\|) + \kappa_{io}^{\varepsilon_e}(\|\varepsilon_{ie}\|) + \kappa_{io}^{\epsilon^w_{i\nu}}(\epsilon^w_{i\nu})\Big\} \tag{7.137}$$

式中，γ_{io} 是 $\mathcal{KL}$ 类函数，且

$$\begin{cases}\kappa_{io}^{\tilde{\nu}_e}(s) = \sqrt{\dfrac{\lambda_{\max}(S_{i1})}{\lambda_{\min}(S_{i1})}}\dfrac{(\lambda_{\max}(K_i) + \|X_{i\nu}(\xi^s_{i\nu})\|)s}{\ell_{i1}\lambda_{\min}(K_i)} \\ \kappa_{io}^{\varepsilon_e}(s) = \sqrt{\dfrac{\lambda_{\max}(S_{i1})}{\lambda_{\min}(S_{i1})}}\dfrac{s}{\ell_{i1}\lambda_{\min}(K_i)} \\ \kappa_{io}^{\tilde{W}_\nu}(s) = \sqrt{\dfrac{\lambda_{\max}(S_{i1})}{\lambda_{\min}(S_{i1})}}\dfrac{s}{\ell_{i1}}\end{cases} \tag{7.138}$$

式中，$S_{i1}=\mathrm{diag}\{M_i, \Gamma_{i\nu}^{-1}\}$。□

以下引理给出速度跟踪误差子系统 (7.128) 的稳定性。

引理 7.10　子系统 (7.128)，看作一个状态为 $\hat{\nu}_{ie}$，输入为 $\tilde{\tau}_{ie}, \tilde{\nu}_i, \tilde{\nu}_{ie}$ 的系统，该系统是输入状态稳定的。

证明　构建如下的李雅普诺夫函数：

$$V_{i2}=\frac{1}{2}\hat{\nu}_{ie}^{\mathrm{T}}M_i\hat{\nu}_{ie} \tag{7.139}$$

对其求导，并将式 (7.128) 代入得

$$\begin{aligned}\dot{V}_{i2}=&-\frac{\hat{\nu}_{ie}^{\mathrm{T}}K_{i\nu}\hat{\nu}_{ie}}{\sqrt{\|\hat{\nu}_{ie}\|^2+\Delta_i^2}}-\hat{\nu}_{ie}^{\mathrm{T}}\tilde{\tau}_{ie}-\hat{\nu}_{ie}^{\mathrm{T}}K_i\tilde{\nu}_i-\hat{\nu}_{ie}^{\mathrm{T}}K_i\tilde{\nu}_{ie}\\ \leqslant&-\frac{\lambda_{\min}(K_{i\nu})\|\hat{\nu}_{ie}\|^2}{\sqrt{\|\hat{\nu}_{ie}\|^2+\Delta_i^2}}+\|\hat{\nu}_{ie}\|\|\tilde{\tau}_{ie}\|+\lambda_{\max}(K_i)\|\hat{\nu}_{ie}\|\|\tilde{\nu}_i\|\\ &+\lambda_{\max}(K_i)\|\hat{\nu}_{ie}\|\|\tilde{\nu}_{ie}\|\\ \leqslant&-c_i\|\hat{\nu}_{ie}\|^2+\|h_{i2}\|\|\hat{\nu}_{ie}\|\end{aligned} \tag{7.140}$$

式中，$h_{i2}=[\|\tilde{\tau}_{ie}\|, \lambda_{\max}(K_i)\|\tilde{\nu}_i\|, \lambda_{\max}(K_i)\|\tilde{\nu}_{ie}\|]^{\mathrm{T}}$ 和 $c_i=\lambda_{\min}(K_{i\nu})/\sqrt{\|\hat{\nu}_{ie}\|^2+\Delta_i^2}$。由

$$\|\hat{\nu}_{ie}\|\geqslant\frac{\|\tilde{\tau}_{ie}\|}{\ell_{i2}c_i}+\frac{\lambda_{\max}(K_i)\|\tilde{\nu}_i\|}{\ell_{i2}c_i}+\frac{\lambda_{\max}(K_i)\|\tilde{\nu}_{ie}\|}{\ell_{i2}c_i}\geqslant\frac{\|h_{i2}\|}{\ell_{i2}c_i} \tag{7.141}$$

可得

$$\dot{V}_{i2}\leqslant-(1-\ell_{i2})c_i\|\hat{\nu}_{ie}\|^2 \tag{7.142}$$

式中，$0<\ell_{i2}<1$。由定理 2.2 可知，子系统 (7.128) 是输入状态稳定的，且有

$$\|\hat{\nu}_{ie}(t)\|\leqslant\max\left\{\gamma_{ic}(\|\hat{\nu}_{ie}(0)\|,t), \kappa_{ic}^{\tilde{\tau}_e}(\|\tilde{\tau}_{ie}\|)+\kappa_{ic}^{\tilde{\nu}}(\|\tilde{\nu}_i\|)+\kappa_{ic}^{\tilde{\nu}_e}(\|\tilde{\nu}_{ie}\|)\right\} \tag{7.143}$$

式中，γ_{ic} 是 $\mathcal{KL}$ 类函数，且

$$\begin{cases}\kappa_{ic}^{\tilde{\tau}_e}(s)=\sqrt{\dfrac{\lambda_{\max}(M_i)}{\lambda_{\min}(M_i)}}\left(\dfrac{s}{\ell_{i2}c_i}\right)\\ \kappa_{ic}^{\tilde{\nu}}(s)=\sqrt{\dfrac{\lambda_{\max}(M_i)}{\lambda_{\min}(M_i)}}\left(\dfrac{\lambda_{\max}(K_i)s}{\ell_{i2}c_i}\right)\\ \kappa_{ic}^{\tilde{\nu}_e}(s)=\sqrt{\dfrac{\lambda_{\max}(M_i)}{\lambda_{\min}(M_i)}}\left(\dfrac{\lambda_{\max}(K_i)s}{\ell_{i2}c_i}\right)\end{cases} \tag{7.144}$$

□

以下定理给出由子系统 (7.125) 和子系统 (7.128) 组成的级联系统的稳定性。

定理 7.5 考虑无人船动力学模型 (7.120), 饱和动力学控制律 (7.127), 预估器 (7.123),神经网络 (7.122),神经网络权值更新律 (7.124),事件触发规则 (7.130)、(7.131) 和 (7.132), 由式 (7.125) 和式 (7.128) 级联得到的闭环系统是输入状态稳定的。此外, 误差 ν_{ie} 和 $\hat{\nu}_{ie}$ 是有界的。

证明 由事件触发规则可得 $\|\tilde{\nu}_{ie}\| \leqslant e_{i\nu}, \|\tilde{\tau}_{ie}\| \leqslant e_{i\tau}$。引理 7.9 和引理 7.10 证明: 对于子系统 (7.125), 若状态为 $\tilde{\nu}_i, \tilde{W}_{i\nu}$, 输入为 $\tilde{\nu}_{ie}, \varepsilon_{i\nu}^s, \epsilon_{i\nu}^w$, 该系统是输入状态稳定的; 对于子系统 (7.128), 若状态为 $\hat{\nu}_{ie}$, 输入为 $\tilde{\tau}_{ie}, \tilde{\nu}_i, \tilde{\nu}_{ie}$, 该系统是输入状态稳定的; 所以, 根据定理 2.4 可知, 整个闭环系统, 其状态为 $\tilde{\nu}_i$, $\tilde{W}_{i\nu}$, $\hat{\nu}_{ie}$, 外部输入为 $\tilde{\nu}_{ie}, \varepsilon_{i\nu}^s, \epsilon_{i\nu}^w, \tilde{\tau}_{ie}$, 该系统是输入状态稳定的。即存在一个 $\mathcal{KL}$ 类函数 $\gamma_i(\cdot)$ 和一个 $\mathcal{K}$ 类函数 $\kappa_i(\cdot)$, 使得

$$\|E_i(t)\| \leqslant \max\{\gamma_i(\|E_i(0)\|, t), \kappa_i(\|[\|\tilde{\nu}_{ie}\|, \|\varepsilon_{i\nu}^s\|, \epsilon_{i\nu}^w, \|\tilde{\tau}_{ie}\|]\|)\} \tag{7.145}$$

式中, $E_i = [\|\tilde{\nu}_i\| \, \|\tilde{W}_{i\nu}\|_{\mathrm{F}}, \|\hat{\nu}_{ie}\|]^{\mathrm{T}}$。由于 $\tilde{\nu}_{ie}, \varepsilon_{i\nu}^s, \epsilon_{i\nu}^w, \tilde{\tau}_{ie}$ 都是有界的, 所以误差信号 $\tilde{\nu}_i, \tilde{W}_{i\nu}, \tilde{\nu}_{ie}$ 都是有界的。

此外, 由于

$$\|\nu_{ie}\| = \| -\tilde{\nu}_i + \hat{\nu}_{ie}\| \leqslant \|\hat{\nu}_{ie}\| + \|\tilde{\nu}_i\| \tag{7.146}$$

因此速度跟踪误差 ν_{ie} 是有界的。□

下面的定理证明了本节所提事件触发神经网络控制方法不存在芝诺现象。

定理 7.6 考虑无人船动力学模型 (7.120), 饱和动力学控制律 (7.127), 预估器 (7.123), 神经网络 (7.122), 神经网络权值更新律 (7.124), 事件触发规则 (7.130)、(7.131) 和 (7.132), 当满足 $\bar{R}_1$ 时无人船的状态被发送给控制器, 当满足 $\bar{R}_2$ 和 R_3 时控制输入被发送给无人船, 那么

$$\begin{cases} s_{m+1} - s_m \geqslant e_{i\nu}/\hbar_{i\nu}, & \forall m \in \mathbb{N} \\ r_{k+1}^m - r_k^m \geqslant e_{i\tau}/\hbar_{i\tau}, & \forall k \in \{0, 1, \cdots, c_m\}, \quad \forall m \in \mathbb{N} \end{cases} \tag{7.147}$$

成立, 式中,

$$\begin{cases} \hbar_{i\nu} \geqslant \dfrac{\|\tau_i\| + \|\sigma_{i\nu}(\cdot)\|}{\lambda_{\min}(M_i)} \\ \hbar_{i\tau} \geqslant c_i \|\hat{\nu}_{ie}\|^2 + \|\dot{\hat{W}}_{i\nu}^{\mathrm{T}} X_{i\nu}(\xi_{i\nu})\| + \|\hat{W}_{i\nu}^{\mathrm{T}} \dot{X}_{i\nu}(\xi_{i\nu})\| \end{cases} \tag{7.148}$$

证明 对 $\|\nu_{is}(t) - \nu_i(t)\|, t \in (s_m, s_{m+1}), \forall m \in \mathbb{N}$ 求导, 得

$$\frac{\mathrm{d}}{\mathrm{d}t}\|\nu_{is}(t) - \nu_i(t)\| \leqslant \|\dot{\nu}_{is}(t) - \dot{\nu}_i(t)\| = \|\dot{\nu}_i(t)\|$$

$$\leqslant \frac{\|\tau_i\| + \|\sigma_{i\nu}(\cdot)\|}{\lambda_{\min}(M_i)} \tag{7.149}$$

定理 7.5 证明了整个闭环系统是输入状态稳定的，因此式 (7.149) 有一个上界，用 $\hbar_{i\nu}$ 表示这个上界。根据事件触发的初始条件满足

$$\lim_{t \to s_m^+} \|\nu_{is}(t) - \nu_i(t)\| = 0 \tag{7.150}$$

得

$$\|\nu_{is}(t) - \nu_i(t)\| \leqslant \int_{s_m}^{t} \hbar_{i\nu} \mathrm{d}\iota = \hbar_{i\nu}(t - s_m) \tag{7.151}$$

当满足 $\bar{R}_1$ 时，可得 $\lim_{t \to s_{m+1}^-} \|\nu_{is}(t) - \nu_i(t)\| = e_{i\nu}$，从式 (7.151) 可得 $s_{m+1} - s_m \geqslant e_{i\nu}/\hbar_{i\nu}$。

相似地，对 $\|\tau_{is}(t) - \tau_i(t)\|, t \in (r_k^m, r_{k+1}^m), \forall k \in \mathbb{N}$ 求导，得

$$\begin{aligned}\frac{\mathrm{d}}{\mathrm{d}t}\|\tau_{is}(t) - \tau_i(t)\| &\leqslant \|\dot{\tau}_{is}(t) - \dot{\tau}_i(t)\| = \|\dot{\tau}_{is}(t)\| \\ &\leqslant c_i\|\hat{\nu}_{ie}\|^2 + \|\dot{\hat{W}}_{i\nu}^{\mathrm{T}} X_{i\nu}(\xi_{i\nu})\| + \|\hat{W}_{i\nu}^{\mathrm{T}} \dot{X}_{i\nu}(\xi_{i\nu})\|\end{aligned}$$

定理 7.5 证明了整个闭环系统是输入状态稳定的，因此式 (7.151) 有一个上界，用 $\hbar_{i\tau}$ 表示这个上界。根据事件触发的初始条件满足

$$\lim_{t \to r_k^{m+}} \|\tau_{is}(t) - \tau_i(t)\| = 0 \tag{7.152}$$

则有

$$\|\tau_{is}(t) - \tau_i(t)\| \leqslant \int_{r_k^m}^{t} \hbar_{i\tau} \mathrm{d}\iota = \hbar_{i\tau}(t - r_k^m) \tag{7.153}$$

当满足 $\bar{R}_2$ 和 R_3 时，可得 $\lim_{t \to r_{k+1}^{m-}} \|\tau_{is}(t) - \tau_i(t)\| = e_{i\tau}$，从式 (7.153) 可得 $r_{k+1}^m - r_k^m \geqslant e_{i\tau}/\hbar_{i\tau}$。□

7.5.4　仿真验证

通过仿真验证本节所提基于预估器神经网络的动力学控制方法的有效性，不失一般性地，不考虑无人船模型和控制参数中的 i。采用文献 [48] 中的船舶模型参数，控制器参数选为 $\varGamma_u = 3.5, \varGamma_v = 5, \varGamma_r = 20, \varDelta = 1, k_u = 20, k_v = 40, k_r = 10, k_u^c = 5, k_v^c = 5, k_r^c = 1, e_u^\nu = 0.01, e_v^\nu = 0.003, e_r^\nu = 0.01, e_u^\tau = 0.01, e_v^\tau = 0.008, e_r^\tau = 0.008, t_p^* = 0.01$ 。神经网络基函数选为 $X_u(s) = (1 - \mathrm{e}^{-s})/(1 + \mathrm{e}^{-s})$, $X_v(s) = (1 - \mathrm{e}^{-s})/(1 + \mathrm{e}^{-s})$, $X_r(s) = (1 - \mathrm{e}^{-s})/(1 + \mathrm{e}^{-s})$。

仿真结果如图 7.21 ~ 图 7.27 所示。图 7.21 给出了给定速度的跟踪性能，可以看出所设计的事件触发神经网络动力学控制器能够跟踪期望的给定速度。图 7.22 给出了无人船的控制输入信号，可以看出该控制信号在界值 2N、2.5N 和 1.5N·m 的范围内，能够满足执行机构的约束。图 7.23 给出了神经网络的逼近效果，可以看出神经网络能有效逼近系统的不确定性。图 7.24 给出了采样触发的事件，

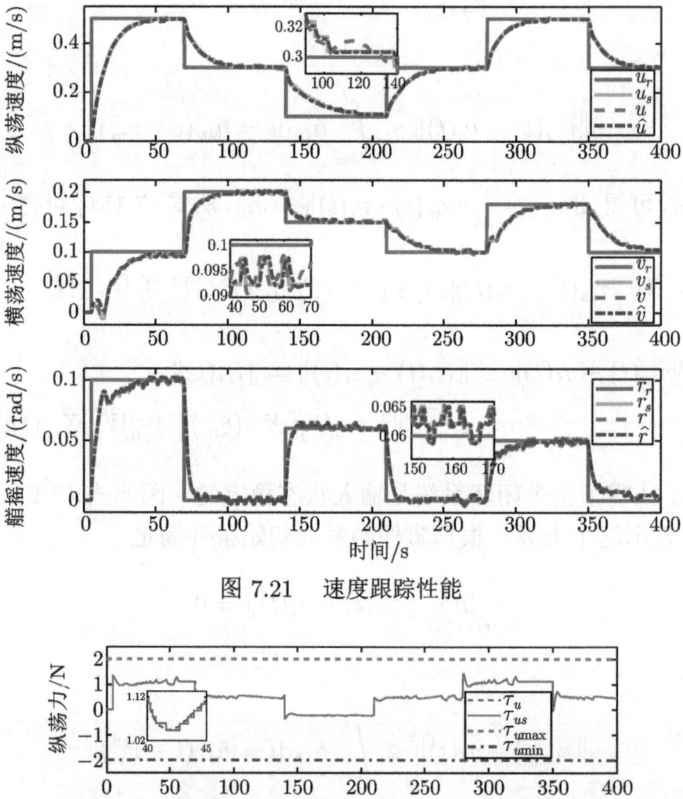

图 7.21　速度跟踪性能

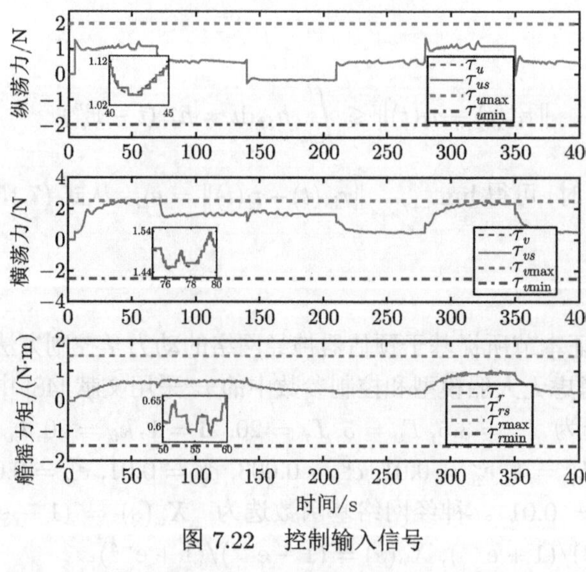

图 7.22　控制输入信号

图 7.25 给出了控制触发的事件。从图 7.24 和图 7.25 可以看出，数据传输是非周期的。图 7.26 给出了采样累计事件触发次数。图 7.27 给出了控制累计事件触发次数。$u_i, v_i, r_i, \tau_{iu}, \tau_{iv}, \tau_{ir}$ 的累计触发次数分别是 153, 128, 325, 713, 1225 和 806。与采样和控制触发累积次数都为 40000 的时间触发系统（采样周期是 0.01s）相比，触发累计次数减少了至少 96.9%，这表明本节所提事件触发神经网络控制方法可以有效减少网络通信量。

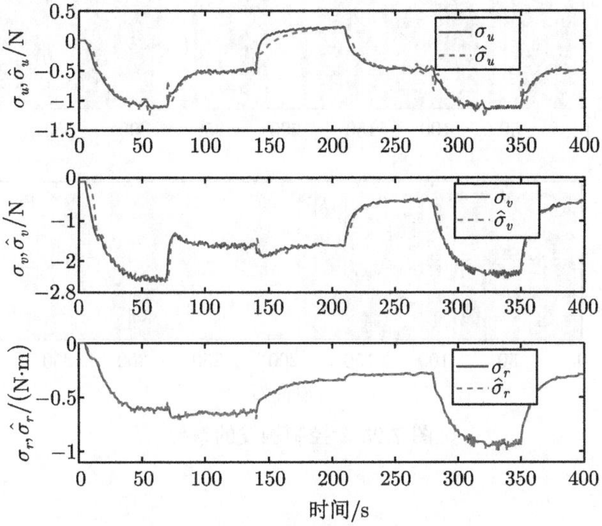

图 7.23　神经网络逼近不确性

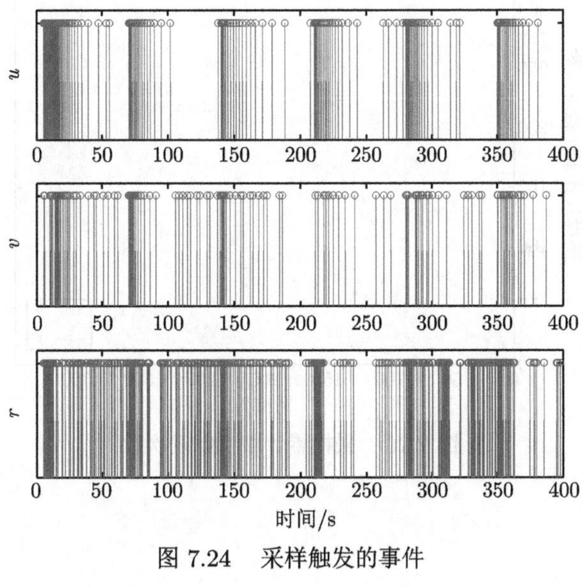

图 7.24　采样触发的事件

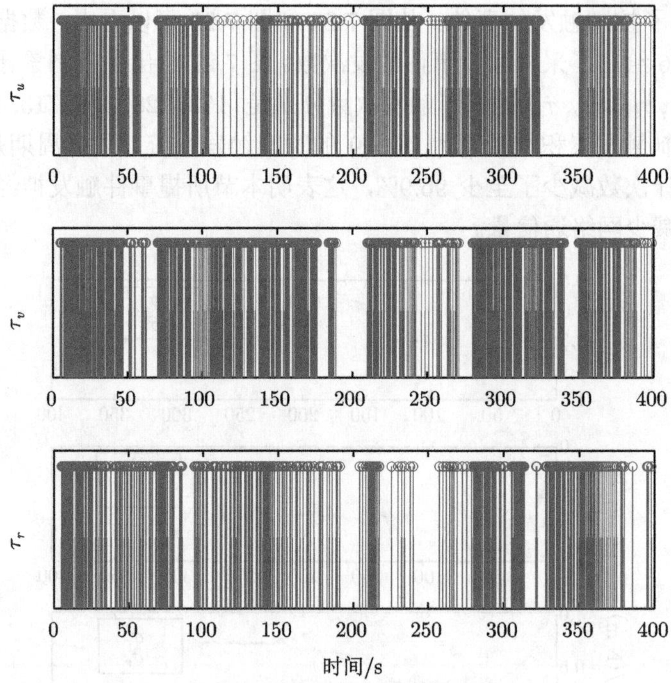

图 7.25　控制触发的事件

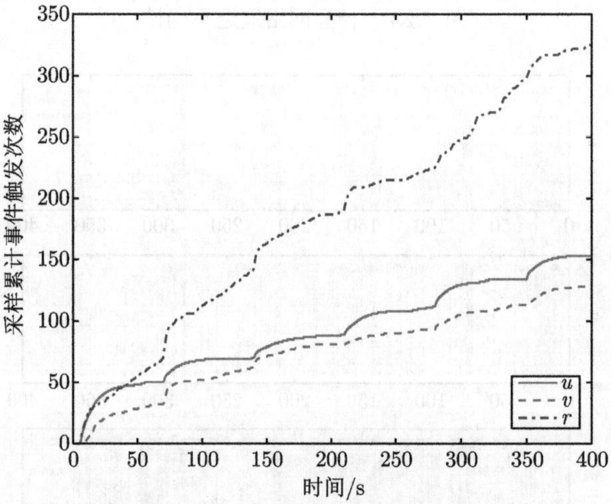

图 7.26　采样累计事件触发次数

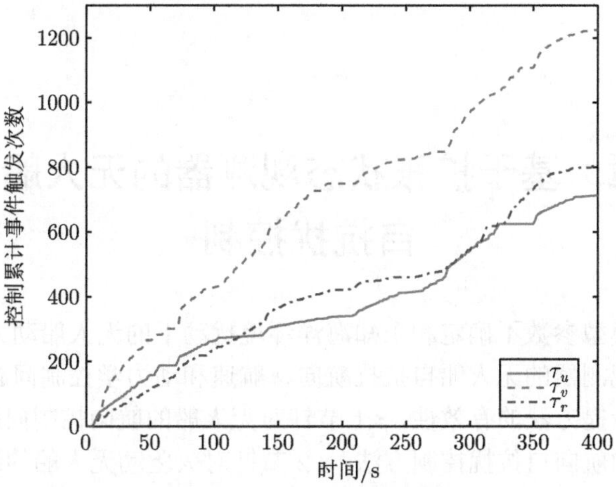

图 7.27 控制累计事件触发次数

7.6 本章小结

本章针对具有非线性、不确定性、强扰动、欠驱动、多约束等综合复杂性无人船动力学系统，介绍了几类无人船动力学神经网络控制方法，为多无人船智能协同控制奠定了理论基础。具体而言，针对偏航动力学未知和存在测量噪声情况下的无人船航向控制问题，提出了一种基于低频学习预估器的神经网络动态面控制方法；针对模型参数未知和海洋环境扰动下欠驱动无人船动力学模型，提出一种基于预估器的神经网络控制方法，提高了神经网络的暂态学习性能；针对输入增益未知欠驱动无人船动力学模型，提出一种基于积分并行学习的神经网络动力学控制方法；针对模型参数不确定、海洋环境扰动和输入约束下的全驱动无人船动力学模型，提出一种基于预估器的饱和神经网络动力学控制方法；针对网络带宽受限的全驱动无人船的动力学控制问题，提出一种低频次通信的事件触发神经网络动力学控制方法，显著地降低了无人船协同所需的通信频次。仿真验证了本章所提新型神经网络控制方法的有效性。

第 8 章　基于扩张状态观测器的无人船动力学自抗扰控制

本章针对模型参数不确定和未知海洋环境扰动下的无人船动力学模型，研究基于扩张状态观测器的无人船自抗扰航向、航速和动力学控制问题，通过仿真或实验验证本章所提方法的有效性。8.1 节针对无人船的航向控制问题，提出基于扩张状态观测器的航向自抗扰控制方法；8.2 节针对欠驱动无人船的纵荡速度、艏摇角速度控制问题，提出基于扩张状态观测器的自抗扰控制方法；8.3 节针对全驱动无人船，提出基于扩张状态观测器的动力学自抗扰控制方法；8.4 节为了改进收敛性，提出基于渐近稳定扩张状态观测器的无人船动力学自抗扰控制方法。

8.1　基于扩张状态观测器的无人船航向自抗扰控制

本节主要针对含模型参数不确定和未知海洋环境扰动下的无人船二阶航向模型，采用扩张状态观测器估计内部模型参数不确定和未知海洋环境扰动，设计基于扩张状态观测器的航向自抗扰控制器，采用输入状态稳定性定理和级联系统稳定性定理分析闭环系统的稳定性，仿真和实验验证本节所设计的航向自抗扰控制器的有效性。

与传统的 PID 航向控制器相比，基于扩张状态观测器的航向自抗扰控制器优点如下：第一，采用扩张状态观测器能够实时估计内部模型参数不确定和外部海洋环境扰动，并在控制回路进行实时补偿；第二，无人船航向自抗扰控制器能够提高扰动环境下的鲁棒性、稳定性和抗扰性，从而获得更好的控制精度。

8.1.1　问题描述

考虑由 N 艘无人船组成的集群系统，第 i 艘无人船的航向控制系统模型如下：

$$\begin{cases} \dot{\psi}_i = r_i \\ \dot{r}_i = \sigma_{ir}(r_i, t) + b_{ir}\tau_{ir} \end{cases} \tag{8.1}$$

式中，ψ_i 是艏摇角；r_i 是艏摇角速度；b_{ir} 是控制增益；τ_{ir} 是控制输入；σ_{ir} 是内部不确定性和外部环境引起的扰动，且满足 $|\dot{\sigma}_{ir}| \leqslant \sigma_{ir}^*$，其中 $\sigma_{ir}^* \in \mathbb{R}^+$。

本节的控制目标是在艏摇角速度 r_i 不可测的条件下，设计控制输入 τ_{ir} 跟踪期望的航向信号 $\psi_{id} \in \mathbb{R}$，即

$$\lim_{t\to\infty} |\psi_i - \psi_{id}| \leqslant l_i \tag{8.2}$$

式中，$l_i \in \mathbb{R}^+$ 为一个小的常数。

8.1.2 航向自抗扰控制器设计

1. 扩张状态观测器设计

为了估计航向控制系统模型 (8.1) 中的总扰动信息 σ_{ir} 和未测量的艏摇角速度信息 r_i，基于艏摇角信息 ψ_i，设计扩张状态观测器如下：

$$\begin{cases} \dot{\hat{\psi}}_i = \hat{r}_i - k_{i1}(\hat{\psi}_i - \psi_i) \\ \dot{\hat{r}}_i = \hat{\sigma}_{ir} + b_{ir}\tau_{ir} - k_{i2}(\hat{\psi}_i - \psi_i) \\ \dot{\hat{\sigma}}_{ir} = -k_{i3}(\hat{\psi}_i - \psi_i) \end{cases} \tag{8.3}$$

式中，$\hat{\psi}_i, \hat{r}_i, \hat{\sigma}_{ir}$ 分别为 ψ_i, r_i, σ_{ir} 的估计值；k_{i1}, k_{i2}, k_{i3} 为观测器参数，且满足 $k_{i1} = 3\omega_\psi, k_{i2} = 3\omega_\psi^2, k_{i3} = \omega_\psi^3, \omega_\psi \in \mathbb{R}^+$。所设计的扩张状态观测器中待选择参数只有一个，因此降低了观测器的参数选择难度。

定义 $\tilde{\psi}_i = \hat{\psi}_i - \psi_i, \tilde{r}_i = \hat{r}_i - r_i$, 和 $\tilde{\sigma}_{ir} = \hat{\sigma}_{ir} - \sigma_{ir}$，则扩张状态观测器的误差动态为

$$\begin{cases} \dot{\tilde{\psi}}_i = -k_{i1}\tilde{\psi}_i + \tilde{r}_i \\ \dot{\tilde{r}}_i = -k_{i2}\tilde{\psi}_i + \tilde{\sigma}_{ir} \\ \dot{\tilde{\sigma}}_{ir} = -k_{i3}\tilde{\psi}_i - \dot{\sigma}_{ir} \end{cases} \tag{8.4}$$

令 $E_{i1} = [\tilde{\psi}_i, \tilde{r}_i, \tilde{\sigma}_{ir}]^{\mathrm{T}}$，可以将式 (8.4) 写成如下矩阵形式：

$$\dot{E}_{i1} = A_{i1}E_{i1} - B_{i1}\dot{\sigma}_{ir} \tag{8.5}$$

式中，

$$A_{i1} = \begin{bmatrix} -k_{i1} & 1 & 0 \\ -k_{i2} & 0 & 1 \\ -k_{i3} & 0 & 0 \end{bmatrix}, \quad B_{i1} = \begin{bmatrix} 0 \\ 0 \\ 1 \end{bmatrix} \tag{8.6}$$

因为 A_{i1} 是赫尔维茨矩阵，所以存在一个正定矩阵 P_{i1} 满足如下方程：

$$A_{i1}^{\mathrm{T}}P_{i1} + P_{i1}A_{i1} = -\varepsilon_i I_3 \tag{8.7}$$

式中，$\varepsilon_i \in \mathbb{R}^+$。

2. 控制器设计

基于本节所提扩张状态观测器，设计无人船航向自抗扰控制器如下：

$$\tau_{ir} = \frac{-k_{ip}(\hat{\psi}_i - \psi_{id}) - k_{id}\hat{r}_i - \hat{\sigma}_{ir}}{b_{ir}} \tag{8.8}$$

式中，$k_{ip} \in \mathbb{R}^+$ 和 $k_{id} \in \mathbb{R}^+$ 为待设计控制增益。

令 $z_{i1} = \psi_i - \psi_{id}$ 和 $z_{i2} = r_i$，可得航向误差动态为

$$\begin{cases} \dot{z}_{i1} = z_{i2} \\ \dot{z}_{i2} = -k_{ip}z_{i1} - k_{id}z_{i2} - k_{ip}\tilde{\psi}_i - k_{id}\tilde{r}_i - \tilde{\sigma}_{ir} \end{cases} \tag{8.9}$$

本节所设计的无人船航向自抗扰控制器结构包括扩张状态观测器和比例微分控制器，结构如图 8.1 所示。

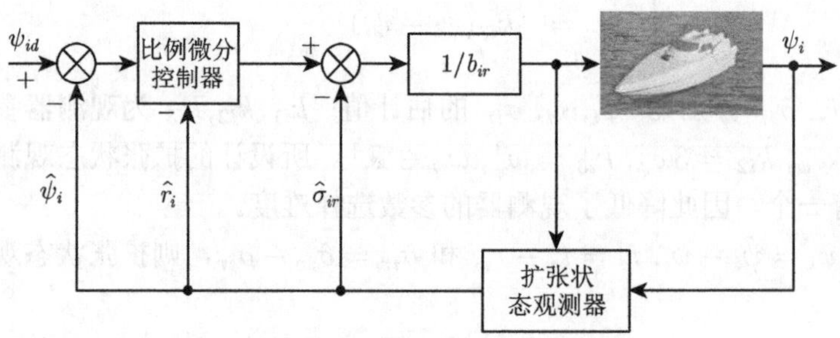

图 8.1　无人船航向自抗扰控制器结构

8.1.3　稳定性分析

首先分析扩张状态观测器子系统的稳定性，下列引理给出扩张状态观测器子系统 (8.5) 的稳定性。

引理 8.1　子系统 (8.5)，其状态为 $\tilde{\psi}_i, \tilde{r}_i, \tilde{\sigma}_{ir}$，输入为 $\dot{\sigma}_{ir}$，该系统是输入状态稳定的。

证明　构建如下李雅普诺夫函数：

$$V_{i1} = \frac{1}{2}E_{i1}^{\mathrm{T}}P_{i1}E_{i1} \tag{8.10}$$

对 V_{i1} 求导可得

$$\begin{aligned} \dot{V}_{i1} &= E_{i1}^{\mathrm{T}}P_{i1}(A_{i1}E_{i1} - B_{i1}\dot{\sigma}_{ir}) \\ &\leqslant -\frac{\varepsilon_i}{2}\left\|E_{i1}\right\|^2 + \left\|E_{i1}\right\|\left\|P_{i1}B_{i1}\right\|\left\|\dot{\sigma}_{ir}\right\| \end{aligned} \tag{8.11}$$

由

$$\|E_{i1}\| \geqslant \frac{2\|P_{i1}B_{i1}\|\|\dot{\sigma}_{ir}\|}{\varepsilon_i \ell_{i1}} \tag{8.12}$$

可得

$$\dot{V}_{i1} \leqslant -\frac{\varepsilon_i}{2}(1-\ell_{i1})\|E_{i1}\|^2 \tag{8.13}$$

式中，$0<\ell_{i1}<1$，所以子系统 (8.5) 是输入状态稳定的，并且存在 $\mathcal{KL}$ 类函数 γ_{io} 和 $\mathcal{K}$ 类函数 $\kappa_{io}^{\dot{\sigma}_r}(s)$ 使得

$$\|E_{i1}(t)\| \leqslant \{\gamma_{io}(E_{i1}(0),t),\ \kappa_{io}^{\dot{\sigma}_r}(\|\dot{\sigma}_{ir}\|)\} \tag{8.14}$$

式中，

$$\kappa_{io}^{\dot{\sigma}_r}(s) = \sqrt{\frac{\lambda_{\max}(P_{i1})}{\lambda_{\min}(P_{i1})}}\frac{2\|P_{i1}B_{i1}\|}{\varepsilon_i\ell_{i1}}s \tag{8.15}$$

□

以下引理给出跟踪误差子系统 (8.9) 的稳定性。

引理 8.2　子系统 (8.9)，其状态为 z_{i1}, z_{i2}，输入为 $\tilde{\psi}_i, \tilde{r}_i, \tilde{\sigma}_{ir}$，当 $k_{id}>1/2$，该系统是输入状态稳定的。

证明　构建如下李雅普诺夫函数：

$$V_{i2} = k_{ih}z_{i1}^2 + \left(\frac{1}{2}z_{i1}+z_{i2}\right)^2 \tag{8.16}$$

式中，$k_{ih}=k_{id}/2+k_{ip}-1/4$。

对 V_{i2} 求导并联立方程 (8.9)，可得

$$\begin{aligned}\dot{V}_{i2} =& -k_{ip}z_{i1}^2-(2k_{id}-1)z_{i2}^2+(2k_{ih}+1/2-k_{id}-2k_{ip})z_{i1}z_{i2}\\ &+z_{i1}(k_{ip}\tilde{\psi}_i+k_{id}\tilde{r}_i+\tilde{\sigma}_{ir})+2z_{i2}(k_{ip}\tilde{\psi}_i+k_{id}\tilde{r}_i+\tilde{\sigma}_{ir})\end{aligned} \tag{8.17}$$

令 $E_{i2}=[z_{i1},z_{i2}]^{\mathrm{T}}, h_i=k_{ip}\tilde{\psi}_i+k_{id}\tilde{r}_i+\tilde{\sigma}_{ir}, K_i=\mathrm{diag}\{k_{ip},2k_{id}-1\}$，可得

$$\dot{V}_{i2} \leqslant -\lambda_{\min}(K_i)\|E_{i2}\|^2+2\|E_{i2}\||h_i| \tag{8.18}$$

由于

$$\|E_{i2}\| \geqslant \frac{2}{\lambda_{\min}(K_i)\ell_{i2}}|h_i| \tag{8.19}$$

使得

$$\dot{V}_{i2} \leqslant -(1-\ell_{i2})\lambda_{\min}(K_i)\left\|E_{i2}\right\|^2 \tag{8.20}$$

式中，$0 < \ell_{i2} < 1$，因此子系统 (8.9) 是输入状态稳定的，且存在 $\mathcal{KL}$ 类函数 γ_{ic} 和 $\mathcal{K}$ 类函数 $\kappa_{ic}^h(s)$，使得

$$\|E_{i2}\| \leqslant \max\{\gamma_{ic}(E_{i2}(0),t),\ \kappa_{ic}^h(|h_i|)\} \tag{8.21}$$

式中，

$$\begin{cases} \kappa_{ic}^h(s) = \sqrt{\dfrac{\lambda_{\max}(P_{i2})}{\lambda_{\min}(P_{i2})}}\dfrac{2s}{\lambda_{\min}(K_i)\ell_{i2}} \\ P_{i2} = \begin{bmatrix} k_{ih} & 1/2 \\ 1/2 & 1 \end{bmatrix} \end{cases} \tag{8.22}$$

□

下面分析由子系统 (8.5) 和子系统 (8.9) 构成的级联系统的稳定性。

定理 8.1 考虑无人船航向控制系统模型 (8.1)、扩张状态观测器 (8.3)、航向控制律 (8.8)，则由扩张状态观测器子系统 (8.5) 和跟踪误差子系统 (8.9) 构成的级联系统是输入状态稳定的。

证明 引理 8.1 和引理 8.2 证明，跟踪误差子系统 (8.9) 的状态为 z_{i1}, z_{i2}，输入为 $\tilde{\psi}_i, \tilde{r}_i, \tilde{\sigma}_{ir}$，该系统是输入状态稳定的；扩张状态观测器子系统 (8.5) 的状态为 $\tilde{\psi}_i, \tilde{r}_i, \tilde{\sigma}_{ir}$，输入为 $\dot{\sigma}_{ir}$，该系统输入状态稳定。根据级联稳定性定理 2.4 可知，整个闭环系统的状态为 $z_{i1}, z_{i2}, \tilde{\psi}_i, \tilde{r}_i, \tilde{\sigma}_{ir}$，外部输入为 $\dot{\sigma}_{ir}$，该系统是输入状态稳定的，即存在一个 $\mathcal{KL}$ 类函数 γ_i 和一个 $\mathcal{K}$ 类函数 $\kappa_i(s)$ 使得

$$\|E_{i3}(t)\| \leqslant \max\{\gamma_i(\|E_{i3}(0)\|,t),\ \kappa_i(\|\dot{\sigma}_{ir}\|)\} \tag{8.23}$$

式中，$E_{i3} = [z_{i1}, z_{i2}, \tilde{\psi}_i, \tilde{r}_i, \tilde{\sigma}_{ir}]^{\mathrm{T}}$。由于外部输入 $\dot{\sigma}_{ir}$ 是有界的，其界值为 σ_{ir}^*，所以误差信号 $z_{i1}, z_{i2}, \tilde{\psi}_i, \tilde{r}_i, \tilde{\sigma}_{ir}$ 是有界的。□

8.1.4 仿真与实验验证

首先通过仿真验证本节所提无人船航向自抗扰控制器的有效性，不失一般性地，不考虑无人船模型和控制参数中的 i。无人船航向自抗扰控制器参数选择为 $k_1 = 30, k_2 = 300, k_3 = 1000, k_p = 2, k_d = 5$。

仿真结果如图 8.2 ～ 图 8.4 所示。图 8.2 展示了仿真中期望航向、实际航向和估计航向，可以看出采用本节所提基于扩张状态观测器的航向控制方法，无人船可以较好地跟踪期望航向，同时扩张状态观测器能够精确跟踪实际航向。图 8.3 展示了扩张状态观测器估计的艏摇角速度和实际艏摇角速度。图 8.4 给出扩张状态

观测器对不确定性的估计值和实际不确定性，可以看出本节所提扩张状态观测器能够较好地估计和补偿无人船内部模型不确定与外部环境扰动引起的总扰动。

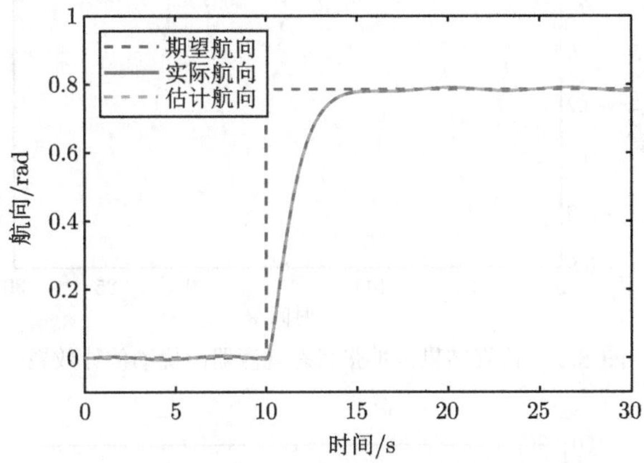

图 8.2　仿真结果：航向自抗扰控制器的跟踪性能

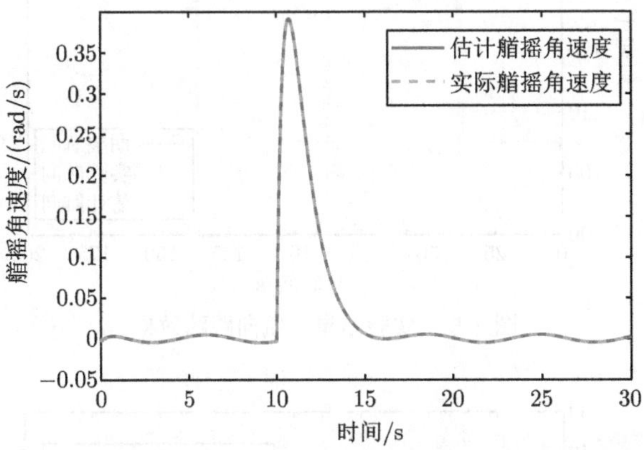

图 8.3　仿真结果：扩张状态观测器的艏摇角速度估计效果

为了进一步验证本节所提航向自抗扰控制器的有效性，基于实验室自主设计的小型固定双桨无人船和控制平台，在大连海事大学心海湖开展了实验研究。实验时，无人船速度约为 1m/s。实验结果如图 8.5 ～图 8.7 所示。图 8.5 展示了实验中的期望航向、实际航向和扩张状态观测器的估计航向，可以看出无人船实际航向能够较好地跟踪期望航向，扩张状态观测器能够精确地估计实际航向。图 8.6 给出了扩张状态观测器的估计艏摇角速度和 GPS 实际测得的无人船艏摇角速度，可以看出本节所提扩张状态观测器能够有效估计实际艏摇角速度。图 8.7 展示了航向控制实验中扩张状态观测器估计的扰动值。

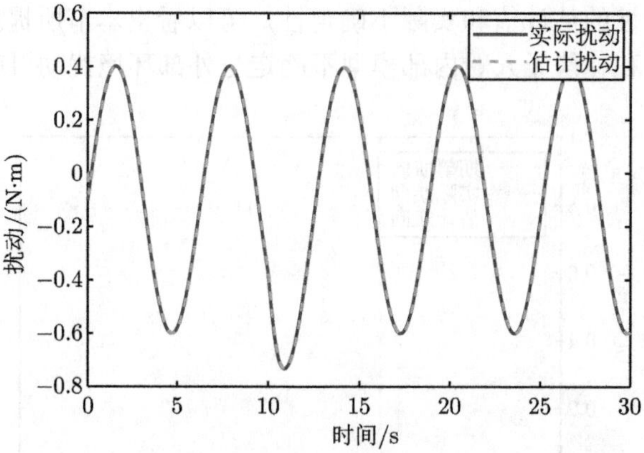

图 8.4　仿真结果：扩张状态观测器的扰动估计效果

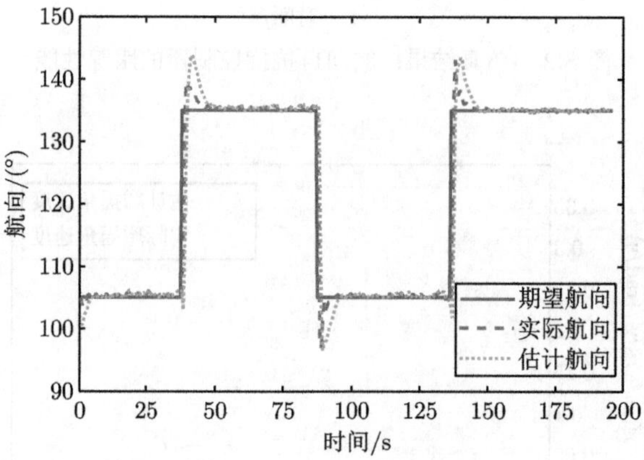

图 8.5　实验结果：航向跟踪效果

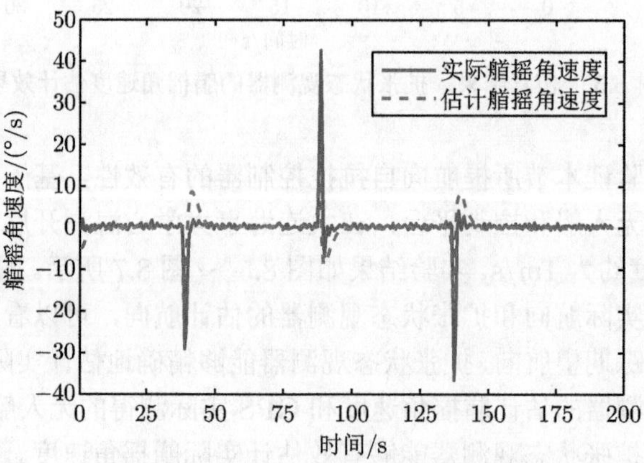

图 8.6　实验结果：扩张状态观测器的艏摇角速度估计效果

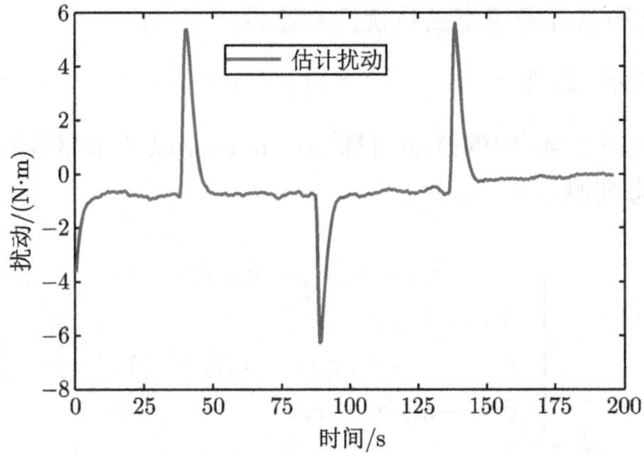

图 8.7　实验结果：扩张状态观测器的扰动估计效果

8.2　基于扩张状态观测器的欠驱动无人船动力学自抗扰控制

本节针对含模型参数不确定和未知海洋环境扰动下的欠驱动无人船动力学模型，采用扩张状态观测器估计内部模型不确定与未知海洋环境扰动，提出基于扩张状态观测器的纵荡速度和艏摇角速度自抗扰控制器。采用输入状态稳定性定理和级联系统稳定性定理分析闭环系统的稳定性。仿真与实验验证控制方法对无人船纵荡速度与艏摇角速度控制的有效性。

8.2.1　问题描述

考虑由 N 艘无人船组成的集群系统，第 i 艘无人船的纵荡速度和艏摇角速度的控制系统模型如下：

$$\begin{cases}\dot{u}_i=\sigma_{iu}+b_{iu}\tau_{iu}\\ \dot{r}_i=\sigma_{ir}+b_{ir}\tau_{ir}\end{cases}\tag{8.24}$$

式中，u_i 代表纵荡速度；r_i 代表艏摇角速度； b_{iu},b_{ir} 代表控制系数；σ_{iu},σ_{ir} 代表内部不确定性和外部扰动引起的总扰动，且满足 $|\dot{\sigma}_{iu}|\leqslant\sigma_{iu}^*$，$|\dot{\sigma}_{ir}|\leqslant\sigma_{ir}^*$，$\sigma_{iu}^*\in\mathbb{R}^+$, $\sigma_{ir}^*\in\mathbb{R}^+$；$\tau_{iu}$ 代表纵荡速度控制输入力；τ_{ir} 代表艏摇角速度控制输入力矩。

本节的控制目标是设计控制输入 τ_{iu} 和 τ_{ir}，使得无人船跟踪期望的纵荡速度信号 $u_{id}\in\mathbb{R}$ 和艏摇角速度信号 $r_{id}\in\mathbb{R}$ 满足

$$\begin{cases}\lim\limits_{t\to\infty}|u_i-u_{id}|\leqslant l_{iu}\\ \lim\limits_{t\to\infty}|r_i-r_{id}|\leqslant l_{ir}\end{cases}\tag{8.25}$$

式中，$l_{iu}\in\mathbb{R}^+$, $l_{ir}\in\mathbb{R}^+$ 为小的常数。

8.2.2 纵荡速度和艏摇角速度自抗扰控制器设计

1. 扩张状态观测器设计

为了估计模型 (8.24) 中的扰动信息 σ_{iu} 和 σ_{ir}，以及未测量的速度信息 u_i 和 r_i，设计扩张状态观测器如下：

$$\begin{cases} \dot{\hat{u}}_i = \hat{\sigma}_{iu} + b_{iu}\tau_{iu} - k_{i1}(\hat{u}_i - u_i) \\ \dot{\hat{\sigma}} = -k_{i2}(\hat{u}_i - u_i) \\ \dot{\hat{r}}_i = \hat{\sigma}_{ir} + b_{ir}\tau_{ir} - k_{i3}(\hat{r}_i - r_i) \\ \dot{\hat{\sigma}} = -k_{i4}(\hat{r}_i - r_i) \end{cases} \tag{8.26}$$

式中，$k_{i1} \in \mathbb{R}^+, k_{i2} \in \mathbb{R}^+, k_{i3} \in \mathbb{R}^+, k_{i4} \in \mathbb{R}^+$ 为线性扩张状态观测器的增益。

定义 $\tilde{u}_i = \hat{u}_i - u_i, \tilde{r}_i = \hat{r}_i - r_i$，$\tilde{\sigma}_{ir} = \hat{\sigma}_{ir} - \sigma_{ir}$，$\tilde{\sigma}_{ir} = \hat{\sigma}_{ir} - \sigma_{ir}$，可得扩张状态观测器的误差动态为

$$\begin{cases} \dot{\tilde{u}}_i = -k_{i1}\tilde{u}_i + \tilde{\sigma}_{iu} \\ \dot{\tilde{\sigma}}_{iu} = -k_{i2}\tilde{u}_i - \dot{\sigma}_{iu} \\ \dot{\tilde{r}}_i = -k_{i3}\tilde{r}_i + \tilde{\sigma}_{ir} \\ \dot{\tilde{\sigma}}_{ir} = -k_{i4}\tilde{r}_i - \dot{\sigma}_{ir} \end{cases} \tag{8.27}$$

令 $E_{i1} = [\tilde{u}_i, \tilde{\sigma}_{iu}, \tilde{r}_i, \tilde{\sigma}_{ir}]^{\mathrm{T}}$，可以将式 (8.27) 改写成如下矩阵形式：

$$\dot{E}_{i1} = A_i E_{i1} - B_i h_i \tag{8.28}$$

式中，

$$A_i = \begin{bmatrix} -k_{i1} & 1 & 0 & 0 \\ -k_{i2} & 0 & 0 & 0 \\ 0 & 0 & -k_{i3} & 1 \\ 0 & 0 & -k_{i4} & 0 \end{bmatrix}, \quad B_i = \begin{bmatrix} 0 & 0 \\ 1 & 0 \\ 0 & 0 \\ 0 & 1 \end{bmatrix}, \quad h_i = \begin{bmatrix} \dot{\sigma}_{iu} \\ \dot{\sigma}_{ir} \end{bmatrix} \tag{8.29}$$

且 $k_{i1} = 2\omega_u, k_{i2} = \omega_u^2, k_{i3} = 2\omega_r$，$k_{i4} = \omega_r^2$ 为观测器增益，$\omega_u \in \mathbb{R}^+, \omega_r \in \mathbb{R}^+$ 为观测器带宽。

由于 A_i 是赫尔维茨矩阵，故存在一个正定矩阵 P_i 满足

$$A_i^{\mathrm{T}} P_i + P_i A_i = -\varepsilon_i I_4 \tag{8.30}$$

式中，$\varepsilon_i \in \mathbb{R}^+$。

2. 控制器设计

基于本节所提扩张状态观测器，设计纵荡速度和艏摇角速度自抗扰控制律如下：

$$\begin{cases} \tau_{iu} = (-k_{iu}(\hat{u}_i - u_{id}) - \hat{\sigma}_{iu})/b_{iu} \\ \tau_{ir} = (-k_{ir}(\hat{r}_i - r_{id}) - \hat{\sigma}_{ir})/b_{ir} \end{cases} \tag{8.31}$$

式中，$k_{iu} \in \mathbb{R}^+$ 和 $k_{ir} \in \mathbb{R}^+$ 为待设计控制增益。

令 $\hat{u}_{ie} = \hat{u}_i - u_{id}, \hat{r}_{ie} = \hat{r}_i - r_{id}$，可得误差动态为

$$\begin{cases} \dot{\hat{u}}_{ie} = -k_{iu}\hat{u}_{ie} - k_{i1}\tilde{u}_i \\ \dot{\hat{r}}_{ie} = -k_{ir}\hat{r}_{ie} - k_{i3}\tilde{r}_i \end{cases} \tag{8.32}$$

本节所设计的无人船纵荡速度和艏摇角速度自抗扰控制器结构如图 8.8 所示。

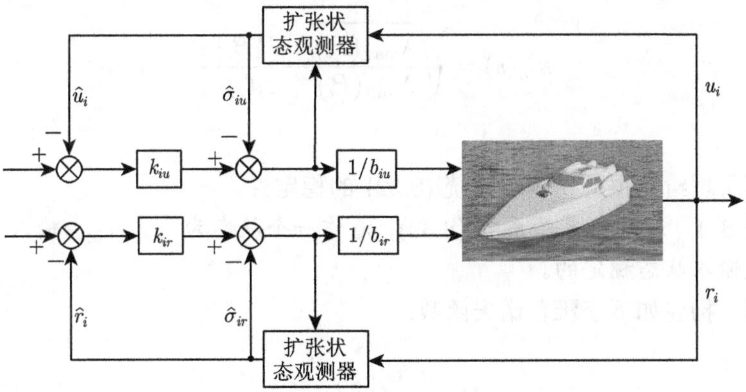

图 8.8　纵荡速度和艏摇角速度自抗扰控制器结构

8.2.3 稳定性分析

以下引理给出扩张状态观测器子系统 (8.28) 的稳定性。

引理 8.3　扩张状态观测器子系统 (8.28)，其状态为 $\tilde{u}_i, \tilde{r}_i, \tilde{\sigma}_{iu}, \tilde{\sigma}_{ir}$，输入为 $\dot{\sigma}_{iu}$ 和 $\dot{\sigma}_{ir}$，该系统是输入状态稳定的。

证明　为了分析系统的稳定性和收敛性，构建如下李雅普诺夫函数：

$$V_{i1} = \frac{1}{2}E_{i1}^{\mathrm{T}}P_iE_{i1} \tag{8.33}$$

对 V_{i1} 求导可得

$$\begin{aligned} \dot{V}_{i1} &= E_{i1}^{\mathrm{T}}P_i(A_iE_{i1} - B_ih_{i1}) \\ &\leqslant -\frac{\varepsilon_i}{2}\|E_{i1}\|^2 + \|E_{i1}\|\|P_iB_i\|\|h_{i1}\| \end{aligned} \tag{8.34}$$

式中，$\varepsilon_i = \min\{\varepsilon_{i1}, \varepsilon_{i2}, \varepsilon_{i3}, \varepsilon_{i4}\}$，又因为

$$\|E_{i1}\| \geqslant \frac{2\|P_iB_i\|\|h_{i1}\|}{\varepsilon_i\ell_{i1}} \tag{8.35}$$

使得

$$\dot{V}_{i1} \leqslant -\frac{\varepsilon_i}{2}(1-\ell_{i1})\|E_{i1}\|^2 \tag{8.36}$$

式中，$0<\ell_{i1}<1$，所以扩张状态观测器子系统 (8.28) 是输入状态稳定的，并存在 $\mathcal{KL}$ 类函数 γ_{io} 和 $\mathcal{K}$ 类函数 $\kappa_{io}^{h_1}(s)$ 使得

$$\|E_{i1}(t)\| \leqslant \max\left\{\gamma_{io}(E_{i1}(0),t), \kappa_{io}^{h_1}(\|h_{i1}\|)\right\} \tag{8.37}$$

式中，

$$\kappa_{io}^{h}(s) = \sqrt{\frac{\lambda_{\max}(P_i)}{\lambda_{\min}(P_i)}\frac{2\|P_iB_i\|s}{\varepsilon_i\ell_{i1}}} \tag{8.38}$$

□

以下引理给出跟踪误差子系统 (8.32) 的稳定性。

引理 8.4 跟踪误差子系统 (8.32)，看作一个状态为 $\hat{u}_{ie}, \hat{r}_{ie}$，输入为 $\tilde{u}_i, \tilde{r}_i$，该系统是输入状态稳定的。

证明 构建如下李雅普诺夫函数：

$$V_{i2} = \frac{1}{2}\left(\hat{u}_{ie}^2 + \hat{r}_{ie}^2\right) \tag{8.39}$$

对 V_{ic} 求导并联立方程 (8.32)，可得

$$\begin{aligned}\dot{V}_{i2} &= -k_{iu}\hat{u}_{ie}^2 - k_{i1}\hat{u}_{ie}\tilde{u}_i - k_{ir}\hat{r}_{ie}^2 - k_{i3}\hat{r}_{ie}\tilde{r}_i \\ &\leqslant -\lambda_{\min}(K_i)\|E_{i2}\|^2 + \|E_{i2}\|\|h_{i2}\|\end{aligned} \tag{8.40}$$

式中，$E_{i2} = [\hat{u}_{ie}, \hat{r}_{ie}]^{\mathrm{T}}$；$K_i = \mathrm{diag}\{k_{iu}, k_{ir}\}$；$h_{i2} = [k_{i1}, k_{i3}]^{\mathrm{T}}$。由于

$$\|E_{i2}\| \geqslant \frac{\|h_{i2}\|}{\lambda_{\min}(K_i)\ell_{i2}} \tag{8.41}$$

使得

$$\dot{V}_{i2} \leqslant -\lambda_{\min}(K_i)(1-\ell_{i2})\|E_{i2}\| \tag{8.42}$$

式中,$0 < \ell_{i2} < 1$,因此跟踪误差子系统 (8.32) 的输入状态是稳定的,且存在 $\mathcal{KL}$ 类函数 γ_{ic} 和 $\mathcal{K}$ 类函数 $\kappa_{ic}^{h_2}(s)$ 使得

$$\|E_{i2}(t)\| \leqslant \max\left\{\gamma_{ic}(E_{i2}(0), t),\ \kappa_{ic}^{h_2}(\|h_{i2}\|)\right\} \tag{8.43}$$

式中,

$$\kappa_{ic}^{h_2}(s) = \frac{s}{\lambda_{\min}(K_i)\ell_{i2}} \tag{8.44}$$

□

下面分析由扩张状态观测器子系统 (8.28) 和跟踪误差子系统 (8.32) 构成的级联系统的稳定性。

定理 8.2　*考虑无人船纵荡速度和艏摇角速度控制系统模型 (8.24)、扩张状态观测器 (8.26)、纵荡速度和艏摇角速度控制律 (8.31),则由扩张状态观测器子系统 (8.28) 和跟踪误差子系统 (8.32) 组成的级联系统是输入状态稳定的。*

证明　引理 8.3 和引理 8.4 已经证明,跟踪误差子系统 (8.32) 的状态为 $\hat{u}_{ie}, \hat{r}_{ie}$,输入为 $\tilde{u}_i, \tilde{r}_i$,该系统输入状态稳定的;扩张状态观测器子系统 (8.28) 的状态为 $\tilde{u}_i, \tilde{r}_i, \tilde{\sigma}_{iu}, \tilde{\sigma}_{ir}$,输入为 $\dot{\sigma}_{iu}, \dot{\sigma}_{ir}$,该系统输入状态稳定。根据定理 2.4 可知,整个闭环系统其状态为 $\hat{u}_{ie}, \hat{r}_{ie}, \tilde{u}_i, \tilde{r}_i, \tilde{\sigma}_{iu}, \tilde{\sigma}_{ir}$,外部输入为 $\dot{\sigma}_{iu}, \dot{\sigma}_{ir}$,该系统输入状态稳定,即存在一个 $\mathcal{KL}$ 类函数 γ_i 和一个 $\mathcal{K}$ 类函数 $\kappa_i(s)$ 使得

$$\|E_{i3}(t)\| \leqslant \max\left\{\gamma_i(\|E_{i3}(0)\|, t),\ \kappa_i(\|h_{i1}\|)\right\} \tag{8.45}$$

式中,$E_{i3} = [\hat{u}_{ie}, \hat{r}_{ie}, \tilde{u}_i, \tilde{r}_i, \tilde{\sigma}_{iu}, \tilde{\sigma}_{ir}]^{\mathrm{T}}$。由于外部输入 $\dot{\sigma}_{iu}, \dot{\sigma}_{ir}$ 是有界的,其界值为 $\sigma_{iu}^*, \sigma_{ir}^*$,所以误差信号 $\hat{u}_{ie}, \hat{r}_{ie}, \tilde{u}_i, \tilde{r}_i, \tilde{\sigma}_{iu}, \tilde{\sigma}_{ir}$ 是有界的。□

8.2.4　仿真与实验验证

首先通过仿真验证本节所提无人船纵荡速度和艏摇角速度自抗扰控制器的有效性,不失一般性的,不考虑无人船模型和控制参数中的 i,自抗扰控制器参数选取如下:$k_1 = 50$, $k_2 = 1000$, $k_u = 3$, $k_3 = 30$, $k_4 = 900$, $k_r = 2$。

仿真结果如图 8.9 ～ 图 8.12 所示。图 8.9 展示了期望纵荡速度、实际纵荡速度和估计纵荡速度,可以看出采用本节所提基于扩张状态观测器的纵荡速度控制器能够较好地跟踪期望纵荡速度。图 8.10 给出艏摇角速度的跟踪效果,可以看出无人船实际艏摇角速度能够较好地跟踪期望艏摇角速度。图 8.11 和图 8.12 分别展示了纵荡速度和艏摇角速度方向的扩张状态观测器输出与系统总扰动,可以看出本节所提扩张状态观测器能够精确估计模型不确定性与外部扰动。

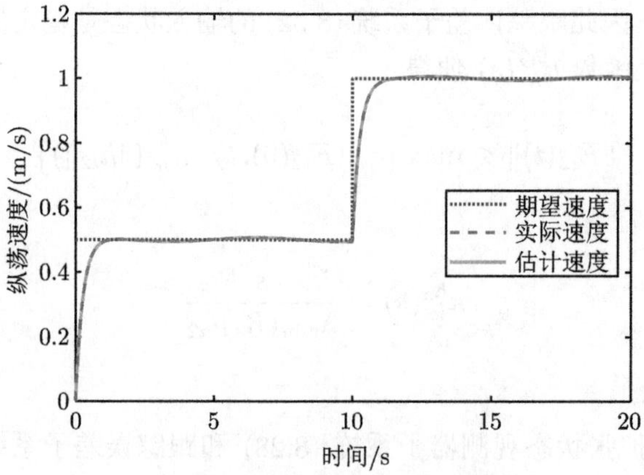

图 8.9　仿真结果：纵荡速度跟踪

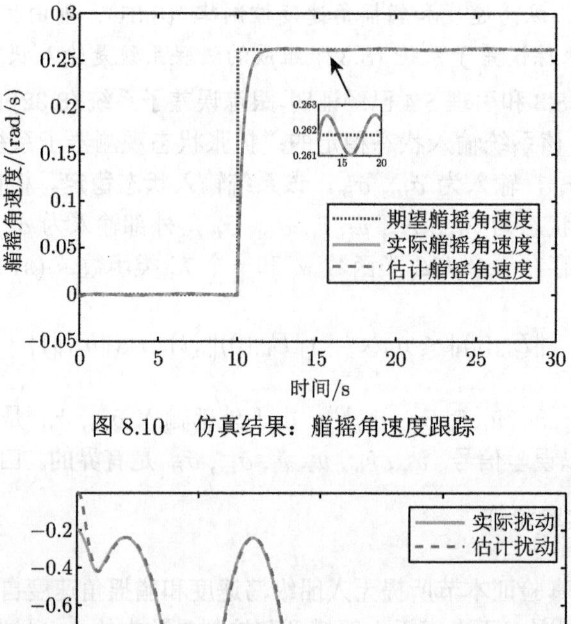

图 8.10　仿真结果：艏摇角速度跟踪

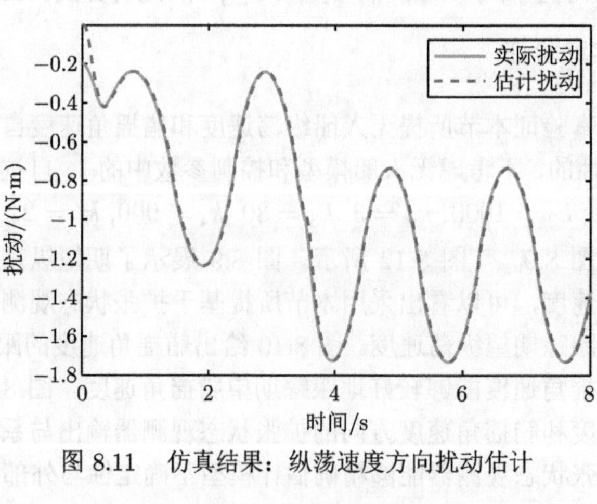

图 8.11　仿真结果：纵荡速度方向扰动估计

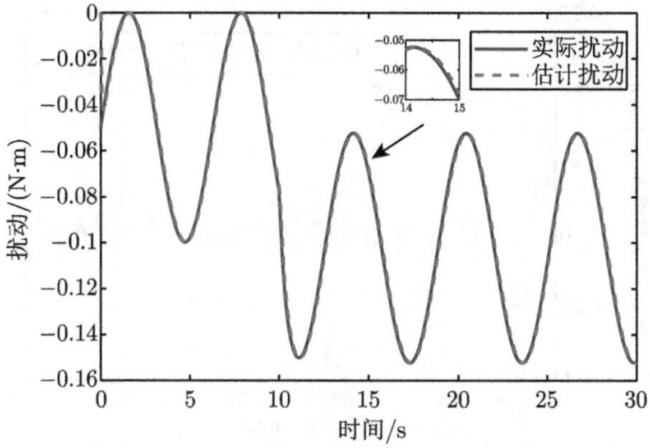

图 8.12　仿真结果：艏摇角速度方向扰动估计

为了进一步验证提出的纵荡速度与艏摇角速度自抗扰控制器的有效性，采用无人船集群控制实验室自主设计的小型固定双桨推进无人船进行实验。

实验结果如图 8.13 ～ 图 8.16 所示。图 8.13 展示了期望速度、实际速度和观测器估计速度，可以看出当期望速度由 0 变化到 0.5m/s 时，无人船大概需要经过 10s 达到期望速度，而当期望速度由 0.5m/s 变化到 1m/s 时，跟踪过程大概经过了 10s，最终无人船可以跟踪并保持在期望速度，同时观测器能够精确地估计实际速度。图 8.14 为纵荡速度跟踪误差，速度信息是通过 GPS 获取的。图 8.15 展示了期望艏摇角速度、实际艏摇角速度和观测器估计艏摇角速度，可以看出采用所设计的自抗扰控制器，无人船艏摇角速度能够跟踪期望值。图 8.16 展示了给定的艏摇角速度，且稳态时跟踪误差较小。

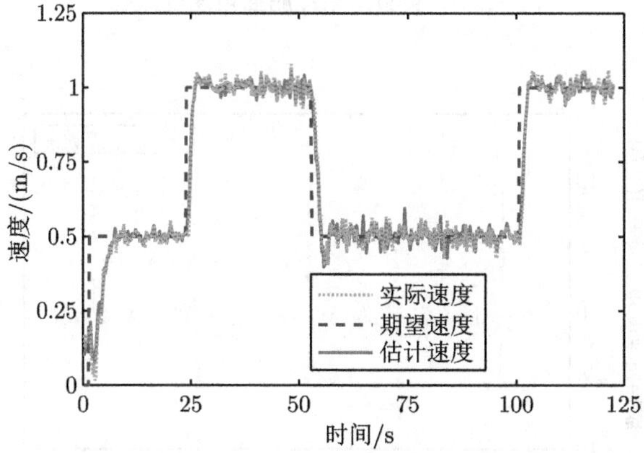

图 8.13　实验结果：纵荡速度跟踪

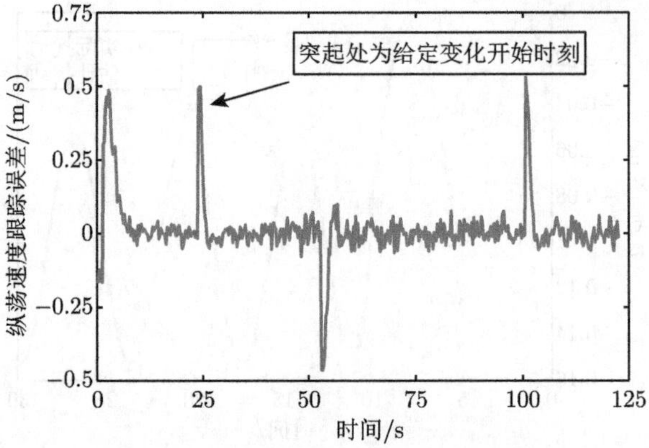

图 8.14　实验结果：纵荡速度跟踪误差

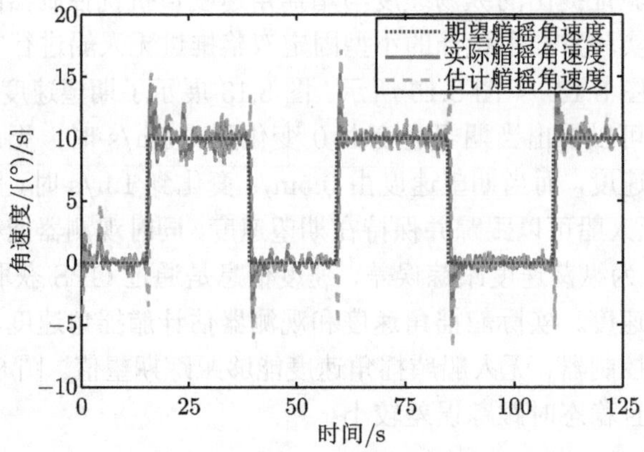

图 8.15　实验结果：艏摇角速度跟踪

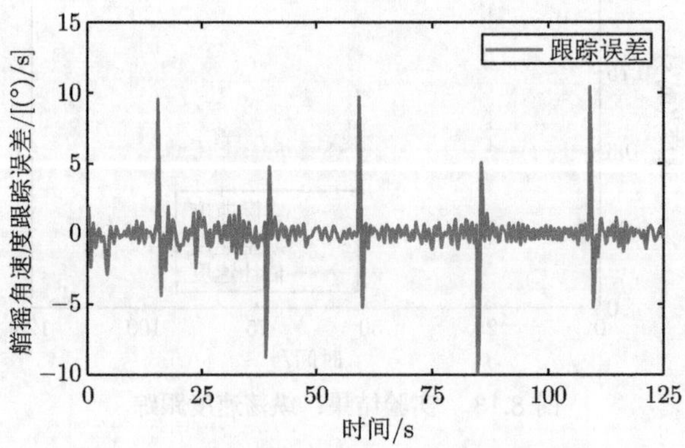

图 8.16　实验结果：艏摇角速度跟踪误差

8.3 基于扩张状态观测器的全驱动无人船动力学自抗扰控制

8.1 节和 8.2 节分别研究了无人船的航向和速度自抗扰控制问题。本节针对模型参数不确定和未知海洋环境扰动下的全驱动无人船模型，研究动力学自抗扰控制问题。在动力学层次，将无人船模型参数不确定和未知海洋环境扰动看成"总扰动"，设计扩张状态观测器对总扰动信息进行观测，提出基于扩张状态观测器的无人船动力学自抗扰控制器，从而消除模型不确定性和未知扰动带来的影响。级联系统稳定性证明表明，无人船闭环动力学控制系统是输入状态稳定的。最后，仿真验证本节所提基于扩张状态观测器的全驱动无人船动力学自抗扰控制方法的有效性。

8.3.1 问题描述

考虑由一组 N 艘无人船组成的集群系统，第 i 艘无人船的动力学模型可写为

$$M_i\dot{\nu}_i = -C_i(\nu_i)\nu_i - D_i(\nu_i)\nu_i + g_i(\nu_i) + \tau_i + w_i \tag{8.46}$$

为方便扩张状态观测器和控制器设计，式 (8.46) 可写为

$$\dot{\nu}_i = M_i^{-1}\tau_i + \sigma_{i\nu} \tag{8.47}$$

式中，$\sigma_{i\nu} = [\sigma_{iu}, \sigma_{iv}, \sigma_{ir}]^{\mathrm{T}} \in \mathbb{R}^3$ 可看成一个状态向量，包括了内部模型参数不确定和外部海洋环境引起的扰动，$\sigma_{i\nu} = M_i^{-1}(-C_i(\nu_i)\nu_i - D_i(\nu_i)\nu_i + g_i(\nu_i) + w_i)$。

本节的控制目标是对于期望速度指令信号 $\nu_{id} \in \mathbb{R}^3$，在总扰动信息 $\sigma_{i\nu}$ 未知的情况下，设计控制器 τ_i 使得

$$\lim_{t\to\infty}\|\nu_i - \nu_{id}\| \leqslant l_i \tag{8.48}$$

式中，$l_i \in \mathbb{R}^+$ 为一个小的常数。

8.3.2 动力学自抗扰控制器设计

1. 扩张状态观测器设计

为了估计式 (8.47) 中动力学模型中无法测量的扰动与不确定性信息，采用扩张状态观测器估计模型中无法测量的信息 $\sigma_{i\nu}$。定义 $\hat{\nu}_i = [\hat{u}_i, \hat{v}_i, \hat{r}_i]^{\mathrm{T}} \in \mathbb{R}^3$, $\hat{\sigma}_{i\nu} = [\hat{\sigma}_{iu}, \hat{\sigma}_{i\nu}, \hat{\sigma}_{ir}]^{\mathrm{T}} \in \mathbb{R}^3$,其中 $\hat{u}_i, \hat{v}_i, \hat{r}_i, \hat{\sigma}_{iu}, \hat{\sigma}_{i\nu}, \hat{\sigma}_{ir}$ 分别为状态变量 $u_i, v_i, r_i, \sigma_{iu}, \sigma_{i\nu}, \sigma_{ir}$ 的估计值。

定义观测误差 $\tilde{\nu}_i = \hat{\nu}_i - \nu_i$ 和 $\tilde{\sigma}_{i\nu} = \hat{\sigma}_{i\nu} - \sigma_{i\nu}$，设计扩张状态观测器如下：

$$\begin{cases} \dot{\hat{\nu}}_i = \hat{\sigma}_{i\nu} + M_i^{-1}\tau_i - K_{i1}\tilde{\nu}_i \\ \dot{\hat{\sigma}}_{i\nu} = -K_{i2}\tilde{\nu}_i \end{cases} \tag{8.49}$$

式中，K_{i1}, K_{i2} 为设计参数，并满足 $[K_{i1}, K_{i2}]^{\mathrm{T}} = [2\omega_i I_3, \omega_i^2 I_3]^{\mathrm{T}}$，$\omega_i$ 为观测器带宽；I_3 为三阶单位矩阵。由式 (8.47) 和式 (8.49) 可得

$$\begin{cases} \dot{\tilde{\nu}}_i = \tilde{\sigma}_{i\nu} - K_{i1}\tilde{\nu}_i \\ \dot{\tilde{\sigma}}_{i\nu} = -K_{i2}\tilde{\nu}_i - \dot{\sigma}_{i\nu} \end{cases} \tag{8.50}$$

定义 $E_i = [\tilde{\nu}_i^{\mathrm{T}}, \tilde{\sigma}_{i\nu}^{\mathrm{T}}]^{\mathrm{T}}$，则式 (8.50) 可写为

$$\dot{E}_i = A_i E_i - B_i \dot{\sigma}_{i\nu} \tag{8.51}$$

式中，

$$A_i = \begin{bmatrix} -K_{i1} & I_3 \\ -K_{i2} & 0_3 \end{bmatrix}, \quad B_i = \begin{bmatrix} 0_3 \\ I_3 \end{bmatrix}$$

A_i 是一个赫尔维茨矩阵，故存在一个正定矩阵 P_i 满足

$$A_i^{\mathrm{T}} P_i + P_i A_i = -\varepsilon_i I_6 \tag{8.52}$$

式中，$\varepsilon_i \in \mathbb{R}^+$ 是一个常数。

2. 控制器设计

定义估计的速度跟踪误差为 $\hat{\nu}_{ie} = \hat{\nu}_i - \nu_{id}$，对其求导得到：

$$\dot{\hat{\nu}}_{ie} = M_i^{-1}\tau_i + \hat{\sigma}_{i\nu} - K_{i1}\tilde{\nu}_i - \dot{\nu}_{id} \tag{8.53}$$

为了稳定 $\hat{\nu}_{ie}$，设计如下动力学控制律：

$$\tau_i = M_i \left(-\frac{K_{i\nu}\hat{\nu}_{ie}}{\sqrt{\|\hat{\nu}_{ie}\|^2 + \varDelta_i^2}} - \hat{\sigma}_{i\nu} + \dot{\nu}_{id} \right) \tag{8.54}$$

式中，$K_{i\nu} \in \mathbb{R}^{3\times 3}$ 是一个三阶常数对角矩阵；$\varDelta_i \in \mathbb{R}^+$ 为常数。将控制律 (8.54) 代入式 (8.53) 可以得到如下的误差状态方程：

$$\dot{\hat{\nu}}_{ie} = -\frac{K_{i\nu}\hat{\nu}_{ie}}{\sqrt{\|\hat{\nu}_{ie}\|^2 + \varDelta_i^2}} - K_{i1}\tilde{\nu}_i \tag{8.55}$$

8.3.3　稳定性分析

假设 8.1　假设 $\dot{\sigma}_{i\nu}$ 是有界的，且存在一个常数 $\sigma_{i\nu}^* \in \mathbb{R}^+$ 使得 $\|\dot{\sigma}_{i\nu}\| \leqslant \sigma_{i\nu}^*$。以下引理给出子系统 (8.50) 的稳定性。

引理 8.5　子系统 (8.50)，看作状态为 $\tilde{\nu}_i$ 和 $\tilde{\sigma}_{i\nu}$，输入为 $\dot{\sigma}_{i\nu}$ 的系统，在假设 8.1 成立的条件下，该系统是输入状态稳定的。

证明　定义如下的李雅普诺夫函数：

$$V_{i1} = \frac{1}{2}E_i^{\mathrm{T}}P_iE_i \tag{8.56}$$

对 V_1 求导，并将式 (8.52) 代入得

$$\begin{aligned}\dot{V}_{i1} &= E_i^{\mathrm{T}}P_i(A_iE_i - B_i\dot{\sigma}_{i\nu})\\ &\leqslant -\frac{\varepsilon_i}{2}\|E_i\|^2 + \|E_i\|\|P_iB_i\|_{\mathrm{F}}\|\dot{\sigma}_{i\nu}\|\end{aligned} \tag{8.57}$$

取 $0 < \ell_i < 1$，因为

$$\|E_i\| \geqslant \frac{2\|P_iB_i\|_{\mathrm{F}}\|\dot{\sigma}_{i\nu}\|}{\varepsilon_i\ell_i} \tag{8.58}$$

使得

$$\dot{V}_{i1} \leqslant -\frac{\varepsilon_i}{2}(1-\ell_i)\|E_i\|^2 \tag{8.59}$$

故子系统 (8.50) 是输入状态稳定的，且有

$$\|E_i(t)\| \leqslant \sqrt{\frac{\lambda_{\max}(P_i)}{\lambda_{\min}(P_i)}}\max\left\{\|E_i(0)\|\mathrm{e}^{-\alpha_i t}, \frac{2\|P_iB_i\|_{\mathrm{F}}\bar{\sigma}_{i\nu}^*}{\varepsilon_i\ell_i}\right\}, \quad \forall t \geqslant 0 \tag{8.60}$$

式中，

$$\alpha_i = \frac{\varepsilon_i(1-\ell_i)}{\lambda_{\max}(P_i)} \tag{8.61}$$

□

以下引理给出子系统 (8.55) 的稳定性。

引理 8.6　子系统 (8.55)，看作一个状态为 $\hat{\nu}_{ie}$，输入为 $\tilde{\nu}_i$ 的系统，该系统是输入状态稳定的。

证明　定义如下的李雅普诺夫函数：

$$V_{i2} = \frac{1}{2}\hat{\nu}_{ie}^2 \tag{8.62}$$

对 V_{i2} 求导，并将式 (8.55) 代入得

$$\dot{V}_{i2} \leqslant -c_i\|\hat{\nu}_{ie}\|^2 + \lambda_{\max}(K_{i1})\|\tilde{\nu}_i\|\|\hat{\nu}_{ie}\| \tag{8.63}$$

式中，$c_i = \lambda_{\min}(K_{i\nu})/\sqrt{\|\hat{\nu}_{ie}\|^2 + \varDelta_i^2}$。

由于

$$\|\hat{\nu}_{ie}\| \geqslant \frac{\lambda_{\max}(K_{i1})\|\tilde{\nu}_i\|}{\ell_i c_i} \tag{8.64}$$

式中，$0 < \ell_i < 1$，使得

$$\dot{V}_2 \leqslant -c_i(1-\ell_i)\|\hat{\nu}_{ie}\|^2 \tag{8.65}$$

故子系统 (8.55) 是输入状态稳定的，且有

$$\|\hat{\nu}_{ie}\| \leqslant \max\left\{\gamma_{ic}(\|\hat{\nu}_{ie}(0)\|, t), \kappa_{ic}(\|\tilde{\nu}_i\|)\right\} \tag{8.66}$$

式中，γ_{ic} 是一个 $\mathcal{KL}$ 类函数，且 $\kappa_{ic}(s) = s/\ell_i k_i$。□

下面分析子系统 (8.50) 和子系统 (8.55) 所构成的级联系统的稳定性，以下定理给出级联系统的稳定性。

定理 8.3 考虑无人船动力学模型 (8.46)，在假设 8.1 成立的条件下，扩张状态观测器 (8.49) 和控制律 (8.54) 使得闭环系统 (8.50) 和 (8.55) 是输入状态稳定的，并且速度跟踪误差是一致最终有界的。

证明 引理 8.6 和引理 8.3 证明了对于子系统 (8.55)，若状态为 $\tilde{\nu}_i$ 和 $\tilde{\sigma}_{i\nu}$，输入为 $\dot{\sigma}_{i\nu}$，该子系统 (8.55) 是输入状态稳定的。对于子系统 (8.50)，若状态为 $\hat{\nu}_{ie}$，输入为 $\tilde{\nu}_i$，该子系统是输入状态稳定的。因此，根据定理 2.4 可知，整个闭环系统的状态为 $\tilde{\nu}_i, \tilde{\sigma}_{i\nu}$ 和 $\hat{\nu}_{ie}$，外部输入为 $\dot{\sigma}_{i\nu}$，该系统是输入状态稳定的。根据假设 8.1 可知系统输入 $\dot{\sigma}_{i\nu}$ 是有界的，则整个闭环系统是一致最终有界的。定义实际动力学速度跟踪误差 $\nu_{ie} = \nu_i - \nu_{id}$，并注意到 $\|\nu_{ie}\| \leqslant \|\hat{\nu}_{ie}\| + \|\tilde{\nu}_i\|$，则 ν_{ie} 是一致最终有界的。

8.3.4 仿真验证

为了验证本节提出的动力学自抗扰控制器的有效性，考虑 Cybership Ⅱ 船舶模型[48]。选取控制器参数如下：$\varDelta_i = 1, K_{i1} = 80I_3, K_{i2} = 1600I_3, K_{i\nu} = 0.1I_3$。不失一般性地，不考虑 i，仿真结果如图 8.17 ～ 图 8.19 所示。图 8.17 给出了期望速度和无人船实际速度曲线，可以看出无人船的稳态速度可以较好跟踪期望速度。图 8.18 给出了无人船的控制输入信号。图 8.19 展示了扩张状态观测器的估计效果，经过一段时间扩张状态观测器可以实现对系统不确定性的精确估计。

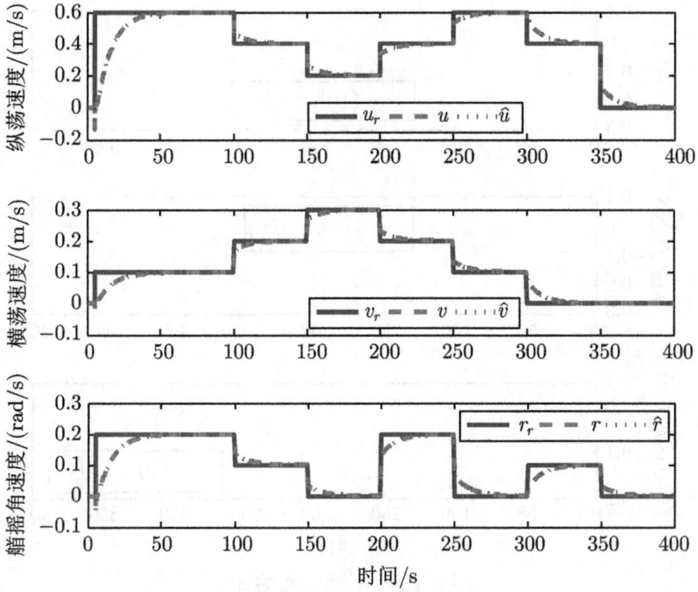

图 8.17 动力学自抗扰控制器的速度跟踪性能

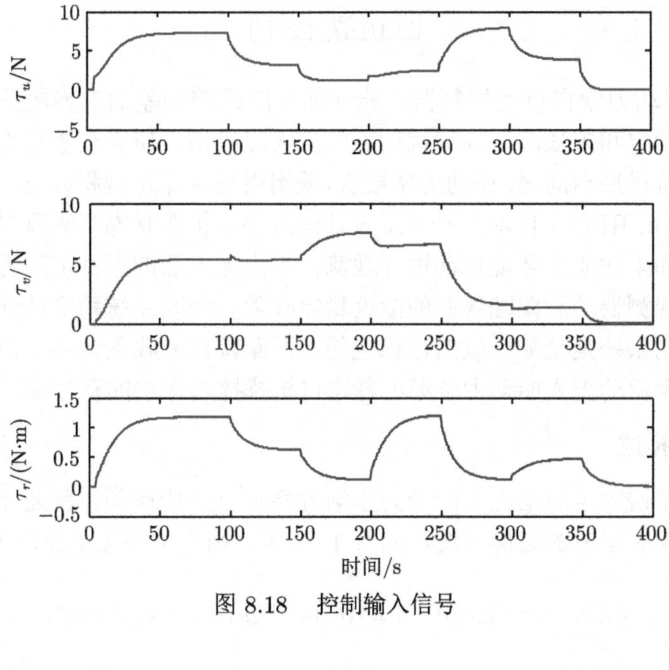

图 8.18 控制输入信号

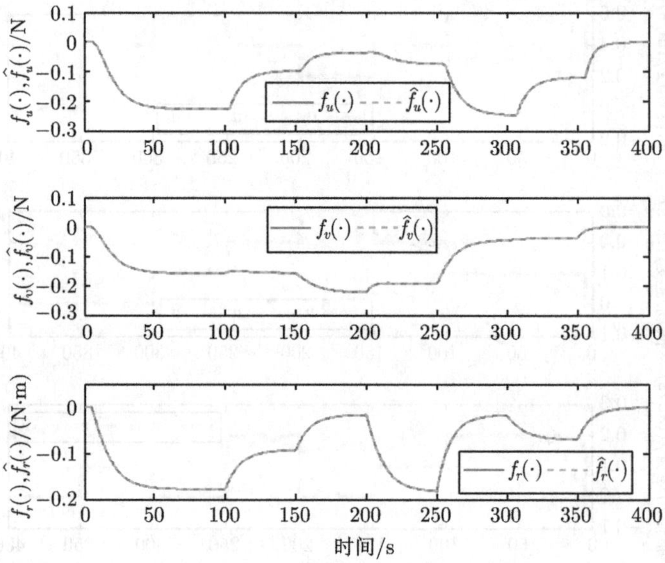

图 8.19 不确定性估计

8.4 基于渐近稳定扩张状态观测器的全驱动无人船动力学自抗扰控制

8.3 节中动力学自抗扰控制器只能保证速度跟踪误差的有界收敛。本节针对模型参数不确定和未知海洋环境扰动下的无人船模型，研究全驱动无人船动力学渐近稳定自抗扰控制问题。在动力学层次，采用误差鲁棒符号积分（robust integral of sign of error, RISE）技术 [212-213]，设计渐近稳定扩张状态观测器对无人船模型参数不确定和未知海洋环境扰动进行观测，提出无人船渐近稳定动力学自抗扰控制器，实现观测误差和跟踪误差的渐近稳定收敛。级联系统稳定性证明表明，无人船闭环控制系统是全局一致渐近稳定的，即跟踪误差收敛到零。最后，仿真验证本节所提全驱动无人船动力学渐近稳定自抗扰控制方法的有效性。

8.4.1 问题描述

本节主要研究全驱动无人船动力学渐近稳定自抗扰控制。首先，与上一节相同，考虑无人船组成的集群系统，编号 1 到 N，则第 i 艘无人船的模型可写为

$$M_i\dot{\nu}_i = -C_i(\nu_i)\nu_i - D_i(\nu_i)\nu_i + g_i(\nu_i) + \tau_i + w_i(t) \tag{8.67}$$

式 (8.67) 可以改写为

$$\dot{\nu}_i = M_i^{-1}\tau_i + \sigma_{i\nu} \tag{8.68}$$

式中，$\sigma_{i\nu}=[\sigma_{iu},\sigma_{iv},\sigma_{ir}]^{\mathrm{T}}\in\mathbb{R}^3$ 是一个状态向量，包括了无人船内部和外部的扰动和不确定性及难以测量的内部动态，$\sigma_{i\nu}=M_i^{-1}(-C_i(\nu_i)\nu_i-D_i(\nu_i)\nu_i+g_i(\nu_i)+w_i(t))$。

与 8.3 节不同，本节的控制目标是对于期望速度指令信号 $\nu_{id}\in\mathbb{R}^3$，在总扰动信息 $\sigma_{i\nu}$ 未知的情况下，设计控制器 τ_i 使得

$$\lim_{t\to\infty}\|\nu_i-\nu_{id}\|=0 \tag{8.69}$$

8.4.2　渐近稳定动力学自抗扰控制器设计

1. 渐近稳定扩张状态观测器设计

本节设计一个渐近稳定扩张状态观测器用于估计模型中无法测量的信息 $\sigma_{i\nu}$，实现估计误差的渐近收敛。定义 $\hat{\nu}_i=[\hat{u}_i,\hat{v}_i,\hat{r}_i]^{\mathrm{T}}\in\mathbb{R}^3$，$\hat{\sigma}_{i\nu}=[\hat{\sigma}_{iu},\hat{\sigma}_{iv},\hat{\sigma}_{ir}]^{\mathrm{T}}\in\mathbb{R}^3$，其中 $\hat{u}_i,\hat{v}_i,\hat{r}_i,\hat{\sigma}_{iu},\hat{\sigma}_{iv},\hat{\sigma}_{ir}$ 分别为 $u_i,v_i,r_i,\sigma_{iu},\sigma_{iv},\sigma_{ir}$ 的估计值。采用误差鲁棒符号积分技术，设计渐近稳定扩张状态观测器如下：

$$\left\{\begin{aligned}\dot{\hat{\nu}}_i&=\hat{\sigma}_{i\nu}+M_i^{-1}\tau_i-(K_{i1}+K_{i2})(\hat{\nu}_i-\nu_i)\\ \dot{\hat{\sigma}}_{i\nu}&=-K_{i1}K_{i2}(\hat{\nu}_i-\nu_i)-K_{i3}\mathrm{sgn}(\hat{\nu}_i-\nu_i)\end{aligned}\right. \tag{8.70}$$

式中，$K_{i1},K_{i2},K_{i3}\in\mathbb{R}^{3\times3}$ 为设计参数，并满足 $[K_{i1}+K_{i2},K_{i1}K_{i2}]^{\mathrm{T}}=[2\omega_iI_3,\omega_i^2I_3]^{\mathrm{T}}$，$\omega_i$ 为观测器带宽；$\mathrm{sgn}(\cdot)$ 为向量符号函数。定义观测误差：

$$\left\{\begin{aligned}\tilde{\nu}_i&=\hat{\nu}_i-\nu_i\\ \tilde{\sigma}_{i\nu}&=\hat{\sigma}_{i\nu}-\sigma_{i\nu}\end{aligned}\right. \tag{8.71}$$

对其求导并联立方程 (8.68) 和 (8.70) 可得

$$\left\{\begin{aligned}\dot{\tilde{\nu}}_i&=-(K_{i1}+K_{i2})\tilde{\nu}_i+\tilde{\sigma}_{i\nu}\\ \dot{\tilde{\sigma}}_{i\nu}&=-K_{i1}K_{i2}\tilde{\nu}_i-K_{i3}\mathrm{sgn}(\tilde{\nu}_i)-\dot{\sigma}_{i\nu}\end{aligned}\right. \tag{8.72}$$

为分析稳定性，定义一个滤波信号为

$$\varpi_i=\dot{\tilde{\nu}}_i+K_{i2}\tilde{\nu}_i \tag{8.73}$$

对 ϖ_i 求导可得

$$\begin{aligned}\dot{\varpi}_i&=-(K_{i1}+K_{i2})\dot{\tilde{\nu}}_i+\dot{\tilde{\sigma}}_{i\nu}+K_{i2}\dot{\tilde{\nu}}_i\\&=-K_{i1}\varpi_i-K_{i3}\mathrm{sgn}(\tilde{\nu}_i)+\dot{\sigma}_{i\nu}\end{aligned} \tag{8.74}$$

2. 控制器设计

定义估计的速度跟踪误差为 $\hat{\nu}_{ie} = \hat{\nu}_i - \nu_{id}$，对其求导得到：

$$\dot{\hat{\nu}}_{ie} = M_i^{-1}\tau_i + \hat{\sigma}_{i\nu} - (K_{i1} + K_{i2})\tilde{\nu}_i - \dot{\nu}_{id} \tag{8.75}$$

为了稳定 $\hat{\nu}_{ie}$，设计如下动力学控制律：

$$\tau_i = M_i\left(-\frac{K_{i\nu}\hat{\nu}_{ie}}{\sqrt{\|\hat{\nu}_{ie}\|^2 + \Delta_i^2}} - \hat{\sigma}_{i\nu} + \dot{\nu}_{id}\right) \tag{8.76}$$

式中，$K_{i\nu} \in \mathbb{R}^{3\times 3}$ 是一个三阶常数对角矩阵；$\Delta_i \in \mathbb{R}^+$ 为常数。并且，误差动态为

$$\dot{\hat{\nu}}_{ie} = -\frac{K_{i\nu}\hat{\nu}_{ie}}{\sqrt{\|\hat{\nu}_{ie}\|^2 + \Delta_i^2}} - (K_{i1} + K_{i2})\tilde{\nu}_i \tag{8.77}$$

8.4.3 稳定性分析

引理 8.7 设辅助函数 $L(t)$ 定义如下：

$$L(t) = \varpi_i^{\mathrm{T}}(\dot{\sigma}_{i\nu}(t) - K_{i3}\mathrm{sgn}(\tilde{\nu}_i)) \tag{8.78}$$

如果控制增益 K_{i3} 满足

$$K_{i3} > \|\dot{\sigma}_{i\nu}(t)\|_\infty + \frac{1}{K_{i2}}\|\ddot{\sigma}_{i\nu}(t)\|_\infty \tag{8.79}$$

式中，$\|\cdot\|_\infty$ 为无穷范式，则

$$\int_{t_0}^{t} L(s)\mathrm{d}s \leqslant \zeta_b \tag{8.80}$$

其中，

$$\zeta_b = K_{i3}\|\tilde{\nu}_i(t_0)\| - \tilde{\nu}_i^{\mathrm{T}}(t_0)\dot{\sigma}_{i\nu}(t_0) \tag{8.81}$$

引理8.8 假设渐近稳定扩张状态观测器 (8.70) 的控制参数选择为式 (8.79) 和

$$\lambda_{\min}(K_{i2}) > 1/2,\ \ \lambda_{\min}(K_{i1}) > 1/2 \tag{8.82}$$

则闭环误差动态子系统 (8.72) 是全局一致渐近稳定的。

证明 构建李雅普诺夫函数:

$$V_i = \frac{1}{2}\tilde{\nu}_i^{\mathrm{T}}\tilde{\nu}_i + \frac{1}{2}\varpi_i^{\mathrm{T}}\varpi_i + \tilde{\nu}_i^{\mathrm{T}}(t_0)K_{i3}\mathrm{sgn}(\tilde{\nu}_i^{\mathrm{T}}(t_0)) - \tilde{\nu}_i^{\mathrm{T}}(t_0)\dot{\sigma}_{i\nu}(t_0) - \int_{t_0}^{t}\varpi_i^{\mathrm{T}}(\dot{\sigma}_{i\nu}(t) - K_{i3}\mathrm{sgn}(\tilde{\nu}_i^{\mathrm{T}}))\mathrm{d}\tau \tag{8.83}$$

对 V_i 求导，根据引理 8.7 可得

$$\begin{aligned}\dot{V}_i =& \tilde{\nu}_i^{\mathrm{T}}(-(K_{i1}+K_{i2})\tilde{\nu}_i + \tilde{\sigma}_{i\nu}) + \varpi_i^{\mathrm{T}}(-K_{i1}\varpi_i \\ &- K_{i3}\mathrm{sgn}(\tilde{\nu}_i) + \dot{\sigma}_{i\nu}) - \varpi_i^{\mathrm{T}}(\dot{\sigma}_{i\nu}(t) - K_{i3}\mathrm{sgn}(\tilde{\nu}_i)) \\ =& -\tilde{\nu}_i^{\mathrm{T}}(K_{i1}+K_{i2})\tilde{\nu}_i + \tilde{\nu}_i^{\mathrm{T}}\tilde{\sigma}_{i\nu} - \varpi_i^{\mathrm{T}}K_{i1}\varpi_i \\ \leqslant& -\tilde{\nu}_i^{\mathrm{T}}(K_{i1}+K_{i2})\tilde{\nu}_i + \tilde{\nu}_i^{\mathrm{T}}\tilde{\sigma}_{i\nu} - \lambda_{\min}(K_{i1})\|\varpi_i\|^2\end{aligned} \tag{8.84}$$

根据式 (8.73) 可知，

$$\varpi_i = -K_{i1}\tilde{\nu}_i + \tilde{\sigma}_{i\nu} \tag{8.85}$$

移项可得

$$\tilde{\sigma}_{i\nu} = \varpi_i + K_{i1}\tilde{\nu}_i \tag{8.86}$$

因此，

$$\begin{aligned}\dot{V}_i \leqslant& -\tilde{\nu}_i^{\mathrm{T}}(K_{i1}+K_{i2})\tilde{\nu}_i + \tilde{\nu}_i^{\mathrm{T}}(\varpi_i + K_{i1}\tilde{\nu}_i) - \lambda_{\min}(K_{i1})\|\varpi_i\|^2 \\ \leqslant& -\lambda_{\min}(K_{i2})\|\tilde{\nu}_i\|^2 - \lambda_{\min}(K_{i1})\|\varpi_i\|^2 + \|\tilde{\nu}_i\|\|\varpi_i\|\end{aligned} \tag{8.87}$$

由完全平方公式可知 $a^2+b^2 \geqslant 2ab$，则

$$\dot{V}_i \leqslant -[\lambda_{\min}(K_{i2}) - 1/2]\|\tilde{\nu}_i\|^2 - [\lambda_{\min}(K_{i1}) - 1/2]\|\varpi_i\|^2 \tag{8.88}$$

式中，存在一个常数 c_i 满足

$$\dot{V}_i \leqslant -c_i\|E_i\|^2 \tag{8.89}$$

其中，$E_i = [\tilde{\nu}_i^{\mathrm{T}}, \varpi_i^{\mathrm{T}}]^{\mathrm{T}}$, $c_i = \min\{\lambda_{\min}(K_{i2}) - 1/2, \lambda_{\min}(K_{i1}) - 1/2\} > 0$。注意到式 (8.82) 使得 $c_i > 0$，并且由式 (8.89) 可知，$\dot{V}$ 是负半定的，且 E_i 是有界的。因此，根据式 (8.86) 可知，$\tilde{\sigma}_{i\nu}$ 是有界的，则 $\dot{\tilde{\nu}}_i$ 和 $\dot{\tilde{\sigma}}_{i\nu}$ 是有界的。由式 (8.74) 可知，$\dot{\varpi}_i$ 也是有界的。由式 (8.84) 可知，$\ddot{V}$ 是有界的。根据巴尔巴拉 (Barbalat) 引理，当 $t \to \infty$ 时，$\|E_i\| \to 0$，所以渐近稳定扩张状态观测器 (8.70) 是全局渐近稳定的。□

以下引理给出子系统 (8.77) 的稳定性。

引理 8.9 *子系统 (8.77)，看作一个状态为 $\hat{\nu}_{ie}$, 输入为 $\tilde{\nu}_i$ 的系统，该系统是输入状态稳定的。*

证明 证明过程与引理 8.6 类似，证明过程略。

以下定理给出子系统 (8.77) 和子系统 (8.72) 组成的级联系统的一致渐近稳定性。

定理 8.4 *考虑无人船动力学模型 (8.67), 渐近稳定扩张状态观测器 (8.70) 和控制律 (8.54) 使得闭环系统是全局一致渐近稳定的。*

证明 引理 8.7 证明了子系统 (8.72) 是全局一致渐近稳定的。引理 8.9 证明了对于子系统 (8.77)，若状态为 $\hat{\nu}_{ie}$，输入为 $\tilde{\nu}_i$，该系统是输入状态稳定的。因此，根据定理 2.3 可知，整个闭环系统是全局一致渐近稳定的。□

8.4.4 仿真验证

考虑 Cybership Ⅱ 船舶模型[48]，控制器参数选择如下：$\varDelta_i=1$, $K_{i1}=30I_3$, $K_{i2}=30I_3$, $K_{i3}=0.1I_3$, $K_{iv}=0.1I_3$。仿真结果如图 8.20 ~ 图 8.22 所示。图 8.20 展示了无人船的期望速度、实际速度和估计速度，可以观测到无人船能够跟踪期望速度。图 8.21 给出了无人船的控制输入信号，可以看出控制输入信号在合理范围之内。图 8.22 给出了渐近稳定扩张状态观测器的估计效果，可以看出渐近稳定扩张状态观测器能精确估计系统不确定性。

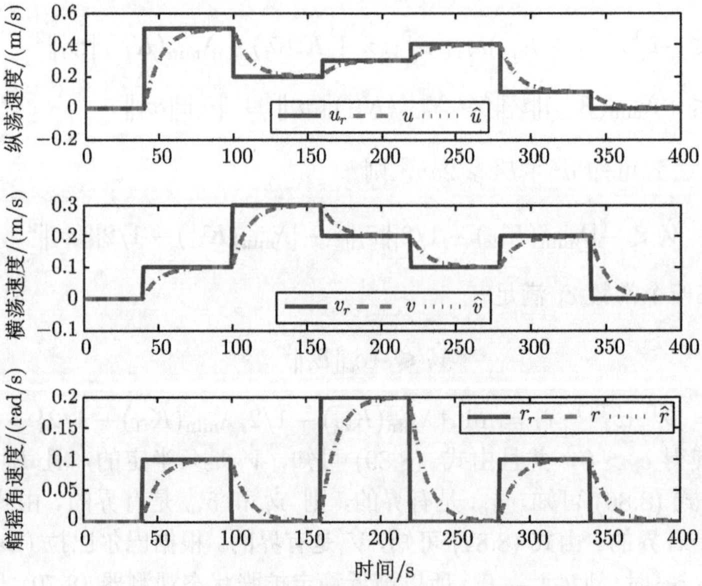

图 8.20 渐近稳定动力学自抗扰控制器跟踪性能

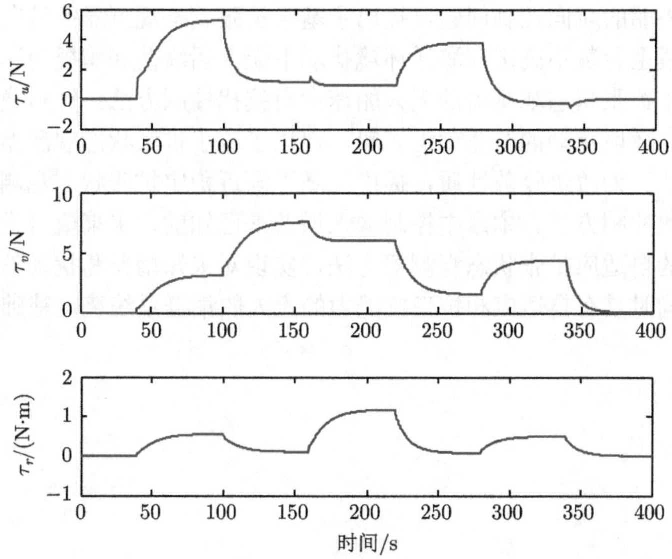

图 8.21　控制输入信号

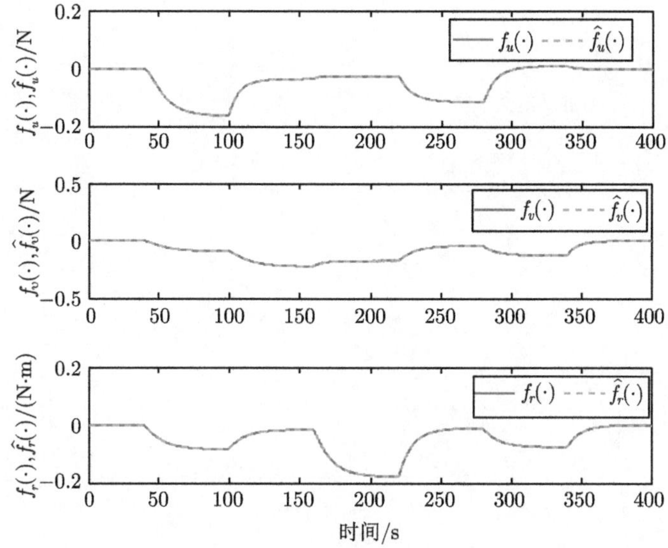

图 8.22　不确定性估计

8.5　本 章 小 结

本章针对模型参数不确定和未知海洋环境扰动下的无人船动力学模型，介绍了基于扩张状态观测器的无人船自抗扰航向、航速和动力学控制方法。针对偏航动态未知无人船的航向控制问题，提出了基于扩张状态观测器的航向自抗扰控制方法；针对模型参数不确定和海洋环境扰动下无人船纵荡和艏摇角速度动力学模型，提出基于扩张状态观测器的无人船速度自抗扰控制方法；针对模型参数不确定和未知海洋环境扰动的全驱动无人船，提出了基于扩张状态观测器的动力学自抗扰控制方法；为改进收敛性质，提出了基于渐近稳定扩张状态观测器的无人船动力学自抗扰控制方法。本章中控制输入增益是已知的，未来值得进一步探讨基于数据驱动的自适应扩张状态观测器方法，实现对未知增益和扰动信息的同时估计，为构建同时具有自适应和抗干扰能力的无人船集群系统奠定基础。

参考文献

[1] Liu Z X, Zhang Y M, Yu X, et al. Unmanned surface vehicles: an overview of developments and challenges[J]. Annual Reviews in Control, 2016, 41:71-93.

[2] Zereik E, Bibuli M, Mišković N, et al. Challenges and future trends in marine robotics[J]. Annual Reviews in Control, 2018, 46:350-368.

[3] Peng Z H, Wang J, Wang D, et al. An overview of recent advances in coordinated control of multiple autonomous surface vehicles[J]. IEEE Transactions on Industrial Informatics, 2021, 17(2):732-745.

[4] Shi Y, Shen C, Fang H, et al. Advanced control in marine mechatronic systems: a survey[J]. IEEE/ASME Transactions on Mechatronics, 2017, 22(7):1121-1131.

[5] Roberts G N. Trends in marine control systems[J]. Annual Reviews in Control, 2008, 32(2):263-269.

[6] Yan R J, Pang S, Sun H B. Development and missions of unmanned surface vehicle[J]. Journal of Marine Science and Application, 2010, 9(4):451-457.

[7] Drones N. Spartan Scout USV[EB/OL]. (2018-09-21)[2021-06-27]. http://www.vcinc.com/spartanscoutusv.html.

[8] 王石, 张建强, 杨舒卉, 等. 国内外无人艇发展现状及典型作战应用研究 [J]. 火力与指挥控制, 2019, 44(2):11-15.

[9] 温俊华. 以色列成功测试全球首艘可发射导弹无人艇配多枚“长钉”导弹 [EB/OL]. (2017-03-17)[2021-06-27]. http://mil.qianlong.com/2017/0317/1509889.shtml.

[10] 龙巍. “精海号”无人测量艇亮相　曾随“雪龙号”征服南极 [EB/OL]. (2015-11-04)[2021-06-27]. http://cn.chinagate.cn/photonews/2015-11/04/content_36976014.htm.

[11] macai. 中国造最快无人艇全球航速最高　[EB/OL]. (2017-12-15)[2021-06-27]. http://politics.people.com.cn/n1/2017/1215/c1001-29708926.html.

[12] 广东华中科技大学工业技术研究院. 航母总设计师来莞见证工研院开发的无人艇首航 [EB/OL]. (2018-01-25)[2021-06-27]. http://www.gongyanyuan.net.cn/document/201801/article1732.htm.

[13] 央视新闻客户端. 出发! 今天，让我们一起劈波斩浪　扬帆远航![EB/OL].(2020-07-11)[2021-06-27]. http://m.news.cctv.com/2020/07/11/ARTIDVVnOi5o4dlSWw2SwvVq200711.shtml.

[14] Couzin I D, Krause J, Franks N R, et al. Effective leadership and decision-making in animal groups on the move[J]. Nature, 2005, 433(7025):513-516.

[15] Couzin I D, Krause J, James R, et al. Collective memory and spatial sorting in animal groups[J]. Journal of Theoretical Biology, 2002, 218(1):1-11.

[16] Reynolds C W. Flocks, herds, and schools: a distributed behavioral model[J]. Computer Graphics, 1987, 21(4): 25-34.

[17] Vicsek T, Czirok A, Ben-Jacob E, et al. Novel type of phase transition in a system of self-driven particles[J]. Physical Review Letters, 2006, 75(6): 1226-1229.

[18] Aguiar A P, Kaminer I, Ghabcheloo R, et al. Coordinated path following of multiple UAVs for time-critical missions in the presence of time-varying communication topologies[J]. IFAC Proceedings Volumes, 2008, 41(2):16015-16020.

[19] Chen Y Q, Wang Z. Formation control: a review and a new consideration[C]// IEEE/RSJ International Conference on Intelligent Robots and Systems, 2005.

[20] Cui R, Ge S S, How B V E, et al. Leader-follower formation control of underactuated autonomous underwater vehicles[J]. Ocean Engineering, 2010, 37(17-18):1491-1502.

[21] Sun D, Wang C, Shang W, et al. A synchronization approach to trajectory tracking of multiple mobile robots while maintaining time-varying formations[J]. IEEE Transactions on Robotics, 2009, 25(5):1074-1086.

[22] louislukh. 鸟群飞行纪录 [EB/OL]. (2015-03-13)[2021-06-27]. https://www.birdnet.cn/thread-958316-1-1.html.

[23] kenwoodking. 奇特的物以类聚现象 [EB/OL]. (2008-06-12)[2021-06-27]. https://blog.csdn.net/kenwoodking/article/details/2537644.

[24] Breivik M, Hovstein V E, Fossen T I. Straight-line target tracking for unmanned surface vehicles[J]. Modeling, Identification and Control: A Norwegian Reserch Bulletin, 2008, 29(4): 131-149.

[25] 都晓坤，张弘赞，来永雷. 海上军地协同体系救援，援救“神器”齐上阵 [EB/ OL]. (2020-06-16)[2021-06-27]. https://www.sohu.com/a/402253158_677674.

[26] Industry N N M D. Belgian-Dutch MCM-Sea Naval Solutions unveiled its version[EB/OL]. (2019-02) [2021-06-27]. https://www.navyrecognition.com/index.php/news/defence-news/2019/february/6828-belgian-dutch-mcm-sea-naval-solutions-unveiled-its-version.html.

[27] 封怀诚.15 艘对美 34 艘，远洋补给差距不断缩小，中美两国补给舰现状对比 [EB/OL] (2021-11-10)[2022-05-15].https://c.m.163.com/news/a/GOFS7NBF0543OQGL.html.

[28] ErikKyrkjebo, Pettersen K Y, Wondergem M, et al. Output synchronization control of ship replenishment operations: theory and experiments[J]. Control Engineering Practice, 2007, 15(6):741-755.

[29] 孝文. 劳斯莱斯欲打造远洋无人船取代货船降低成本 [EB/OL]. (2014-03-10)[2021-06-27]. http://tech.sina.com.cn/d/2014-03-10/11099227306.shtml.

[30] Manley J E. Unmanned surface vehicles, 15 years of development[C]// OCEANS 2008, IEEE, 2008: 1-4.

[31] Fossen T I. Handbook of Marine Craft Hydrodynamics and Motion Control[M]. West Sussex: John Wiley & Sons, 2011.

[32] Fossen T I, Pettersen K Y, Galeazzi R. Line-of-sight path following for dubins paths with adaptive sideslip compensation of drift forces[J]. IEEE Transactions on Control Systems Technology, 2015, 23(2):820-827.

[33] Liu L, Wang D, Peng Z H. ESO-based line-of-sight guidance law for path following of underactuated marine surface vehicles with exact sideslip compensation[J]. IEEE Journal of Oceanic Engineering, 2017, 42(2):477-487.

[34] Liu L, Wang D, Peng Z H. Predictor-based line-of-sight guidance law for path following of underactuated marine surface vehicles with fast sideslip compensation[J]. Ocean Engineering, 2016, 124:340-348.

[35] Sonnenburg C R, Woolsey C A. Modeling, identification, and control of an unmanned surface vehicle[J]. Journal of Field Robotics, 2013, 30(3):371-398.

[36] Gao S N, Peng Z H, Liu L,et al. Coordinated target tracking by multiple unmanned surface vehicles with communication delays based on a distributed event-triggered extended state observer[J]. Ocean Engineering, 2020, 227(4): 108283.

[37] Wang Z, Zou Z, Soares C G. Identification of ship manoeuvring motion based on nu-support vector machine[J]. Ocean Engineering, 2019, 183:270-281.

[38] Tee K P, Ge S S. Control of fully actuated ocean surface vessels using a class of feedforward approximators[J]. IEEE Transactions on Control Systems Technology, 2006, 14(4):750-756.

[39] Dai S L, Wang C, Luo F. Identification and learning control of ocean surface ship using neural networks[J]. IEEE Transactions on Industrial Informatics, 2012, 8(4): 801-810.

[40] Yang Y S, Zhou C J, Rena J S. Model reference adaptive robust fuzzy control for ship steering autopilot with uncertain nonlinear systems[J]. Applied Soft Computing, 2003, 3(4):305-316.

[41] Chen X, Tan W W. Tracking control of surface vessels via fault-tolerant adaptive backstepping interval type-2 fuzzy control[J]. Ocean Engineering, 2013, 70:97-109.

[42] Peng Z H, Wang J, Wang D. Distributed maneuvering of autonomous surface vehicles based on neurodynamic optimization and fuzzy approximation[J]. IEEE Transactions on Control Systems Technology, 2018, 26(3):1083-1090.

[43] Woo J, Park J, Yu C, et al. Dynamic model identification of unmanned surface vehicles using deep learning network[J]. Applied Ocean Research, 2018, 78:123-133.

[44] Fahim F. Sliding-mode formation control for underactuated surface vessels[J]. IEEE Transactions on Robotics, 2007, 23(3):617-622.

[45] Ashrafiuon H, Muske K R, McNinch L C, et al. Sliding-mode tracking control of surface vessels[J]. IEEE Transactions on Industrial Electronics, 2008, 55(11):4004-4012.

[46] Li T, Zhao R, Chen C L P, et al. Finite-time formation control of under-actuated ships using nonlinear sliding mode control[J]. IEEE Transactions on Cybernetics, 2018, 48(11):3243-3253.

[47] Zhang R, Chen Y, Sun Z Q, et al. Path control of a surface ship in restricted waters using sliding mode[J]. IEEE Transactions on Control Systems Technology, 2000, 8(4): 722-732.

[48] Skjetne R, Fossen T I, Kokotović P V. Adaptive maneuvering, with experiments, for a model ship in a marine control laboratory[J]. Automatica, 2005, 41(2):289-298.

[49] Almeida J, Silvestre C, Pascoal A M. Cooperative control of multiple surface vessels in the presence of ocean currents and parametric model uncertainty[J]. International Journal of Robust and Nonlinear Control, 2010, 20(14):1549-1565.

[50] Do K D, Pan J. Global robust adaptive path following of underactuated ships[J]. Automatica, 2006, 42(10):1713-1722.

[51] Do K D. Global robust adaptive path-tracking control of underactuated ships under stochastic disturbances[J]. Ocean Engineering, 2016, 111:267-278.

[52] Gu N, Wang D, Peng Z H, et al. Model-free containment control of underactuated surface vessels under switching topologies based on guiding vector fields and data-driven neural predictors[J]. IEEE Transactions on Cybernetics, early access, Apr. 6, 2021, DOI: 10.1109/TCYB.2021.3061588.

[53] Peng Z H, Meng C C, Liu L, et al. PWM-driven model predictive speed control for an unmanned surface vehicle with unknown propeller dynamics based on parameter identification and neural prediction[J]. Neurocomputing, 2021, 432(7):1-9.

[54] Cui R, Zhang X, Cui D. Adaptive sliding-mode attitude control for autonomous underwater vehicles with input nonlinearities[J]. Ocean Engineering, 2016, 123:45-54.

[55] Peng Z H, Wang D, Chen Z Y, et al. Adaptive dynamic surface control for formations of autonomous surface vehicles with uncertain dynamics[J]. IEEE Transactions on Control Systems Technology, 2013, 21(2):513-520.

[56] Peng Z H, Wang D, Wang J. Predictor-based neural dynamic surface control for uncertain nonlinear systems in strict-feedback form[J]. IEEE Transactions on Neural Networks and Learning Systems, 2016, 28(9):2156-2167.

[57] Peng Z H, Wang J, Wang D. Distributed containment maneuvering of multiple marine vessels via neurodynamics-based output feedback[J]. IEEE Transactions on Industrial Electronics, 2017, 65(4):3831-3839.

[58] Peng Z H, Hu X J, Wang D. Robust adaptive formation control of underactuated autonomous surface vehicles with uncertain dynamics[J]. IET Control Theory & Applications, 2011, 5(12):1378-1387.

[59] Chen L P, Cui R X, Yang C G, et al. Adaptive neural network control of underactuated surface vessels with guaranteed transient performance: theory and experimental results[J]. IEEE Transactions on Industrial Electronics, 2019, 67(5):4024-4035.

[60] Xiang X B, Yu C Y, Zhang Q. Robust fuzzy 3D path following for autonomous underwater vehicle subject to uncertainties[J]. Computers & Operations Research, 2016, 84:165-177.

[61] Peng Z H, Jiang Y, Wang J. Event-triggered dynamic surface control of an underactuated autonomous surface vehicle for target enclosing[J]. IEEE Transactions on Industrial Electronics, 2021, 68(4):3402-3412.

[62] Jiang Y, Peng Z H, Wang D, et al. Cooperative target enclosing of ring-networked under-actuated autonomous surface vehicles based on data-driven fuzzy predictors and extended state observers[J]. IEEE Transactions on Fuzzy Systems, 2022, 30(7):2515-2528.

[63] Do K D. Synchronization motion tracking control of multiple underactuated ships with collision avoidance[J]. IEEE Transactions on Industrial Electronics, 2016, 63(5): 2976-2989.

[64] Do K D. Formation control of underactuated ships with elliptical shape approximation and limited communication ranges[J]. Automatica, 2012, 48:1380-1388.

[65] Peng Z H, Wang D, Wang J. Data-driven adaptive disturbance observers for model-free trajectory tracking control of maritime autonomous surface ships[J]. IEEE Transactions on Neural Networks and Learning Systems, DOI: 10.1109/TNNLS.2021.3093330.

[66] Peng Z H, Wang J. Output-feedback path-following control of autonomous underwater vehicles based on an extended state observer and projection neural networks[J]. IEEE Transactions on Systems, Man, and Cybernetics: Systems, 2018, 48(4):535-544.

[67] Liu L, Wang D, Peng Z H. State recovery and disturbance estimation of unmanned surface vehicles based on nonlinear extended state observers[J]. Ocean Engineering, 2019, 171:625-632.

[68] Cui R X, Chen L P, Yang C G, et al. Extended state observer-based integral sliding mode control for an underwater robot with unknown disturbances and uncertain nonlinearities[J]. IEEE Transactions on Industrial Electronics, 2019, 64(8):6785-6795.

[69] Fu M, Yu L. Finite-time extended state observer-based distributed formation control for marine surface vehicles with input saturation and disturbances[J]. Ocean Engineering, 2018, 159:219-227.

[70] Liu L, Zhang W D, Wang D, et al. Event-triggered extended state observers design for dynamic positioning vessels subject to unknown sea loads[J]. Ocean Engineering, 2020, 209(8): 107242.

[71] Peng Z H, Wang D, Li T S, et al. Output-feedback cooperative formation maneuvering of autonomous surface vehicles with connectivity preservation and collision avoidance[J]. IEEE Transactions on Cybernetics, 2019, 50(6):2527-2535.

[72] Peng Z H, Liu L, Wang J. Output-feedback flocking control of multiple autonomous surface vehicles based on data-driven adaptive extended state observers[J]. IEEE Transactions on Cybernetics, 2021, 51(9): 4611-4622.

[73] Chen M, Ge S S, How B V E, et al. Robust adaptive position mooring control for marine vessels[J]. IEEE Transactions on Control Systems Technology, 2013, 21(2): 395-409.

[74] Peng Z H, Wang D, Li T S. Predictor-based neural dynamic surface control for distributed formation tracking of multiple marine surface vehicles with improved transient performance[J]. Science China Information Sciences, 2016, 59(9): 092210.1-092210.19.

[75] Peng Z H, Wang D, Li T S, et al. Leaderless and leader-follower cooperative control of multiple marine surface vehicles with unknown dynamics[J]. Nonlinear Dynamics, 2013, 74(1-2):95-106.

[76] Peng Z H, Wang D, Wang J. Cooperative dynamic positioning of multiple marine offshore vessels: a modular design[J]. IEEE/ASME Transactions on Mechatronics, 2016, 21(3):1210-1221.

[77] Peng Z H, Wang J, Wang D. Containment maneuvering of marine surface vehicles with multiple parameterized paths via spatial-temporal decoupling[J]. IEEE/ASME Transactions on Mechatronics, 2017, 22(2):1026-1036.

[78] Gu N, Wang D, Peng Z H, et al. Adaptive bounded neural network control for coordinated path-following of networked underactuated autonomous surface vehicles under time-varying state-dependent cyber-attack[J]. ISA Transactions, 2020, 104:212-221.

[79] Gu N, Wang D, Peng Z H, et al. Distributed containment maneuvering of uncertain under-actuated unmanned surface vehicles guided by multiple virtual leaders with a formation[J]. Ocean Engineering, 2019, 187:105996.1-105996.10.

[80] Peng Z H, Wang J S, Wang J. Constrained control of autonomous underwater vehicles based on command optimization and disturbance estimation[J]. IEEE Transactions on Industrial Electronics, 2018, 66(5):3627-3635.

[81] Peng Z H, Wang J, Han Q L. Path-following control of autonomous underwater vehicles subject to velocity and input constraints via neurodynamic optimization[J]. IEEE Transactions on Industrial Electronics, 2019, 66(11):8724-8732.

[82] Do K D. Practical formation control of multiple underactuated ships with limited sensing ranges[J]. Robotics and Autonomous Systems, 2011, 59(6):457-471.

[83] Abreu P C, Pascoal A M. Formation control in the scope of the morph project. part i: theoretical foundations[J]. IFAC-PapersOnLine, 2015, 48(2):244-249.

[84] Abreu P C, Bayat M, Pascoal A M, et al. Formation control in the scope of the morph project. part ii: implementation and results[J]. IFAC-PapersOnLine, 2015, 48(2):250-255.

[85] Aguiar A P, Hespanha J P. Trajectory-tracking and path-following of underactuated autonomous vehicles with parametric modeling uncertainty[J]. IEEE Transactions on Automatic Control, 2007, 52(8):1362-1379.

[86] Peng Z H, Gu N, Zhang Y B, et al. Path-guided time-varying formation control with collision avoidance and connectivity preservation of under-actuated autonomous surface vehicles subject to unknown input gain[J]. Ocean Engineering, 2019, 191: 106501.1-106501.10.

[87] Li J H, Lee P M, Jun B H, et al. Point-to-point navigation of underactuated ships[J]. Automatica, 2008, 44(12):3201-3205.

[88] Liu L, Wang D, Peng Z H, et al. Bounded neural network control for target tracking of underactuated autonomous surface vehicles in the presence of uncertain target dynamics[J]. IEEE Transactions on Neural Networks and Learning Systems, 2019, 30(4):1241-1249.

[89] Fossen T I, Pettersen K Y. On uniform semiglobal exponential stability (USGES) of proportional line-of-sight guidance laws[J]. Automatica, 2014, 50:2912-2917.

[90] Caharija W, Pettersen K Y, Bibuli M, et al. Integral line-of-sight guidance and control of underactuated marine vehicles: theory, simulations, and experiments[J]. IEEE Transactions on Control Systems Technology, 2016, 24(5):1623-1642.

[91] Chen M, Jiang B, Cui R. Actuator fault-tolerant control of ocean surface vessels with input saturation[J]. International Journal of Robust and Nonlinear Control, 2015, 26(3):542-564.

[92] Zheng Z W, Sun L. Path following control for marine surface vessel with uncertainties and input saturation[J]. Neurocomputing, 2016, 177:158-167.

[93] He W, Yin Z, Sun C Y. Adaptive neural network control of a marine vessel with constraints using the asymmetric barrier Lyapunov function[J]. IEEE Transactions on Cybernetics, 2017, 47(7):1641-1651.

[94] Chwa D. Global tracking control of underactuated ships with input and velocity constraints using dynamic surface control method[J]. IEEE Transactions on Control Systems Technology, 2011, 19(6):1357-1370.

[95] Zheng Z W, Huang Y T, Xie L H, et al. Adaptive trajectory tracking control of a fully actuated surface vessel with asymmetrically constrained input and output[J]. IEEE Transactions on Control Systems Technology, 2018, 26(5):1851-1859.

[96] Wang H, Wang D, Peng Z H. Adaptive dynamic surface control for cooperative path following of marine surface vehicles with input saturation[J]. Nonlinear Dynamics, 2014, 77(1-2):107-117.

[97] Oh S R, Sun J. Path following of underactuated marine surface vessels using line-of-sight based model predictive control[J]. Ocean Engineering, 2010, 37(2-3):289-295.

[98] Fossen T I, Perez T. Kalman filtering for positioning and heading control of ships and offshore rigs[J]. IEEE Control Systems Magazine, 2009, 29(6):32-46.

[99] Yu L L, Fu M Y. A robust finite-time output feedback control scheme for marine surface vehicles formation[J]. IEEE Access, 2018, 6:41291-41301.

[100] Gu N, Wang D, Peng Z H. Observer-based finite-time control for distributed path maneuvering of underactuated unmanned surface vehicles with collision avoidance and connectivity maintenance[J/OL]. IEEE Transactions on Systems, Man and Cybernetics: Systems, 2020, 51(8): 5105-5115.

[101] Zhang J Q, Yu S H, Yan Y. Fixed-time extended state observer-based trajectory tracking and point stabilization control for marine surface vessels with uncertainties and disturbances[J]. Ocean Engineering, 2019, 186: 106109.

[102] Peng Z H, Wang D, Shi Y, et al. Containment control of networked autonomous underwater vehicles with model uncertainty and ocean disturbances guided by multiple leaders[J]. Information Sciences, 2015, 316(12):163-179.

[103] Peng Z H, Wang D, Liu H T H, et al. Distributed robust state and output feedback controller designs for rendezvous of networked autonomous surface vehicles using neural networks[J]. Neurocomputing, 2013, 115(4):130-141.

[104] Yoo S J, Park B S. Guaranteed performance design for distributed bounded containment control of networked uncertain underactuated surface vessels[J]. Journal of the Franklin Institute, 2017, 354(3):1584-1602.

[105] Dai S L, He S D, Wang C. Platoon formation control with prescribed performance guarantees for USVs[J]. IEEE Transactions on Industrial Electronics, 2018, 65(5): 4237-4246.

[106] He S D, Wang M, Dai S L, et al. Leader-follower formation control of USVs with prescribed performance and collision avoidance[J]. IEEE Transactions on Industrial Informatics, 2019, 15(1):572-581.

[107] Arrichiello F, Chiaverini S, Fossen T I. Formation control of underactuated surface vessels using the null-space-based behavioral control[C]//IEEE/RSJ International Conference on Intelligent Robots and Systems, 2006: 5942-5947.

[108] Skjetne R, Moi S, Fossen T I. Nonlinear formation control of marine craft[C]//Proceedings of the 41st IEEE Conference on Decision and Control, 2020: 1699-1704.

[109] Jin X. Fault tolerant finite–time leader-follower formation control for autonomous surface vessels with LOS range and angle constraints[J]. Automatica, 2016, 68:228-236.

[110] Peng Z H, Wang D, Zhang H, et al. Distributed neural network control for adaptive synchronization of uncertain dynamical multiagent systems[J]. IEEE Transactions on Neural Networks and Learning Systems, 2014, 25(8):1508-1519.

[111] Børhaug E, Pavlov A, Panteley E, et al. Straight line path following for formations of underactuated marine surface vessels[J]. IEEE Transactions on Control Systems Technology, 2011, 19(3):493-506.

[112] Liu L, Wang D, Peng Z H. Coordinated path following of multiple underactuated marine surface vehicles along one curve[J]. ISA Transactions, 2016, 64:258-268.

[113] Jiang Z P. Global tracking control of underactuated ships by Lyapunov's direct method[J]. Automatica, 2002, 38(2): 301-309.

[114] Guerreiro B J, Silvestre C, Cunha R, et al. Trajectory tracking nonlinear model predictive control for autonomous surface craft[J]. IEEE Transactions on Control Systems Technology, 2014, 22(6):2160-2175.

[115] Katayama H, Aoki H. Straight-line trajectory tracking control for sampled-data underactuated ships[J]. IEEE Transactions on Control Systems Technology, 2014, 22(4):1638-1645.

[116] Zhao Z, He W, Ge S S. Adaptive neural network control of a fully actuated marine surface vessel with multiple output constraints[J]. IEEE Transactions on Control Systems Technology, 2014, 22(4):1536-1543.

[117] Cong S M, Liu L, Wang D,et al. Modular neural dynamic surface control for position tracking of permanent magnet synchronous motor subject to unknown uncertainties[J]. Neurocomputing, 2019,360: 163-171.

[118] Li Z, Sun J, Oh S. Design, analysis and experimental validation of a robust nonlinear path following controller for marine surface vessels[J]. Automatica, 2009, 45(7):1649-1658.

[119] Kelasidi E, Liljeback P, Pettersen K Y, et al. Integral line-of-sight guidance for path following control of underwater snake robots: theory and experiments[J]. IEEE Transactions on Robotics, 2017, 33(3):610-628.

[120] Lekkas A M, Fossen T I. Integral LOS path following for curved paths based on a monotone cubic hermite spline parametrization[J]. IEEE Transactions on Control Systems Technology, 2014, 22(6):2287-2301.

[121] Zheng Z W, Feroskhan M. Path following of a surface vessel with prescribed performance in the presence of input saturation and external disturbances[J]. IEEE/ASME Transactions on Mechatronics, 2017, 22(6):2564-2575.

[122] Xiang X B, Yu C, Zhang Q, et al. Path-following control of an AUV: fully actuated versus under-actuated configuration[J]. Marine Technology Society Journal, 2016, 50(1):34-47.

[123] Do K D, Jiang Z P, Pan J. Robust adaptive path following of underactuated ships[J]. Automatica, 2004, 40(6):929-944.

[124] Do K D, Pan J. State- and output-feedback robust path-following controllers for underactuated ships using serret-frenet frame[J]. Ocean Engineering, 2004, 31(5-6): 587-613.

[125] Shojaei K. Observer-based neural adaptive formation control of autonomous surface vessels with limited torque[J]. Robotics and Autonomous Systems, 2016, 78:83-96.

[126] Glotzbach T, Schneider M, Otto P. Cooperative line of sight target tracking for heterogeneous unmanned marine vehicle teams: from theory to practice[J]. Robotics and Autonomous Systems, 2015, 67:53-60.

[127] Bibuli M, Caccia M, Lapierre L, et al. Guidance of unmanned surface vehicles: Experiments in vehicle following[J]. IEEE Robotics & Automation Magazine, 2012, 19(3): 92-102.

[128] Namaki-Shoushtari O, Aguiar A P, Khaki-Sedigh A. Target tracking of autonomous robotic vehicles using range-only measurements: a switched logic-based control stra-

tegy[J]. International Journal of Robust and Nonlinear Control, 2012, 22(17):1983-1998.

[129] Shojaei K, Dolatshahi M. Line-of-sight target tracking control of underactuated autonomous underwater vehicles[J]. Ocean Engineering, 2017, 133:244-252.

[130] Gao S N, Peng Z H, Wang D, et al. Extended-state-observer-based collision-free guidance law for target tracking of autonomous surface vehicles with unknown target dynamics[J]. Complexity, 2018, 2018:1-10.

[131] Jiang Y, Peng Z H, Wang D, et al. Line-of-sight target enclosing of an underactuated autonomous surface vehicle with experiment results[J]. IEEE Transactions on Industrial Informatics, 2020, 12(2):832-841.

[132] Sun Z J, Zhang G, Lu Y, et al. Leader-follower formation control of underactuated surface vehicles based on sliding mode control and parameter estimation[J]. ISA Transactions, 2018, 72:15-24.

[133] Sinisterra A J, Dhanak M R, Von Ellenrieder K. Stereovision-based target tracking system for USV operations[J]. Ocean Engineering, 2017, 133(15):197-214.

[134] Bibuli M, Bruzzone G, Caccia M, et al. Swarm based path-following for cooperative unmanned surface vehicles[J]. Journal of Engineering for the Maritime Environment, 2014, 228(2):192-207.

[135] Liu Z Q, Wang Y L, Wang T B. Incremental predictive control-based output consensus of networked unmanned surface vehicle formation systems[J]. Information Sciences, 2018, 457-458:166-181.

[136] Lu Y, Zhang G Q, Sun Z J, et al. Adaptive cooperative formation control of autonomous surface vessels with uncertain dynamics and external disturbances[J]. Ocean Engineering, 2018, 167:36-44.

[137] Park B S, Yoo S J. An error transformation approach for connectivity-preserving and collision-avoiding formation tracking of networked uncertain underactuated surface vessels[J]. IEEE Transactions on Cybernetics, 2018, 49(8):2955-2966.

[138] Peng Z H, Wang D, Wang H, et al. Coordinated formation pattern control of multiple marine surface vehicles with model uncertainty and time-varying ocean currents[J]. Neural Computing and Applications, 2014, 25(7):1771-1783.

[139] Qin H D, Chen H, Sun Y, et al. The distributed adaptive finite-time chattering reduction containment control for multiple ocean bottom flying nodes[J]. International Journal of Fuzzy Systems, 2019, 21(2):607-619.

[140] Ghabcheloo R, Aguiar A P, Passcoal A, et al. Coordinated path-following in the presence of communication losses and time delays[J]. SIAM Journal on Control and Optimization, 2009, 48(1):234-265.

[141] Ghommam J, Mnif F. Coordinated path-following control for a group of underactuated surface vessels[J]. IEEE Transactions on Industrial Electronics, 2009, 56(10):3951-3963.

[142] Almeida J, Silvestre C, Pascoal A M. Cooperative control of multiple surface vessels with discrete-time periodic communications[J]. International Journal of Robust and Nonlinear Control, 2012, 22(4):398-419.

[143] Gu N, Peng Z H, Wang D, et al. Antidisturbance coordinated path-following control of robotic autonomous surface vehicles:theory and experiment[J]. IEEE/ASME Transactions on Mechatronics, 2019, 24(5):2386-2396.

[144] Ihle I A F, Arcak M, Fossen T I. Passivity-based designs for synchronized path-following[J]. Automatica, 2007, 43(9):1508-1518.

[145] Wang H, Liu L, Wang D, et al. Output-feedback control for cooperative diving of saucer-type underwater gliders based on a fuzzy observer and event-triggered communication[J]. IEEE Access, 2019, 7:50453-50465.

[146] Shojaei K. Leader follower formation control of underactuated autonomous marine surface vehicles with limited torque[J]. Ocean Engineering, 2015, 105:196-205.

[147] Hinostroza M, Xu H, Soares C G. Cooperative operation of autonomous surface vehicles for maintaining formation in complex marine environment[J]. Ocean Engineering, 2019, 183:132-154.

[148] Yu J L, Xiao W, Dong X, et al. Practical formation-containment tracking for multiple autonomous surface vessels system[J]. IET Control Theory & Applications, 2019, 13(17):2894-2905.

[149] Liu B, Chen Z Y, Zhang H T, et al. Collective dynamics and control for multiple unmanned surface vessels[J]. IEEE Transactions on Control Systems Technology, 2020, 28(6): 2540-2547.

[150] Wang H, Wang D, Peng Z H. Neural network based adaptive dynamic surface control for cooperative path following of marine surface vehicles via state and output feedback[J]. Neurocomputing, 2014, 133:170-178.

[151] Liu L, Wang D, Peng Z H, et al. Modular adaptive control for LOS-based cooperative path maneuvering of multiple underactuated autonomous surface vehicles[J]. IEEE Transactions on Systems, Man, and Cybernetics: Systems, 2017, 47(7):1613-1624.

[152] Liu L, Wang D, Peng Z H, et al. Saturated coordinated control of multiple underactuated unmanned surface vehicles over a closed curve[J]. Science China Information Sciences, 2017, 60(7):1-14.

[153] Lv M G, Wang D, Peng Z H, et al. Event-triggered neural network control of autonomous surface vehicles over wireless network[J].Science China Information Sciences, 63(5):150205.

[154] Ghommam J, Saad M. Adaptive leader-follower formation control of underactuated surface vessels under asymmetric range and bearing constraints[J]. IEEE Transactions on Vehicular Technology, 2018, 67(2):852-865.

[155] Soares J M, Aguiar A P, Pascoal A M, et al. Joint ASV/AUV range-based formation control: theory and experimental results[C]//IEEE International Conference on Robotics and Automation, 2013: 5579-5585.

[156] Rego F, Soares J M, Pascoal A M, et al. Flexible triangular formation keeping of marine robotic vehicles using range measurements[J]. IFAC Proceedings Volumes, 2014, 47(3):5145-5150.

[157] Khalil H K. Nonlinear Systems[M]. Upper Saddle River: Prentice Hall, 2002.

[158] Krstic M, Kokotovic P V, Kanellakopoulos I. Nonlinear and Adaptive Control Design[M]. New York: John Wiley & Sons, 1995.

[159] Khalil H K. Nonlinear Control[M]. New York: Pearson Education, 2015.

[160] Moulay E, Perruquetti W. Finite time stability and stabilization of a class of continuous systems[J]. Journal of Mathematical Analysis and Applications, 2006, 323(2): 1430-1443.

[161] Cheng L, Hou Z G, Tan M, et al. Neural-network-based adaptive leader-following control for multiagent systems with uncertainties[J]. IEEE Transactions on Neural Networks, 2010, 21(8):1351-1358.

[162] Ceragioli F, Persis C D, Frasca P. Discontinuities and hysteresis in quantized average consensus[J]. Automatica, 2011, 47(9):1916-1928.

[163] Hong Y G, Hu J P, Gao L X. Tracking control for multi-agent consensus with an active leader and variable topology[J]. Automatica, 2006, 42(7):1177-1182.

[164] Zhang H, Lewis F L. Adaptive cooperative tracking control of higher-order nonlinear systems with unknown dynamics[J]. Automatica, 2012, 48(7):1432-1439.

[165] Mei J, Ren W, Ma G. Distributed containment control for lagrangian networks with parametric uncertainties under a directed graph[J]. Automatica, 2012, 48(4):653-659.

[166] Polycarpou M M. Stable adaptive neural control scheme for nonlinear systems[J]. IEEE Transactions on Automatic Control, 1996, 41(3):447-451.

[167] Wang D, Huang J. Neural network-based adaptive dynamic surface control for a class of uncertain nonlinear systems in strict-feedback form[J]. IEEE Transactions on Neural Networks, 2005, 16(1):195-202.

[168] Li T S, Feng G, Wang D, et al. Neural-network-based simple adaptive control of uncertain MIMO nonlinear systems[J]. IET Control Theory and Applications, 2010, 4(9):1543-1557.

[169] Li T S, Wang D, Feng G, et al. A DSC approach to robust adaptive NN tracking control for strict-feedback nonlinear systems[J]. IEEE Transactions on Systems, Man, and Cybernetics, Part B (Cybernetics), 2010, 40(3):915-927.

[170] Lavretsky E, Gibson T E. Projection operator in adaptive systems[J]. 2012, arXiv: 1112.4232v6.

[171] Fossen T I, Lekkas A M. Direct and indirect adaptive integral line-of-sight path-following controllers for marine craft exposed to ocean currents[J]. International Journal of Adaptive Control and Signal Processing, 2017, 31(4): 445-463.

[172] Han J Q. From pid to active disturbance rejection control[J]. IEEE Transactions on Industrial Electronics, 2009, 56(3):900-906.

[173] Xingling S, Honglun W. Back-stepping active disturbance rejection control design for integrated missile guidance and control system via reduced-order ESO[J]. ISA Transactions, 2015, 57:10-22.

[174] Ren W, Beard R W. Consensus seeking in multiagent systems under dynamically changing interaction topologies[J]. IEEE Transactions on Automatic Control, 2005, 50(5):655-661.

[175] Ren W, Beard R W, Atkins E M. Information consensus in multivehicle cooperative control[J]. IEEE Control Systems Magazine, 2007, 27(2):71-82.

[176] Ren W. Multi-vehicle consensus with a time-varying reference state[J]. Systems & Control Letters, 2007, 56(7-8):474-483.

[177] Zhang H, Lewis F L, Das A. Optimal design for synchronization of cooperative systems: state feedback, observer and output feedback[J]. IEEE Transactions on Automatic Control, 2011, 56(8):1948-1952.

[178] Wen G, Duan Z, Yu W, et al. Consensus in multi-agent systems with communication constraints[J]. International Journal of Robust and Nonlinear Control, 2012, 22(2): 170-182.

[179] Chen W, Li X, Ren W, et al. Adaptive consensus of multi-agent systems with unknown identical control directions based on a novel nussbaum-type function[J]. IEEE Transactions on Automatic Control, 2014, 59(7):1887-1892.

[180] Chen W, Hua S, Ge S S. Consensus-based distributed cooperative learning control for a group of discrete-time nonlinear multi-agent systems using neural networks[J]. Automatica, 2014, 50(9):2254-2268.

[181] Peng Z H, Wang D, Zhang H. Cooperative output feedback adaptive control of uncertain nonlinear multi-agent systems with a dynamic leader[J]. Neurocomputing, 2015, 149(A):132-141.

[182] Chen W, Li X. Observer-based consensus of second-order multi-agent system with fixed and stochastically switching topology via sampled data[J]. International Journal of Robust and Nonlinear Control, 2014, 24(3):567-584.

[183] Ji M, Ferrari-Trecate G, Egerstedt M, et al. Containment control in mobile networks[J]. IEEE Transactions on Automatic Control, 2008, 53(8):1972-1975.

[184] Meng Z, Ren W, You Z. Distributed finite-time attitude containment control for multiple rigid bodies[J]. Automatica, 2010, 46(12):2092-2099.

[185] Li Z, Ren W, Liu X, et al. Distributed containment control of multi-agent systems with general linear dynamics in the presence of multiple leaders[J]. International Journal of Robust and Nonlinear Control, 2013, 23(5):534-547.

[186] Cao Y, Ren W, Egerstedt M. Distributed containment control with multiple stationary or dynamic leaders in fixed and switching directed networks[J]. Automatica, 2012, 48(8):1586-1597.

[187] Li J, Ren W, Xu S. Distributed containment control with multiple dynamic leaders for double-integrator dynamics using only position measurements[J]. IEEE Transactions on Automatic Control, 2012, 57(6):1553-1559.

[188] Yoo S J. Distributed adaptive containment control of uncertain nonlinear multi-agent systems in strict-feedback form[J]. Automatica, 2013, 49(7):2145-2153.

[189] Wang Y, Cheng L, Hou Z G, et al. Containment control of multi-agent systems in a noisy communication environment[J]. Automatica, 2014, 50(7):1922-1928.

[190] Liu H, Cheng L, Tan M, et al. Containment control of continuous-time linear multi-agent systems with aperiodic sampling[J]. Automatica, 2015, 57:78-84.

[191] Wen G, Zhao Y, Duan Z, et al. Containment of higher-order multi-leader multi-agent systems: a dynamic output approach[J]. IEEE Transactions on Automatic Control, 2016, 61(4):1135-1140.

[192] Kim T H, Sugie T. Cooperative control for target-capturing task based on a cyclic pursuit strategy[J]. Automatica, 2007, 43(8):1426-1431.

[193] Ren W. Collective motion from consensus with cartesian coordinate coupling[J]. IEEE Transactions on Automatic Control, 2009, 54(6):1330-1335.

[194] Zheng R, Lin Z, Yan G. Ring-coupled unicycles: boundedness, convergence, and control[J]. Automatica, 2009, 5(11):2699-2706.

[195] Guo J, Yan G, Lin Z. Local control strategy for moving-target-enclosing under dynamically changing network topology[J]. Systems & Control Letters, 2010, 59(10): 654-661.

[196] Lan Y, Yan G, Lin Z. Distributed control of cooperative target enclosing based on reachability and invariance analysis[J]. Systems & Control Letters, 2010, 59:381-389.

[197] Zheng R, Lin Z, Fu M, et al. Distributed control for uniform circumnavigation of ring-coupled unicycles[J]. Automatica, 2015, 59(7): 381-389.

[198] Jain R P, Aguiar A P, De Sousa J B. Cooperative path following of robotic vehicles using an event based control and communication strategy[J]. IEEE Robotics and Automation Letters, 2018, 3(3):1941-1948.

[199] Liu L, Wang D, Peng Z H, et al. Cooperative path following of ring-networked underactuated autonomous surface vehicles: algorithms and experiment results[J]. IEEE Transactions on Cybernetics,2020, 50(4)：1519-1529.

[200] Xiang X B, Liu C, Lapierre L, et al. Synchronized path following control of multiple homogenous underactuated AUVs[J]. Journal of Systems Science and Complexity, 2012, 25(1):71-89.

[201] Wang H, Wang D, Peng Z H, et al. Adaptive dynamic surface control for cooperative path following of underactuated marine surface vehicles via fast learning[J]. IET Control Theory & Applications, 2013, 7(15):1888-1898.

[202] Chen Y Y, Tian Y P. A curve extension design for coordinated path following control of unicycles along given convex loops[J]. International Journal of Control, 2011, 84(10):1729-1745.

[203] Chen Y Y, Tian Y P. Coordinated adaptive control for three-dimensional formation tracking with a time-varying orbital velocity[J]. IET Control Theory & Applications, 2013, 7(5):646-662.

[204] Chen Y Y, Tian Y P. Formation tracking and attitude synchronization control of underactuated ships along closed orbits[J]. International Journal of Robust and Nonlinear Control, 2014, 25(16):3023-3044.

[205] Peng Z H, Wang D, Wang W, et al. Containment control of networked autonomous underwater vehicles: a predictor-based neural DSC design[J]. ISA Transactions, 2015, 59:160-171.

[206] Wang D, Zong Q, Tian B, et al. Adaptive finite-time reconfiguration control of unmanned aerial vehicles with a moving leader[J]. Nonlinear Dynamics, 2019, 95(2): 1099-1116.

[207] Guo B Z, Zhao Z L. On convergence of tracking differentiator[J]. International Journal of Control, 2011, 84(4):693-701.

[208] Yucelen T, Haddad W M. Low-frequency learning and fast adaptation in model reference adaptive control[J]. IEEE Transactions on Automatic Control, 2013, 58(4): 1080-1085.

[209] Kahveci N E, Ioannou P A. Adaptive steering control for uncertain ship dynamics and stability analysis[J]. Automatica, 2013, 49(3):685-697.

[210] Lei Z, Guo C. Disturbance rejection control solution for ship steering system with uncertain time delay[J]. Ocean Engineering, 2015, 95:78-83.

[211] Ali A, Benjamin G, Tansel Y. On event-triggered adaptive architectures for decentralized and distributed control of large-scale modular systems[J]. Sensors, 2016, 16(8):1297.

[212] Xian B, Dawson D M, De Queiroz M S, et al. A continuous asymptotic tracking control strategy for uncertain multi-input nonlinear systems[J]. IEEE Transactions on Automatic Control, 2004, 49(7):1206-1211.

[213] Xian B, De Queiroz M S, Dawson D M, et al. A discontinuous output feedback controller and velocity observer for nonlinear mechanical systems[J]. Automatica, 2004, 40(4):695-700.

